高等职业教育"十四五"规划教材

养禽与禽病防治

陈金雄　张世忠　主编

U0951620

中国农业大学出版社
·北京·

内 容 简 介

本教材贯彻“以职业标准为依据，以岗位需求为导向，以职业能力为核心”的编写理念，对接现代家禽产业链及生产岗位，以家禽生产和禽病防治工作过程为导向，结合养殖前沿新知识、新技术、新工艺、新方法，融入“1+X”家庭农场畜禽养殖职业技能等级标准，详细介绍了现代家禽生产最新的知识和技术。主要内容包括家禽品种识别、标准化禽场建设和智能化设备应用、家禽良种繁育技术、家禽孵化技术、家禽营养管理技术、蛋鸡生产技术、肉鸡生产技术、水禽生产技术、智能化蛋鸡养殖与经营管理、家禽健康管理技术、养禽场常见传染病的诊断与治疗等。为便于学习，每个任务都列有任务描述、任务目标和思政目标，项目后设有复习与思考，使学生易学、易懂、易会。教材选取技能训练内容贴近生产，使学生在“学中做，做中学”，可有效实现家禽生产技能培养的目标，进一步体现了高技能培养的要求，突出职业教育的特色。

本教材既可作为高等职业院校畜牧、畜牧兽医、动物营养与饲料、智能化畜禽养殖等专业教学用书，也可作为家禽生产管理人员、技术人员的培训资料和参考书。

图书在版编目(CIP)数据

养禽与禽病防治 / 陈金雄，张世忠主编. --北京：中国农业大学出版社，2023.8

ISBN 978-7-5655-3045-6

Ⅰ. ①养… Ⅱ. ①陈…②张… Ⅲ. ①养禽学－高等职业教育－教材②禽病－防治－高等职业教育－教材 Ⅳ. ①S83②S858.3

中国国家版本馆 CIP 数据核字(2023)第 155826 号

书　　名　养禽与禽病防治

作　　者　陈金雄　张世忠　主编

策划编辑　康昊婷　　**责任编辑**　康昊婷

封面设计　李尘工作室

出版发行　中国农业大学出版社

社　　址　北京市海淀区圆明园西路 2 号　　**邮政编码**　100193

电　　话　发行部 010-62733489，1190　　读者服务部 010-62732336

编辑部 010-62732617，2618　　出版部 010-62733440

网　　址　http://www.caupress.cn　　**E-mail** cbsszs@cau.edu.cn

经　　销　新华书店

印　　刷　涿州市星河印刷有限公司

版　　次　2023 年 8 月第 1 版　　2023 年 8 月第 1 次印刷

规　　格　185 mm×260 mm　　16 开本　　21 印张　　530 千字

定　　价　59.00 元

编写人员

主　编　陈金雄　福建农业职业技术学院

　　　　　张世忠　福建省农业科学院畜牧兽医研究所

副主编　刘秉玶　福建农业职业技术学院

　　　　　张杏莉　福建农业职业技术学院

　　　　　黄金龙　福建农业职业技术学院

参　编　（按姓氏笔画排序）

　　　　　庄晓东　漳州昌龙农牧有限公司

　　　　　余　劼　福建光阳蛋业股份有限公司

　　　　　林　颖　福建农业职业技术学院

　　　　　黄种彬　国家水禽基因库（福建）

前　言

养禽与禽病防治是高等职业院校畜牧兽医专业核心课程。本书作为该课程的配套教材，有两大立足点：一是我国高等职业教育处于由外延式扩张向内涵式发展迈进的关键时期，高等职业教育改革的持续深化对教材提出新的要求；二是我国家禽行业已走上规模化、工业化、现代化的发展道路，我国已成为全球家禽生产大国。

根据《中华人民共和国职业教育法》要求，本教材深入调研养禽行业人才需求，根据现代家禽产业链及生产岗位的技术领域和职业岗位（群）的任职要求，全面分析养禽工作过程和工作任务，参照家禽饲养工、家禽繁殖工等国家职业标准和“1＋X”家庭农场畜禽养殖职业技能等级标准，改革与设计编写内容，力求做到突出实践性、应用性和职业技能特点，体现科学性、先进性和实用性。

为全面贯彻党的二十大提出的“实施科教兴国战略，强化现代化建设人才支撑”重要精神，本教材突出以职业能力为核心，贯彻“以职业标准为依据，以岗位需求为导向，以职业能力为核心”的编写理念，坚持科技是第一生产力、人才是第一资源、创新是第一动力，突出新知识、新技术、新工艺、新方法，注重职业能力培养，打造新时代人才。

本教材基于家禽生产过程、按照实际工作任务进行相关养禽知识整合编写，融入智慧健康养殖和养禽场废弃物资源化利用的知识点，重点阐述家禽生产基本知识和关键技术，强化解决家禽生产实际问题的方法和能力。主要内容分为 11 个学习项目、41 个学习任务和 20 个技能训练，包括家禽品种识别、标准化禽场建设和智能化设备应用、家禽良种繁育技术、家禽孵化技术、家禽营养管理技术、蛋鸡生产技术、肉鸡生产技术、水禽生产技术、智能化蛋鸡养殖与经营管理、家禽健康管理技术、养禽场常见传染病的诊断与治疗等。为便于学习，每个任务都列有任务描述、任务目标和思政目标，项目后设有复习与思考，教材选取技能训练内容贴近生产，使学生易学、易懂、易会。

本教材既可作为高等职业院校畜牧、畜牧兽医、动物营养与饲料、智能化畜禽养殖及相关专业的教材，也可作为家禽生产管理人员、技术人员的培训资料和参考书。

本教材在编写过程中参阅了有关文献并引用了其中一些资料，在此对这些文献的作者表示由衷的感谢。

由于编者水平所限，编写时间仓促，书中错误和不妥之处在所难免，敬请同行专家和读者批评指正，以便修订时加以完善。

编　者
2023 年 1 月

目　录

项目一

家禽品种识别

任务一　家禽品种分类

任务描述

家禽品种是家禽生产的重要基础，家禽的生产性能、健康和产品质量取决于家禽品种的质量。本任务带领大家学习家禽品种的概念及分类方法，为生产者后期选择合适饲养的家禽品种奠定基础。

任务目标

了解家禽品种的概念；掌握家禽品种的分类方法。

思政目标

创新精神；“求同存异”的和谐思想；民族自豪感。

知识清单

一、家禽品种的概念

家禽品种，是人类在一定的自然生态和社会经济条件下，在家禽种内通过选择、选配和培育等手段选育出来的具有一定生物学、经济学特性和种用价值，能满足人类的一定需求，具有一定数量的家禽类群。

二、家禽品种的分类方法

家禽品种分类方法有多种，目前公认的是标准品种分类法、《中国家禽品种志》分类法和现代化养鸡分类法。

二维码 1-1　家禽品种分类

（一）标准品种分类法

按国际上公认的标准品种分类法将家禽分为类、型、品种和品变种。

1. 类

按家禽的原产地分为亚洲类、美洲类、地中海类和英国类等。每类之中又细分为品种和品变种。

2. 型

根据家禽的用途分为蛋用型、肉用型、兼用型和观赏型。

3. 品种

品种是指通过育种而形成的一个有一定数量的群体，它们具有特殊的外形和相似的生产性能，并且遗传性状稳定，有一定适应性。这个群体尚具有一定的结构，即由若干各具特点的类群构成。

4. 品变种

品变种又称亚变种、变种或内种，是在同一个品种内按不同的羽毛颜色、羽毛斑纹或冠形分为不同的品变种。

(二)《中国家禽品种志》分类法

1979—1983 年开展了全国畜禽遗传资源调查，1989 年编写的《中国家禽品种志》，将家禽分为地方品种、培育品种、引入品种 3 类。

1. 地方品种

由某地区长期选育而成的，适应当地的地理、气候、饲料条件、饲养方式和经营消费特点的品种。共收入地方品种 52 个，其中，鸡 27 个，分为蛋用型、肉用型、兼用型、药用型、观赏型和其他 6 型；鸭 12 个，分为蛋用型、肉用型、兼用型 3 型；鹅 13 个，全为肉用型。

2. 培育品种

人工选育的品种。与地方品种比较，遗传性能稳定，生产性能高，特征、特性基本一致，有较高的种用价值，但对饲养管理条件的要求较高。目前，鸡的培育品种有 9 个，分为蛋用型、肉用型、兼用型 3 型。

3. 引入品种

从国外引入我国的品种。引入鸡的标准品种分为蛋用型、肉用型、兼用型 3 型；1 个蛋鸭品种，1 个肉鸭品种；1 个火鸡品种。它们分别被编入《中国家禽品种志》中。

(三)现代化养鸡分类法

现代鸡种是在标准品种或地方品种的基础上采用现代育种方法及利用杂种优势培育出来的配套体系，又称为杂交商品系。其具有突出的生产性能，高产、稳产、性能整齐一致，强调群体生产性能，适合于规模化工厂饲养。按经济用途，现代鸡种分为蛋鸡系和肉鸡系两类。蛋鸡系主要产品就是鸡蛋，根据蛋壳颜色又可分为白壳蛋鸡、褐壳蛋鸡、粉壳蛋鸡和少量的绿壳蛋鸡。肉鸡系分为快大型肉鸡和优质肉鸡。

1. 现代蛋用型鸡种

蛋用型鸡以产蛋多为主要特征，该型鸡一般体形较小，外观清秀，性情活泼好动，羽毛紧凑，后躯发达，肌肉结实，羽毛紧凑；开产月龄5～6个月，产蛋量高，一般年产蛋220～270枚；产肉少，肉质差；无抱窝性。

（1）白壳蛋鸡　白壳蛋鸡主要是以白来航鸡为基础育成的，它在世界范围内饲养量多，分布广。主要特点是：体形小，耗料少，开产早，产蛋量高，饲料报酬高，饲养密度大，效益好，适应性强，最适宜集约化笼养管理。主要问题是蛋重小，蛋皮薄，抗应激性差，啄癖多，损耗较高。

（2）褐壳蛋鸡　褐壳蛋鸡是由肉蛋兼用型的鸡发展到蛋用型的，而且随着育种技术的发展，使褐壳蛋鸡的产蛋量有了长足的提高，加之消费者的喜爱，使褐壳蛋鸡在世界范围内增长较快。它的优点是：蛋重大，破损率低，便于运输；鸡的性情温顺，对应激的敏感性低；鸡啄癖少，死亡率低，好管理，杂交鸡可由羽色自别雌雄。主要不足是体重较大，耗料高，占笼面积大，耐热性差；对饲养技术的要求比白壳蛋鸡高，鸡蛋中血斑、肉斑率高。

（3）粉壳蛋鸡　我国地方品种鸡产的蛋多为粉壳蛋。近些年来，许多育种公司用白壳蛋鸡和褐壳蛋鸡杂交生产粉壳蛋鸡，粉壳蛋鸡最显著的特点是能表现出较强的褐壳蛋与白壳蛋的杂交优势，产蛋多，饲料报酬高，但生产性能不稳定。此型商品蛋鸡杂交优势明显，生活力与产蛋性能都比较突出。

（4）绿壳蛋鸡　绿壳蛋鸡源自我国的江西省，是一种十分奇特的蛋鸡新品种。它的皮、毛、肉、血、内脏均为黑色，但所产蛋的壳却为绿色。它的蛋白浓厚，蛋黄呈橘黄色，含有大量的卵磷脂和维生素A、维生素B、维生素E及微量元素碘、锌、硒。绿壳蛋鸡性情温和，喜群居，抗病力强，适应性强。主食五谷杂粮，喜食青草、青菜、嫩树叶，母鸡年产蛋160～190枚，孵化率、成活率可达90%，出壳饲养70 d可达1 kg。绿壳蛋鸡具有生长速度快、肉质优、高价值、高产、节粮等优点。

2. 现代肉用型鸡种

肉用型鸡以产肉多、生长速度较快、肉质较好为主要特征。用于生产肉用仔鸡的配套体系一般需具备培育出专门化的父系和母系这两套品系。父系要求生长迅速，体重大，肌肉丰满，饲料报酬高，产蛋性能可差些，目前，多采用白科尼什鸡，不过有的地方也用红科尼什鸡。母系要求一定生长迅速，产蛋量高且蛋重大，一般用兼用型品种，目前多使用白洛克鸡和浅花苏赛斯鸡。

根据生产性能和产品特征分为白羽快大型肉鸡和黄羽优质肉鸡。

（1）白羽快大型肉鸡　白羽快大型肉鸡以白科尼什鸡为父系，白洛克鸡为主要母系，具有纯白色羽毛、黄色胫部、早期生长速度快及饲料报酬高的特征。

（2）黄羽优质肉鸡　黄羽优质肉鸡以地方品种为父系，快大型肉鸡为母系杂交而来。根据生长速度又可分为快速型、中速型及优质型3种。

任务二　鸡品种识别

任务描述

根据家禽形成的历史背景及用途，家禽一般被分为标准品种、地方品种及现代鸡种。本任务即以标准品种、地方品种、培育品种和现代鸡种为分类系统全面地对鸡品种进行识别，做到有针对性地选择适合饲养的鸡品种。

二维码 1-2 鸡品种识别

任务目标

掌握主要鸡品种产地、生产性能和外貌特征；能写出鸡标准品种和地方品种的产地、类型和外貌特征；能熟知现代鸡种的生产性能。

思政目标

“求同存异”的和谐思想；认同优质自主品种，增强民族自豪感。

知识清单

一、标准品种

1. 白来航鸡

白来航鸡(图 1-1、图 1-2)原产于意大利，是蛋鸡标准品种中历史最久、分布最广、产量最高而遗传性稳定的世界名种，也是现代蛋鸡育种中应用最多的育种素材。其特点是全身羽毛为显性白羽，蛋壳颜色纯白，单冠特大，喙、胫、皮肤黄色，耳垂白色，体形小而清秀。成年公鸡体重约 2.2 kg，母鸡约 1.5 kg，性成熟约 160 d，年产蛋约 230 枚，耗料少，适应性强，无就巢性，活泼好动，容易惊群。

图 1-1 白来航鸡(公鸡)

图 1-2 白来航鸡(母鸡)

2. 洛岛红鸡

洛岛红鸡(图 1-3、图 1-4)属兼用型，于美国洛特岛州育成，有单冠与玫瑰冠 2 个品变种。其特征是羽毛呈深红色，尾羽黑色，中型体重，背宽平长，适应性强，产蛋量较高，年产蛋约 170 枚，蛋重约 60 g，蛋壳褐色。

图 1-3 洛岛红鸡(公鸡)

图 1-4 洛岛红鸡(母鸡)

3. 新汉夏鸡

新汉夏鸡(图 1-5、图 1-6)育成于美国新汉夏州,是从洛岛红鸡中选择体质好、产蛋多、成熟早、蛋重大和肉质好的鸡,经 30 多年选育而成,也属兼用型,其体形似洛岛红,但背部略短,羽色略浅,单冠。年产蛋约 200 枚,蛋重约 60 g,蛋壳褐色。

图 1-5　新汉夏鸡(公鸡)

图 1-6　新汉夏鸡(母鸡)

4. 澳洲黑鸡

澳洲黑鸡(图 1-7、图 1-8)是在澳州用黑色奥品顿鸡经 25 年选育而成的兼用型鸡种,羽色、喙、眼、胫皆黑色,脚底白色,皮肤白色。年产蛋约 180 枚,蛋壳黄褐色。

图 1-7　澳洲黑鸡(公鸡)

图 1-8　澳洲黑鸡(母鸡)

5. 白洛克鸡

白洛克鸡(图 1-9、图 1-10)兼用型,育成在美国,属洛克品种的品变种之一,白羽,单冠,喙、胫、皮肤皆黄色,体重较大。性成熟约 180 d,年产蛋约 170 枚,平均蛋重约 59 g,蛋壳褐色。1937 年开始向肉用型改良,经改良后早期生长快,胸、腿肌肉发达,羽色洁白,成为现代杂交肉鸡的专用母系。

图 1-9　白洛克鸡(公鸡)

图 1-10　白洛克鸡(母鸡)

6. 狼山鸡

狼山鸡(图 1-11、图 1-12)原产于我国江苏省。1872 年由狼山输往英国而得名,后输至欧、美其他国家,1883 年被认定为标准品种。狼山鸡有黑羽和白羽两种,外貌特点是颈部挺立,尾羽高耸,呈“U”字形,眼、喙、胫、脚底皆黑色,胫外侧有羽毛,属兼用型,年产蛋约 170 枚。

图 1-11　狼山鸡(公鸡)

图 1-12　狼山鸡(母鸡)

7. 九斤鸡

九斤鸡(图 1-13、图 1-14)原产于我国黄浦江以东的广大地区,又称浦东鸡,是世界著名肉鸡标准品种之一,1843 年输往英国,后至美国。该鸡体躯硕大,胸深体宽,近似方块形,成年公鸡体重约 4.8 kg,母鸡约 3.6 kg,而且肉质优良,性情温顺,有胫羽、趾羽。对许多国外鸡种的改良贡献巨大。

图 1-13　九斤鸡(公鸡)

图 1-14　九斤鸡(母鸡)

8. 丝毛乌骨鸡

丝毛乌骨鸡(图 1-15、图 1-16)原产于我国,主产区在福建、广东和江西,也属标准品种。国内作为药用,主治妇科病的“乌鸡白凤丸”即用丝毛乌骨鸡全鸡配药制成。国外分布也广,列为玩赏型鸡。丝毛乌骨鸡体小,乌眼,羽毛白色、丝状,有十大特征或叫“十全”:紫冠(桑葚状复冠)、缨头(毛冠)、绿耳、胡须、五爪、毛脚、丝毛、乌皮、乌骨、乌肉。

图 1-15　丝毛乌骨鸡(公鸡)

图 1-16　丝毛乌骨鸡(母鸡)

二、地方品种和培育品种

1. 仙居鸡

仙居鸡(图 1-17、图 1-18)原产于浙江省仙居县,属蛋用型。该鸡的外形和体态颇似来航鸡。羽色有白色、黄色、黑色、花羽及栗羽之分。胫多为黄色。成年公鸡体重约 1.4 kg,母鸡 1.0～1.3 kg。产蛋量变异很大,农村饲养的年产蛋量 100～200 枚,饲养条件好时,年产蛋量平均约 220 枚,最高达 269 枚,蛋重 35～45 g。

图 1-17　仙居鸡(公鸡)

图 1-18　仙居鸡(母鸡)

2. 浦东鸡

浦东鸡(图 1-19、图 1-20)原产于上海市。该鸡属肉用型,体躯硕大宽阔,近似方形,以黄色、麻栗色者较多。喙黄色或褐色,单冠,冠、肉髯、耳叶均为红色,胫黄色,3 月龄体重可达 1.25 kg,成年公鸡体重 4.00 kg,母鸡 3.00 kg 左右。年产蛋量 100～130 枚,蛋重 58 g,蛋壳深褐色。

图 1-19　浦东鸡(公鸡)

图 1-20　浦东鸡(母鸡)

3. 萧山鸡

萧山鸡(图 1-21、图 1-22)原产于浙江省萧山一带。该鸡体形较大,单冠,冠、肉髯、耳叶均为红色。喙、胫黄色,颈羽黄黑相间,羽毛淡黄色。成年公鸡体重 2.5～3.5 kg,母鸡 2.1～3.2 kg,肉质富含脂肪,嫩滑味美。年产蛋量 130～150 枚,蛋壳褐色。

图 1-21　萧山鸡(公鸡)

图 1-22　萧山鸡(母鸡)

4. 惠阳胡须鸡

惠阳胡须鸡(图 1-23、图 1-24)又称三黄胡须鸡，产于广东省。该鸡属肉用型，背短，后躯发达，呈楔形。其特点为：黄毛、黄嘴、黄腿、有胡须、短身、矮腿、易肥、软骨、白皮及玉肉。成年公鸡体重 2.0～2.2 kg，母鸡 1.5～1.8 kg。年产蛋量 80～90 枚，蛋重约 47 g，蛋壳浅褐色。在较好的饲养条件下，85 d 公、母混合饲养平均活重可达 1.1 kg。肉品质好，风味独特，是出口创汇的好商品。

图 1-23　惠阳胡须鸡(公鸡)

图 1-24　惠阳胡须鸡(母鸡)

5. 庄河鸡

庄河鸡(图 1-25、图 1-26)又称大骨鸡，原产于辽宁庄河一带，为兼用型品种。庄河鸡体形硕大，腿高粗壮，结实有力，身高颈粗，胸深背宽，健壮敦实。公鸡羽色多为红色，尾羽为黑色，母鸡多为黄麻色。成年公鸡体重 3.2～5.0 kg，母鸡 2.3～3.0 kg。年均产蛋 146 枚，蛋重约 63 g。

图 1-25　庄河鸡(公鸡)

图 1-26　庄河鸡(母鸡)

三、现代鸡种(配套系)

(一)蛋用型鸡

蛋鸡的品种较多,世界上有400多个品种,但流传下来用于育种的已经很少。目前,现代企业饲养较多的品种有罗曼白、罗曼褐、海兰白、海兰褐、京粉6号及农大3号等。

1. 罗曼白

罗曼白(图1-27、图1-28)是德国罗曼公司育成的四系配套白壳蛋用鸡种。分布在全国20多个省区,是蛋鸡中覆盖率较高的品种,具有适应性强、耗料少、产蛋多和成活率高的优良特点。

商品代生产性能:1～18周龄耗料6.0～6.4 kg,育成期成活率为96%～98%,20周龄体重1.30～1.35 kg。148～154日龄产蛋率达50%,产蛋高峰期产蛋率为92%～95%,平均蛋重62.5 g,72周龄产蛋量295～305枚,产蛋期成活率为94%～96%。

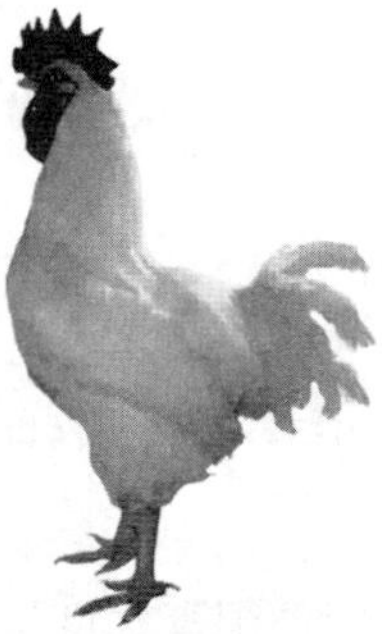

图1-27　罗曼白(公鸡)

图1-28　罗曼白(母鸡)

2. 罗曼褐

罗曼褐(图1-29、图1-30)是德国罗曼公司育成的四系配套褐壳蛋用鸡种。父母代雏鸡可通过羽速(快羽为母,慢羽为公)自别雌雄,1日龄商品代雏鸡根据绒毛颜色(白羽为公雏,红羽为母雏)可自别雌雄,其具有较高的生产性能、成熟性早、显著的产蛋高峰以及高峰后持久的产蛋力等特性。此鸡性情非常温顺,适应能力强,也有较强的抗病能力,易于管理。

商品代生产性能:生长期成活率为96%～98%,150～156日龄产蛋率达50%;产蛋高峰期产蛋率为91%～94%,产蛋量290～300枚,产蛋总重18.5～19.5 kg,产蛋期成活率为94%～96%。

图1-29　罗曼褐(公鸡)

图1-30　罗曼褐(母鸡)

3. 海兰白

海兰白壳蛋鸡(图 1-31、图 1-32)是美国海兰国际公司培育的四系配套优良蛋鸡品种。我国从 20 世纪 80 年代引进,在全国有多个祖代或父母代种鸡场,是白壳蛋鸡中饲养较多的品种之一。海兰 W-36 白壳蛋鸡具有饲料报酬高、产蛋多和成活率高等优良特点。

商品代生产性能:1～18 周龄成活率为 97%～98%,体重 1 280 g,鸡只耗料量 5.66 kg;产蛋期(至 80 周)高峰产蛋率为 93%～94%,155 日龄产蛋率达 50%;入舍母鸡产蛋数至 60 周龄为 230～237 枚,至 80 周龄为 330～339 枚;平均蛋重 32 周龄为 58 g,70 周龄为 63 g;21～60 周龄每千克蛋耗料 1.96 kg,21～80 周龄每千克蛋耗料 1.99 kg;72 周龄体重 1 580 g。

海兰 W-36 白壳蛋鸡可在全国绝大部分地区饲养,适宜集约化养鸡场、规模鸡场、专业户和农户。

图 1-31 海兰白(公鸡)

图 1-32 海兰白(母鸡)

4. 海兰褐

海兰褐壳蛋鸡(图 1-33、图 1-34)是美国海兰国际公司培育的四系配套优良蛋鸡品种。我国从 20 世纪 80 年代引进,在全国有多个祖代或父母代种鸡场,是褐壳蛋鸡中饲养较多的品种之一。

海兰褐壳蛋鸡具有较高的生产性能、饲料报酬高、产蛋多、产蛋高峰显著、高峰后持久的产蛋力和成活率高等优良特点。

商品代生产性能:1～18 周龄成活率为 96%～98%,体重 1 550 g,每只鸡耗料量 5.7～6.7 kg。产蛋期(至 80 周)高峰产蛋率为 94%～96%。入舍母鸡产蛋数至 60 周龄时为 246 枚,至 74 周龄时为 317 枚,至 80 周龄时为 344 枚。19～80 周龄每只鸡日平均耗料 114 g,21～74 周龄每千克蛋耗料 2.11 kg。72 周龄体重为 2 250 g。

海兰褐壳蛋鸡在全国很多地区都可饲养,适宜集约化养鸡场、规模鸡场、专业户和农户饲养。

图 1-33 海兰褐(公鸡)

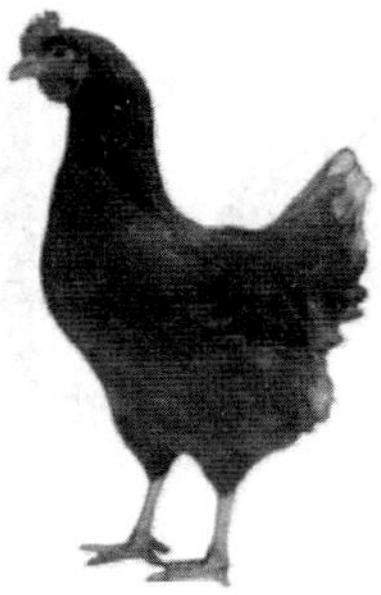

图 1-34 海兰褐(母鸡)

5. 京粉 6 号

京粉 6 号(图 1-35、图 1-36)是北京市华都峪口禽业有限责任公司利用优秀的育种素材，结合先进的现代分子生物技术、数量遗传、计算机等技术，自主培育而成适合我国饲养环境、生产性能国际领先的优秀特色蛋鸡品种。

京粉 6 号主要有两个品系，一种为蛋用型红鸡，另一种为蛋用型粉鸡，均产小粉蛋。具有死淘低、饲料报酬高、产蛋多、蛋品优、体重大、综合效益高及产蛋性能高等优良特点。

商品代生产性能：0～80 周龄全程死淘率低于 5%，无啄肛，脱肛；0～80 周龄饲养日产蛋数达到 380 枚，低于 55 g 的达到 165 枚，产蛋高峰达到 98%，90%以上产蛋率维持 8 个月以上；蛋壳颜色均匀有光泽，全程破损率低于 2%；80 周龄淘汰体重达到 1 810 g；高峰期鸡体繁殖性能旺盛，产蛋水平高，88%以上产蛋率维持 9 个月，阶段产蛋达 240 枚。

图 1-35　京粉 6 号(粉鸡)

图 1-36　京粉 6 号(红鸡)

6. 农大 3 号

农大 3 号(图 1-37、图 1-38)，全称是“农大褐 3 号”矮小型蛋鸡，是中国农业大学的育种专家历经多年培育的优良蛋用品种。可根据羽速自别雌雄，快羽类型的雏鸡都是母雏，而所有慢羽雏鸡都是公雏。其具有体形小、耗料少、饲料报酬高、疾病净化好、成活率高、蛋品质好、蛋形蛋色独特和老母鸡肉质鲜美等优良特性，是近年来饲养较多的品种之一。

商品代生产性能：育雏育成期成活率高达 97%，产蛋期成活率大于 95%；72 周可提供 45～55 g 蛋重范围的鸡蛋约 250 枚；产蛋期日耗料量 85～90 g/只，料蛋比(1.93～2.00)∶1；产蛋期平均日采食量 88 g 左右，与普通蛋鸡相比，每生产 1 枚鸡蛋节省饲料 25 g 左右，成本节省 0.05 元。

图 1-37　农大 3 号(母鸡)(褐壳)

图 1-38　农大 3 号(母鸡)(粉壳)

近十几年来，我国还引进很多白壳蛋系和褐壳蛋系的祖代种鸡。表 1-1 列出了一些现代蛋鸡品种的生产性能仅供参考。

表 1-1 商品蛋鸡主要生产性能指标

品种	产蛋达50%的周龄	72 周龄产蛋量/枚	平均蛋重/g	后备期成活率/%	产蛋期存活率/%	料蛋比
北京白 988	23	310	63	96～98	94.5	2.0
星杂 288	23～24	266～285	61.5	98	92	2.30
巴布考克 B300	23	274.6	64.6	98	94.5	2.45
迪卡白	21	293	61.7	96	92	2.27
海兰 W-36	24	273	63	95.5	92	2.20
海兰褐	22	298	63.1	96～98	94～96	2.3
罗曼白	22～23	290	62	98	95	2.35
罗曼褐	22～23	285～295	64	97～98	94～96	2.1
尼克白	25	260	58	95.1	90	2.57
海赛克斯白	22～23	284	60.7	95.5	91.5	2.34
海赛克斯褐	22～23	283	63.2	97	95.0	2.39
伊莎白	21～22	322～334	61.5	95～98	95	2.23
伊莎褐	22～23	283～296	64	96～98	94～95	2.4
北京红		275～285	63～64	98	88～94	2.5～2.6
尼克红	22.5	282	63.3	96	94.5	2.4
迪卡褐	23	270～300	63.7	97	94	2.36
亚发	22～23	290～305	64	94～96	92～94	2.4
雅康(粉)	23～24	262～277	63	94～96	94～92	
星杂 444	22～23	270～290	62	92	94	2.57

(二)快大型肉鸡

快大型肉鸡生产特点是生长速度快，周期短，饲料转化率高，适应性强。

1. 艾维茵

艾维茵(图 1-39、图 1-40)是美国艾维茵国际家禽公司育成的优秀四系配套杂交肉鸡。中、美、泰三方合资的北京家禽育种公司引进了原种鸡及配套技术，1988 年通过农业部的验收，是目前在国内饲养量最大的肉鸡品种。肉仔鸡生长快，饲料转化率高，适应性也强。

图 1-39　艾维茵(公鸡)

图 1-40　艾维茵(母鸡)

2. 爱拔益加(简称 AA)

爱拔益加(图 1-41、图 1-42)是美国爱拔益加公司培育的四系配套杂交肉鸡。我国引入祖代种鸡已经多年,饲养量较大,效果也较好。其父、母代种鸡产蛋量高,并可利用快慢羽自别雌雄,商品仔鸡生长快,耗料少,适应性强。

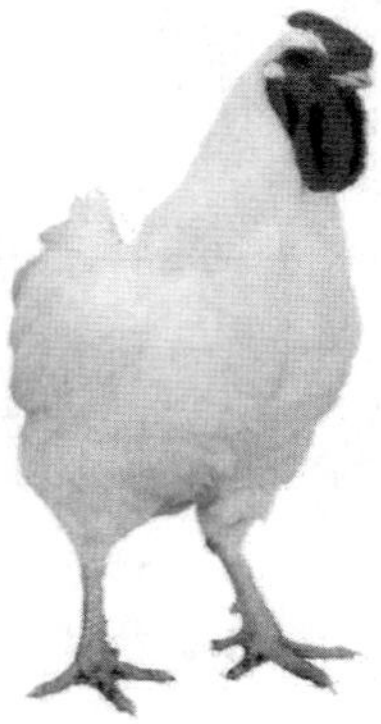

图 1-41　爱拔益加(公鸡)

图 1-42　爱拔益加(母鸡)

3. 伊莎明星

伊莎明星是法国伊莎公司育成的五系配套肉鸡,其特点是母系的第一父本 D 系携带慢羽基因 K,第二父本 C 系携带矮小型基因 dw。父、母代种雏可自别雌雄。成年母鸡体形矮小,节省饲料和饲养面积,因而可显著降低鸡苗成本;商品代的生长速度和饲料报酬基本不受影响。我国于 20 世纪 80 年代曾引入原种鸡繁育推广。

4. 宝星

宝星是加拿大雪佛公司育成的四系杂交肉鸡。1978 年我国引入曾祖代种鸡,曾译为星布罗,1985 年第二次引进曾祖代种鸡,称为宝星肉鸡,当时表现较好。

5. 安卡红

安卡红(图 1-43、图 1-44)是以色列 PBU 公司培育的有色羽杂交肉鸡,其生长速度接近白羽肉鸡,特别是抗热应激、抗病能力较强。我国上海引进有曾祖代种鸡。

图 1-43 安卡红(公鸡)

图 1-44 安卡红(母鸡)

6. 红布罗

红布罗是加拿大雪佛公司育成的红羽快大型肉鸡，具有羽黄、胫黄、皮肤黄“三黄”特征。该鸡适应性好、抗病力强，肉味也好，与地方品种杂交效果良好。我国引进有祖代种鸡繁育推广。

此外，我国引进的祖代快大型肉鸡还有荷兰的海波罗、哈伯德等。现将若干商品肉鸡主要生产性能列于表 1-2。

表 1-2 商品肉鸡主要生产性能指标

品种	6 周龄		7 周龄		8 周龄	
	体重/kg	料肉比	体重/kg	料肉比	体重/kg	料肉比
艾维茵	1.98	1.74	2.61	1.89	2.92	2.08
AA	2.07	1.74	2.57	1.91	3.06	2.09
伊莎明星	1.75	1.84	2.15	1.98	2.55	2.12
宝星			2.17	2.04		
安卡红			1.93	2.00		
红布罗	1.29	1.86	1.73	1.94	2.29	2.25
海波罗	2.00	1.79	2.45	1.94	2.88	2.09
哈伯德	1.41	1.92	1.78	2.08	2.12	2.26
塔特姆	1.63	1.83	2.05	1.97	2.48	2.05
罗斯 1 号	1.67	1.89	2.09	2.01	2.50	2.15
狄高	1.88	1.87			2.53	2.07
D 型矮洛克	1.71	2.15			1.90	2.32

(三)优质肉鸡

优质肉鸡是由优质地方黄羽土鸡经过多年的纯化选育或杂交而形成的鸡种；生产性能有一定提高；生长周期较长；食性较广，且有其独特的饲喂制度和方法；性情活泼，好斗爱追逐，易发生啄癖；其羽毛多为黄色或带麻点，黄喙、黄肤、黄脚，皮薄骨软，肉质鲜美，鸡味浓郁，且有较好的产肉性能和抗病能力。

1. 石岐杂鸡

石岐杂鸡(图 1-45、图 1-46)是由广东惠阳鸡、清远麻鸡和石岐鸡与引进的新汉夏、白洛克、科尼什等外来鸡种杂交改良而成。它保留了地方三黄鸡种骨细肉嫩、味道鲜美等优点,克服了地方鸡生长慢、饲料报酬低等缺陷。具有三黄鸡的黄毛、黄皮、黄脚、短脚、圆身、薄皮、细骨、肉厚、味浓等特征。一般肉仔鸡饲养 3～4 个月,平均体重 2 kg 左右,料肉比(3.2～3.5)∶1。

图 1-45　石岐杂鸡(公鸡)

图 1-46　石岐杂鸡(母鸡)

2. 惠阳胡须鸡

惠阳胡须鸡又称三黄胡须鸡,原产于广东省惠阳地区,属中型肉用鸡种。该鸡具有肥育性能好、肉嫩味鲜、皮薄骨细等优点,深受广大消费者欢迎,尤其在港澳活鸡市场久享盛誉,售价也特别高。它的毛孔浅而细,屠体皮质细腻光滑,是与外来肉鸡明显的区别之处。在农家饲养条件下,5～6 月龄体重 1.2～1.5 kg,料肉比(5～6)∶1。

3. "882"黄鸡

"882"黄鸡是广州市白云家禽发展公司 10 多年来应用合成法和级进育种技术,经 36 种不同类型的杂交配套组合近 10 万羽肉鸡的杂交组合试验,选育出来的配套种鸡,荣获广州市科技进步一等奖。

鸡体结构匀称,呈矩形,胸部宽阔,腿肌发达,高矮适中,胫长 6.0～8.8 cm;公鸡单冠直立,6～8 齿;公鸡饲养 60 d 上市体重 1 450 g,母鸡淘汰体重 2 800 g。

4. 江村黄鸡

江村黄鸡(图 1-47、图 1-48)是广州市江村家禽企业发展公司为能在香港市场适销对路而培育的黄鸡配套系。从 1985 年开始,该公司经过长期的个体选育、家系选育、品系配套试验和近 500 万羽肉鸡的饲养试验,最终育成了江村黄鸡。

江村黄鸡头部较小,鸡冠鲜红直立,嘴黄而短,被毛紧实,色泽鲜艳,体形短而宽,肌肉丰满,肉质鲜嫩,鸡味鲜美,皮下脂肪特佳。

江村黄鸡父母代母鸡 22 周龄开产,50%产蛋率的周龄为 25 周龄,产蛋高峰期在 27～29 周,产蛋率达 78%左右。66 周龄时产蛋 150 枚,平均受精率 92%,入孵蛋出雏率为 85%,66 周龄入舍母鸡平均产雏鸡 127 只。肉用公鸡 63 日龄体重达到 1.5 kg,料重比 2.3∶1;肉用母鸡 100 日龄体重 1.7～1.9 kg,料重比 3.0∶1。

图 1-47　江村黄鸡(公鸡)

图 1-48　江村黄鸡(母鸡)

5. 新浦东鸡

新浦东鸡是由上海市农业科学院畜牧兽医研究所以浦东鸡为基础，分别与白洛克鸡、红科尼什鸡进行杂交育种而成。1981 年通过品种鉴定。

其外貌特征与浦东鸡相比，除体躯较长而宽、胫部略粗短而无胫羽外，差异不大。

商品代生产性能：28 日龄公鸡体重 433 g，母鸡 391 g；63 日龄公鸡体重 1 863 g，母鸡 1 491 g；70 日龄公鸡体重 2 172 g，母鸡 1 704 g。公、母鸡平均半净膛屠宰率为 85%。

种鸡平均开产日龄 184 d，42 周龄平均产蛋 78 枚，66 周龄平均产蛋 177 枚，平均蛋重 61 g，蛋壳浅褐色。公鸡性成熟期 130～150 d。公、母鸡配种比例 1∶(12～15)。

6. 新狼山鸡

新狼山鸡是 1949 年后第一个育成的兼用型鸡种。1952 年开始由华东农业科学研究所选育，1958 年基本定型。1959 年移交中国农业科学院家禽研究所继续培育和扩繁推广。

新狼山鸡为兼用型，不像原来狼山鸡的背形。羽毛紧凑程度介于澳洲黑与黑色狼山鸡之间，既不像澳洲黑那么松也不像狼山鸡那么紧凑。光脚、无毛脚类型，全身羽毛黑色、单冠，眼的虹膜呈黄褐色，胫、脚部浅色，部分蓝灰色。新狼山鸡换羽后的羽毛发蓝绿色光泽，其虹膜、脚腹部、羽毛色泽以及体形与原来的狼山鸡有明显的区别。

据 1992 年国家地方禽种资源基因库测定：新狼山母鸡开产日龄为 185 d，开产体重为 2 125 g，500 日龄平均产蛋 192 枚，平均蛋重为 54.6 g，蛋壳褐色，蛋形相当一致。90 日龄平均体重公鸡为 1 203 g，母鸡为 1 005 g；成年鸡半净膛屠宰率公鸡为 80.4%，母鸡为 78.3%；全净膛屠宰率公鸡为 73.4%，母鸡为 72.5%。

7. 北京油鸡

北京油鸡(图 1-49、图 1-50)是北京地区特有的地方优良品种，至今已有 300 余年历史。北京油鸡是一个优良的肉蛋兼用型地方鸡种。具有特殊的外貌(即凤头、毛腿和胡子嘴)，肉质细致，肉味鲜美，蛋质优良，具有生活力强和遗传稳定等特性。

北京油鸡体躯中等，羽色美观，主要有赤褐色和黄色的羽色。赤褐色者体形较小，黄色者体形大。公鸡羽毛色泽鲜艳光亮，头部高昂，尾羽多为黑色。母鸡头、尾微翘，胫略短，体态敦实。北京油鸡羽毛较其他鸡种特殊，毛冠、毛腿和毛髯，故称为“三毛”，这就是北京油鸡的主要外貌特征。

北京油鸡的生长速度缓慢。屠体皮肤微黄，紧凑丰满，肌间脂肪分布良好、肉质细腻，肉味鲜美。公、母鸡平均初生重为 38.4 g，4 周龄体重为 220 g，8 周龄体重为 549.1 g，12 周龄体重为 959.7 g，16 周龄体重为 1 228.7 g；20 周龄公鸡体重为 1 500 g，母鸡为 1 200 g。

图 1-49　北京油鸡（公鸡）

图 1-50　北京油鸡（母鸡）

8. 广西三黄鸡

广西三黄鸡（图 1-51、图 1-52），产于广西东南部的桂平、平南、藤县、苍梧、贺县、岭溪、容县等地。

广西三黄鸡属小型鸡种，基本具“三黄”特征。公鸡羽毛酱红色，颈羽颜色比体羽浅，翼羽常带黑边，尾羽多为黑色。母鸡均黄羽，但主翼羽和副翼羽常带黑边或黑斑，尾羽多为黑色。单冠，耳叶红色，虹彩橘黄色。喙与胫黄色，也有胫白色。皮肤白色居多，少数为黄色。成年公鸡体重 1 985～2 320 g，母鸡 1 395～1 850 g。半净膛屠宰率公鸡 85.0%，母鸡 83.5%；全净膛屠宰率公鸡 77.8%，母鸡 75.0%。开产日龄 150～180 d，年产蛋 77 枚，蛋重 41 g，蛋壳呈浅褐色。

图 1-51　广西三黄鸡（公鸡）

图 1-52　广西三黄鸡（母鸡）

任务三　鸭品种识别

任务描述

鸭在人类的长期驯化和选择下，被培育成了三种类型，即肉用型、蛋用型和兼用型。肉用型鸭品种主要有北京鸭、樱桃谷鸭及狄高鸭；蛋用型鸭品种包括金定鸭、绍兴鸭、康贝尔鸭等；兼用型鸭品种常见的有高邮鸭和建昌鸭，本任务将从这三种类型分别对各种鸭进行识别。

二维码 1-3　鸭、鹅品种识别

任务目标

了解鸭品种资源的主要类型；掌握主要鸭品种的产地、外形特征及生产性能等；能根据鸭外貌判定其生产方向和生产性能。

思政目标

爱岗敬业；科技是第一生产力；民族自豪感。

知识清单

一、肉用型鸭品种

1. 北京鸭

北京鸭(图 1-53、图 1-54)是现代肉鸭生产的主要品种，原产于北京市郊区。具有生长快、繁殖率高、适应性强和肉质好等优点，尤其适合加工烤鸭。体形硕大丰满，挺拔美观。头大颈粗，体躯呈长方形，背宽平，胸丰满，胸骨长而直。翅较小，尾短而上翘。开产日龄 150～180 d。母本品系年平均产蛋可达 240 枚，平均蛋重 90 g 左右，蛋壳白色。父本品系的公鸭体重 4.0～4.5 kg，母鸭 3.5～4.0 kg；母本品系的公、母鸭体重稍轻一些。

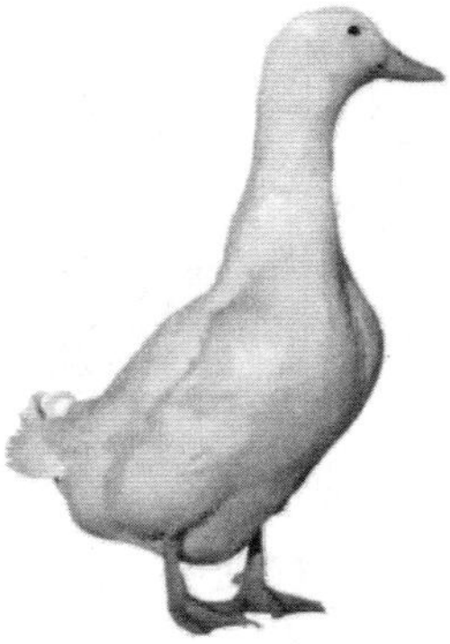

图 1-53　北京鸭(公鸭)

图 1-54　北京鸭(母鸭)

2. 樱桃谷鸭

樱桃谷鸭(图 1-55、图 1-56)是由英国樱桃谷公司引进北京鸭和埃里斯伯里鸭为亲本，经杂交育成。羽毛洁白，头大、额宽、鼻脊较高，喙橙黄色，颈平而粗短。翅膀强健，紧贴躯干。背宽而长，从肩部到尾部稍倾斜，胸部较宽深。种鸭性成熟期为 182 日龄，父母代群母鸭年平均产蛋 210～220 枚，蛋重 75 g。父母代群母鸭年提供初生雏 168 只。父母代成年公鸭体重 4.0～4.5 kg，母鸭 3.5～4.0kg，开产体重 3.1 kg。

图 1-55　樱桃谷鸭(公鸭)

图 1-56　樱桃谷鸭(母鸭)

3. 狄高鸭

狄高鸭是由澳大利亚狄高公司利用北京鸭，采用品系配套方法育成的优良肉用型鸭种。具有生长快、早熟易肥、体形硕大、屠宰率高等特点。该品种性喜干爽，能在陆地上交配，适于丘陵地区旱地圈养或网养。雏鸭绒羽黄色，脱换幼羽后，羽毛白色。头大、颈粗、胸宽，体躯稍长。性成熟期为 182 日龄，33 周龄进入产蛋高峰，产蛋率达 90%。年平均产蛋 230 枚左右，平均蛋重 88 g。

二、蛋用型鸭品种

1. 金定鸭

金定鸭(图 1-57、图 1-58)是优良的高产蛋鸭品种，因中心产区位于福建省龙海市紫泥乡金定村而得名。体形较长，前躯高抬，公鸭胸宽背阔，头部和颈上部羽毛具有翠绿色光泽，有“绿头鸭”之称。性羽黑色，并略上翘。母鸭身体细长，匀称紧凑，腹部丰满，全身羽毛呈赤褐色麻雀羽。公鸭和母鸭的喙黄绿色，虹彩褐色。胫、蹼橘红色，爪黑色，尾脂腺发达。产蛋期长，高产鸭在换羽期和冬季可持续产蛋而不休产。一般年产蛋 280～300 枚，舍饲条件下，平均年产蛋 313 枚，平均蛋重 70～72 g，产蛋量最高的个体年产蛋 360 枚。壳色以青壳蛋为主，约占 95%。成年平均体重 1.85 kg。母鸭开产日龄为 110～120 d，公鸭性成熟日龄为 110 d 左右。

图 1-57　金定鸭(公鸭)

图 1-58　金定鸭(母鸭)

2. 绍兴鸭

绍兴鸭(图 1-59、图 1-60)简称绍鸭,又称为绍兴麻鸭、浙江麻鸭、山种鸭,因原产地位于旧绍兴府所辖的绍兴、萧山、诸暨等县而得名,是我国优良的高产蛋鸭品种。绍兴鸭根据毛色可分为红毛绿翼绍鸭和带圈白翼绍鸭两个类型。带圈白翼绍公鸭全身羽毛深褐色,头和额上部羽毛墨绿色,有光泽;母鸭全身以浅褐色麻雀羽为基色;颈中间有 2～4 cm 宽的白色羽圈。红毛绿翼绍公鸭全身羽毛以深褐色为主,头至颈部羽毛均呈墨绿色,有光泽;母鸭全身以深褐色为主,颈部无白圈,颈上部褐色,无麻点。红毛绿翼绍母鸭年产蛋为 260～300 枚,300 日龄蛋重 70 g;带圈白翼绍母鸭年产蛋 250～290 枚,蛋壳为玉白色,少数为白色或青绿色。红毛绿翼绍公鸭成年体重 1.3 kg,母鸭 1.25 kg;带圈白翼绍公鸭成年体重 1.40 kg,母鸭 1.30 kg。母鸭开产日龄为 100～120 d,公鸭性成熟日龄为 110 d 左右。

图 1-59　绍兴鸭(公鸭)

图 1-60　绍兴鸭(母鸭)

3. 康贝尔鸭

康贝尔鸭(图 1-61、图 1-62)由印度跑鸭与芦安公鸭杂交,其后代母鸭再与公野鸭杂交,经多代培育而成,育成于英国。康贝尔鸭有 3 个变种:黑色康贝尔鸭、白色康贝尔鸭和咔叽·康贝尔鸭(即黄褐色康贝尔鸭)。

我国引进的是咔叽·康贝尔鸭,体躯较高大,深广而结实。头部秀美,面部丰润,喙中等大,眼大而明亮,颈细长而直,背宽广、平直、长度中等。胸部饱满,腹部发育良好而不下垂。母鸭开产日龄为 120～140 d,年平均产蛋 260～300 枚,蛋重 70 g 左右,蛋壳为白色。成年公鸭体重 2.4 kg,母鸭 2.3 kg。

图 1-61　康贝尔鸭(公鸭)

图 1-62　康贝尔鸭(母鸭)

三、兼用型鸭品种

1. 高邮鸭

高邮鸭(图1-63、图1-64)是较大型的蛋、肉兼用型麻鸭品种。主产区位于江苏省高邮、宝应、兴化等县。该品种觅食能力强,善潜水,适于放牧。背阔肩宽胸深,体躯长方形。公鸭头和颈上部羽毛深绿色,有光泽;背、腰、胸部均为褐色芦花羽。母鸭全身羽毛褐色,有黑色细小斑点,如麻雀羽。开产日龄为110～140 d,年产蛋140～160枚,高产群可达180枚,平均蛋重76 g。成年体重平均2.6～2.7 kg,放牧条件下70日龄体重达1.5 kg左右,较好的饲养条件下70日龄体重为1.8～2.0 kg。高邮鸭及其蛋品在汪曾祺先生的笔下出现后,成为当地的"名鸭"。

图1-63　高邮鸭(公鸭)

图1-64　高邮鸭(母鸭)

2. 建昌鸭

建昌鸭(图1-65、图1-66)是麻鸭类型中肉用性能较好的品种,以生产大肥肝而闻名。主产区位于四川省凉山彝族自治州的安宁河谷地带的西昌、德昌、冕宁、米易和会理等县、市。西昌古称建昌,因而得名建昌鸭。由于当地素有腌制板鸭,填肥取肝和食用鸭油的习惯,因而促进了建昌鸭肉用性能及肥肝性能的提高。该鸭体躯宽深,头颈大。公鸭头和颈上部羽毛墨绿色而有光泽,颈下部有白色环状羽带;尾羽黑色。母鸭羽色以浅麻色和深麻色为主,浅麻色羽居多,占65%～70%;除麻雀羽色外,约有15%的白胸黑鸭,这种类型的公、母鸭羽色相同,全身黑色,颈下部至前胸的羽毛白色。母鸭开产日龄为150～180 d,年产蛋150枚左右,蛋重72～73 g,蛋壳有青、白两种,青壳占60%～70%。成年公鸭体重2.2～2.6 kg,母鸭2.0～2.1 kg。

图1-65　建昌鸭(公鸭)

图1-66　建昌鸭(母鸭)

任务四　鹅品种识别

任务描述

鹅作为我国重要的水禽之一，在我国饲养历史悠久，不同地区饲养的鹅品种不同，主要分为小型鹅种、中型鹅种和大型鹅种。比如，太湖鹅、豁眼鹅、乌鬃鹅、籽鹅属小型鹅种；皖西白鹅、雁鹅、朗德鹅、莱茵鹅属中型鹅种；狮头鹅、埃姆登鹅属大型鹅种。

任务目标

了解鹅品种的分类；了解各种类型鹅种的代表品种；能识别在我国鹅生产中的重要品种。

思政目标

团结协作；爱岗敬业；创新精神；精益求精；民族自豪感。

知识清单

一、小型鹅种

1. 太湖鹅

太湖鹅(图1-67、图1-68)原产于江浙两省沿太湖的县、市，现遍布江苏、浙江、上海，在东北、河北、湖南等地均有分布。体形较小，全身羽毛洁白，体质细致紧凑，体态高昂。肉瘤圆而光滑，呈姜黄色。颈细长呈弓形，无肉髯。公鹅喙较短，约6.5 cm，性情温顺，叫声低，肉瘤小。性成熟较早，母鹅160日龄即可开产。一个产蛋期(当年9月份至翌年6月份)每只母鹅平均产蛋60枚，高产鹅群达80～90枚，高产个体达123枚。平均蛋重135 g，蛋壳颜色较一致，几乎全为白色，就巢性弱。成年公鹅体重4.33 kg，母鹅3.23 kg。

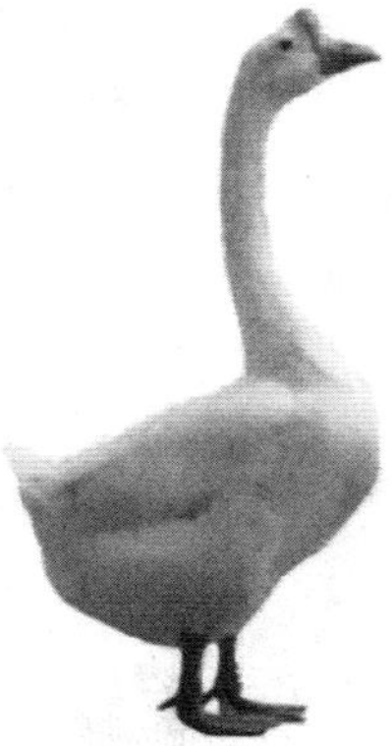

图1-67　太湖鹅(公鹅)

图1-68　太湖鹅(母鹅)

2. 豁眼鹅

豁眼鹅(图1-69、图1-70)俗称豁鹅，因其上眼睑边缘后上方有豁而得名。原产于山东莱阳地区。历史上曾有大批的山东人移居东北时将这种鹅带往东北，因而现已以辽宁昌图饲养最多,俗称昌图豁鹅。体形轻小紧凑,全身羽毛洁白。喙、胫、蹼均为橘黄色,成年鹅有橘黄色肉瘤;眼呈三角形,眼睑淡黄色,两眼上眼睑处均有明显的豁口,此为该品种独有的特征;虹彩蓝灰色;头较小,颈细稍长。公鹅体形较短,呈椭圆形,有雄相。母鹅体形稍长,呈长方形。豁眼鹅雏鹅,绒毛黄色,腹下毛色较淡。一般在 7～8 月龄时产蛋。在放牧条件下,年平均产蛋 80 枚,在半放牧条件下,年平均产蛋 100 枚以上;饲养条件较好时,年产蛋 120～130 枚。最高产蛋纪录 180～200 枚,平均蛋重 120～130 g,蛋壳白色。成年公鹅平均体重 3.72～4.44 kg,母鹅 3.12～3.82 kg。

图 1-69　豁眼鹅(公鹅)

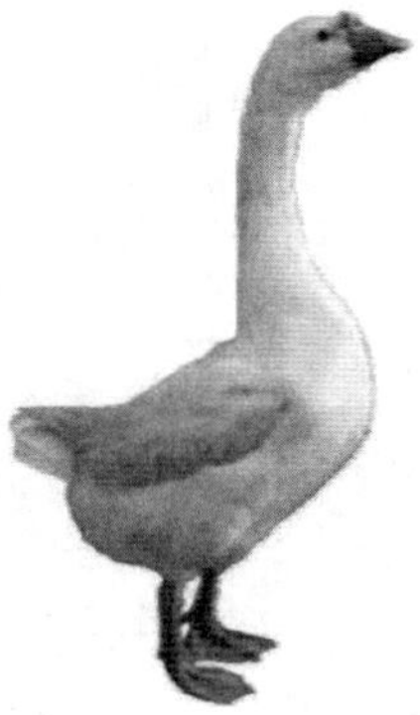

图 1-70　豁眼鹅(母鹅)

3. 乌鬃鹅

乌鬃鹅(图 1-71、图 1-72)原产于广东省清远市,故又称为清远鹅。因羽大部分为乌棕色,而得此名。中心产区位于清远市北江两岸的江口、源潭、洲心、附城等 10 个乡。体形紧凑,头小、颈细、腿矮。公鹅体形较大、呈橄核形;母鹅呈楔形。羽毛大部分呈乌棕色,从头部到最后颈椎有一条鬃状黑褐色羽毛带。在背部两边有一条起自肩部直至尾根的 2 cm 宽的白色羽毛带,在尾翼间未被覆盖部分呈现白色圈带。青喙,有肉瘤,胫、蹼均为黑色,虹彩棕色。母鹅开产日龄为 140 d 左右,母鹅有很强的就巢性,一年分 4～5 个产蛋期,平均年产蛋 30 枚左右,平均蛋重 144.5 g。蛋壳浅褐色。

图 1-71　乌鬃鹅(公鹅)

图 1-72　乌鬃鹅(母鹅)

4. 籽鹅

籽鹅(图 1-73、图 1-74)原产于黑龙江省绥北和松花江地区,因产蛋多而被称为籽鹅。该鹅种具有耐寒、耐粗饲和产蛋能力强的特点。体形较小，紧凑，略呈长圆形。羽毛白色，一般头顶有缨又叫顶心毛，颈细长，肉瘤较小，颌下偶有垂皮，即咽袋，但较小。喙、胫、蹼皆为橙黄色，虹彩为蓝灰色。腹部一般不下垂。母鹅开产日龄为 180～210 d。一般年产蛋在 100 枚以上，多的可达 180 枚，蛋重平均 131.1 g，最大 153 g，最小 114 g。成年公鹅体重 4.0～4.5 kg，母鹅 3.0～3.5 kg。

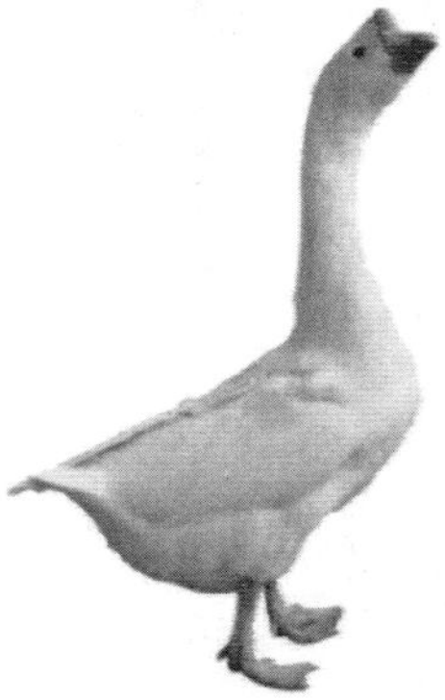

图 1-73　籽鹅(公鹅)

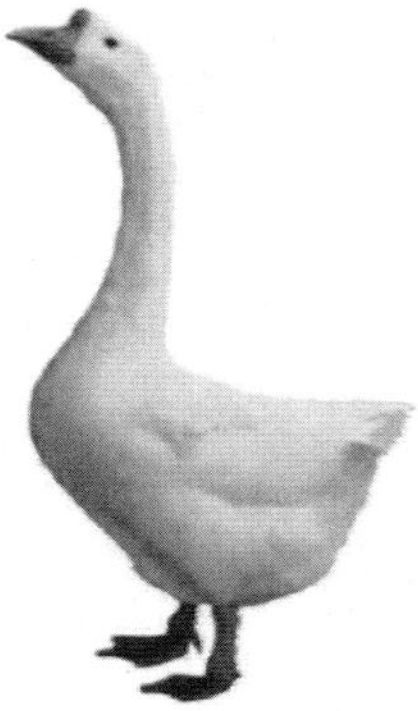

图 1-74　籽鹅(母鹅)

二、中型鹅种

1. 皖西白鹅

皖西白鹅中心产区位于安徽省西部丘陵山区和河南省固始一带。体形中等，体态高昂，气质英武，颈长呈弓形，胸深广，背宽平。全身羽毛洁白，头顶肉瘤呈橘黄色，圆而光滑无皱褶，喙橘黄色，胫、蹼均为橘红色，爪白色，约 6%的鹅颌下带有咽袋。公鹅肉瘤大而突出，颈粗长有力，母鹅颈较细短，腹部轻微下垂。皖西白鹅的类型分为有咽袋腹皱褶多、有咽袋腹皱褶少、无咽袋有腹皱褶、无咽袋无腹皱褶等。母鹅开产日龄一般为 6 月龄，产蛋多集中在 1 月份及 4 月份。皖西白鹅繁殖季节性强，时间集中。一般母鹅年产两期蛋，年产蛋 25 枚左右，3%～4%的母鹅可连产蛋 30～50 枚，群众称之为常蛋鹅。平均蛋重 142 g，蛋壳白色。母鹅就巢性强。成年公鹅体重 6.12 kg，母鹅 5.56 kg。皖西白鹅羽绒质量好，尤以绒毛的绒朵大而著称。

2. 雁鹅

雁鹅(图 1-75、图 1-76)原产于安徽省西部，后来逐渐向东南移，现在安徽的宣城、郎溪、广德一带和江苏西南的丘陵地区形成了新的饲养中心。在江苏分布区通常称雁鹅为灰色四季鹅。体形中等，体质结实，全身羽毛紧贴；头部圆形略方，头上有黑色肉瘤，质地柔软，呈桃形或半球形；喙黑色、扁阔，胫、蹼为橘黄色，爪黑色；颈细长，胸深广，背宽平；皮肤多数为黄白色。成年鹅羽毛呈灰褐色和深褐色，颈的背侧有一条明显的灰褐色羽带。一般母鹅开产在 8～9 月龄，年产蛋 25～35 枚。雁鹅在产蛋期间，每产一定数量蛋后即进入就巢期休产，以后再产第二期蛋，如此反复，一般可间歇产蛋 3 期，也有少数产蛋 4 期。因此，江苏镇宁地区群众称之为四季鹅。平均蛋重 150 g，蛋壳白色。就巢性强。成年公鹅体重 6.02 kg，母鹅 4.78 kg。

图 1-75　雁鹅(公鹅)

图 1-76　雁鹅(母鹅)

3. 朗德鹅

朗德鹅又称西南灰鹅，原产于法国西南部靠比斯开湾的郎德省，是世界著名的肥肝专用品种。毛色灰褐，也有部分白羽个体或灰白杂色个体。喙橘黄色，胫、蹼肉色。性成熟期约在180日龄，一般在2—6月份产蛋，年平均产蛋35～40枚，平均蛋重180～200 g。母鹅有较强的就巢性。成年公鹅体重7.0～8.0 kg，母鹅6.0～7.0 kg。8周龄仔鹅活重可达4.5 kg左右。肉用仔鹅经填肥后，活重达到10～11 kg，肥肝重达0.7～0.8 kg。朗德鹅对人工拔毛耐受性强，羽绒产量在每年拔毛2次的情况下，可达0.35～0.45 kg。

4. 莱茵鹅

莱茵鹅原产于德国莱茵州，是欧洲产蛋量最高的鹅种，现广泛分布于欧洲各国。江苏省于1989年从法国引进。莱茵鹅体形中等偏小。初生雏背面羽毛为灰褐色，从2周龄到6周龄，逐渐转变为白色，成年时全身羽毛洁白；喙、胫、蹼呈橘黄色；头上无肉瘤，颈粗短。开产日龄为210～240 d，年产蛋50枚，平均蛋重150～190 g。成年公鹅体重5.0～6.0 kg，母鹅4.5～5.0 kg。仔鹅8周龄活重可达4.2～4.3 kg，料肉比2.8∶1。莱茵鹅能适应大群舍饲，是理想的肉用型鹅种。但产肝性能较差，平均肝重276 g。

三、大型鹅种

1. 狮头鹅

狮头鹅(图1-77、图1-78)是我国唯一的大型鹅种，因前额和颊侧肉瘤发达呈狮头状而得名。狮头鹅原产于广东省，现中心区位于汕头市郊；在北京、上海、黑龙江、广西、云南、陕西等20多个省、自治区、直辖市均有分布。体形硕大，体躯呈方形；头部前额肉瘤发达，覆盖于喙上，颌下有发达的咽袋一直延伸到颈部，呈三角形；喙短，质坚实，黑色；全身羽毛主体为棕褐色。母鹅就巢性强，开产日龄为160～180 d，一般控制在220～250日龄。产蛋季节通常在当年9月份至翌年4月份，这段时期一般分3～4个产蛋期，每期可产蛋6～10枚。一个产蛋年产蛋24枚，平均蛋重176 g，蛋壳乳白色。种公鹅配种一般都在200日龄以上，2岁以上的母鹅，年平均产蛋28枚，平均蛋重217.2 g。成年公鹅体重约8.8 kg，母鹅7.8 kg。70～90日龄上市未经肥育的仔鹅，公鹅平均体重6.2 kg，母鹅5.5 kg。狮头鹅平均肝重600 g，最大肥肝可达1.4 kg，肥肝占屠体重量的13%，肝料比为1∶40。

图 1-77　狮头鹅(公鹅)

图 1-78　狮头鹅(母鹅)

2. 埃姆登鹅

埃姆登鹅原产于德国西部的埃姆登城附近。全身羽毛纯白色，着生紧密，头大呈椭圆形，眼鲜蓝色，喙短粗，橙色有光泽，颈长略呈弓形，颌下有咽袋。体躯宽长，胸部光滑看不到龙骨突出，腿部粗短，呈深橙色。雏鹅全身绒毛为黄色，但在背部及头部有不等量的灰色绒毛。在换羽前，一般可根据绒羽的颜色来鉴别公、母，公雏鹅绒毛上的灰色部分比母雏鹅的浅些。母鹅 10 月龄左右开产，年平均产蛋 10～30 枚，蛋重 160～200 g，蛋壳坚厚，呈白色。母鹅就巢性强。成年公鹅体重 9～15 kg，母鹅 8～10 kg。肥育性能好，肉质佳，用于生产优质鹅油和肉。羽绒洁白丰厚，活体拔毛，羽绒产量高。

技能训练一　识别家禽品种

一、目的要求

通过展示或放映家禽品种图片、幻灯片、挂图等，使学生能从体形外貌上区分不同类型的家禽，认识一些著名的鸡、鸭、鹅品种。

二、实训材料

家禽品种照片、幻灯片、挂图、标本、幻灯机和投影仪等。

三、内容和方法

1. 展示或放映家禽品种图片、幻灯片、挂图等，介绍不同类型鸡、鸭、鹅的主要外貌特征。

2. 鸡、鸭、鹅品种的识别。提供实物或图片，让学生识别鸡、鸭、鹅的代表品种，并说明产地、经济类型和主要生产性能。

3. 有条件的应带领学生到实训禽场直接参观、现场对比识别或把活禽带到现场(实验室)、更好地理论联系实际，增强理性和感性认识。

四、实训作业

1. 列表比较所识别家禽品种的产地、经济类型、外貌特征和生产性能。

2. 比较说明白壳蛋鸡与褐壳蛋鸡、快大型肉鸡与优质肉鸡、蛋鸭与肉鸭在生产性能和外形方面的不同点。

复习与思考

1. 现代蛋鸡品种分为哪几类？各有何特点？

2. 现代肉鸡品种分为哪几类？各有何特点？

3. 调查学校所在地饲养的商品蛋鸡和肉仔鸡的品种有哪些，生产性能如何。

二维码 1-4　我国家禽业现状分析

项目二
标准化禽场建设和智能化设备应用

任务一　标准化禽场的选址与规划

任务描述

在集约化生产条件下，禽舍是家禽生产的场所，也是其重要的外部环境。养禽场的位置、规划布局和禽舍的设计与建造是否合理，直接影响到家禽生产环境的质量和生产管理工作的效率，以致影响家禽生产性能的发挥和养殖场的经济效益。

二维码 2-1　标准化禽场的选址与规划

任务目标

掌握养禽场场址选择应考虑的各种因素；能够科学选择养禽场场址和对场地进行合理的规划布局。

思政目标

耕地保护始于心，节约用地践于行；保护环境，建设生态文明。

知识清单

一、养禽场的场址选择

建设禽场首先要根据环境卫生和生产管理方面的要求选择适宜的场址。禽场所在位置应符合以下要求：地势高燥，向阳背风，通风良好，地面平坦或稍有坡度，排水良好，土壤卫生状况良好；水电充足，交通便利，远离工矿企业、居民区和其他禽场，位于居民区的下风向和居民水源的下游。水禽场除上述要求外，还应濒临水源。

二、养禽场的规划布局

以利于卫生防疫和方便管理为原则，根据拟建场区的自然条件和交通情况，对场内不同功能的建筑设施进行分区规划、合理布局。

通常将职工生活区和行政管理区统称为场前区，设在场区常年主导风向上风处及地势较高处，饲料库设在此区靠近生产区处。

生产区是养禽场的主体，设于全场中心地带。对于综合性鸡场(既有种鸡又有商品鸡)来说，由于鸡群组成比较复杂，生产区要继续分区规划，形成分场或生产小区，按所饲养鸡群的经济价值和鸡群获得的免疫力有序排列。在生物安全的保证方面，种鸡生产小区应优于商品鸡，两个小区中的育雏育成鸡又应优于成年鸡。在我国大部分地区，禽舍朝向一般以南向或南偏东、偏西45°以内为宜，有利于舍内通风换气和形成冬暖夏凉的环境条件。禽舍间距对禽群防疫、采光、通风以及防火和排污均有重要影响，适宜的距离为舍高的3～5倍。在保证禽舍适宜间隔的前提下，各建筑物排列要紧凑、以缩短筑路、给排水管道和架设电线的距离，减少建设投资。

隔离区(包括病禽隔离舍、兽医室、尸体剖检及处理设施和粪污处理及贮存设施)则设在全场下风向处和地势最低处。

场内道路应净、污分道，互不交叉，出入口分开。净道是饲料和产品的运输通道；污道为运输粪便、死淘禽以及废弃设备的专用道。

在场区内可结合区与区之间、舍与舍之间的距离、遮阴及防风等需要进行合理绿化。但不宜种植有毒、飞絮的植物。

鸭场除上述基本格局外，生产区还应设有水、陆运动场。鸭舍、陆上运动场、水上运动场三部分面积的比例一般为1∶3∶2。随着鹅生产从放牧、半放牧饲养向规模化的发展，鹅场布局也逐渐被重视，可参照鸭场布局。

任务二　标准化禽场的建设

任务描述

家禽舍的类型与结构影响舍内小气候状况。本任务通过介绍开放式、密闭式禽舍的特点以及不同禽舍的外形结构和内部布局，以做到正确选择禽舍类型。

任务目标

掌握各类禽舍的构造特点；会根据实际情况选择禽舍类型并内部合理布局。

思政目标

科技强国；行知合一；节能环保；动物福利。

知识清单

二维码2-2　标准化禽场的设计和建筑

一、标准化鸡场的建设

(一)鸡舍类型的选择

依据鸡舍的开放程度，可分为开放式和密闭式两种类型。它们的建筑形式不同，各有一定的特点。需根据当地气候、饲养管理和经济条件选择适宜的类型。

1. 开放式鸡舍

开放式鸡舍的舍内与外部直接相通，可利用光、热、风等自然能源，建筑投资低，但易受外界不良气候的影响，需要投入较多的人工进行调节。包括棚式、开敞式和半开敞式、有窗舍3种形式。

(1)棚式　只有棚顶，四周无墙壁。通风效果好，但防暑、防雨、防风效果差，适于炎热地区或北方夏季使用，低温季节需封闭保温。

(2)开敞式和半开敞式　房舍三面有墙，一面无墙或只有半面墙，依靠自然通风、采光和鸡体热量，不设风机、不供暖。敞开部分可以装上卷帘，通过卷帘机控制通风换气量和调节舍温，这种形式高温季节便于通风，低温季节又可封闭保温，适于冬不太冷、夏不太热地区。

(3)有窗舍　四周用围墙封闭，前后墙设窗以采光和通风，能通过调节换气量在一定程度上调节舍温。这种鸡舍是目前采用最多的类型。

2. 密闭式鸡舍

密闭式鸡舍又称环境控制型鸡舍。一般无窗，屋顶与四壁隔热良好，通过各种设备控制舍内环境，使舍内小气候适宜于鸡体生理特点的需要，消除外界环境的不良影响。故密闭式鸡舍养鸡可不受地域和季节的限制，并能节省人力和提高生产效率，但建筑和设备投资高，对电的依赖性大，耗能高，对饲养管理水平要求高。

按组建方式，鸡舍还可分为传统的砌筑型和现代新兴的装配型。装配型鸡舍的墙壁、门窗是活动的，由这些活动的构件进行装配，施工时间短且灵活方便，可使鸡舍在开放式和密闭式之间转换。

二维码 2-3　鸡舍的设计

(二)鸡舍的设计

在设计鸡舍前，要先确定鸡的类型、饲养阶段、饲养规模、饲养方式和饲养密度。

1. 各鸡舍配套比例及饲养面积的计算

对于产蛋鸡和种鸡的饲养，可采用三段制、两段制或一段制。若采用育雏、育成、产蛋三段制饲养，需建筑3种类型的鸡舍。由于各鸡群的饲养周期不同，其中产蛋舍每批饲养时间最长，育雏舍最短。所以应首先确定产蛋舍饲养面积，再根据各舍的周转次数和各养育阶段成活率逆推育成舍、育雏舍的饲养面积。

2. 鸡舍外围护结构的设计

鸡舍的外围护结构主要包括墙壁、屋顶、天棚、门、窗、通风口和地面。这些外围护结构设计合理与否，直接影响鸡舍内的小气候状况。为满足保温和隔热的要求，墙壁和屋顶可采用多层复合结构，中间层选择导热系数小的材料，目前常用的屋顶形式为双层彩钢夹聚苯板结构。为减少地面散热，可在水泥地面下铺油毡。对于有窗鸡舍来说，窗口设置形式不一，除南北侧墙上部设面积较大的通风窗外，有的鸡舍上部设天窗，或在侧壁下部设地窗，起调节气流或辅助通风作用。对于无窗舍，利用机械负压通风时风机口是集中的排气口，进气口面积和位置应与风机功率大小相一致，既要避免形成穿堂风，又要使气流均匀，防止出现涡流或无风的滞留区。

3. 鸡舍内部结构的设计

鸡舍内部结构设计，应合理安排和布置笼具(鸡栏)、过道、附属房间等，从而确定鸡舍跨度、长度和高度。

(1)舍内布局　不同的饲养方式其笼具(鸡栏)、过道的布局不同。对于地面平养鸡舍，按鸡栏排列与过道的组合有无过道式、单列单过道、双列单过道或双过道、三列双过道或四过道等布局方式；对于网上平养和笼养鸡舍，鸡栏和鸡笼的列数与地面平养鸡栏的形式相同，只是列间必须留有一定宽度工作道；还有一种网上与地面结合平养的饲养方式，即中央为地面垫料、两侧为网架的混合平养(图 2-1)。

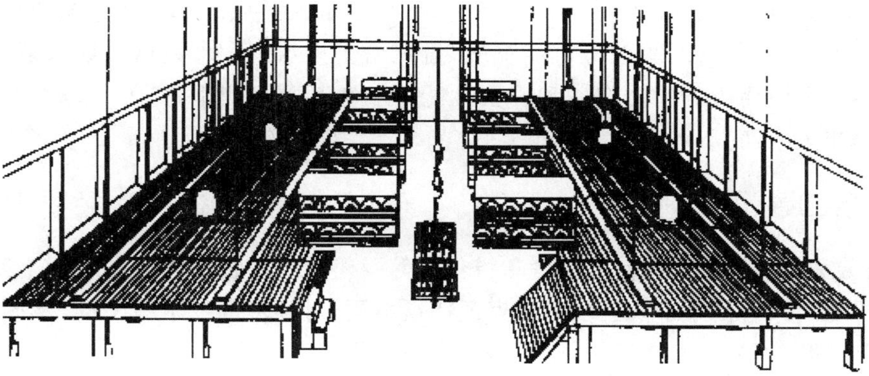

图 2-1　混合平养——两高一低禽舍内景

(引自杨宁,2002)

一般在鸡舍纵轴一侧设置饲料间、饲养员值班室等附属房间。

(2)鸡舍跨度　鸡舍跨度即鸡舍宽度，与鸡舍类型和舍内的设备安装方式有关。普通开放式鸡舍跨度不宜太大，否则，舍内的采光与换气不良，一般以 6.0～9.5 m 为宜；采用机械通风跨度可在 9.0～12.0 m。笼养鸡舍要根据安装列数和过道宽度来决定鸡舍的跨度。

(3)鸡舍长度　鸡舍长度取决于设计容量，应根据每栋舍需要的面积与跨度来确定。大型机械化生产鸡舍较长，过短机械效率较低，房舍利用也不经济，按建筑模数一般为 66 m、90 m、120 m；中、小型普通鸡舍为 36 m、48 m、54 m。

(4)鸡舍高度　鸡舍高度应根据饲养方式、笼层高度、跨度与气候条件来确定。跨度不大、平养、气候不太热的地区，鸡舍不必太高，一般从地面到屋檐口的高度为 2.5 m 左右。跨度大、气温高的地区，采用多层笼养可增高到 3 m 左右。高床式鸡舍，其高度比一般鸡舍要高出 1.5～2.0 m。通常鸡舍中部的高度不应低于 4.5 m。

二、鸭舍的建设

鸭舍普遍采用房屋式建筑，是鸭采食、饮水、产蛋和歇息的场所。较为正规的鸭舍宽度通常为 8～10 m，长度根据需要而定，长的可达 80～100 m。对于蛋鸭或种鸭来说，可分为育雏舍、育成舍、产蛋舍 3 类。初生雏鸭绒毛短，调节体温能力弱，抵抗力差，因此育雏舍要求保温性能良好、干燥透气。育成阶段及成年鸭的生活力较强，对环境适应能力增强。因此育成舍和产蛋舍的要求不严格，能围栏鸭群，挡住风雨即可。

一般来说，一个完整的蛋鸭舍或种鸭舍还应包括陆上运动场和水上运动场。

陆上运动场是鸭休息和运动的场所，要求砂质壤土地面，渗透性强，排水良好。坡度以 20°～25°为宜，既基本平坦，又不积水。运动场面积的 1/2 应搭设凉棚，或栽种葡萄等植物遮阳，以利于冬晒夏阴及供舍饲饲喂之用。陆上运动场与水上运动场相连接的部位可修一暗沟，沟上面用砖等砌成条状有缝的通道(也可盖网栅于沟上),鸭从水中到运动场时身上的水可从缝中流入暗沟,这样可保持圈舍干燥和清洁卫生。

水上运动场供鸭洗毛、纳凉、采食水草、饮水和配种用。可利用天然沟塘、河流、湖泊,也可用人工浴池。周围用 1.0～1.2 m 高的竹篱笆或用水泥和石头砌成围墙,以控制鸭群的活动范围。人工浴池一般宽 2.5～3.0 m,深 1.0 m 以上,用水泥制成。水上运动场的排水口要有一沉淀井,排水时可将泥沙、粪便等沉淀下来,避免堵塞排水道。水上运动场水不可太浅、太少,否则很容易浑浊而影响鸭体健康和产蛋性能。水塘断面一侧垂直,另一侧是 20°～25°缓坡,便于鸭群出入水面。

三、鹅舍的建设

鹅舍可分为育雏舍、肥育舍、种鹅舍和孵化舍等。鹅舍的适宜温度应在 5～20 ℃,舍内要光线充足,干燥通风。由于不同阶段鹅的生理特点不同,对环境的要求也不同,不同鹅舍的建筑要求也不相同。

1. 育雏舍

雏鹅体温调节能力较差,对环境温度要求较高,因此育雏舍要有良好的保温性能。育雏室建筑面积的估算应根据所饲养鹅种的类型和周龄而不同,见表 2-1。

育雏舍前应设运动场,要求场地平坦,而略向沟倾斜,以防雨天积水。

表 2-1 每 100 只雏鹅应占有育雏室面积 m^2

型别	1 周龄	2 周龄	3 周龄	4 周龄
中、小型	5～7	7～10	10～15	15～20
大型	7～8	10～12	14～18	20～25

2. 肥育舍

肉鹅生长快,体格硕大,对环境适应能力增强,饲养比较粗放,以放牧为主的肥育鹅,可设棚舍或开敞舍。

3. 种鹅舍

种鹅舍要求防寒隔热性能好,光线充足。种鹅舍外须设水、陆运动场。

4. 孵化舍

采用母鹅进行自然孵化时,应设置专用的孵化舍。孵化舍要求环境安静,冬暖夏凉,空气流通。窗面积不需太大,舍内光线要暗淡,这样有利母鹅安静孵化。

任务三 智能化养禽设备与用具的介绍及应用

任务描述

家禽生产设备各有其不同性能特点,必须与养禽场的生产方式、目的及规模相配套。养禽设备包括供料设备、饮水设备、环境控制设备、笼具、清粪设备等。本任务重点在于了解家禽生产设备的性能和特点，以做到科学选用养禽设备，可改善禽舍环境，方便饲养管理，提高生产效率和生产水平。

任务目标

熟悉常用养禽设备的种类和特点；能科学选择、使用各种家禽生产设备；能够对中、小型禽场进行规划设计。

思政目标

科技强国；行知合一；节能环保；开源节流；发展是硬道理。

二维码 2-4　智能化养禽设备与用具的介绍及应用

知识清单

一、供料设备

在家禽的饲养管理中，喂料耗用的劳动量较大。采用机械喂料系统不但可提高劳动效率，还可节省饲料。机械喂料设备包括贮料塔、输料机、喂料机和饲槽 4 个部分。

1. 贮料塔

贮料塔用于大、中型机械化鸡场，使用散装饲料车从塔顶向塔内装料，主要用作配合饲料的短期储存。贮料塔喂料时，由输料机将饲料送往禽舍的喂料机，再由喂料机将饲料送到饲槽，供家禽采食。

2. 输料机

输料机是贮料塔和舍内喂料机的连接纽带，将料塔或储料间的饲料输送到舍内喂料机的料箱内。输料机有螺旋叶片式、螺旋弹簧式和塞盘式。前一种生产效率高，但只能作直线输送，输送距离也不能太长，所以需分成两段，使用两个螺旋输送机。后两种可以在弯管内送料，不必分两段，可以直接将饲料从贮料塔底送到喂料机。

3. 喂料机

喂料机用来向饲槽分送饲料。常用的喂料机有链式和螺旋弹簧式。

(1)链式喂料机　主要由食槽、料箱、驱动器、链片、转角器、清洁器和升降装置构成(图 2-2)。由驱动器和链轮来带动链片的移动，将料箱中的饲料均匀地输送到食槽中，并将多余的饲料带回料箱，可用于平养或笼养。按喂料机链片运行速度又分为高速链式喂料机(18～24 m/min)和低速链式喂料机(7～13 m/min)两种。肉种鸡的喂料设备最好选用高速型。

(2)螺旋弹簧式喂料机　属于直线型喂料设备(图 2-3)。其工作原理为：通过螺旋弹簧的不断旋转，连续把饲料向前推进，通过落料口落入每个食盘，当所有食盘都加满料后，最后一个食盘中的料位器就会自动控制电机停止转动停止输料。当饲料被鸡采食之后，食盘料位降到料位器启动位置时电机又开始转动，螺旋弹簧又将饲料依次推送至每一个食盘。

4. 饲槽(料盘)

供家禽采食的容器有料槽、料盘和料桶。图 2-2 中为料槽，图 2-3 中为料盘。对于混合平养的肉种公鸡可采用料桶饲喂。

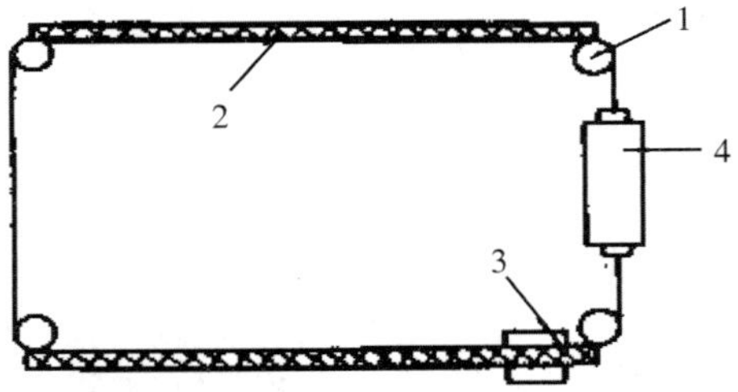

1. 转角转动齿轮　2. 食槽
3. 清洁器　4. 驱动机及料箱

图 2-2　链式喂料机示意图

(引自豆卫,2001)

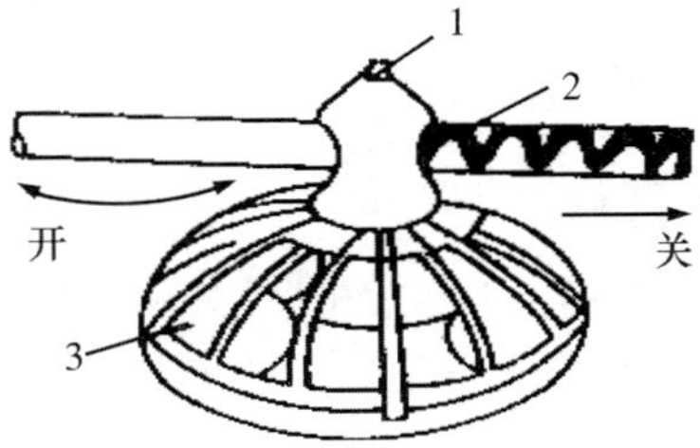

1. 吊挂　2. 弹簧　3. 筒饲盘

图 2-3　螺旋弹簧式喂料机

(引自豆卫,2001)

二、饮水设备

禽用饮水设备分为乳头式、杯式、水槽式、吊塔式和真空式等不同类型(图 2-4、图 2-5)。雏鸡开始阶段和散养鸡多用真空式、吊塔式和水槽式,平养鸡现在趋向使用乳头式饮水器。各种类型饮水系统性能及优缺点见表 2-2。

表 2-2　各饮水系统的主要部件和性能

名称	主要部件及性能	优缺点
水槽	1. 长流水式由进水龙头、水槽、溢流水塞、下水管组成,当供水超过溢流水塞,水即由下水管流入下水道 2. 控制水面式由水槽、水箱和浮阀等组成,适用于长度短的禽舍	结构简单,但耗水量大,疾病传播机会多,刷洗工作量大,安装要求精度高,在较长的禽舍中很难保持水平,供水不匀,易溢水
真空式饮水器	由聚乙烯塑料筒和水盘组成,筒倒装在盘上,水通过筒壁小孔流入饮水盘,当水将小孔盖住时即停止流出,保持一定的水面,适用于雏鸡和平养鸡	自动供水,无溢水现象,供水均衡,使用方便,不适于饮水量较大时使用,每天清洗工作量大
吊塔式饮水器	由钟形体、滤网、大小弹簧、饮水盘、阀门体等组成,水从阀门体流出,通过钟形体上的水孔流入饮水盘,保持一定的水面,适用于大群平养	灵敏度高,利于防疫、性能稳定、自动化程度高,洗刷费力
乳头式饮水器	由饮水乳头、水管、减压阀或水箱组成,还可配置加药器。乳头由阀体、阀芯和阀座等组成。阀座、阀芯是不锈钢制成的,装在阀体中并保持一定间隙,利用毛细管作用使阀芯底端经常保持一个水滴,鸡啄水滴时即顶开阀座使水流出。平养、笼养都适用。雏鸡可配各种水杯	节省用水、清洁卫生,只需定期清洗过滤器和水箱,节省劳力,经久耐用,无须更换,但对材料和制造精度要求较高,质量低劣的乳头式饮水器容易漏水

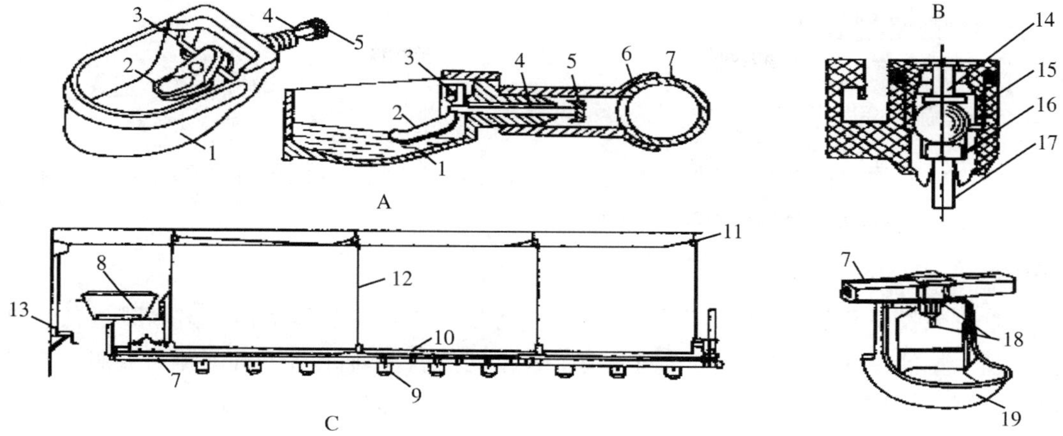

A. 杯式饮水器　B. 乳头式饮水器　C. 乳头式自动饮水器系统

1. 杯体　2. 触发浮板　3. 小轴　4. 阀门杆　5. 橡胶塞　6. 鞍形接头　7. 水管　8. 水箱　9. 饮水器　10. 防晒钢丝　11. 滑轮　12. 升降钢索　13. 减速器及摇把　14. 控水杆　15. 外壳　16. 钢套　17. 顶杆　18. 乳头式饮水器　19. 接水杯

图 2-4　乳头或杯式饮水器及其系统

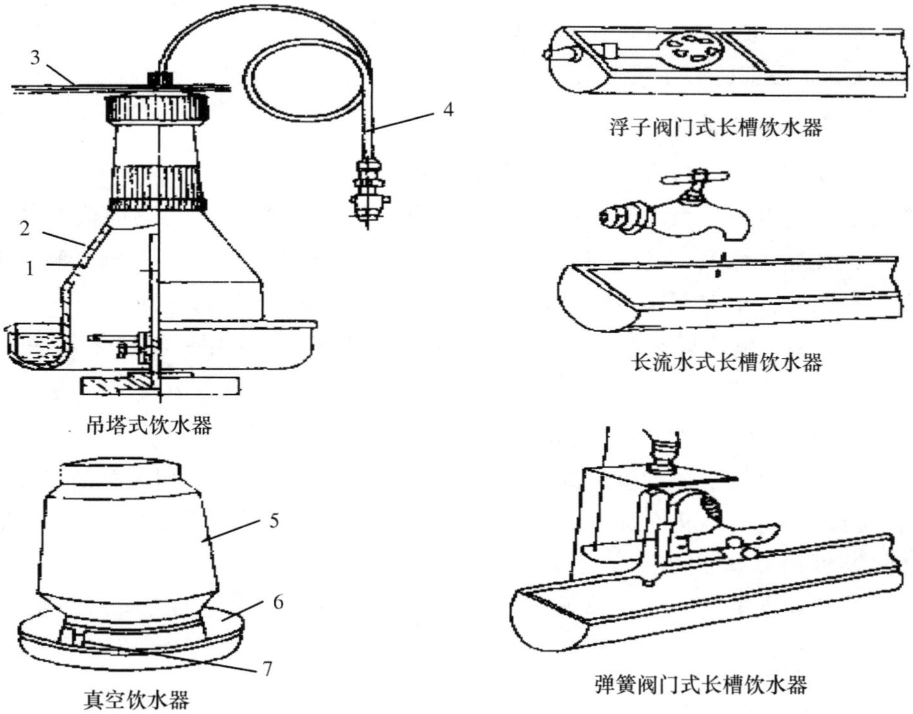

1. 防晃装置　2. 饮水盘　3. 吊攀　4. 进水管　5. 杯体　6. 底盘　7. 出水孔

图 2-5　各种饮水设备

（引自杨宁，2002）

三、环境控制设备

(一)保温设备

在寒冷的冬季和育雏期,需人工加温,使家禽在适宜的温度条件下生长和生产。常用的保温设备有煤炉、热风炉、电热育雏笼以及保温伞等。

1. 煤炉

煤炉供温设备简单,投资少,但供热不稳,火势控制不好容易造成温度过高或过低。再者是浪费了大量的热,因为炉火提高了整个育雏舍空间的温度,而育雏只需要维持雏鸡所在平面的温度,因此不但造成了热源浪费,空气污染也较严重,饲养员在舍内操作还受到了热空气的熏蒸。另外,使用煤炉供温还需注意防火、防倒烟、防煤气中毒。煤炉的炉管在室外的开口要根据风向设置,以防止经常迎风导致倒烟。在煤炉下部与上部炉管开口相对的位置设置一个进气孔和铁皮调节板,由调节板调节进气量可控制炉温。煤炉的大小和数量应根据育雏室的大小与保温性能而定,一般保温良好的雏舍,每 15～20 m^2 使用一个煤炉就可以。

2. 热风炉

热风炉可解决保温与通风的矛盾,且热效率高,是目前广泛使用的一种供暖设备。热风炉供暖系统由热风炉、鼓风机、有孔管道和调节风门等设备组成。它是以空气为介质,以煤为燃料,为空间提供无污染的洁净热空气。

3. 电热育雏笼和保温伞

电热育雏笼和保温伞均为育雏专用取暖设备。

电热育雏笼是普遍使用的笼养育雏设备,具有空气环境好、温度均匀的优点,缺点是耗电量大。一般由加热育雏笼、保温育雏笼、雏鸡活动笼三部分组成,每一部分都是独立的整体,可根据需要进行组合。电热育雏笼一般为四层,每层四个笼为一组,每个笼宽 60 cm,高 30 cm,长 110 cm,笼内装有电热板或电热管为热源。在通常情况下多采用一组加热笼、一组保温笼,四组活动笼的组合方式。立体电热育雏笼饲养雏鸡的密度,开始为 70 只/m^2 左右,随着日龄的增长逐渐减少,20 日龄时为 50 只/m^2 左右,夏季还应适当减少。

保温伞是平面育雏常用的供热方法,寒冷季节需结合暖气供热。保温伞的热源有电热丝、红外线灯、远红外线板、液化石油气或煤气等。使用保温伞能使雏禽自由选择适宜的温度。通过升降伞罩高度调节伞下温度,但多数安装自动控温装置。舍内温度又比保温伞内温度低 5～7 ℃,这样,饲养人员既可在室温下进行育雏工作,又能节省一定的燃料。一般每个保温伞可育雏鸡 500～1 000 只。

(二)通风降温控湿设备

由于家禽不断产生大量的热、水汽和各种有害气体,使得舍内温度、湿度和空气污浊程度上升,为了排除舍内多余的热量、水汽和有害气体,引进足够新鲜、清洁的空气,需要对鸡舍进行科学的通风。通风常与降温和控湿联系在一起,所以作为通风设备,同时也会起到降温和控湿的作用。

1. 风机

风机是通风设备，也是常用的降温和降湿设备。风机一般分为轴流式和离心式两种。禽舍一般选用节能、大直径、低转速的轴流式风机，它由机壳、叶轮、电机、托架、护网、百叶窗等组成，其特点主要是所吸入和送出的空气流向与风机叶片轴的方向平行，叶片旋转方向可以逆转，即可改变气流方向，而通风量不减少。如果是负压通风，电机转动时，经过皮带轮减速传动到叶轮，叶轮旋转产生轴向气流，百叶窗在轴向气流作用下自动开启，舍内污秽、热、湿空气穿过安全防护网及百叶窗而排到舍外，从而引进清洁、凉爽、干燥的空气，起到换气、降温、降湿的作用。

2. 其他降温控湿设备

当舍外气温高于 30 ℃时，单纯通过风机加大通风换气量已不能为禽体提供一个舒适的环境，必须采用其他设备降温。常用的有高压或低压喷雾系统、湿帘降温系统和冷风机。

(1)喷雾降温系统在降温的同时，也起到了加湿的作用，但在高温高湿地区不宜采用。

(2)由于饲养规模较大的禽舍多数采用纵向通风配备，湿帘降温系统最适用。该系统由纸质波纹多孔湿帘、循环水系统、控制装置及节能风机组成。在禽舍一端山墙或侧墙壁上安装湿帘、水循环控制系统，风机安装在另一端山墙或侧墙壁上，当风机启动后，整个舍内形成纵向负压通风，迫使舍外不饱和空气流经多孔湿帘表面时，把其湿热转变为蒸发潜热，空气的干球温度降低并接近于舍外的湿球温度。经湿帘过滤后冷空气不断进入禽舍，舍内的热空气不断被风机排出，可降低舍温 5～8 ℃。同时湿帘也属增湿设备。

(3)冷风机是喷雾和冷风相结合的一种新设备，降温效果较好，同时兼具通风和增湿作用。

(三)采光设备

实行人工控制光照或补充照明是现代养禽生产中不可缺少的重要技术措施之一。目前，禽舍人工采光设备主要是光照自动控制器、光源和照度计。

(1)光照自动控制器能够按时开灯和关灯，其特点是：①开关时间可任意设定，控时准确；②光照强度可以调整，光照时间内日光强度不足，自动启动补充光照系统；③灯光渐亮和渐暗；④停电程序不乱。

(2)目前多采用白炽灯和节能灯作为光源。对于要求照度较低的禽舍，可采用白炽灯；对于要求较高光照强度的禽舍，可采用节能灯。

(3)照度计是用来测量舍内光照强度大小的仪器。生产中常用的是光电池照度计。

四、笼具

笼具是养鸡设备的主体。它的配置形式和结构参数决定了饲养密度，决定了对清粪、饮水、喂料等设备的选用要求和对环境控制设备的要求。鸡笼设备按组合形式可分为全阶梯式、半阶梯式、叠层式、复合式和平置式(图 2-6)；按几何尺寸可分为深型笼和浅型笼；按鸡的种类分为蛋鸡笼、肉鸡笼和种鸡笼；按鸡的体重分为轻型蛋鸡笼、中型蛋鸡笼和肉种鸡笼。

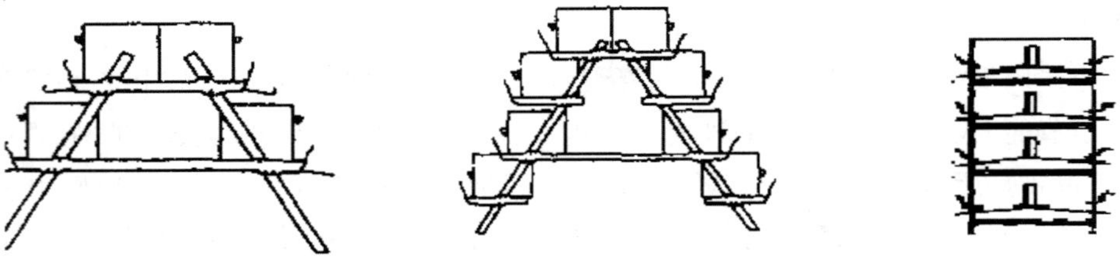

全阶梯式鸡笼　　半阶梯式鸡笼　　叠层式鸡笼

图 2-6　鸡笼形式类型

1. 全阶梯式鸡笼

全阶梯式鸡笼上、下层之间基本无重叠，其优点是：①各层笼敞开面积大，通风好，光照均匀；②清粪作业比较简单；③结构较简单，易维修；④机器故障或停电时便于人工操作。其缺点是：饲养密度较低，为 10～12 只/m^2。三层全阶梯蛋鸡笼和两层全阶梯人工授精种鸡笼是我国目前采用较多的鸡笼组合形式。

2. 半阶梯式鸡笼

半阶梯鸡笼上、下层之间部分重叠，上、下层重叠部分有挡粪板，按一定角度安装，粪便滑入粪坑。其饲养密度(15～17 只/m^2)较全阶梯式鸡笼高，但是比叠层式鸡笼低。由于挡粪板的阻碍，通风效果比全阶梯式鸡笼稍差。

3. 叠层式鸡笼

叠层式鸡笼上、下层之间为全重叠，层与层之间有输送带将鸡粪清走。其优点是饲养密度高，三层为 16～18 只/m^2，四层为 18～20 只/m^2。但是对禽舍建筑、通风设备和清粪设备的要求较高。

总体来说，不同类型和不同生理阶段的鸡对鸡笼有不同的要求。蛋鸡笼分为轻型蛋鸡笼、中型蛋鸡笼两种规格，由 1 个底网、1 个前网、2 个隔网、1 个顶网和 1 个后网 6 个面组成。鸡笼要满足鸡有一定的活动空间和采食宽度，同时为了使产下的蛋能自动滚到笼外的蛋槽内并保持完整，其笼底要有一定的坡度和弹性，前网比后网高 5.5～6.0 cm，前网间隙为 5～7 cm，便于鸡头伸出采食饮水，后网和隔网间隙 3 cm。根据以上要求，蛋鸡笼须由许多小的单体笼组成，每个单体小笼可养 2 只鸡、3 只鸡或 4～5 只鸡。种鸡笼可分为蛋用种鸡笼和肉用种鸡笼，多为两层。种母鸡笼与蛋鸡笼结构差不多，只是尺寸放大一些，但在笼门结构上做了改进，以方便抓鸡进行人工授精。育成笼基本结构与蛋鸡笼相似，但底网无坡度、无集蛋槽。育雏笼多数为叠层式。

五、清粪设备

多层笼养或大面积网养时，由于清粪工作量大，常采用机械清粪。机械清粪常用设备有：刮板式清粪机、传送带式清粪机和抽屉式清粪板。刮板式清粪机多数用于阶梯式笼养和网上平养；传送带式清粪机多数用于叠层式笼养；抽屉式清粪板多数用于小型叠层式鸡笼。前两种使用较多。

1. 刮板式清粪机

一般分为全行程式和步进式两种。全行程式适用于短禽舍，步进式适用于长禽舍。全行程刮板式清粪机由牵引机、刮粪板、涂塑钢绳、卷筒等构成，安装在鸡笼下方粪沟内。当刮粪行程较长时，刮粪量增多会使牵引力过大，此时可采用多个刮粪机接力传递鸡粪，结构稍加改变就是步进式刮粪机。

2. 传送带式清粪机

常用于叠层式鸡笼，每层鸡笼下面均要安装一条输粪带，鸡粪直接排到传送带上，开启减速电机将鸡粪送到鸡舍末端，再由刮板将鸡粪刮到集粪沟内。

六、其他设备

（一）集蛋设备

对于机械化多层笼养蛋鸡舍，常采用自动集蛋装置。机械化自动集蛋装置有平置式和叠层式两种。

1. 平置式集蛋装置

平置式集蛋装置主要有集蛋输送带和集蛋车组成。笼前的集蛋槽上装有输送带，由集蛋车分别带动。集蛋车安装在集蛋间的地面双轨上，工作时，推到需要集蛋的输送带处，将车上的动力输出轴插入输送带的驱动轮，开动电机使输送带转动，送出的蛋均滚入集蛋车的盘内，再由手工装箱，或转送至整理车间。

2. 叠层式集蛋装置

叠层式集蛋装置主要由集蛋输送带、拨蛋器和鸡蛋升降器三部分组成。工作时，输送带、拨蛋器和升降器同时向不同方向运转。输送带传来的蛋，由拨蛋器把蛋拨入升降器的盛蛋篮内，升降器向下缓慢转动又将蛋送到集蛋台，或送到通往整理车间的总输送带上。

（二）消毒设备

为杀灭禽舍内的病原体，防止传染病的流行，保证舍内卫生，需对禽舍进行定期的和非定期的消毒。常用的消毒设备有火焰消毒器和喷雾消毒器。

1. 火焰消毒器

火焰消毒器的工作原理是把一定压力的燃油雾化并燃烧产生喷射火焰，喷向消毒部位以杀灭病原体。火焰消毒器结构简单，操作方便，并且由于燃烧的火焰温度很高，触及之处可以烧死所有病原微生物，所以消毒效果较好。

2. 喷雾消毒器

喷雾消毒器一般分为气动喷雾器和电动喷雾器两种。其工作原理是消毒液在压力作用下被雾化，雾滴直接喷施于消毒间或消毒部位，实现药液化学灭菌消毒。

（三）填饲机械

填饲机械为水禽肥育的专用设备，主要有螺旋推运式和压力泵式两种类型。

1. 螺旋推运式填饲机

螺旋推运式填饲机是利用小型电动机带动螺旋推运器，推运填饲物料经填饲管填入鸭、鹅食道。该填饲机适用于填饲整粒玉米，劳动效率较高，在法国使用较多。

2. 压力泵式填饲机

压力泵式填饲机是利用电动机带动压力泵，使饲料通过填饲管进入鸭、鹅食道。适用于填饲糊状饲料。其填饲管是采用尼龙或橡胶制成的软管，不易造成咽喉和食道的损伤，也不必多次向食道传送饲料。

上述两种填饲机均为国外产品，对我国的鹅种尤其是颈部细长的鹅不太适合。我国在其基础上研制出了不同型号的填饲机，如仿法改良式 9DJ-82-A 型、9TFL-100 型、9TFW-100 型。其中 9TFL-100 型、9TFW-100 型两种填饲机，比较适合鹅。

除上述养禽设备之外，还有常用小型设备如断喙器、称禽器、产蛋箱和搬运设备等。

任务四　蛋鸡场环保设施建设

任务描述

畜禽粪污资源化利用是民生实事，上连养殖业下连种植业，关系到人居环境、耕地保护、清洁能源等多个领域，是一个系统工程。蛋鸡场环保设施主要有鸡粪处理设施、臭味处理设施、病死鸡处理设施、污水处理设施、医疗废弃物处理设施以及其他生活垃圾处理设施。

任务目标

了解鸡粪处理设施；了解臭味处理设施；了解病死鸡处理设施。

思政目标

节能环保；恪守职业道德，强化职业操守；践行生物安全观、可持续发展理念。

知识清单

一、鸡粪处理设施

由于蛋鸡消化道生理功能的原因，蛋鸡的鸡粪营养丰富。鸡粪中含有干物质、粗蛋白质、粗纤维、消化性蛋白、无氮萃取物、磷和钙，还有组氨酸、蛋氨酸、亮氨酸、赖氨酸、苯丙氨酸等，经过合理处理利用，可作为绿色有机肥。作为土壤肥料，鸡粪的肥效高于猪粪和牛粪。目前鸡粪处理的方法主要有 3 种：发酵罐发酵法、自然晾晒法、发酵池生物发酵法。

（一）发酵罐发酵法

在土地资源紧张的蛋鸡场利用有机肥发酵罐发酵鸡粪，实现资源循环利用和可持续发展的养殖模式。该方法操作方便，易推广。鸡粪发酵罐适应性广，南北均可使用，不受温度影响。即便在北方寒冷地区，由于鸡粪有机肥发酵罐的密封性好，冬天也可以照常发酵。利用鸡粪发酵罐可以快速地将鸡粪发酵成有机肥，解决了鸡粪污染问题，实现了养鸡场污染物的零排放。但是发酵后的鸡粪肥力相对较差，市场价格低，且耗电量较大（图 2-7）。

(二)自然晾晒法

选用这种方法处理鸡粪，首先养鸡场要满足场地的地理位置足够偏僻，不影响周围的居民；其次养鸡场的场地要足够大，可建设阳光棚。自然晾晒的鸡粪肥力高、价格高；但人工费用高、晾晒周期长、鸡粪的臭味大、苍蝇多，规模大的蛋鸡场无法采用这种方法处理鸡粪(图 2-8)。

图 2-7　发酵罐发酵处理鸡粪

图 2-8　自然晾晒处理鸡粪

(三)发酵池生物发酵法

通过鸡粪、发酵辅料和发酵菌共同作用，生产鸡粪有机肥。需要一定的土地建立发酵池，对发酵池的池壁坚固度有一定的要求，另外在运行时要注重翻料车的保养与维护。发酵后有机肥的肥力比自然晾晒的肥力低，比发酵罐发酵的有机肥肥力高(图 2-9)。

二、臭味处理设施

在蛋鸡养殖过程中，鸡粪排出体外后容易发酵产生氨气(NH_3)、硫化氢(H_2S)、粪臭素等臭味气体。这些气体通过鸡舍的风机排出，在大气稀释后扩散到周边。在夏秋季气压较低、通风不良的地区，方圆 2 km 都可闻到臭味，影响周围的村庄。蛋鸡舍的出风端可设置多级排气除臭装置，通过舍内原有的负压风机将空气抽出，排风收集后通过三级过滤装置将净化后的气体排出，除臭装置通过生物过滤将臭气脱除，减少了臭气的排出。也可采用一种具有空气降尘除臭功能的禽舍，通过配套的臭气处理设备，吸附臭气，同时降低排出舍外的粉尘含量。以上各类除臭配套设施，不仅有效杜绝了臭气排放到外界空气中，从而污染空气，而且在排气清洁的同时还能防止畜禽疾病的传播，更具较高生态效益(图 2-10)。

三、病死鸡处理设施

目前，各地普遍采用的病死畜禽无害化处理主要技术可归纳为焚烧处理、发酵处理、深埋处理、无害化尸体处理机处理。

图 2-9 发酵池生物发酵处理鸡粪

图 2-10 三级除臭处理臭气

(一)焚烧处理

焚烧炉焚烧法是最安全、彻底的处理方法,即将动物尸体投入焚烧炉中,经过 700～1 100 ℃的高温焚烧为灰烬以达到杀灭病原微生物,实现减量化、无害化的目的。动物尸体在燃烧过程中会产生大量的灰尘、一氧化碳、氮氧化物、酸性气体等污染物,因此焚烧炉需配有烟气净化系统,将这些污染物进行处理后方可排放。焚烧炉选址应远离公共场所、居民住宅区、村庄、动物饲养和屠宰场所、建筑物、易燃物品,周围要有足够的防火带,并且要位于主导风向的下方。

(二)发酵处理

发酵法是将病死的蛋鸡尸体投入指定的发酵池内,利用微生物将尸体发酵降解,以达到无害化处理的目的。发酵池必须在符合防疫规范的地点,挖一定深度的坑,砌上砖墙,水泥顶盖密封,留一投料口,投加微生物菌剂让动物尸体在池内腐烂化解。该方法占用土地,处理不当还可能造成土壤及地下水的污染。

(三)深埋处理

该方法主要是在重大疫情发生时采用的方法。深埋法是根据病死畜禽的数量,来决定挖坑的大小,并在坑底铺上 2～5 cm 厚的生石灰或其他固体消毒剂,再堆上尸体,最后再盖上泥土压实,在掩埋处做好警示标志。掩埋地应远离学校、公共场所、居民住宅区、村庄、动物饲养和屠宰场所、饮用水源地、河流等。本方法适用于地下水位低的地区,以防造成地下水污染,主要在生产区下风向的偏僻处进行深埋处理。

(四)无害化尸体处理机处理

通过整合尸体分切、绞碎、发酵等功能,将蛋鸡尸体在特定的机器里快速地生物降解处理为有机肥原料。无害化尸体处理机具有高效、操作简单、环保无污染的特点,处理过程一般包括分切、绞碎、发酵、杀菌和干燥五个步骤(图 2-11、图 2-12)。

图 2-11　无害化尸体处理机

图 2-12　生物发酵无害化处理尸体

四、污水处理设施

蛋鸡场污水的主要来源:①家禽的生理特点是尿液随鸡粪排出,所以蛋鸡粪便含水率高,一般为 80%~85%,且随着饮水量的增加而升高。②蛋鸡饮水时滴漏的水,一般滴漏在鸡粪传送带上,随鸡粪带出鸡舍。③鸡舍清栏后清洗消毒产生的污水。因此,蛋鸡场所产生的污水较少,通过污水处理后即可排出鸡场。

五、医疗废弃物处理设施

医疗废弃物主要是鸡场兽医人员在免疫接种、注射、样本采集和引发传染性疾病传播危险的感染性废物,诊疗以及其他相关活动中产生的具有直接或间接感染性,如毒病死鸡尸体等病理性废弃物,能够刺伤或者割伤人体的锐器以及其他危害性的废弃物。对此类医疗废弃物进行安全管理,过期、淘汰、变质或者被污染的药品等药物性废弃物进行安全处置,可防止意外事故的发生,有效防止疾病传播。具有毒性、腐蚀性、易燃易爆性的化学物品等化学性废弃物,对该类的废弃物处理方式主要采用焚烧法处理,焚烧后的灰烬通过深埋的方法处理。

六、其他生活垃圾处理设施

对生活垃圾现行源头减量,严格限制不可回收或对环境高风险的生活物品进入养殖场。场内设置垃圾固定收集点,明确标志,分类放置。垃圾收集、贮存、运输及处置等过程应防止流失及渗漏。生活垃圾按照国家法律法规及技术规范进行焚烧、深埋,或由地方政府统一收集处理。

技能训练二　养禽场规划布局的卫生评价

一、目的要求

通过现场参观某养禽场,使学生掌握禽场场址选择和规划布局的原则,并能对其做出卫生评价。

二维码 2-5 养禽场的规划布局

二、实训材料

某养禽场。

三、内容和方法

1. 对养禽场进行参观。
2. 观察养禽场的周围环境、测定主风向、鉴定水质及土壤等。
3. 观察养禽场各功能区的设置情况。
4. 根据养禽场场址选择的各项指标要求对该养禽场进行卫生评价。
5. 根据养禽场各功能区设置情况做出卫生评价。

四、实训作业

1. 列表说明养禽场在进行场址选择时应考虑哪些因素？分别有什么要求？
2. 请设计一个养禽场，画出规划设计图。

复习与思考

1. 选择禽场场址有哪些基本要求？
2. 要建一个 10 万只鸡的蛋鸡场，实行三段制饲养，计算各类鸡舍配套比例。
3. 列举 5 种环境控制设备。
4. 鸡粪处理的方法主要有哪几种？
5. 病死畜禽无害化处理主要技术可归纳为哪几种？

项目三
家禽良种繁育技术

任务一　家禽的主要经济性状

任务描述

家禽可以遗传的性状是多种多样的，而且这些性状大多数与家禽的经济价值有密切关系。因此，凡是具有一定经济价值的性状称为经济性状，如羽色、肤色、羽毛生长速度、体重、产蛋量等。从遗传的角度看，家禽的各种性状可以归纳为两大类：质量性状和数量性状。这些性状都是可以遗传，并且是由基因决定的。本任务重点介绍家禽的生活力、繁殖力等主要经济性状，为选种选育提供依据。

任务目标

掌握家禽的主要经济性状；了解家禽主要经济性状的遗传特性。

二维码 3-1　家禽的主要经济性状

思政目标

工匠精神；民族自豪感；勇担责任，甘于奉献。

知识清单

一、生活力性状

家禽生活力性状是指不同品种的家禽，在相同环境条件下的适应性和抵抗疾病的能力。适应性差、抗病能力差的家禽，在一定的环境条件下，轻者生长发育不良，重者发生死亡。所以，家禽的生活力是一个重要的经济性状，它受环境因素的影响较大，但仍可遗传，遗传力为 0.05～0.10。生产中一般用以下指标衡量。

1. 育雏率

育雏率即雏禽成活率是指育雏期末成活雏禽数占入舍雏禽数的百分比。

$$育雏率=\frac{育雏期末成活雏禽数}{入舍雏禽数}\times100\%$$

各种家禽的育雏期为:蛋用雏鸡 0～6 周龄,肉用雏鸡 0～3 周龄,蛋用雏鸭 0～4 周龄,肉用雏鸭 0～3 周龄,雏鹅 0～4 周龄。育雏率要求达到 95%以上。

2. 育成禽成活率

育成禽成活率是指育成期末成活的育成禽数占育雏期末入舍雏禽数的百分比。

$$育成禽成活率=\frac{育成期末成活的育成禽数}{育雏期末入舍雏禽数}\times 100\%$$

各种家禽的育成期为:蛋鸡 7～18 周龄,肉种鸡 7～22 周龄,蛋鸭 5～16 周龄,鹅 5～30 周龄。育成禽成活率要求达 96%以上。

3. 产蛋期母禽存活率

母禽存活率为入舍母禽数减去死亡数和淘汰数后的存活数占入舍母禽数的百分比。

$$母禽存活率=\frac{[入舍母禽数-(死亡数+淘汰数)]}{入舍母禽数}\times 100\%$$

母禽存活率要求达到 88%以上。

4. 抗病力

不同品种或同一品种的不同品系对同一疾病或逆境的抵抗力是不同的,通过选择,可以改进这一性状。

二、繁殖力性状

1. 种蛋受精率

种蛋受精率是指受精种蛋数占入孵种蛋数的百分比。

$$种蛋受精率=\frac{受精种蛋数}{入孵种蛋数}\times 100\%$$

入孵的种蛋中,并非全部受精。一般要求受精率达到 85%以上。受精率受品种、生理状况、生殖机能、饲养管理及受精方式等多种因素的影响,遗传力很低,约为 0.05。

2. 种蛋合格率

种蛋合格率是指种母禽在规定的产蛋期内所产符合本品种、品系要求的种蛋数占产蛋总数的百分比。一般要求种蛋合格率应在 90%以上。

$$种蛋合格率=\frac{合格种蛋数}{产蛋总数}\times 100\%$$

种蛋的合格率高低与家禽的类型、品种、产蛋周龄、营养条件、气温和营养管理等水平高低等有关。

3. 孵化率

孵化率又称出雏率,有受精蛋孵化率和入孵蛋孵化率两种表示方法。

(1)受精蛋孵化率,是指出雏数占受精蛋数的百分比。一般要求达到 90%以上。

$$受精蛋孵化率=\frac{出雏数}{受精蛋数}\times 100\%$$

(2)入孵蛋孵化率,是指出雏数占入孵蛋数的百分比。一般要求达到 83%以上。

$$入孵蛋孵化率=\frac{出雏数}{入孵蛋数}\times 100\%$$

影响孵化率的因素主要有种禽的饲养管理、种蛋的保存技术、孵化条件等，遗传力也不高，一般在0.1～0.5。多数情况下，种禽产蛋量高、种蛋受精率高，则孵化率也高，但也有产蛋量高、受精率高而孵化率低的情况，所以，孵化率这个性状的遗传力变动范围较大。

4. 健雏率

健雏率是指健雏数占出雏数的百分比。一般要求达到98%以上。

$$健雏率=\frac{健雏数}{出雏数}\times100\%$$

5. 种母禽提供的健雏数

种母禽提供的健雏数是指在规定产蛋期内，每只种母禽所提供的健康雏禽数。

三、产蛋性状

1. 产蛋量

产蛋量是指在一定时间内产蛋的数量，是饲养蛋禽最重要的经济性状。

(1)产蛋量　产蛋量是指母鸡在统计期内的产蛋数量。育种场使用自闭产蛋箱，可以准确地测定鸡的产蛋量。通常统计开产后60 d产蛋量、300日龄产蛋量和500日龄产蛋量。繁殖场和商品场统计群体产蛋量。群体产蛋量的计算方法有两种。

①按母鸡饲养只日计算。一只母鸡饲养1 d为一个饲养只日，简称饲养日。

$$饲养日产蛋量(枚/只)=\frac{统计期内产蛋总数}{统计期内平均每日饲养只数}$$

$$=\frac{统计期内产蛋总数}{统计期内饲养只日总和\div统计期日数}$$

这种统计方法，受饲养期内死亡、淘汰鸡数的影响，有时死亡、淘汰只数越多，鸡群的产蛋量和产蛋率反而越高。因此，其不能真实地反映鸡群的综合情况，实际生产中也不常用。

②按入舍母鸡数计算。18～20周龄育成转群时的母鸡数量为入舍母鸡数，这个数量是一个不变的数量。

$$入舍母鸡产蛋量(枚/只)=\frac{统计期内产蛋总数}{入舍母鸡数}$$

这种方法计算的产蛋量和产蛋率，未将饲养期内死亡、淘汰的鸡数计算在内。表面上看，其比按饲养日计算时产蛋量低了，甚至低许多。但它却真实地反映了鸡群的产蛋量、生活力和鸡场的经济效益，综合性强。因此，这种计算方法多被鸡场采用。

(2)产蛋率　产蛋率是指母鸡在统计期内的产蛋百分率。通常用饲养只日产蛋率(%)和入舍母鸡产蛋率(%)来表示。

$$饲养只日产蛋率=\frac{统计期内产蛋总数}{统计期内每日饲养只数之和}\times100\%$$

$$入舍母鸡产蛋率=\frac{统计期内产蛋总数}{入舍母鸡数\times统计期日数}\times100\%$$

(3)影响产蛋量的因素　禽群的产蛋量主要受环境、饲料营养、家禽本身生理状况及遗传等因素的影响。饲养日产蛋量的遗传力为0.25～0.35，入舍母鸡产蛋量的遗传力仅为0.05～0.10，说明产蛋量的高低主要受外界环境因素及本身生理因素的影响。

影响禽群产蛋量的生理因素：

①开产日龄，家禽开始产蛋的日龄称为开产日龄。个体记录，是以产第一枚蛋的日龄；群体记录，蛋鸡和蛋鸭是以产蛋率达到50%的日龄，肉种鸡和鹅是指产蛋率达到5%的日龄。开产日龄的遗传力为0.15～0.30。

在同样的饲养管理条件下，家禽适时开产则全年产蛋量高。过早开产时，由于身体尚未发育完全就开始产蛋，不仅蛋重小，而且由于体质弱，产蛋不能持久，容易早产早衰；过晚开产，一方面说明禽群的体质状况较差，营养严重缺乏可能是导致这一结果的直接原因。另一方面，可能禽群遭受过疾病的侵袭。

②产蛋强度，母禽在一定的时间内，连续产蛋的天数加上停产的天数，称为产蛋周期。一个产蛋周期中，产蛋天数所占的比率，称为产蛋强度。个体记录用产蛋频率表示；群体记录用产蛋率表示。产蛋频率表示为：

$$f=\frac{n}{n+z}$$

式中：f 为个体产蛋频率；n 为连续产蛋的天数；z 为停产的天数；$n+z$ 为一个产蛋周期的总天数。

当 $n=z$（即产1枚蛋停产1 d或产2枚蛋停产2 d等）时，产蛋频率为0.5；当 $n<z$ 时，则 f 值小于0.5，而向0移动，但决不会等于0；当 $n>z$ 时，f 值大于0.5，向1移动，但决不会等于1。因此，$1>f>0$。这就是说，产蛋频率越大，说明家禽在产蛋周期内的连产多，停产少，属于优良产蛋家禽。当产蛋周期内只停产1 d的即 $z=1$ 时，称产蛋紧密周期。在产蛋紧密周期内，不论 n 值如何，产蛋频率均在0.5～1.0。

产蛋强度大的鸡全年产蛋量多，现在育种工作者多注重产蛋高峰产蛋率的高低（一般要求应在90%以上）及16～18月龄产蛋率的高低（一般要求高于60%）。

③产蛋持久性，是指母禽从开产到换羽休产这段产蛋期的天数。一般为1年左右。所以，这段时间又常称为生物学产蛋年。高产蛋鸡开产适时，换羽晚，一个生物学产蛋年的产蛋天数多，说明产蛋持久性好，全年产蛋多。产蛋持久性除与遗传性有关外，还与饲养管理、环境、疾病及应激等因素有关。优秀的商品蛋鸡，在良好的饲养管理条件下能持续产蛋14～15个月。

④产蛋冬休性，春孵的散养鸡群（利用自然光照）开产后，在冬季常有休产现象。如果休产7 d以上又不是抱性时，称为产蛋冬休性。密闭鸡舍的内环境一年四季都是稳定的，不存在冬休问题。开放鸡舍的内环境不太稳定，可能有冬休性，应注意冬季的保温。

⑤抱性，母禽抱窝蛋孵化的自然属性称为抱性，也称为就巢性（俗称抱窝）。抱性是家禽繁殖后代的生理现象，具有高度的遗传力。母鸡在就巢期间，卵巢萎缩，停止产蛋。所以，经常就巢的母鸡应予以淘汰。

上述因素不仅受饲养管理条件的影响，而且也是可以遗传的。对于遗传力高的因素，可通过育种手段得到改良，如来航鸡通过多年的选育，已经失去就巢性。

2. 蛋重

蛋重是评定家禽生产性能的一项重要指标，同样的产蛋量，蛋重越大，总产蛋重就大。蛋重的遗传力较高，为0.2～0.7。蛋重除与品种的遗传因素有关外，还与以下因素有关：产蛋期的不同阶段蛋重不一，初产时蛋重小，以后逐渐增大；第二个产蛋年，蛋重达最大重量，以后蛋重逐渐变小；蛋重与体重呈正遗传相关，与产蛋量呈负遗传相关；蛋重还与鸡性成熟的早晚有关，成熟过早的个体往往蛋重小。另外，蛋重也受营养水平和环境条件的影响，饲粮营养丰富时蛋重大，夏季较小而秋季又有所增加。

（1）平均蛋重　育种场称测个体蛋重，通常是测初产蛋重、300 日龄蛋重和 500 日龄蛋重三个时期。方法是在上述时间连续称测 3 d，求其平均数，作为该时期的蛋重。一般以 300 日龄的蛋重作为其代表蛋重；繁殖场和商品场只称测群体蛋重，方法是每月按日产量的 5%连续称测 3 d，求其平均数，作为该群该月龄的平均蛋重。通常平均蛋重以 g 为单位。

（2）总蛋重

$$总蛋重(kg)=[平均蛋重(g)\times 总产蛋数]\div 1\ 000$$

3. 蛋的品质

测定蛋的品质应在蛋产出后 24 h 内进行，每次测定不应少于 50 枚。

（1）蛋形指数　蛋形指数表示蛋的形状，是指蛋的长径与短径之比。正常的蛋为椭圆形，蛋形指数为 1.30～1.35，大于 1.35 的蛋为长形蛋，小于 1.30 的蛋为圆形蛋。如果鸡蛋的蛋形指数偏离标准太大，不但影响种蛋的孵化率和商品蛋的等级，而且也不利于机械集蛋、分级和包装。蛋形指数的遗传力为 0.25～0.50。

（2）蛋壳厚度　用蛋壳厚度测定仪分别测定蛋的钝端、锐端和中腰三处蛋壳（除去壳膜）厚度，求其平均值。理想的鸡蛋壳厚为 0.33～0.35 mm，鸭蛋的蛋壳厚度为 0.43 mm 左右。该性状遗传力为 0.30～0.40。

（3）蛋壳强度　蛋壳强度指蛋壳耐受压力的大小。蛋壳结构致密，则耐受的压力大，不易破碎。蛋壳强度用蛋壳强度测定仪测定，标准厚度的蛋壳能耐受 2.5～4.0 kg/cm^2。蛋的纵轴耐压力大于横轴，装运时应竖放。该性状的遗传力为 0.3。

（4）蛋的比重　蛋的比重不仅可以表明蛋的新鲜程度，而且还可间接表示蛋壳厚度和蛋壳强度。新鲜的鸡蛋比重不应低于 1.07，一般用盐水漂浮法进行测定。该性状的遗传力为 0.3～0.6。

（5）蛋壳颜色　蛋壳颜色是品种的重要特征，常见的有白、褐、浅褐和青色等。该性状的遗传力为 0.3～0.9。

（6）蛋的内部品质

①蛋白浓度。蛋白浓度表示蛋的新鲜程度的高低，用哈氏单位表示。测定方法是：将蛋称重后破壳，把内容物置于平板上，用蛋白高度测定仪测量蛋黄边缘与浓蛋白边缘的中点的高度。应避开系带，测量三个位置，求得平均数为浓蛋白高度，然后按下述公式计算哈氏单位。

$$哈氏单位=100\lg(H-1.7W^{0.37}+7.57)$$

式中：H 为浓蛋白高度（mm）；W 为蛋重（g）。

哈氏单位越大，表明蛋白黏稠度越高，蛋的品质越好。

②蛋黄颜色。蛋黄比色扇的 15 个等级进行比色分级，蛋黄色泽越浓艳，表明蛋的品质越好。蛋黄颜色与饲料所含叶黄素有关，如饲喂胡萝卜、黄玉米等含叶黄素较多的饲料，蛋黄的颜色就浓艳。该性状的遗传力为 0.15。

③血斑蛋率和肉斑蛋率。蛋内存在血斑和肉斑的蛋称为血斑蛋和肉斑蛋。血斑蛋和肉斑蛋占总蛋数的百分比称为血斑蛋率和肉斑蛋率，通常为 1%～2%。蛋内含有血斑或肉斑会大大降低蛋的品级。该性状的遗传力为 0.25。

四、肉用性状

1. 生长速度

早期生长速度是肉用仔禽在育种和生产上极为重要的指标。生长快，增重迅速，可以缩短饲养期，减少饲料消耗，提高设备利用率，减少疾病传播机会，利于防疫灭病，还能加速资金周转提高经济效益。

鸡的生长速度与鸡种、初生体重、年龄、性别以及饲养管理条件有关。肉鸡比蛋鸡生长快；初生体重大生长快；早期生长快(特别是1～2月龄)；公鸡比母鸡生长快；饲养管理条件好生长快。生长速度的评定有以下指标。

(1)相对增重　统计期增加的体重占初生体重的百分比。用以表达一个时期生长的强度，鸡的年龄越小相对增重率越大。

(2)绝对增重　统计期增加的体重。一般随年龄增长，绝对增重越来越大，达到高峰后又越来越小。

生长速度的遗传力较高，为0.4～0.8。

2. 体重

一般情况下，体重越大产肉越多。对肉用家禽而言总的要求是有较大的体重。但体重越大，消耗饲料越多，饲养上不经济。因此，在实际生产中，为了提高经济效益，应把体重和饲料报酬两者结合起来考虑。

体重与品种、年龄、性别、饲养管理等因素有关。在日常饲养管理中，需要经常抽测体重，以检查饲养效果，决定喂料量。该性状的遗传力为0.2～0.6。

3. 屠宰率

屠宰率能反映肉禽肌肉的丰满程度和肥育程度，屠宰率越高，产肉越多。对于肉用家禽要求有较高的屠宰率。该性状的遗传力为0.3左右。

(1)屠宰率

$$屠宰率=\frac{屠体重}{宰前活重}\times 100\%$$

屠体重是指活体重减去放血、净毛、剥去脚皮、趾壳、喙壳后的重量；宰前活重是屠宰前停饲12 h后的重量。

(2)半净堂率

$$半净膛率=\frac{半净膛重}{屠体重}\times 100\%$$

半净膛重是屠体去除气管、食道、嗉囊、肠、脾、胰和生殖器官，保留心、肺、肝(去胆)、肾、腺胃和肌胃(去内容物及角质层)以及腹脂的重量。

(3)全净堂率

$$全净膛率=\frac{全净膛重}{屠体重}\times 100\%$$

全净膛重是半净膛重去除心、肝、腺胃、肌胃、腹脂及头、脚后的重量(鸭、鹅保留头和脚)。

4. 屠体品质

评定屠体品质主要通过以下指标。

(1)胸宽　胸部肌肉占全身产肉量比例较大,所以要求胸肌发达。理想的肉用仔禽屠体胸角应在90°以上,一般于8周龄时屠体测量。测量时用胸角器,部位在胸肌前1/3处。

(2)肉质嫩度　肉质嫩度是指测量肌纤维的粗细和拉力,通过测量可判断肉质的细嫩程度,如肌纤维粗、拉力大时,肉的品质差;反之,则说明肉质细嫩。

(3)屠体美观　屠体皮肤以黄色或白色为佳,外观应丰满、有光泽、洁净、无伤痕及胸部囊肿。

五、饲料利用率性状

1. 产蛋期料蛋比

产蛋期料蛋比是指产蛋期消耗的饲料量与总产蛋重的比值,即每生产1 kg蛋所消耗的饲料量。

$$\text{产蛋期料蛋比}=\frac{\text{产蛋期耗料量(kg)}}{\text{总产蛋量(kg)}}\times 100\%$$

2. 肉用仔禽耗料比

肉用仔禽耗料比通常用每增重1 kg体重所消耗的饲料量来表示。

$$\text{肉用仔禽耗料比}=\frac{\text{全程耗料量(kg)}}{\text{总活重(kg)}}\times 100\%$$

商品肉禽的耗料比与生长速度相关,只有生长快,才能在较短的时间消耗较少的饲料,而获得较大的经济效益。此外,商品肉禽的饲料报酬还与出售的时间、体重有关,肉用仔禽的生长期越短,增重越快,饲料报酬就越高。

任务二　良种繁育技术

任务描述

家禽良种繁育技术是解决家禽生产的遗传基础,是十分重要的工作,良种繁育体系的主体承担着主要的品种、育种和供种任务,建立及健全家禽良种繁育技术,有利于获得高产性能的现代家禽。本任务根据家禽良种繁育体系的特点描述家禽育种的基本环节、主要任务和相互关系。

任务目标

掌握家禽的选种方法和现代家禽的良种繁育体系。

二维码3-2　良种繁育技术

思政目标

工匠精神;民族自豪感;勇担责任,甘于奉献。

知识清单

一、家禽繁育的基本环节

家禽良种繁育体系是指为了商品杂交家禽的保种、育种和制种工作正常进行,把纯系选育、配合力测定以及种禽扩繁等环节有机结合起来形成的一套体系。现代禽种的繁育过程包括保种、育种、配合力测定和制种四个基本环节。

1. 保种

保存具有育种价值的某些原有品种或品系，采用本品种选育或提纯复壮等保种措施，提高原有品种或品系的生产性能，为育种场提供素材。

2. 育种

利用某些原有品种或品系为育种素材，采用近交系育种法、正反交反复选择法、闭锁群育种法等先进的育种方法，培育出若干各有特点的纯系。

3. 配合力测定

通过配合力测定杂交后代生产性能高低的方法，来评定父母双亲配合力的好坏。具体方法是把育种场培育的各个纯系的杂交组合，送到配合力测定站，在相同的饲养管理条件下进行饲养试验，通过对杂交后代生产性能进行测定，从中选出配合力最佳的杂交组合，从而构成配套品系。

4. 制种

利用构成配套品系的各个纯系，按照固定的模式进行逐代杂交，生产商品杂交禽的过程。其杂交方式主要有二系配套杂交、三系配套杂交和四系配套杂交 3 种。

(1)二系配套杂交　这是最简单的一种杂交方式，也叫单交。配套系由两个纯系构成，制种过程包括原种场的一次纯繁制种和父母代场的一次杂交制种，利用杂交一代做商品禽生产(图 3-1)。

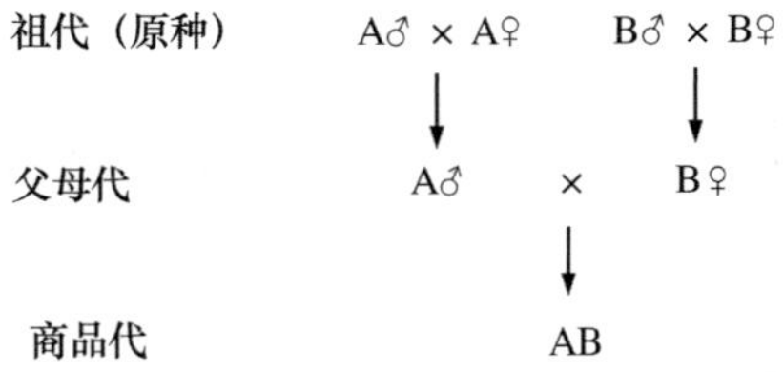

图 3-1　二系配套杂交示意图

(2)三系配套杂交　配套系由三个纯系构成。其制种过程包括原种场的一次纯繁制种和祖代场及父母代场的两次杂交制种，即先用两个纯系固定性别的公、母禽进行杂交，利用杂交子一代的母禽再与第三个纯系的公禽杂交，用以生产商品杂交禽。这种杂交方式比两系方式的遗传基础广泛，因此获得的杂交优势也比较强(图 3-2)。

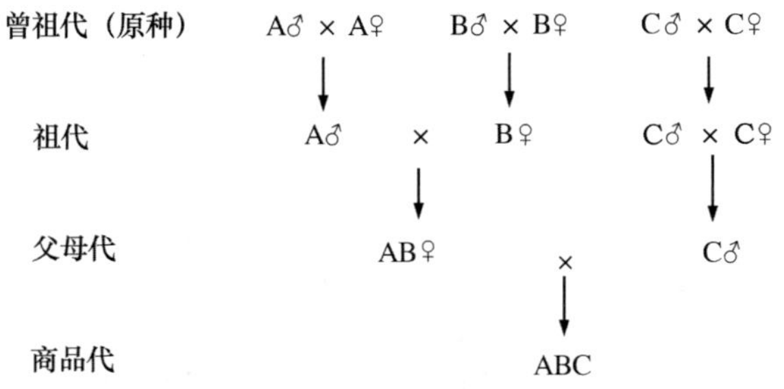

图 3-2　三系配套杂交示意图

(3)四系配套杂交　配套系由四个纯系构成。其制种过程包括原种场的一次纯繁制种和祖代及父母代场的两次杂交制种。即先用四个纯系固定性别的公、母禽分别进行两两杂交，利用其产生的子代再进行杂交，用以生产商品杂交禽。四系配套杂交又称为双杂交，这种杂交方式遗传基础更广，杂交优势也更强(图 3-3)。

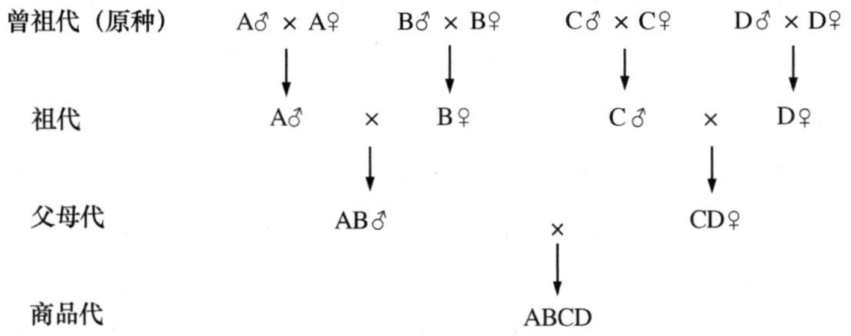

图 3-3　四系配套杂交示意图

二、良种繁育体系

现代禽种的培育过程就是繁育体系的基本内容，整个过程要通过良种繁育体系来实现。良种繁育体系是现代禽种繁育的基本组织形式。为了获得生产性能高、有突出特点和具有市场竞争能力的优良禽种，必须进行一系列的育种和制种工作，需要把品种资源、纯系培育、配合力测定以及曾祖代、祖代、父母代、商品代的组配与生产等环节有机地结合起来，从而形成一套体系，这套体系就是良种繁育体系(图 3-4)。

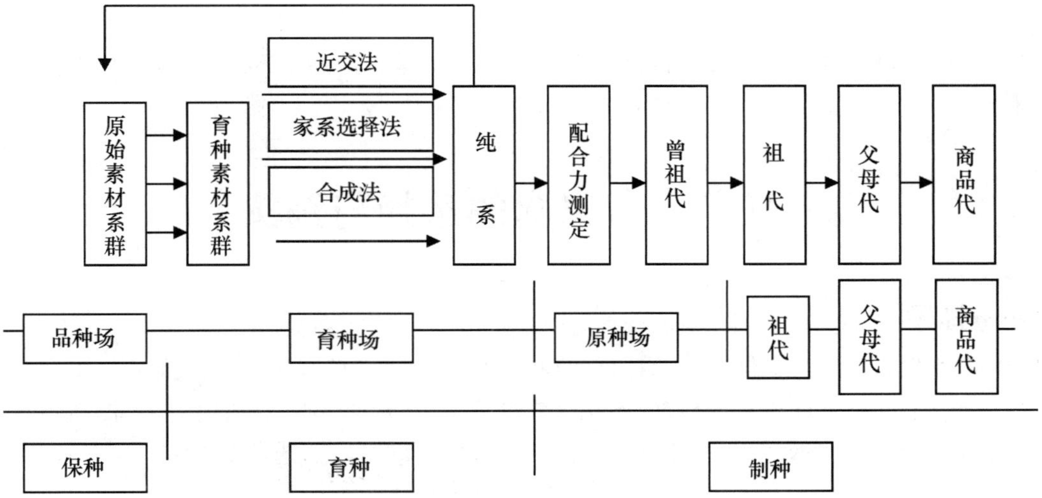

图 3-4　现代家禽良种繁育体系

良种繁育体系的模式并非固定统一的，但体系中的各个环节都是不可缺少的。现以四系配套杂交为例，将良种繁育体系中各场的主要任务和相互关系概述如下。

1. 品种资源场

任务是收集、保存和繁殖某些原有品种或品系(包括国外引进的和国内的)，观测研究其性能、特征及遗传情况，发掘可利用的优良基因，为育种提供素材，它实际就是家禽品种的基因库。

2. 育种场

充分利用品种资源场提供的育种素材，采用先进的育种手段和方法，选育或合成具有突出特点的专门化高产品系，并进行杂交组合试验，筛选出最优配套杂交组合，并为曾祖代场提供配套品系原种。

3. 配合力测定站

将育种场培育的若干高产纯系和最优杂交组合送到配合力测定站，在相同的饲养管理条件下进行配合力测定，筛选出配合力最好的杂交组合，构成配套品系。

4. 原种场(曾祖代场)

原种场饲养配套杂交用的纯系种禽，即饲养由育种场提供的配套原种禽(双性别的 A、B、C、D 四个纯系)，在进行纯繁保种的同时，为祖代场提供单一性别的祖代种禽(A♂、B♀、C♂、D♀)。

5. 祖代场

饲养由原种场提供的单一性别的祖代种禽，进行第一次杂交制种(A♂×B♀、C♂×D♀)，为父母代场提供二元杂交的单一性别的父母代种禽(AB♂、CD♀)。

6. 父母代场

饲养由祖代场提供的单一性别的父母代种禽，进行第二次杂交制种(AB♂×CD♀)，为商品代场提供四元杂交的商品禽(ABCD)。

7. 商品代场

饲养由父母代场提供的四元杂交商品禽(ABCD)，进行商品生产，为市场提供商品禽蛋或禽肉。

任务三 家禽的选择与淘汰

任务描述

饲养种禽的目的是提供优质的种蛋和种雏，其质量的好坏直接关系到商品禽生产性能的高低。无论是大型禽场还是小型禽场，在饲养过程中，要经常不断地选优去劣，提高种禽群的生产力，从而提高经济效益。本任务主要介绍公母禽不同阶段的选留要求。

任务目标

学会种公、母禽的选择与淘汰技术。

思政目标

精益求精，工匠精神；标准化操作，职业操守；学以致用，爱岗敬业；团结合作。

二维码 3-3 家禽的选择与淘汰

知识清单

一、种公禽的选择

种公禽的质量对种蛋的受精率有很大的影响，无论是自然交配还是人工授精都非常重要。因此，必须加强对种公禽的选择，在实际生产中，种公禽的选择一般分三次进行。

1. 第一次选择

鸡在6～8周龄时进行。在符合本品种外貌特征的前提下，选择体重大和发育良好者；淘汰外貌有缺陷者，如喙、胸部和腿部弯曲、嗉囊大而下垂、关节畸形，胸部有囊肿者，对体重过轻和雌雄鉴别有误的应予以淘汰。选留公、母比例以1∶(7～8)为宜。

鸭需饲养到8～10周龄时进行，鹅应在育雏结束后进行选择，选留生长发育良好者，重点选择体形大，符合本品种特征，羽毛生长快，无杂色羽毛，健壮，无生理缺陷的个体。选留的公母比例小型鹅1∶(4～5)，中型鹅1∶(3～4)，大型鹅1∶2。

2. 第二次选择

鸡在18～20周龄结合转群进行。选留身体健壮，发育匀称，体重符合标准，雄性特征明显，外貌符合本品种特征要求。用于人工授精的公鸡，还应考虑公鸡性欲是否旺盛，性反射是否良好。选留比例，平养自然交配公、母比例以1∶(9～10)为宜，人工授精公、母比例以1∶(15～20)为宜。被选留的公鸡如果是用于人工授精，应采取单笼饲养；用于自然交配，应于母鸡转群后，开始收集种蛋前一周放入母鸡群中。

鸭在24～28周龄进行第二次选择，选留体重符合标准、头大颈粗、眼大有神、喙宽而齐、身长体宽、羽毛紧密而有光泽，健康结实，第二性征明显、配种能力强的留种。公鸭经两次选择后，即可以留作种用。

鹅应在10～12周龄时进行选择，选留体重符合标准、发育良好、健壮者，淘汰生长缓慢、体形较小和腿部有伤残的个体。

3. 第三次选择

鸡在20周龄进行选留，中型种鸡、肉用型种鸡可推迟1～2周进行。对于平养方式，应在公母混群交配后10～20 d时进行。此时应淘汰性欲差、交配能力低以及精神不振的公鸡。用于人工授精的公鸡，主要根据精液的品质和体重选留。选择性反射良好、乳状突充分外翻、大而鲜红、有一定精液量的公鸡。若经过几次训练按摩，精液量少、稀薄如水或无精液、无性反射的公鸡应予以淘汰。留种比例，自然交配蛋用型鸡公、母比例为1∶(10～15)，肉用型鸡公、母比例为1∶(6～8)；人工授精公母比例为1∶(20～30)。

鹅一般在开产前进行，选留具有本品种特征、发育良好、体重较大、体形结构匀称，健壮、雄性特征明显的留作种用。公、母比例以品种不同而异，小型鹅为1∶(5～6)，中型鹅为1∶(4～5)，大型鹅为1∶(3～4)。

二、母禽的选择与淘汰

(一)鸡的选择与淘汰

无论是大型鸡场还是小型鸡场，在饲养过程中，要经常不断地选优去劣，及早淘汰低产鸡或停产鸡，减少非生产性饲料消耗，提高鸡群的生产力，从而提高经济效益。而选择与淘汰的最简单方法是根据外貌进行。

1. 雏鸡的选择

(1)蛋用雏鸡的选择　蛋鸡在育雏结束时结合转群选择一次。此时，应选择体形外貌符合品种要求、健康无病、体重大小适中、羽毛生长速度快的鸡。淘汰体重过小、有病、外貌或生理上有残疾(伤残、眼残、腿瘸等)的个体。体重过大，将来产蛋量低，应隔离进行限制饲养，加强饲养管理，提高日粮水平，待体重达到正常水平时可并群饲养，否则应予以淘汰。

(2)肉用雏鸡的选择　肉鸡上市日龄(6周龄)的体重、生长速度等与成鸡的生产指标呈正相关，故肉用种鸡在6周龄时进行选择淘汰比较合适。简单的方法就是将生长速度快、体重较大、肌肉丰满、羽毛有光泽、身体健康、精神饱满的个体留作种用，将体弱有病、有残疾的鸡只淘汰。

2. 育成鸡的选择

在18～20周龄时，育成鸡转群时要进行一次选择，选留特征明显、体形结构良好、身体健康的育成鸡，这时要淘汰那些体重不足、有生理缺陷和有病的鸡只。

3. 产蛋期高产鸡的选择

(1)外貌选择法　高产鸡头清秀，头顶宽，呈方形；喙短而宽，微弯曲；冠和肉髯发育良好、鲜红；胸部宽深、向前突出，胸骨长直、微向后下方倾斜；眼大有神；背部宽直；腹大柔软；皮肤滑润、富有弹性。反之，为低产鸡。在饲养管理中，一定要仔细观察，及时发现低产鸡和停产鸡，予以淘汰。

(2)生理特征选择法

①根据触摸品质和腹部容积选择高产鸡。高产鸡腹部容积大，胸骨末端与耻骨之间的距离应在4指以上，耻骨与耻骨之间的距离应在3指以上。用手触摸鸡冠、肉髯时有温度感；腹部柔软、有弹性、无硬块腹脂；两耻骨薄而有弹性。正在产蛋的泄殖腔大，湿润，松弛，呈半开状，颜色发白。不产蛋泄殖腔小而紧缩，有皱褶，干燥。对不符合条件的鸡予以淘汰。

②根据换羽迟早选择高产鸡。一般情况下，高产鸡换羽晚，且换羽快，1～2个月换完，或边换羽边产蛋，有些甚至不停产。低产鸡换羽季节较早，速度慢，更换时间长，常需3～4个月才能完全换羽，造成长期停产。

③根据行动和性情。高产鸡活泼好动，勤于采食，经常发出"咯咯"的叫声。低产鸡行动迟缓，安静，食欲不佳。

(二)鸭的选择与淘汰

母鸭饲养至8～10周龄，可根据外貌特征进行第一次初选。饲养至4～5月龄时，进行第二次选择，该工作一直进行到6～7月龄开始配种为止。

种母鸭的选择标准具体如下。

1. 蛋用型种母鸭

头中等大小，颈细长，眼亮有神，喙长而直，身长背阔，胸深腹圆，后躯宽大，耻骨开张，羽毛致密，两翼紧贴体躯，脚稍粗短，蹼大而厚，健康结实，体肥适中。

2. 肉用型种母鸭

体形呈梯形，背略短宽，腿稍粗短，羽毛光洁，头颈较细，腹部丰满下垂，耻骨开张，繁殖力强。

（三）鹅的选择与淘汰

根据鹅的生长发育情况和外貌特征进行种母鹅的选择，主要按以下两个时期进行选择。

第一次选择在 70～80 日龄进行，此时鹅的羽毛丰满，品种的外貌特征明显，不仅可以选择到所需要的羽毛颜色，而且此时体重大的鹅，说明它的早期生长速度快，饲料转化率高。因此，第一次选择应将生长发育快、体重大、健康状况良好、羽毛等外貌特征符合品种要求的留作种鹅。由于这是第一次初选，选留数应比计划的留种数多出 10%～20%，为产蛋前的选择提供一定数量的候选鹅群。

第二次选择一般在 180～200 日龄进行。选择第二性征明显的母鹅。具体标准是：头清秀，颈细长；体形硕大，羽毛整齐、紧密，具有光泽；前躯较浅，后躯宽深，腹部圆大；胫结实、强健，间距宽。

在 180 日龄后，母鹅开产时进行选择。母鹅选留标准：体躯各部位发育匀称，头大小适中，眼睛明亮有神，颈细且中等长，体躯长且圆，前躯较浅窄，后躯宽且深，两脚健壮且距离较宽，羽毛光洁紧密贴身，尾腹宽阔，尾平直。

虽然鹅的体形外貌能在很大程度上反映出它的品质优劣，但还不能准确地评价种鹅潜在的生产性能和种用品质。所以，种鹅场（户）应做好生产记录，根据记录资料进行有效的选择。其方法是：将留作种用的鹅，分别编号登记，逐只记录开产日龄、开产体重、成年体重，第 1 个产蛋年的产蛋数、平均蛋重，第 2 个产蛋年的产蛋数、平均蛋重，种蛋受精率、孵化率，有无抱窝性等。根据资料，将适时开产、产蛋多、持续期长、平均蛋重合格、无抱窝性、健壮的优秀个体留作种鹅，将开产过早或过晚、产蛋少、蛋重过大或过小、抱窝性强、体质弱的个体及时淘汰。

任务四　家禽的配种方法

任务描述

目前，养禽生产中，配种方式大致可分为自然配种和人工授精两类。由于养禽场的性质不同、育种目标不同、饲养方式不同，选择配种方式也不同，在实际应用时，须根据各养禽场（户）的具体情况和需要，并结合环境条件考虑采用哪种方式。本任务在介绍自然配种方法基础上，重点阐述人工授精技术的应用，以尽可能提高受精率。

任务目标

掌握家禽的配种方法；学会家禽的人工授精技术。

思政目标

吃苦耐劳，勇于奉献；标准化操作，职业操守；精益求精，爱岗敬业；团结合作。

二维码 3-4　家禽的配种方法

知识清单

一、配偶比例及种禽利用年限

1. 配偶比例

在种禽群中，公禽过多，会浪费饲料，还会因公禽争斗而干扰交配，降低受精率；反之，公禽过少，每只公禽的配种任务大，影响精液品质，受精率也不高。因此，家禽的配偶比例应适当，在自然交配时，公、母禽的配偶比例见表 3-1。

2. 种禽利用年限

家禽的繁殖性能与年龄有直接的关系，种禽的利用年限因种类和禽场的性质而不同。鸡和鸭都属于性成熟后第一个生物学产蛋年的产蛋量和受精率最高，第二个产蛋年比第一个产蛋年产蛋量下降 15%～20%，以后每年下降 10%左右。因此，繁殖场和商品场饲养的禽群，一般都利用一个产蛋年。育种场的优秀禽群，可利用 3～4 年。鹅的生长期较长，性成熟较晚，第二个产蛋年比第一个产蛋年增加产蛋量 15%～20%，第三个产蛋年比第一个产蛋年增加 30%～40%，以后逐年下降。所以，产蛋母鹅可利用 3～4 年。

表 3-1　自然交配时公、母禽的配偶比例

品　种	公、母配比	品　种	公、母配比
轻型蛋鸡	1∶(12～15)	蛋用型鸭	1∶(15～20)
中型蛋鸡	1∶(10～12)	兼用型鸭	1∶(10～15)
肉用种鸡	1∶(8～10)	肉用型鸭	1∶(8～10)
鹅	1∶(4～6)	火鸡	1∶(10～12)

二、家禽的配种方法

1. 大群配种

大群配种指在较大的母禽群中放入一定比例的公禽，与母禽随机交配。禽群的大小，应根据家禽的种类、品种及禽舍大小而定。如鸡根据具体情况为 100～1 000 只，当年的鸡群公母配比可大些，但最大不能超过 1∶15，否则影响种蛋受精率。这种配种方法管理方便，省工省力；一次可获得较多的种蛋；种鸡活动场所大，体质较好；可以实现双重配种，种蛋的受精率高。但种蛋来源不明确，不能辨认后代的血缘，不能做谱系记录。因此，仅适用于种禽繁殖场。肉种鸡使用较多。

2. 小群配种

小群配种又称单间配种，在一小群母禽中放入一只公禽与其配种。要求有小间配种舍，自闭产蛋箱，公、母禽均佩带脚号，群的大小根据品种的差异而定，一般为 10～15 只。

在繁殖场使用小群配种虽有利于鸡群净化、种蛋的卫生度得以改善，但小群配种管理麻烦，且常因公母禽之间交配的偏爱性，使受精率往往低于大群配种。但种蛋来源明确，能辨认后代的血缘，可作谱系记录。因此，此方法适合育种场使用，目前在肉种鸡父母代笼养中也有应用。另外，由于饲养密度没有提高，而同时生产成本又增加了，在生产上普遍推广应用的意义不大。

三、家禽的人工授精

家禽人工授精具有扩大公母配比、提高受精率、克服公禽的择偶与配种困难问题、便于净化和清洁卫生、扩大基因库以及操作简单易行、便于推广等优点，因此，目前人工授精已成为促进养禽业发展的一项新技术。

(一)采精

1. 采精前的准备

采精前公、母禽应隔离，单笼饲养，公禽经隔离 1 周后便可开始训练。开始训练时，1～2 次/d，经 3～4 d 后，大部分公禽都可采出精液。选留的公禽需定期采精并检查精液品质。对于长期采不出精液或精液量少、精子密度小及精子活力不高的公禽应予以淘汰。

采精前应剪掉公禽泄殖腔周围的羽毛，并将所有可能与精液接触的器具严格消毒烘干，以防止病原微生物的感染。

采精前 3～4 d 应停水、停料，以减少粪便对精液的污染。

2. 采精方法

家禽采精方法有多种，按摩法最适于生产中使用，因为按摩法简便、安全、可靠、采出的精液干净。

(1)鸡的按摩采精法　采精时，由 2 个人操作。保定人员双手各握住公鸡一条腿，自然分开，拇指扣其翅，使公鸡头部向后，保定在身体一侧偏前位置。采精人员右手中指与无名指夹着集精杯，杯口朝外，左手掌心向下，贴于公鸡背部，由翼根轻轻推向尾羽区，数次后可引起公鸡性反射，左手迅速将尾羽拨向背部，并使拇指与食指分开，跨捏于泄殖腔上缘两侧，与此同时，右手呈虎口状紧贴于泄殖腔下缘腹部两侧，轻轻抖动触摸，当公鸡露出交配器时，左手拇指与食指作适当压挤，精液即流出，右手便可用集精杯承接精液。

也可单人采精，采精员坐在约 35 cm 高的小凳上，左、右腿交叉，将公鸡双腿夹于两腿之间。右手夹采精杯，放于公鸡后腹部柔软处，左手由背部向尾根按摩数次，即可翻尾、挤肛、收集精液。

(2)鸭、鹅的按摩采精　一人坐在凳子上，将公鸭(鹅)放在膝盖上，鸭(鹅)头伸向左臂下，助手位于采精员右侧保定公鸭(鹅)双脚。采精员整个左手掌心向下紧贴公鸭(鹅)背腰部，并向尾部方向抚摩，同时用右手手指握住泄殖腔环按摩揉捏，一般 8～10 s。当阴茎即将勃起的瞬间，正进行按摩的左手拇指和食指稍向泄殖腔背侧移动，泄殖腔上部轻轻挤压，阴茎即会勃起伸出，射精沟闭锁完全，精液会沿着射精沟从阴茎顶端快速射出。助手使用集精杯收集精液。熟练的采精员操作过程约需 30 s，并可单人进行操作。如果左手拇指和食指在泄殖腔下部挤压，而阴茎的腹侧受到压力，迫使位于阴茎背侧的射精沟开放，形成缺口，造成精液从阴茎的基部流出，导致集精困难。公鸭(鹅)髂骨部位是引起性兴奋的部位。当阴茎勃起的瞬间，左(右)手拇指和食指稍微向背侧方向移动，在阴茎的上部轻轻挤压，使精液沿螺旋状阴茎的排精沟流下，右(左)手迅速持集精器接取精液或用注射器迅速沿排精沟吸取精液。左(右)手松开(停止按摩)，让阴茎慢慢缩回。最后将精液注入集精瓶中，用盖盖好。

3. 采精频率

家禽的采精次数以隔 1 d 采 1 次的精液品质最好。精液浓稠，呈乳白色。公禽经过 48 h

的性休息之后，精液量和精子密度都能恢复到最高水平，如果配种任务大，也可以在1周内采精4～5次，或每天采精1次，但要注意增加蛋白质饲料、维生素A和维生素E。

(二)精液品质检查

1. 外观检查

正常精液为乳白色不透明的液体，有其他颜色说明被污染。

2. 精液量检查

可用刻度吸管或带刻度的集精杯检查精液量。精液量依家禽品种、年龄和生理状况、饲养管理条件的不同而有差异，也与采精人员的手法和熟练程度有关(表3-2)。

表3-2 种公禽的精液品质指标

指标	公鸡		公鸭	公鹅
	蛋用型	肉用型		
射精量/mL	0.35	0.4～0.5	0.3	0.2
精子密度/(亿/mL)	15～30	15～30	20	15～20
精子活力	0.7	0.7	0.7	0.4～0.5

3. 精子活力检查

活力检查于采精后20～30 min内进行，其方法是取1滴精液放于载玻片上，密度大时可加1滴生理盐水，盖上盖玻片，置于200～400倍显微镜下检查。根据以下3种活动方式估计评定：呈直线前进运动的精子，具有受精能力，以其所占的比例评为0.1～0.9级；呈圆周运动和摆动的精子，都没有受精能力。精子活力对受精率影响较大。

4. 精子密度检查

可采用血细胞计数板来计算，此法精确，但操作较麻烦，故一般采用估测法将精子密度分为密、中、稀三等。

5. 畸形率检查

取1滴精液置于载玻片上，抹片，自然干燥后，用95%的酒精固定1～2 min，冲洗，再用0.5%的龙胆紫(或红、蓝墨水)染色，3 min后冲洗，干燥后即在400～600倍显微镜下检查，数出300～500个精子中有多少个畸形精子，计算百分率。

(三)精液的稀释

1. 稀释的目的

家禽精液量少，密度大，通过稀释可以增加精液的容量，增加输精母禽的数量，提高公禽的利用率；为精子提供能量，提供缓冲剂防止pH变化，延长精子寿命以有利于保存。

2. 稀释的比例

公禽采精后应尽快稀释，将精液和稀释液分别装入试管中，并同时放入30～35 ℃保温瓶或恒温箱中，使精液和稀释液的温度相同或接近。稀释时应将稀释液沿管壁缓慢加入，轻轻转动，使两者混合均匀。若高倍稀释应分次进行，防止突然过急改变精子的环境，影响精子的活力。

精液稀释的比例应根据精液的品质、稀释液的质量、保存温度和时间而定。常温保存时的稀释比例一般为1∶(1～2)。

3. 稀释液的配制

(1)稀释液配方　精液如果立刻使用，不做保存，可用简单的稀释液(表3-3)。

表3-3　家禽精液常用稀释液的成分　g

名　称	生理盐水	等渗溶液	Lake氏液	BPSE液	磷酸缓冲液	Broun氏液
葡萄糖		5.7				0.500
果糖			1.000	0.500		
谷氨酸钠			1.920	0.867		0.234
氯化镁			0.068	0.034		0.013
醋酸钠			0.857	0.430		
柠檬酸钠			0.128	0.064		0.231
磷酸二氢钾				0.065	1.456	
磷酸氢二钾				1.270	0.837	
TES				0.195		2.235
氯化钠	0.9					

注：①各稀释液除加表中成分外，再加100 mL蒸馏水，单位均为g。

②TES为N-三甲基-2-氨基乙烷磺酸。

③每毫升稀释液中加青霉素1 000 IU，链霉素1 000 μg。

(2)注意事项　配制稀释液时应严格执行操作规程：所用试剂应为化学纯或分析纯；用新鲜的呈中性的蒸馏水或离子水；一切用具要彻底洗净、消毒、烘干；各种药品的称量要准确，并经充分溶解、过滤、密封消毒；要调整pH和渗透压。

(四)输精

1. 笼养鸡的输精

(1)输精方法　母鸡的输精常用阴道输精法。给母鸡输精时，一定要把母鸡泄殖腔的阴道口翻出(俗称翻肛)，再将精液准确地注入阴道口内。在大群进行人工授精时，输精应由3人进行，其中2人翻肛，1人注入精液。翻肛人员用左手握住母鸡的双腿，使鸡头朝下，右手置于母鸡耻骨下给母鸡腹部施加压力，泄殖腔外翻时，阴道口露出在左上方呈圆形，右侧开口为直肠口。当阴道口外露后，输精员将吸有精液的输精管，插入阴道口内2～3 cm注入精液，同时解除对母鸡腹部的压力。

笼养鸡在人工授精时，可不必将母鸡从笼中取出来，翻肛人员只需用左手握住母鸡双腿，将母鸡腹部朝上，鸡背部靠在笼门口处，右手在腹部施加一定压力，阴道口随之外露，即可进行输精。

输精时间为每5～7 d输精1次，每次输入新鲜精液0.025～0.05 mL，其中含精子1亿个。母鸡第一次输精时，应注入2倍精液量，输精后48 h便可收集种蛋。输精时间一般在下午 16:00 以后。此时,母鸡产蛋基本上已结束。

(2)注意事项　①精液采集后,应在半小时内尽快输精。②捉取母鸡和输精动作要轻缓,插入输精管不可用力过猛,勿使空气进入。③输精时遇有硬壳蛋时动作要轻,而且要将输精管偏向一侧缓缓插入。④输精器材要洗净、消毒、烘干,每输 1 只母鸡要更换 1 次输精管或吸嘴,注入精液的同时,助手要放松对母鸡腹部的压力。

2. 鸭的输精

由于鸭的生殖道开口较深,阴道口括约肌紧缩,阴道部不像母鸡那样容易外翻(特别是番鸭),所以,采用一般的输精方法受精率不高。在生产上一般采用输卵管外翻输精法和手指引导输精法,受精率最高,操作也比较简便。

(1)输卵管外翻输精法　输精员用左脚轻轻采压母鸭背部,用左手挤压泄殖腔下缘,迫使泄殖腔张开,以暴露阴道口再用右手将吸有精液的输精器从阴道口注入精液,同时松开左手。采用本法部位准确,受精率高,但操作时阴道部易受感染,不熟练时易将蛋压破。因此,采用本法时输精员必须具备熟练的操作技术,同时做好消毒工作,以防阴道部炎症。

(2)手指引导输精法　输精员用左手食指从泄殖腔口轻缓插入泄殖腔,往泄殖腔左下侧寻找阴道口所在。阴道口的括约肌较紧,而直肠口较松。待找到阴道口时,左手食指尖定准阴道口的括约肌,与此同时右手将输精器的头部沿着左手食指的方向插入泄殖腔的阴道口(不必插入阴道深部,借助特别的输精器,能使精液喷射阴道深部)后,将食指抽出,并注入精液。这一方法可借助食指指尖帮助撑开阴道口,以利于输精,适用于一些阴道口括约肌紧缩的母鸭(如母番鸭等)。

鸭每次输新鲜稀释精液 0.1～0.2 mL,每次输入活精子 0.3 亿～0.5 亿个,首次输精时应加倍。鸭精子受精持续期比陆上家禽短,一般输精 6～7 d 受精率急剧下降。家鸭 5～6 d 输 1 次精,可获得较高的受精率。公番鸭与母麻鸭杂交时,每 3 d 输 1 次精。母鸭宜在上午 8:00—11:00 输精为好,因为此时母鸭子宫内的硬壳蛋尚未完全形成。

3. 鹅的输精

(1)手指探测法　需 2 人配合,1 人固定,另 1 人用手指探测并输精。使母鹅蹲于长板凳上,双手轻轻按住腿及翅膀,以右手食指伸入泄殖腔,探测位于左下侧的阴道口,将装好精液的输精器沿右食指至阴道口,插入阴道后注入精液。此方法仅食指插入探测,操作简单,母鹅不会过度挣扎,但手指探测须有熟练的技巧,否则不易测知阴道口。此法不能目睹精液注入阴道,输精器的活塞如未固定好,精液在到达阴道前即已漏失而无法觉察。

(2)阴道外翻法　此法需 2～3 人配合。2 人操作时,须先将精液装入输精器,固定者兼注入的工作。母鹅跨骑于长板凳上,胸部贴于板凳末端,腹部以下则悬在外面。操作者站在母鹅左侧,右手心将尾羽往前翻并下压,同时右手将腹部上托,使腹压增大,右食指与拇指张开泄殖腔口,此时直肠口先翻出,接着阴道口外翻。当腹部加压后,鹅只不再挣扎,固定者迅速取输精器,插入阴道深部后,将腹部放松,让生殖道回缩,同时注入精液。

3 人操作时,另 1 人持输精器,负责注入精液。精液每次注入 0.05 mL,或以生理盐水稀释 1 倍后注入 0.1 mL。每周授精 1 次,受精率约 80%,每隔 4 d 授精可维持 90%以上的受精率。

此方法需要较多的人手,以 3 人操作较合适。可目睹精液注入阴道内,确保受精率。但因鹅产蛋时间不规律，无论何时授精均会发现有些鹅产道内有蛋未产出，故操作时须小心，以免鹅蛋破裂或使生殖道受伤。

输精时间和剂量：输精量主要取决于精液品质的高低。输精时间如使用原精液，一般每次输入的精液量为 0.03～0.05 mL；如果用稀释的精液，用量为 0.05～0.1 mL。每次输精时每只母鹅至少应输入 0.3 亿～0.5 亿个精子。如果鹅在产蛋期开始第一次输精时，剂量还应增加 1 倍。鹅的输精时间以每天下午 16:00～18:00 为好，此时抓鹅不会影响产蛋。由于鹅的受精持续期比鸡和火鸡短，一般在受精后 6～7 d 受精率即急速下降。因此，要获得高的受精率，以 5～6 d 输精 1 次为宜。

技能训练三　高产鸡的鉴定

一、目的要求

通过实训，使学生掌握根据蛋鸡的外貌和生理特征选择高产鸡，正确区分高产鸡和低产鸡，产蛋鸡和停产鸡。

二、实训材料

在鸡场或实验室进行，准备高产蛋鸡、低产蛋鸡、停产鸡各若干只。

三、内容和方法

(一)抓鸡和保定鸡

用右手大拇指将鸡右翼压在鸡右腿上，其他 4 指抓住鸡右大腿内侧基部，将鸡从鸡笼中取出来(若是平养鸡群，则用抓鸡钩抓鸡，注意不能抓鸡尾羽、单翼或抓提鸡颈)，然后将鸡移至左手。用左手大拇指和食指夹住鸡的右腿，无名指和小指夹住鸡的左腿，并将鸡的胸腹部置于左手掌中，使鸡的头部向着鉴定者。这样把鸡保定在左手上不致活动，又可随意转动左手，以便观察鸡体各部位。

(二)根据外貌和生理特征能正确地区分高产蛋鸡和低产蛋鸡(表 3-4)

表 3-4　高产蛋鸡和低产蛋鸡外貌特征的区别

鉴别项目	部位	高产鸡	低产鸡
外貌与身体结构的差别	头部	清秀，适中，头顶宽，呈方形	粗大或弯曲
	喙	短而宽，微弯曲	长而窄直，呈乌鸦嘴状
	冠和肉髯	大而红润、细致、有温感	发育不良，粗糙、色暗
	胸部	宽深前突、胸骨长直	窄浅、胸骨短或弯曲
	体躯	背部宽、直	背部短、窄或呈弓形
	脚和趾	胫结实、呈楞形，鳞片紧贴，两脚距宽，趾平直	两脚距小，趾过细或弯曲

续表 3-4

鉴别项目	部位	高产鸡	低产鸡
腹部容积的差别	胸耻间距	4 指以上	3 指以下
	耻骨间距	3 指以上	2 指以下
触摸品质的差别	冠、肉髯	细致、温暖	粗糙、冷凉
	腹部	柔软有弹性，无腹脂硬块	粗糙弹力差，有腹脂硬块
	耻骨	薄而有弹性	硬而厚，弹力差

（三）根据外貌和生理特征能正确地区分产蛋鸡和停产鸡（表 3-5）

表 3-5 产蛋鸡和停产鸡外貌特征区别

项目	产蛋鸡	停产鸡
冠、肉髯	膨大鲜红有弹力，肤面细致、润泽而温暖	皱缩色淡，干而粗糙，无温暖感觉
肛门	大，呈椭圆形，外侧丰满，内侧湿润	小，呈圆形，外侧皱缩，内侧干燥
触摸品质	皮肤柔软有弹性，耻骨末端薄而有弹性	皮肤和耻骨末端粗厚而无弹性
腹部容积	大	小
换羽（秋季）	未换羽	已换羽或正在换羽
色素变换	肛门、眼圈、耳叶、喙、脚等	肛门、眼圈、耳叶仍然为黄色

（四）根据外貌和生理特征，能正确地选择利用公鸡

公鸡要求身体各部匀称，发育良好，未患过各种传染病；体重、体尺应大于母鸡，胸宽、胸深、胸部向前突出，背宽而不过长，骨骼结实，姿势雄壮，羽毛丰满，早熟性好，雄性强，具有本品种特征。不符合上述要求的公鸡应予以淘汰。

四、实训作业

根据下面 5 个方面鉴定母鸡的产蛋力。

母鸡号	外貌与身体结构	腹部容积	触摸品质	色素变换	换羽	总评

技能训练四　家禽人工授精技术

一、目的要求

通过实训，使学生基本掌握精液品质鉴定方法，掌握家禽人工授精操作技术。

二、实训材料

繁殖期的公鸡、母鸡。采精杯、集精管、输精管、显微镜、保温杯、酒精棉球、温度计、干燥箱、剪刀等。

三、内容和方法

1. 采精

(1)采精前的准备　公、母鸡提前 3～5 d 隔离，剪去公鸡泄殖腔周围的羽毛，未采过精的公鸡同时要进行采精训练，1～2 次/d，训练 3～4 d。采精杯、集精管、输精器用生理盐水冲洗，烘干备用。

(2)采精操作　需 2 人协同操作，1 人用左手抓住公鸡双腿，使鸡头向后，并轻轻夹于腋下，使公鸡呈自然交配状态，采精员右手的中指和无名指夹住采精杯，四指并拢与拇指分开，轻轻扶在紧挨耻骨下缘的腹部。左手也四指并拢与拇指分开，手心朝下，稍用力从颈后翅膀基部沿身躯背部向尾根区域推滑并且用拇指和另外 4 指捏的动作刺激尾根 3～4 次。当公鸡外翻泄殖腔时，左手立即从背部绕到鸡尾后面，用中指、无名指及小指挡住尾羽，拇指和食指的指尖放在肛门稍上缘的两侧，做好挤压泄殖腔的准备。右手随之以较高的频率抖动腹部，直到泄殖腔全部露出，右手停止抖动，手心迅速上翻。将集精杯口放在泄殖腔开口下缘接取精液。

(3)精液的保存　新鲜精液在 18～20 ℃条件下，保存时间不超过 1 h 输精，可用生理盐水稀释，比例为 1∶1。大规模人工授精可将采集的精液稀释后贮藏在 2～5 ℃的冰箱中，供 24 h 内使用。

(4)采精时应注意的事项　①采精人员应相对固定。采精时要停食，以防吃得过饱，采精时排粪，污染精液品质。②每只公鸡 1～2 d 采 1 次精，每只公鸡最好使用一只集精杯。③采精期间日粮中蛋白质和维生素含量要充足。④采出的精液必须在 30 min 内输完，否则，受精率显著降低。⑤母鸡产完当天的蛋后再输精。

2. 输精

(1)输精前的准备　输精器具有 1 mL 的注射器，带胶头的玻璃吸管，移液管及固定注射器的输精架等。精液最好现采现用，有精液的试管要注意保温、避光。

(2)输精量、输精部位和输精时间　每次输精量为 0.025～0.050 mL，在生产中，多采用阴道输精。阴道输精可分为浅部输精(2～3 cm)、中部输精(4～5 cm)、深部输精(6～8 cm)，一般应采用浅部阴道输精。种母鸡每 4～5 d 输精 1 次，在 15:00—17:00 时输精。

(3)输精方法　一人用左手大拇指与食指、小指与无名指分别捏住母鸡的两腿，掌心紧贴鸡的胸部，随之将手直立使母鸡背部紧贴自己的胸部，鸡头部向下，泄殖腔向上，然后再将右手拇指和其余手指分开呈“八字形”，横跨于泄殖腔两侧柔软部分，轻轻地向下一压，同时用支撑母鸡胸部的左手向上一推，即可使开口于泄殖腔的输卵管翻出（位于鸡体左侧）。输精者用吸有 0.025～0.050 mL 精液的输精器插入输卵管开口处 2～3 cm，将精液输入，在输精的瞬间，助手压迫腹腔的手要稍微放松，使阴道部自然缩回泄殖腔内。

笼养鸡人工授精可用左手握住母鸡的双腿，将鸡提至笼口处，使鸡的背部朝上，腹部朝下，右手拇指与其余 4 指分开，在母鸡左侧腹部稍稍挤压，即可将输卵管开口翻出。输精者将吸好精液的输精管插入输卵管 2～3 cm，将精液缓慢输入。

（4）影响受精率的因素　①种公鸡精液的影响；②精液稀释的影响；③输精的影响；④种鸡日龄的影响；⑤气候的影响。

四、实训作业

1. 简述母鸡的输精部位、输精量和输精时间。
2. 影响鸡受精率的因素有哪些？
3. 采精时应注意哪些事项？
4. 输精操作的方法有哪些？

复习与思考

1. 评定家禽生产性能的各项指标及其影响的因素有哪些？各项指标如何计算？
2. 何谓配套品系？画出配套品系杂交示意图，并说明在配套杂交过程中应注意的问题。
3. 现代家禽良种繁育体系包括哪些内容？说明良种繁育体系中各场的主要任务是什么。
4. 采用双人背腹式按摩法如何采取公鸡的精液？
5. 简述笼养鸡的输精技术要点。
6. 如何对鸭、鹅进行采精？
7. 简述鸭、鹅的输精要点。

项目四

家禽孵化技术

任务一　孵化场设计

任务描述

孵化是禽类繁殖的一种特殊方法，自然条件下母鸡都是通过自然孵化来孵化出小鸡的。为了追求更高的孵化量，现代研究出了人工孵化，要进行人工孵化前提是要有孵化场。本任将带领大家设计孵化场，设计一个孵化场首先要明确总体布局，确定孵化场规模，然后选择场址，最后做好孵化场的建筑设计。

任务目标

了解孵化场的总体布局与建筑设计要求；学会进行孵化场址的选择。

二维码 4-1　孵化场设计与孵化设备选择

思政目标

增强环保意识，节能减排，走可持续发展道路；爱岗敬业；团结合作。

知识清单

一、明确总体布局

孵化场的总体布局应遵循入孵种蛋由一端进入，雏鸡由另一端出去。长条形布局适合小型孵化场，大型孵化场在各室安排时应以孵化室和出雏室为中心，根据流程要求及服务项目来确定孵化场的布局，以减少运输距离和人员在各室的往来，有利于防疫和提高建筑物的利用率。一般的流程是："种蛋—种蛋消毒—种蛋贮藏—分级码盘—孵化—移盘—出雏—鉴别、分级、免疫—雏禽存放—外运。"

二、确定孵化场规模

孵化场的规模应根据孵化场的服务对象及范围来确定。建设孵化场前应认真做好社会调查（如种蛋来源及数量、雏禽需求量和销售量等），以此来确定孵化批次、孵化间隔、每批孵化量，确定孵化室、出雏室及附属房屋的面积，确定孵化器的类型、尺寸、数量。一般孵化器和出雏器数量或容量的比例为 4∶1较为合理。其中，孵化室和出雏室面积还应根据孵化器类型、尺寸、台数和留有足够的操作面积来确定。

三、选择场址

孵化场的选址应方便种蛋和雏禽的运输，建立在交通相对便利的地方，但应防止污染环境和被污染，故要远离交通干线、居民区和畜禽场。如果是作为种鸡场的附属孵化场，应与鸡场分立门户，离鸡场至少 500 m 以上，建在鸡场的下风向，并有独立的出入口；同时要远离饲料加工与贮藏车间。另外，应保障孵化场的电力供应(必须配备发电机)。

四、做好建筑设计

孵化场的墙壁、地面、天花板在选材上应防水、防潮、便于冲洗且耐腐蚀。孵化场各室(尤其是孵化室和出雏室)最好为无柱结构，若有柱则应考虑孵化器安装位置，以不影响孵化器布局及操作管理为原则。门的密封性要好，要利于运输车进出，要求高 2.4 m 以上，宽 1.5 m 以上；天花板至地面的高度一般为 3.2 m 以上；地面要平整光滑，且有一定的坡度，以方便种蛋运输和清洗消毒。

孵化场必须安装通风换气系统，目的是供给氧气，排除废气和驱散余热，保持室温在 25 ℃左右。最好各室单独通风，至少应以孵化室与出雏室为界，前后两单元各有一套单独的通风系统，有条件的可采用正压过滤通风系统。

任务二 孵化设备选择

任务描述

孵化室除孵化器外，还有一些相应的配套设备，如照蛋灯、雏鸡盒、真空吸蛋器、移盘器、雏禽分级和雌雄鉴别联合工作台以及运输车辆等，这边主要介绍孵化器。

任务目标

了解孵化器的构造；熟练掌握孵化器的使用；会进行孵化器的选择。

思政目标

扎根农村，服务农业发展，促进乡村振兴；整体与部分的辩证关系；科学技术是第一生产力。

知识清单

一、认识孵化器的基本构造

孵化器从构造上分为主体结构、自控系统、机械传动系统、照明和安全系统 4 部分。

(一)主体结构

1. 孵化器外壳

孵化器的外壳要求隔热(保温)及防潮性能好、坚固美观。因此，要严格选材，里层选用宝丽板或铝合金板材，外层可选用宝丽板或镀锌铁皮喷漆（或镀塑）。箱体的夹层中填充玻璃纤维、聚苯乙烯泡沫或硬质聚氨酯泡沫等隔热材料，厚约 5 cm，最好采用注塑工艺有利于保温。由于胶合板材料制作的箱体易变形，且耐用性和保温性能较差，所以目前多数采用彩涂钢板和铝合金板做外壳。

2. 种蛋盘

蛋盘分孵化盘和出雏盘两种。孵化盘为无毒塑料制品，分栅式和孔式两种；出雏盘多为塑料制品，重量轻且便于冲洗消毒。为使胚胎均匀而充分地受热，蛋盘应通气性能好，不变形，安全可靠，不掉盘，不跑雏。在设计时，应考虑孵化盘与出雏盘配套使用，以便移盘时可采用扣盘或抽盘操作，这样既提高了移盘速度，又降低胚蛋的破损率。

3. 活动转蛋架

蛋架按形式，可分滚筒式、八角架式和驾车跷板式，现多数采用架车跷板式。出雏器因不需转蛋，所以仅设出雏盘架，分固定抽屉式、平底车叠层式两种。

（二）自控系统

自控系统是孵化器的控制中心，包括控温系统、控湿系统、降温冷却系统和报警系统。通过它能为胚胎发育提供适宜的温湿度，并保证孵化器正常运转。总体要求是：灵敏度高，控制精确，稳定可靠，经久耐用，便于维修。

1. 控温系统

由电热管（如远红外加热棒）和调节器等组成。温度调节器有棒式双金属片、乙醚胀缩饼、水银导电温度计和热敏电阻等，热源应安装在风扇叶的侧面或下方。现在比较先进的孵化器和出雏器会设置两组加热元件（即主加热和副加热）。

2. 控湿系统

最原始的控湿方法是孵化器底部放置水盘，通过放置水盘的数量、水位的高低和水温的高低来调节湿度，但该方法不能自动控湿。现多采用叶片轮式自动供湿装置，由叶片轮、水槽、供湿电机和水银导电温度计（湿敏电阻）等组成。

3. 降温冷却系统

当孵化器里的温度超过高温报警所设定的温度时，孵化器超温报警，自动切断电热电源，停止供热，并同时控制“冷排”（安装在风扇旁边的弯曲铜质水管）的电磁阀打开供给冷水，以降低机温。有的孵化器还设有应急排风口，超温时该口自动打开，加大排风量，以加速降温。

4. 报警系统

目前，有超温、低温、低湿和电机缺相或停转、过载等报警系统，用于监督控制器及设备是否正常工作，报警时可通过灯光及声响同时示警，及时提醒工作人员处理异常状况，保障孵化器的正常运行。

（三）机械传动系统

1. 转蛋系统

转蛋系统的组成元件有：转蛋电机、蜗轮蜗杆、微动开关、电机减速装置、定时器和计数器等。该系统 1～2 h 转蛋 1 次,转蛋角度为 45°～50°,并能通过计数器显示转蛋次数。

2. 均匀机温系统

均匀电机转速为 200～240 r/min,通过带动风扇转动,使孵化器内的温度均匀。

3. 通风换气系统

由进气孔、出气孔和风扇等组成。进风口多采用顶进气和前进气(极少数采用侧进气或后进气),无论是箱式孵化器还是巷道式孵化器的出气孔均设在孵化器顶部。此外,此系统还需密切配合孵化室与出雏室的通风换气设计。

(四)照明和安全系统

1. 机内照明

孵化器设有照明设备,可以手动控制也可以自动控制(开门亮灯、关门灭灯),方便操作人员工作。

2. 安全保护装置

除报警系统等安全保护外,有些孵化器还设有启动关闭电机装置(开孵化器门时,电机风扇停转,关门电机转动),以保护操作人员的安全。

二、孵化器选择

孵化器种类繁多、规格各异,自动化程度也不同。目前,国内外常用的孵化器有箱式孵化器和巷道式孵化器两种,鸡胚发育根据所需条件不同分为孵化和出雏两部分,故孵化器又细分为入孵器和出雏器。箱式孵化器的入孵器与出雏器分室放置,并配套使用,可整批次的孵化和出雏;巷道式孵化器适用于大规模生产,入孵器分批入孵,在胚蛋出雏前 3～4 d 移至另一室在出雏器中出雏。

孵化器选择的质量要求:温差小,孵化效果好;故障少,容易排除;安全可靠,操作管理方便;价格低廉,美观实用。

孵化器选择的考虑因素:一是孵化器的类型和数量以及入孵器和出雏器配套比例要根据孵化场的规模及发展确定;二是在选择孵化器型号时要根据本单位的技术力量(尤其是电工素质)决定。这样才能提高孵化器的利用效率和保障孵化器运转安全可靠。

任务三　种蛋管理

任务描述

种蛋质量的好坏影响种蛋的受精率、孵化率以及雏禽的质量。因此,种蛋收集后需要进行筛选,经过消毒后才能进行孵化,有时还要进行运输和短期的贮藏。

任务目标

了解蛋的构造与形成;掌握种蛋的管理方法;掌握种蛋在不同孵化期的胚胎发育情况。

思政目标

爱岗敬业;团结合作;勇担责任;甘于奉献。

知识清单

二维码 4-2 种蛋管理

一、认识蛋的构造和成分

(一)蛋的形成

母禽生殖器官包括卵巢和输卵管,蛋就是在此形成的。其中,卵巢位于腹腔左肺后方、左肾前叶头端,以卵巢系膜韧带悬于背侧体壁。输卵管为一弯曲长管,前端开口于卵巢的下方,后端开口于泄殖腔,根据形态和机能分为喇叭部、膨大部、峡部、子宫和阴道 5 个部分。在蛋的形成过程中,卵巢产生成熟的卵子即蛋黄,输卵管则在蛋黄外面依次形成蛋白、壳膜、蛋壳。一般右侧卵巢和输卵管在孵化的第 7～9 天停止发育,出壳后仅保留痕迹,只有左侧卵巢和输卵管正常发育,具有繁殖机能。

(二)蛋的构造

蛋从构造上分为三部分,即蛋黄、蛋白和蛋壳(图 4-1)。

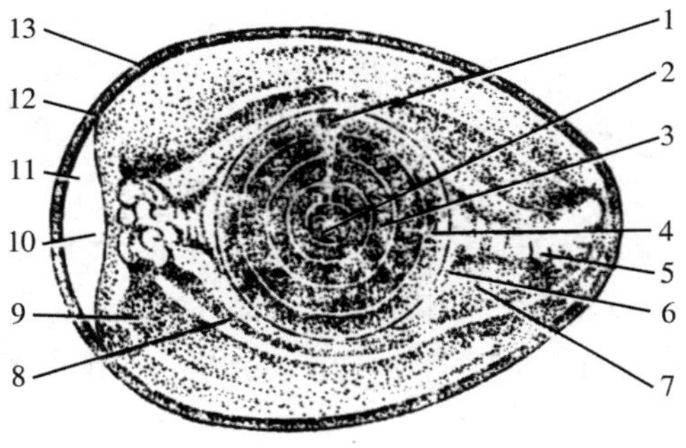

1. 胚盘 2. 蛋黄心 3. 黄蛋黄 4. 白蛋黄 5. 系带 6. 蛋黄膜 7. 内稀蛋白 8. 浓蛋白 9. 外稀蛋白 10. 内壳膜 11. 气室 12. 外壳膜 13. 蛋壳

图 4-1 蛋的构造

(三)蛋的成分

蛋的物理成分和化学成分见表 4-1、表 4-2。

表 4-1 蛋的物理成分 %

项目	蛋黄	蛋白				蛋壳
		外稀蛋白	浓蛋白	内稀蛋白	系带与系带层浓蛋白	
重量	18.7	7.6	18.0	5.5	0.9	6.2
水分	48.7	88.8	87.6	86.4	84.3	1.6
固形物	51.3	11.2	12.4	13.6	15.7	98.4

表 4-2 蛋的化学成分 %

项目	水分	蛋白质	脂肪	糖	矿物质	其他
蛋壳	1.0	4.0	—	—	95.0	—
蛋白	88.5	10.5	—	0.5	0.5	—
蛋黄	47.5	17.4	33.0	0.2	1.1	0.8

二、种蛋选择

(一)选择标准

1. 种蛋来源

种蛋须来自生产性能高、无经蛋传的疾病(如白痢、白血病和支原体病等)、饲料营养全面、饲养管理良好、种蛋受精率高(蛋用种禽受精率高于 90%,肉用种禽受精率高于 85%)和无传染性疾病的种禽。初产母鸡刚开产的蛋不宜做种用,此外,受精率低于 80%、患有严重传染病或患病初愈和慢性病的种鸡所产的蛋也不宜做种蛋。如外购,应先对种蛋来源、种鸡群健康状况和饲养管理水平进行调查,签订种蛋供应合同,并协助种鸡场搞好饲养管理和疫病防治工作。

2. 蛋形要求

(1)蛋形良好　卵圆形的种蛋孵化效果最好,蛋形指数(纵径/横径)鸡蛋为 1.30～1.35,鸭蛋 1.36～1.42,鹅蛋 1.36～1.46。选择时应把细长、短圆、腰凸状、橄榄形等不合格的种蛋剔除。

(2)蛋重适宜　符合品种标准,大蛋需较长的孵化时间,而小蛋的孵化时间又较短,都无法保证孵化率和雏禽质量。一般要求蛋用型鸡蛋 50～65 g 为宜,肉用型鸡蛋 52～68 g 为宜;蛋用型鸭蛋 65～75 g 为宜,肉用型鸭蛋 80～95 g 为宜;小型鹅蛋 125～140 g 为宜,大型鹅蛋 160～200 g 为宜。

3. 蛋壳质量

(1)蛋壳颜色正常　符合本品种特征,蛋壳颜色是品种特征之一,不同的品种蛋壳颜色不同。对于褐壳蛋鸡或其他选育程度不高的地方品种蛋壳颜色一致性较差,留种蛋时可适当放宽要求。此外,应特别注意由于疾病或饲料营养等因素造成的蛋壳颜色突然变浅,如确系该原因造成的应暂停留种蛋。

(2)蛋壳厚度适宜　应致密匀正,厚薄适度。比重在 1.080 孵化率最好。蛋壳过厚孵化时蛋内水分蒸发慢,出雏困难;蛋壳太薄不仅易破,而且蛋内水分蒸发过快,细菌易穿透,不利于胚胎发育。此外,要剔除钢皮(壳厚在 0.34 mm 以上)、腰凸、砂皮(过薄 0.22 mm 以下)、花皮、软壳蛋,破损、裂缝蛋也不作种用。

4. 蛋壳表面清洁度

种蛋的壳面要清洁,不应被粪便、破蛋液、湿垫料等污染。污染蛋由于堵塞蛋孔,病原菌侵入,孵化率低,而且还会污染其他正常的种蛋和整个孵化器,增加死胚和腐败蛋,导致孵化率降低和雏禽质量下降。轻度污染的种蛋需要经擦拭和消毒液消毒才能进行孵化。

5. 品质新鲜度

（1）内部质量　可用照蛋器或专门的照蛋设备挑选气室小、系带和蛋黄完整、蛋内无异物（如血斑、肉斑）、无裂纹的蛋作为种蛋。裂纹蛋、气室破裂、气室不正、气室过大的陈蛋以及大血斑不宜作为种蛋。

（2）保存时间　种蛋越新鲜，孵化率越高，以产后 1 周为宜，最佳时间应小于 3 d。新鲜度可根据气室大小、比重和哈氏单位、壳上胶护膜等判断。

（二）选择方法

（1）外观选择法　如清洁度、壳颜色、形状大小等。

（2）敲检法　可剔除破裂蛋、钢皮蛋。

（3）照蛋透视　可用照蛋灯或专门的照蛋设备在灯光下观察。可剔除裂纹蛋和气室破裂、气室不正、气室过大的陈蛋以及大血斑蛋。

（4）剖视抽查　多用于外购种蛋。可测定哈氏单位、卵黄指数及蛋壳厚度等指标进一步判断蛋的品质。

（三）选择种蛋的次数和场所

（1）收集种蛋时饲养员在鸡舍内进行第一次选择　选择时将破损、污染、过小、双黄及畸形等不合格种蛋剔除。

（2）种蛋送到蛋库内进行第二次选择　选择时将第一次漏选的不合格种蛋或运输过程中破损蛋剔除。

（3）种蛋由种鸡蛋库送到孵化场车间后进行第三次选择　除了剔除上两次漏选的不合格种蛋外，主要剔除运输过程中破损蛋。

三、种蛋消毒

收蛋后应及时消毒，再送入种蛋库存放，因为某些微生物能通过壳上的孔侵入蛋内且微生物繁殖迅速。据检测，刚产出的蛋，壳上细菌数只有 300～500 个，15 min 后增加到 1 500～3 000 个，1 h 后增加到 2 万～3 万个。

二维码 4-3　种蛋消毒

（一）消毒时间

从理论上讲，最好在种蛋产出后立即进行第 1 次消毒，但在生产中难以做到。切实办法是每天多收集几次种蛋，收集后马上进行消毒。种蛋入孵后，可在孵化器内进行第 2 次消毒。移盘后可在出雏器内进行第 3 次消毒。

（二）消毒方法

1. 甲醛熏蒸法

消毒效果好，操作简便，原理是用福尔马林（40％甲醛溶液）和高锰酸钾发生化学反应，产生甲醛气体来消毒。具体操作可每立方米用 42 mL 福尔马林加 21 g 高锰酸钾，在温度 20～24 ℃、相对湿度 75％～80％的条件下，密闭熏蒸 20 min。

消毒时应注意:①种蛋在孵化器内消毒时应避开 24~96 h 内的胚蛋,因为甲醛不利于早期胚胎发育。②消毒用具选用陶瓷盆或搪瓷盆,不要用铝制品(腐蚀性强)。③操作上先加水,再加高锰酸钾,最后加福尔马林。该方法反应剧烈,注意不要伤及皮肤和眼睛。④注意不要用甲醛熏蒸有"冒汗"的种蛋。⑤甲醛溶液挥发性强,要随取随用。

2. 过氧乙酸熏蒸法

过氧乙酸是一种高效、快速、广谱消毒剂,每立方米用 16%的过氧乙酸溶液 50 mL、高锰酸钾 5 g,熏蒸 15 min。

消毒时注意:过氧乙酸溶液腐蚀性强,注意不要伤及皮肤和眼睛,且高温时易引起爆炸;用陶瓷盆或搪瓷盆;稀释液应低温保存且保存不宜超过 3 d,最好现配现用。

3. 杀菌剂浸泡消毒法

(1)新洁尔灭消毒法　0.1%新洁尔灭溶液浸泡 3 min。

(2)碘消毒法　0.1%碘液浸泡 0.5~1 min。

(3)庆大霉素消毒法　0.5%庆大霉素浸泡 5~10 min。

消毒时注意:①为防止蛋内胚胎温度被加热到 37.2 ℃,消毒液温度应保持 40.5~43.3 ℃。②此法会破坏壳上胶护膜,仅能用于入孵前,种蛋保存前不能用。

四、种蛋保存

种蛋的保存时间不宜过长,以产后 1 周为宜,最佳时间应小于 3 d,因为即使保存在适宜条件下,孵化率也会随时间的延长而下降。随着时间的延长,蛋白杀菌特性降低,蛋内水分蒸发多,改变了酸碱度,引起系带和蛋黄膜发脆;蛋内各种酶的活动,会引起胚胎衰弱及营养物质变性,降低胚胎的生活力;残余细菌的繁殖也会危及胚胎。

1. 种蛋贮藏库

要求隔热防潮性能好,清洁、无灰尘,无蚊蝇鼠害,有条件的蛋库可装上空调、自动制冷或加温的设施。不让阳光直射和穿堂风直接吹到种蛋上。

2. 保存温度

种蛋保存期间应保持温度相对稳定,最忌忽高忽低。对鸡而言,虽然种蛋孵化的适宜温度为 37.5~37.8 ℃,但是胚胎发育的阈值温度为 23.9 ℃,超过这个温度胚胎就开始发育,低于这个温度胚胎就停止发育。另外,刚产出的蛋应逐渐降到保存温度,以免骤然降温危及胚胎的活力,一般降温过程以 0.5~1.0 d 为宜。

保存期小于 3 d 时,适宜温度为 15~18 ℃;保存期在 3~7 d 时,适宜温度为 12~15 ℃;保存期超过 7 d 时,适宜温度为 10~12 ℃;在 12~15 ℃保存时孵化效果所受影响最小。

3. 相对湿度

保持在 70%~80%为宜,既能减少蛋内水分蒸发,又可防止霉菌滋生。

4. 其他注意事项

(1)种蛋放置位置　种蛋在贮藏期间一般要求大头向上,小头向下放置;但贮藏时间超过 1 周,则应小头向上,不转蛋。

(2)转蛋　一般认为保存 1 周以内,不转蛋;超过 1 周,转蛋 1~2 次/d,尤其是超过 2 周的。转蛋角度90°，目的是防止胚胎与壳膜发生粘连。

(3)种蛋上的水汽凝结　俗称“冒汗”，不仅不利于码蛋，而且易受细菌污染，同时注意不要用甲醛熏蒸有水汽的种蛋。

五、种蛋运输

(1)种蛋包装。长途运输的种蛋需要有专门的包装，可用纸箱，蛋托(种蛋盘)最好用纸质蛋托，而不用塑料蛋托。每个纸质蛋托30枚种蛋，每箱10托。

(2)种蛋放置位置。应大头向上，小头向下，竖放。

(3)箱外应注明“种蛋”“防震”“勿倒置”等字样或标记，印上种鸡场名称及许可证编号，并开具检疫合格证明。

(4)运输方式最好采用空运或火车，运输时要求快速而平稳，防止雨淋曝晒，注意保温，防止冻伤。

(5)到达目的地后应立即打开通风，摊开放置，静置6～12 h再入孵。

任务四　种蛋孵化

任务描述

家禽在自然条件下通常于合适的季节产一定数量的蛋后进行自然孵化，自然孵化通常称为抱窝，母禽在抱窝时一般就停止产蛋，自然孵化需要的温度主要来自家禽的体温。为了提高生产性能，现代高产家禽的抱窝性已经被人为选择掉，靠人工孵化完成繁衍后代的任务。人工孵化能大大提高家禽的生产效率，是家禽繁殖的一种特殊方法。家禽孵化直接关系到雏禽的数量和质量，是家禽生产的一个重要环节，因此，很有必要掌握种蛋的孵化。

任务目标

掌握孵化前的准备工作；掌握种蛋在不同孵化期的胚胎发育情况；熟练掌握机器孵化的操作程序；学会进行孵化期的操作管理。

思政目标

扎根农村，服务农业发展，促进乡村振兴；工匠精神；爱岗敬业。

知识清单

二维码4-4　种蛋孵化

一、孵化前的准备

1. 消毒孵化室

为防止雏鸡疾病感染，应彻底消毒孵化室的地面、墙壁及天棚。仔细清洗孵化器内部后用福尔马林熏蒸，也可用消毒液喷雾消毒或擦拭。蛋盘和出雏盘往往粘连蛋壳或粪便，应彻底浸泡清洗，然后用消毒液消毒。

2. 检修设备

为保证孵化过程中不发生事故，孵化前应做好孵化器的检修工作。应检修或校正：电热、风扇、电动机的效力，孵化器的严密程度，温度、湿度，通风和转蛋等自动化控制系统，温度计的准确性等。

3. 预热种蛋

人工孵化之前应先预热种蛋，除去种蛋表面的冷凝水，加快孵化器升温，提高孵化率，具体方法可将种蛋由冷的贮藏室移至22～25 ℃的室内预热6～12 h。

4. 码盘

将种蛋码在孵化蛋盘上称为码盘，放置时需将钝端向上。国外采用真空吸蛋器码盘，国内因孵化器（孵化盘）类型颇多，规格不一，所以码盘还不能实现机械化。一般每天可码上若干种蛋，装在有活动轮子的孵化盘车上，挂上明显标记（注明：码盘时间、品种、数量、入孵时间、批次和入孵台号等），然后推入贮藏室保存。

5. 入孵

一般整批孵化，每周入孵2批，孵化时，将装有种蛋的孵化盘插入孵化架车推入孵化器（无底架车式孵化器）中；分批孵化时，3～5 d入孵一批，入孵时间一般在下午16:00—17:00，这样可望白天大量出雏，也便于出雏后雏鸡的运输。孵化时，新蛋孵化盘与老蛋孵化盘应交错插放。这样新蛋与老蛋可相互调温，使孵化器里的温度较均匀，还能使孵化架重量平衡。为了避免差错，同批种蛋用相同的颜色标记或在孵化盘上注明。

6. 消毒种蛋

入孵前消毒种蛋，详见消毒种蛋部分介绍。

二、认识家禽胚胎发育

家禽的胚胎发育有两个特点：一是家禽的胚胎发育依赖种蛋中贮存的营养物质，而不是从母体血液中获取营养物质；二是家禽的胚胎发育分为母体内发育和母体外发育两个阶段，正因为有母体外发育阶段，才使人工孵化能够实行产业化。

（一）家禽的孵化期

不同的家禽孵化期不同，同种家禽不同品种孵化期也有差异，体形越大、蛋越大的家禽孵化期越长。各种常见家禽的孵化期见表4-3。

表4-3　各种常见家禽的孵化期

家禽种类	孵化期	家禽种类	孵化期
鸡	21	火鸡	27～28
鸭	28	珍珠鸡	26
鹅	30～33	鸽	18
瘤头鸭	33～35	鹌鹑	16～18

一般情况下，家禽的孵化期处于一个变动范围内，它受到许多因素的影响。

（1）家禽类型　蛋用型的孵化期比兼用型、肉用型短。

(2)蛋重　小蛋孵化期比大蛋短。

(3)孵化温度　温度高孵化期短,温度低孵化期长。

(4)保存时间　贮藏时间越长,孵化期越长。

(5)气候　炎热地区比寒冷地区孵化期短。

(6)近亲繁殖　能使孵化期延长。

(二)胚胎在蛋的形成过程中的发育

卵细胞成熟后从卵巢排出,被输卵管的漏斗部接纳,并在输卵管喇叭部受精形成受精卵,对于家禽来说,它在输卵管中停留约 25 h,才能形成完整的鸡蛋通过输卵管产出体外。由于家禽体温为 40.6～41.7 ℃,适合胚胎发育,受精蛋在体内形成鸡蛋的过程中已经开始发育,故鸡的种蛋整个孵化过程需要 22 d,其中 1 d 是在母体内进行的,21 d 是在母体外进行的。

当蛋产出体外时,禽胚发育已达具有内外胚层的原肠期,这时,由于外界温度较低,胚胎发育暂时停止。剖视受精蛋,在卵黄表面肉眼可见形似圆盘状的胚盘,而未受精的蛋黄表面只见一白点的胚珠。

胚盘:受精卵在输卵管内,经过分裂,形成中央透明,周围较暗的同心圆(原肠期),直径 3 mm 左右,称为胚盘。

胚珠:未受精的卵子在输卵管内,不再分裂,剖视蛋黄表面有一小白点,直径 1 mm 左右,称为胚珠(次级卵母细胞)。

(三)胚胎在孵化过程中的发育

二维码 4-5　胚胎发育

受精蛋获得适宜的孵化条件后(温度达到 37.8 ℃时),将开始继续发育,并很快在外胚层和内胚层的基础上形成中胚层。内、中、外这三个胚层将发育成新个体的所有组织和各个器官,其中,内胚层形成呼吸系统上皮、消化系统的黏膜部分和内分泌器官;中胚层形成肌肉、骨骼、生殖泌尿系统、血液循环系统、消化系统的外层和结缔组织;外胚层形成羽毛、皮肤、喙、趾、感觉器官和神经系统。

1. 胚胎的发育生理

胚胎发育早期形成 4 种胚外膜,包括卵黄囊、羊膜、浆膜(绒毛膜)、尿囊,它们能促进胚胎发育过程中营养物质的利用和各种代谢等生理活动的进行,维持胚胎能正常生长发育的内环境。

卵黄囊:最早形成的胚膜,孵化的第 2 天开始形成,到第 9 天几乎覆盖整个蛋黄的表面。卵黄囊由卵黄囊柄与胎儿连接,卵黄囊上分布着稠密的血管汇成循环系统,通入胚体,以供胚胎从卵黄中吸收营养;此外,卵黄囊还能分泌一种酶使蛋黄变成可溶状态,利于发育中的胚胎吸收蛋黄中的营养物质。在出壳前,卵黄囊连同剩余的蛋黄一起被吸收进腹腔,作为初生雏禽暂时的营养来源。

羊膜、浆膜(绒毛膜):羊膜和浆膜在孵化的 30～33 h 开始生出,40 h 覆盖头部,第 4 天在胚胎背上方相遇合并(称为羊膜脊),形成羊膜腔,包围胚胎。羊膜褶包括两层胎膜,内层靠胚胎,称为羊膜;外层紧贴在内壳膜上,称为浆膜或绒毛膜。羊膜腔内充满羊水,胚胎漂浮于其中,羊水能保护胚胎免受振动及为早期胚胎发育提供养分。绒毛膜与尿囊膜融合在一起,帮助尿囊膜完成其代谢功能。

尿囊：孵化第2天末到第3天开始形成，第4～10天迅速生长，第6天到达壳膜的内表面。孵化的第10～11天时包围整个胚胎的内容物，并在蛋的锐端合拢，以尿囊柄与肠连接。尿囊膜已高度血管化，由尿囊的动、静脉与胚胎循环相连接，其位置紧贴在多孔的壳膜下面，可充氧于胚胎的血液，并排出血液中的二氧化碳；并吸收蛋壳中的矿物质为胚胎提供构成骨骼的重要原料；尿囊还是胚胎蛋白质代谢产生的尿素、尿酸等废物的贮存场所。

2. 胚胎发育过程

胚胎发育过程相当复杂，一般分为早期、中期、后期和出壳四个阶段，胚胎在不同发育时期的主要特征见表4-4。

表4-4 胚胎在不同发育时期的主要特征

胚龄/d			胚胎发育的主要特征
鸡	鸭、火鸡	鹅	
1	1～1.5	1～2	形成左、右对称呈正方形薄片的体节；在蛋黄表面有一稍微透亮的圆点，俗称"白光珠"
2	1.5～3	3～3.5	开始形成卵黄囊、羊膜和绒毛膜；孵化30～42 h后，心脏开始跳动。照蛋时，可见卵黄囊血管区，形似樱桃，俗称"樱桃珠"
3	4	4.5～5	尿囊开始长出，形成前后肢芽，眼色素开始沉着；照蛋时，可见胚胎和伸展的卵黄囊血管形似蚊子，俗称"蚊虫珠"
4	5	5.5～6	卵黄囊血管包围蛋黄达1/3，肉眼看到尿囊；照蛋时，蛋黄不容易转动，俗称"叮壳"。胚胎与卵黄囊血管形似蜘蛛，俗称"小蜘蛛"
5	6	7	胚极度弯曲，呈"C"形，可见趾（指）原基；眼黑色素大量沉着；照蛋时，可明显看到黑色的眼点，俗称"单珠"或"起珠"
6	7～7.5	8～8.5	尿囊达蛋壳内表面，卵黄囊达蛋黄1/2以上；喙原基出现，翅脚可区分；照蛋时，可见到两个小圆团，一个是头部另一个是增大的躯干部，俗称"双珠"
7	8～8.5	9～9.5	形成"卵齿"、口腔、鼻孔和肌胃；胚胎显示鸟类特征；照蛋时，胚在羊水中不容易看清，俗称"沉"，半个蛋的表面布满血管
8	9～9.5	10～10.5	可明显分辨肋骨、肝脏、肺脏和胃；颈、背和四肢出现羽毛乳状突起；照蛋时，正面看胚胎在羊水中浮游，背面看，两边卵黄不易晃动，俗称"边口发硬"
9	10.5	11.5～12.5	喙开始角质化，软骨开始骨化；眼睑达虹膜，胸腔已愈合，尿囊绒毛膜越过卵黄；照蛋时，可见卵黄两边易晃动，尿囊血管伸展越过卵黄，俗称"窜筋"
10	13	15	颈、背和大腿覆盖羽毛乳状突起；形成胸骨突；照蛋时，可见尿囊血管在蛋的小头合拢，除气室外，整个蛋布满血管，俗称"合拢"
11	14	16	背部出现绒毛，冠呈锯齿状，腺胃明显可辨；腹腔即将完全闭合，仅保留脐部的开口；浆羊膜道已形成；照蛋时，血管加粗，色加深
12	15	17	身躯覆盖绒毛，肾、肠开始有功能，开始用喙吞食蛋白
13	16～17	18～19	头和身体大部分覆盖绒毛；跖、趾出现鳞片原基；眼睑达瞳孔；照蛋时，蛋小头发亮部分随胚龄增加而逐渐减少

续表 4-4

胚龄/d			胚胎发育的主要特征
鸡	鸭、火鸡	鹅	
14	18	20	胚胎全身覆盖绒毛，头向气室，胚胎开始改变横着的位置，逐渐与蛋长轴平行
15	19	21	翅已完全成形，跖、趾鳞片开始形成，眼睑闭合。此时，体内外的器官大体上都形成了
16	20	22～23	冠和肉髯明显可辨，绝大部分蛋白已进入羊膜腔。照蛋时，小头仅有少量发亮
17	20～21	23～24	两脚紧抱头部，喙向气室，蛋的小头已没有蛋白；羊膜中仍有少量蛋白羊水；照蛋时，蛋小头看不到发亮的部分，俗称"封门"
18	22～23	25～26	头弯曲在右翼下，喙向气室；眼开始张开；照蛋时，可见气室倾斜，俗称"斜口"
19	24.5～25	27.5～28	尿囊绒毛膜血管开始枯萎，绝大部分蛋黄与卵黄囊缩入腹腔；雏禽开始啄壳，可听到雏禽叫；照蛋时，可见气室有翅膀、喙、颈部的黑影闪动，俗称"闪毛"
20	25.5～27	28.5～30	胚胎的喙部穿破壳膜，伸入气室，俗称"起嘴"，接着开始破壳
21	27.5～28	30.5～32	雏禽孵出

3. 胚胎发育过程中的物质代谢

发育中的鸡胚需要蛋白质、糖、脂肪、矿物质、维生素、水和氧气等作为营养物质，才能完成正常发育。

(1)水的变化　蛋内水分随孵化期的递增而逐渐减少，一部分被蒸发，其余部分进入蛋黄，形成羊水、尿囊液以及胚胎体内水分。蛋黄内的水分从孵化的第 2 天开始增加，第 6～7 天达到最大量，从第 1 天的 30%增至 64.4%。水分来自蛋白，所以蛋白含水量从 54.4%降至 18.4%，变成浓稠的胶状物，大约第 12 天后水分重新进入蛋白，蛋黄恢复原重，蛋白变稀，以便经浆羊膜道进入羊膜腔。整个孵化期损失的水分占蛋重的 15%～18%。

(2)能量的代谢　胚胎发育所需要的能量来自蛋白质、糖和脂肪，但不同胚龄的胚胎对这些营养物质的利用不同。糖是胚胎发育早期的能量来源，而后利用糖和蛋白质。脂肪的利用是在孵化的第 7～11 天，胚胎将脂肪变成糖加以利用，17 d 后脂肪被大量利用。第 10 天胰脏分泌胰岛素，从第 11 天起肝内开始贮藏肝糖。蛋内脂肪的 1/3 在胚胎发育过程中耗掉，2/3 贮藏在雏鸡体内。

(3)蛋白质的代谢　蛋内蛋白质约 47%存于蛋白，约 53%存于蛋黄，它是形成胚胎组织器官的主要营养物质。在胚胎发育过程中蛋白及蛋黄中的蛋白质锐减，而胚胎体内的各种氨基酸渐增。在蛋白质代谢中，分解出的含氮废弃物由胚内循环带到心脏，经尿囊绒毛膜血管循环排泄在尿囊腔中。第 1 周胚胎主要排泄尿素和氨，从第 2 周起排泄尿酸。

(4)矿物质代谢　在胚胎的代谢中钙是最重要的矿物质，它是从蛋壳中转移至胚胎中的。蛋内容物和胚胎中的钙含量自孵化的第 12 天起显著上升。胚胎发育还需要另一些矿物质，如磷、镁、铁、钾、钠、硫、氮等，其来源主要是蛋内容物。在许多情况下，种母鸡日粮中矿物质缺乏，会使蛋中矿物质含量满足不了胚胎发育所需。

(5)维生素的变化　维生素是胚胎发育不可缺少的营养物质，主要是维生素A、维生素B_2、维生素B_{12}、维生素D_3和泛酸等，这些维生素全部来自种鸡所采食的全价饲料，如果饲料中的含量不足，会影响蛋内含量，极容易引起胚胎早期死亡或破壳难而闷死于壳内。维生素不足也是造成残雏、弱雏的主要原因。

三、孵化期的操作管理技术

家禽孵化率的高低与孵化期的操作管理密切相关，只有严格控制温度、湿度、转蛋、照蛋、移盘等才能提高家禽的孵化率及保证雏禽的健康。

1. 温度的调节

孵化器控温系统，在入孵前已经校正、检验并试机运转正常，一般不要随意调整。刚入孵时，开门入蛋引起热量散失以及种蛋和孵化盘吸热，因此孵化器里温度暂时降低，是正常的现象。待蛋温、盘温与孵化器里的温度相同时，孵化器温度就会恢复正常。这个过程大约历时数小时(少则3～4 h，多则6～8 h)。即使暂时性停电或修理，引起机温下降，一般也不必调整孵化温度。只有在正常情况下机温偏低或偏高0.5～1.0 ℃时才调整，同时应密切关注温度变化情况。每隔半小时观察1次温度，每2 h记录1次温度。有经验的孵化人员，还经常用手触摸胚蛋或将胚蛋放在眼皮上测温。必要时，还可照蛋，以了解胚胎发育情况和孵化给温是否合适。

孵化温度是指孵化给温，在生产上又大多以“门表”所示温度为准。在生产实践中，存在着3种温度，即孵化给温、胚蛋温度和门表温度，要加以区别。

孵化给温：指固定在孵化器里的感温器件(如水银电接点温度计、双金属片温度调节器等)所控制的温度，它是人为调整确定的。当孵化器里温度超过确定的温度时，它能自动切断电源停止供温。当温度低时，又接通电源，恢复供温。

胚蛋温度：胚胎发育过程中，由于自身所产生的热量，使胚蛋温度逐渐上升，实践中以紧贴胚蛋表面温度计所示温度表示。

门表温度：指挂在观察窗里的温度计所示温度，也是记录在表格中的温度。

2. 湿度的调节

孵化器观察窗内挂有干湿球温度计，每2 h观察记录1次，并换算出机内的相对湿度。相对湿度的调节，是通过放置水盘数量、控制水温和水位高低或确定湿度计湿度来实现的。湿度偏低时，可增加水盘扩大蒸发面积，提高水温和降低水位(水分蒸发快)加速蒸发速度。还可在孵化室地面洒水，改善环境湿度，必要时可用温水直接喷洒胚蛋。出雏时，要及时捞去水盘表面的绒毛。采用喷雾供湿的孵化器，要注意水质，水应经过滤或软化后使用，以免堵塞喷头。

3. 转蛋

第1～18天为1～2 h转蛋1次，第19～21天为出雏期不需要转蛋。转蛋的作用是避免胚胎与壳膜发生粘连，使胚胎受热均匀，促进胚胎的运动和改善血液循环等。转蛋方式分为手动转蛋与自动转蛋，鸡蛋转蛋角度以45°为宜，鸭蛋为50°～55°，鹅蛋以55°～60°更好。

4. 照蛋

照蛋要稳、准、快，尽量缩短时间，有条件时可提高室温。照蛋时应防止漏照，可在照完一盘时用外侧蛋填满空隙。照蛋时发现胚蛋小头朝上应倒过来。抽放盘时，有意识地对角倒盘

(即左上角与右下角孵化盘对调,右上角与左下角孵化盘对调)。放盘时,孵化盘要固定牢,照蛋完毕后再全部检查一遍,以免转蛋时滑出。最后统计无精蛋、死精蛋及破蛋数,登记入表,计算受精率。

5. 凉蛋

凉蛋是指种蛋孵化到一定时间,关闭电源甚至将孵化器门打开,让胚蛋温度下降的一种孵化操作程序。鸭蛋、鹅蛋孵化至第 16～17 天后或整批入孵的鸡蛋孵化到后期都需进行凉蛋。这是由于在人工孵化的过程中胚胎发育到中后期,体内物质代谢旺盛(尤其是脂肪),产生热能多,易导致自温超温现象,因此,必须进行凉蛋以帮助散热。

凉蛋一般有孵化机内凉蛋与孵化机外凉蛋两种方式,孵化机内凉蛋是将孵化机加热电源关闭,开动风扇,打开机门,适用于整批入孵及气温不高的季节;孵化机外凉蛋是将胚蛋连同蛋盘移到机外,向蛋面喷洒 25～30 ℃的温水,适用于分批入孵及气温高的季节。凉蛋的方法:通常在头照后就要开始凉蛋,一般上午、下午各凉蛋一次,凉蛋时间为 20～30 min,可用蛋面贴眼皮来进行试温,感到微凉(31～33 ℃)时即可停止凉蛋。

6. 移盘(落盘)

鸡胚孵至第 19 天(鸭第 25 天,鹅第 28 天)时,将胚蛋从入孵器的孵化盘移到出雏器的出雏盘,称为移盘或落盘。移盘时,如有条件应提高室温。动作要轻、稳、快,尽量减少碰破胚蛋。最上层出雏盘加铁丝网罩,以防雏禽窜出。目前,国内多采用手工捡蛋移盘(每手各拿 3 枚蛋放到出雏盘里),也有采用“扣盘”等方法进行移盘的。

出雏期间,用纸遮住观察窗,使出雏器里保持黑暗,这样先出壳的雏禽能较为安静,不致因骚动踩破未出壳的胚蛋,而影响出雏效果。

7. 捡雏与助产

(1)捡雏　捡雏时动作要轻、快,尽量避免碰破胚蛋。在成批出雏后,每 4 h 左右捡雏 1 次。也可以出雏 30%～40%时捡第 1 次,60%～70%时捡第 2 次,最后再捡 1 次并“扫盘”。“叠层出雏盘出雏法”在出雏 75%～80%时,捡第 1 次雏。前后开门的出雏器,不要同时打开,以免温度大幅度下降而推延出雏。

(2)人工助产　人工助产指的是对已啄壳但无力自行破壳的雏鸡进行人工出壳。人工助产的对象通常是鸭和鹅,鸡雏一般不进行人工助产。

8. 清扫消毒

出雏完毕(鸡一般在第 22 天胚龄的上半天),首先捡出死胎(“毛蛋”)、残雏和死雏,并分别登记入表。然后对出雏器、出雏室、冲洗室彻底清扫消毒。

任务五　检查与分析孵化效果

任务描述

无论孵化成绩如何,均应经常检查孵化效果,具体措施可通过照蛋、观察蛋重与气室的变化、死胎的病理剖检、死雏和死胎的微生物检查等,并据此进行分析,才能发现孵化过程存在的

二维码 4-6 检查与分析孵化效果

问题及时解决，进而指导孵化工作及种鸡的饲养管理。

任务目标

掌握衡量孵化效果的指标；会对孵化效果进行检查；能运用所学的知识全面分析孵化中所出现的问题并加以解决。

思政目标

整体与部分的辩证关系；爱岗敬业；团结合作。

知识清单

一、衡量孵化效果的指标

（一）受精率

$$受精率=\frac{受精蛋数}{入孵蛋数}\times 100\%$$

受精蛋数包括死精蛋和活胚蛋的数量。一般应达到 92%以上。

（二）早期死胚率

$$早期死胚率=\frac{1\sim 5\text{ 胚龄死胚数}}{受精蛋数}\times 100\%$$

1～5 胚龄死胚数通常统计头照时的死胚数。正常水平为 1.0%～2.5%。

（三）受精蛋孵化率

$$受精蛋孵化率=\frac{出雏数}{受精蛋数}\times 100\%$$

出雏数包括健雏、弱雏、残雏和死雏的数量，是衡量孵化场孵化效果的主要指标，一般可达90%以上。

（四）入孵蛋孵化率

$$入孵蛋孵化率=\frac{出雏数}{入孵蛋数}\times 100\%$$

入孵蛋孵化率反映种禽场或孵化场的综合水平，高水平的应达到 87%以上。

（五）健雏率

$$健雏率=\frac{健雏数}{出雏数}\times 100\%$$

高水平的健雏率应在 98%以上，孵化场多数把出售雏鸡视为健雏。

（六）死胎率

$$死胎率=\frac{死胎数}{受精蛋数}\times 100\%$$

死胎数一般指出雏结束后扫盘时的未出壳种蛋的数量。死胎率一般控制在 5%～7%。

除上述几项指标外，为了更好地反映经济效益，还可以统计受精蛋健雏孵化率、入孵蛋健雏孵化率等。

二、检查孵化效果

检查孵化效果，具体措施可通过照蛋、观察蛋重与气室的变化、出雏期观察、死雏和死胎的外表观察和病理剖检、死雏和死胎的微生物检查等。

(一)照蛋

照蛋就是用照蛋灯透视胚胎发育情况，并以此作为调整孵化条件的依据，是检查孵化效果最主要的方法。

整个孵化期进行 1～2 次，分别为头照和二照。头照挑出无精蛋、死精蛋或死胚蛋，特别是观察胚胎发育是否正常。二照在移盘时进行，挑出死胎蛋。除日程安排进行照蛋外，还可不定期地进行抽检，即抽取一部分蛋进行检查，但仅抽查孵化器中不同点的胚蛋发育情况。一般头照和抽检作为调整孵化条件的参考，二照作为掌握移盘时间和控制出雏环境的参考。白壳鸡蛋头照在胚胎发育的第 6 天左右(褐壳鸡蛋第 10 天左右)，第 19 天落盘时二照。生产规模及孵化技术水平可影响照蛋次数，一般孵化率又高又稳定的孵化场整个孵化期仅在落盘时照一次蛋。

各种胚蛋的判别见表 4-5 和图 4-2。

表 4-5 照蛋胚龄及其胚胎发育特征 d

照蛋	孵化天数			胚胎发育特征
	鸡	鸭、火鸡	鹅	
头照	5～6	6～7	7～8	"黑眼"
抽检	10～11	13～14	15～16	"合拢"
二照	19	25～26	28	"闪毛"

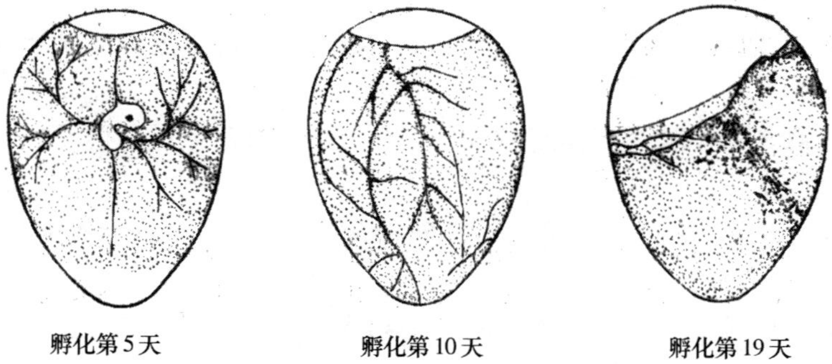

图 4-2 不同胚龄胚胎发育的主要形态特征

①正常的活胚蛋　剖视新鲜的受精蛋，肉眼可以看到蛋黄上有一中心透明带，周围浅暗的圆形胚盘，有明显的明暗之分。白壳蛋头照时，正常的活胚蛋可以明显地看到黑色眼点，血管呈放射状，蛋色暗红。白壳蛋 10 胚龄抽检时尿囊绒毛膜合拢，整个蛋除气室外布满血管。二

照时气室向一侧倾斜，有黑影闪动，胚蛋暗黑。

②弱胚蛋　头照胚体小，黑眼点不明显，血管纤细且模糊不清，或看不到胚体和黑眼点，仅仅看到气室下缘有一定数量的纤细血管。抽检时胚蛋小头未合拢，呈淡白色。二照时气室比正常的胚蛋小，且边缘不齐，可看到红色血管。因胚蛋小头仍有少量蛋白，所以照蛋时胚蛋小头浅白发亮。

③无精蛋　俗称“白蛋”，头照时蛋色浅黄发亮，看不到血管或胚胎，气室不明显，蛋黄影子隐约可见。

④死精蛋　俗称“血蛋”，头照时可见黑色血环贴在蛋壳上，有时可见死胎的黑点静止不动，蛋色透明。

⑤死胎　二照时气室小且不倾斜，边缘模糊，颜色粉红、淡灰或黑暗，胚胎不动。另外还有破蛋和腐败蛋需要在照蛋时剔除。

（二）观察蛋重与气室的变化

在孵化过程中，由于蛋内水分蒸发，胚蛋逐渐减轻，在正常情况下平均失重 10.5%，平均失重率为 0.55%，出壳体重仅是蛋重的 60%左右，其失重多少与孵化器中的相对湿度、蛋重、蛋壳质量及胚胎发育阶段有关。

胚蛋的失重不是均匀的，孵化初期失重较小，第二周失重较大，而第 17～19 天（鸡）失重很多。具体测定方法：入孵前选出一盘蛋并定时称重，每次称重前先捡出无精蛋和中途死亡的胚蛋再称重，然后计算减重的百分率，并与标准做比较。有经验的孵化人员可根据照蛋时气室的大小及后期气室的形状来判定孵化湿度及胚胎发育情况。

（三）出雏期观察

1. 出雏持续时间

孵化正常时，啄壳与出雏的时间比较一致、集中，有明显的出雏高峰，俗称出得“脆”。如鸡第 19 天半开始啄壳，第 20 天出雏，第 20 天半大批出雏，第 21 天出雏结束。

2. 初生雏质量观察

主要是观察出雏时间、雏禽的活力、绒毛颜色及整洁度、脐部愈合情况、卵黄吸收情况和体形等。

①健雏　绒毛洁净有光泽，卵黄吸收完全，脐口愈合良好，体形匀称，站立稳健，反应灵敏，叫声洪亮，大小适中。

②弱雏　绒毛混乱，腹大，卵黄吸收不完全，脐口愈合不良，体躯干瘪瘦小，站立不稳，反应迟钝。

③残雏、畸形雏　脐部开口并流血，蛋黄外露，腹部残缺，喙交叉或过度弯曲，眼瞎脖歪，绒毛稀疏焦黄。

（四）死雏和死胎的外表观察和病理剖检

检查时，首先观察外表（蛋黄吸收情况、脐部愈合状况），死胎要观察啄壳情况——是啄壳后死亡，还是未啄壳，啄壳洞口有无黏液，啄壳部位等；然后打开胚蛋，判断死亡时的胚龄。种蛋品质差或孵化条件不良时，死胎会呈现病理变化，可观察皮肤、绒毛、内脏、胸腔、腹腔、卵黄囊、尿囊等有何病理变化，如充血、出血、水肿等，据此找出死亡的具体原因。对于啄壳前后死亡或不能出雏的活胚，还要观察胎位是否正常。

（五）死雏和死胎的微生物检查

定期抽取死雏、死胎的胎粪、绒毛等做微生物检查，以便确定疾病的性质及特点。当种鸡群有疫情或种蛋来源较混杂或孵化效果较差时尤应取样化验。

三、分析孵化效果

（一）分析胚胎死亡原因

1. 分布规律

无论是自然孵化还是人工孵化，都存在着两个死亡高峰期，对高孵化率鸡群来讲，鸡胚多死于第二高峰期，而低孵化率鸡群第一、第二高峰期的死亡率大致相似，具体见表 4-6。

表 4-6　胚胎死亡分布规律

禽种类型	第一死亡高峰期	第二死亡高峰期
鸡	第 3～5 天	第 18 天后
鸭	第 3～6 天	第 24～27 天
鹅	第 2～4 天	第 26～30 天
占全部死胚	15％	50％

2. 死亡原因

第一死亡高峰期是胚胎生长迅速，形态变化显著时期，各种胎膜相继形成而作用尚未完善。种蛋贮藏不当、过量甲醛熏蒸、外界环境变化等均会造成胚胎死亡。尤其对外界环境的变化敏感，稍有不适，胚胎发育受阻，以致于夭折。

第二死亡高峰期正处于胚胎从尿囊绒毛膜呼吸过渡到用肺呼吸时期。这时胚胎自温产热猛增、传染性胚胎病威胁猛增，对孵化环境（尤其是氧气含量）要求高，若通风换气不好，散热不好，严重的将导致胚胎不能正常出壳。

（二）影响孵化效果的因素

孵化效果受种鸡质量、种蛋管理和孵化条件三大因素所影响，其中，种鸡质量和种蛋管理是提高孵化率的前提，决定了入孵前的种蛋质量。只有入孵来自供给营养全面的饲料、精心管理的优良健康种鸡的种蛋，并且种蛋管理得当，孵化技术才有用武之地。

这里主要介绍营养对孵化效果的影响，营养缺乏或毒素既影响产蛋率又影响孵化率，影响程度随营养缺乏或毒素的含量而变化。营养缺乏造成的影响通常是来得慢持续时间长，而孵化技术或疾病造成的影响一般是突发性的，采取措施后可以较快恢复，通过这点可以区分是营养缺乏造成的影响还是其他原因造成的影响。营养缺乏对孵化率的影响见表 4-7。

表 4-7 营养缺乏对孵化率的影响

营养成分	缺乏症状
维生素 A	血液循环系统障碍，孵化 48 h 发生死亡，肾、眼和骨骼异常。未能发生正常的血管系统
维生素 D_3	在孵化的第 18～19 天时发生死亡，骨骼异常突起。造成蛋壳中缺钙以致雏鸡发育不良和软骨
维生素 E	由于血液循环障碍及出血，在孵化的 84～96 h 发生早期死亡现象，渗出性素质症（水肿），伴有第 1～3 天期间高死亡率，单眼或双眼突出
维生素 K	在孵化第 18 天至出雏期间因各种不明原因出血产生死亡现象。出血及胚胎和胚外血管中有血凝块
硫胺素	应激情况下发生死亡，除了存活者表现神经炎外，其他无明显症状
核黄素	在孵化的 60 h，第 14 天及第 20 天时死亡严重，雏鸡水肿、绒毛结节、随缺乏程度加深更为严重
烟酸	胚胎可以从色氨酸合成足够的烟酸，当有拮抗剂存在时骨和喙发生异常
生物素	在孵化的第 19～21 天发生较高死亡，胚胎呈鹦鹉嘴，软骨营养障碍及骨骼异常等。长骨短缩、腿骨、翼骨和颅骨缩短并扭曲。第三、第四趾间有蹼，鹦鹉喙。第 1～7 天和第 18～21 天期间大量死亡
泛酸	在孵化第 14 天出现死亡，各种皮下出血及水肿等，长羽异常，未出壳胚胎皮下出血
吡哆醇	当使用抗维生素制剂时发生胚胎早期死亡
叶酸	在孵化第 20 天左右发生死亡，死胎表现似乎正常但颈骨弯曲，并趾及下颌骨异常，孵化第 16～18 天发生循环系统异常等。同生物素缺乏时相似，且第 18～21 天死亡率高
维生素 B_{12}	在孵化约第 20 天发生死亡，腿萎缩、水肿、出血、器官脂化、头夹股部等异常形状。大量胚胎头处于两腿之间，水肿、短喙、弯趾、肌肉发育不良，第 8～14 天死亡率高
锰	突然死亡，软骨营养障碍，侏儒、长骨变短、头畸形、水肿及羽毛异常和突起等。第 18～21 天死亡率高、翼和腿变短、鹦鹉喙、生长迟滞、绒毛异常
锌	突然死亡，股部发育不全，脊柱弯曲，眼、趾等发育不良等。骨骼异常，可能无翼和无腿绒毛呈簇状
铜	在早期血胚阶段死亡，但无畸形
碘	孵化时间延长，甲状腺缩小，腹部收缩不全
铁	低血细胞比容，低血红蛋白
硒	孵化率降低，皮下积液，渗出性素质（水肿）。孵化早期胚胎死亡率较高

（三）孵化效果不良的原因分析

造成孵化率低的因素诸多，需从孵化效果分析出具体的原因，然后结合孵化记录和种鸡的健康及产蛋情况，采取有效措施，就能使孵化率迅速恢复到正常的水平。表 4-8 总结了孵化过程中常见的不良现象和可能的几种原因。

表 4-8 孵化效果不良的原因分析

不良现象	可能的原因
蛋爆裂	蛋脏，被细菌污染；孵化器内不卫生
照蛋时清亮	未受精；甲醛熏蒸过度或种蛋贮藏太长，胚胎入孵前就已死亡
胚胎死于第 2～4 天	种蛋贮藏太长；种蛋被剧烈振动；孵化温度过高或过低；种鸡染病
蛋上有血环，胚胎死于第 7～14 天	种鸡日粮不当；种鸡染病；孵化器内温度过高或过低；供电故障，转蛋不当；通风不良，二氧化碳浓度过高
气室过小	种鸡日粮不当；蛋大；孵化湿度过高
气室过大	蛋小；第 1～19 天期间湿度过低
雏鸡提前出壳	蛋小；品种差异(来航鸡出壳早)；温度计读数不准，第 1～19 天温度高或湿度低
出壳延迟	蛋大；蛋贮藏时间长；室温多变；温度计不准，第 1～19 天温度低或湿度高；第 19 天后温度低
胚胎已发育完全但喙未进入气室	种鸡日粮不当；孵化第 1～10 天温度过高；第 19 天湿度过高
胚胎已充分发育喙进气室后死亡	种鸡日粮不当；孵化器内空气循环不良；孵化第 20～21 天期间温度过高或湿度过高
雏鸡在啄壳后死亡	种鸡日粮不当；致死基因；种鸡群染病；蛋在孵化时小头向上，蛋壳薄，头 2 周未转蛋；蛋移至出雏器太迟；第 20～21 天空气循环不良或二氧化碳含量过高；第 20～21 天温度过高或湿度过低；孵化第 1～19 天温度不当
胚胎异位	种鸡日粮不当；蛋在孵化时小头向上，畸形蛋，转蛋不正常
蛋白粘连鸡身	移盘过迟；孵化第 20～21 天温度过高或湿度过低；绒毛收集器功能失调
蛋白粘连初生绒毛	种蛋贮藏时间长；第 20～21 天空气流速过低，孵化器内空气不当，第 20～21 天温度过高或湿度过低；绒毛收集器功能失调
雏鸡个体过小	种蛋产于炎热天气；蛋小；蛋壳薄或沙皮；孵化第 1～19 天湿度过低
雏鸡个体过大	蛋大；孵化第 1～19 天湿度过高
不同孵化盘孵化率和雏鸡品质不一致	种蛋来自不同的鸡群，蛋的大小不同，种蛋贮藏时间不等，某些种鸡群遭受疾病或应激；孵化器内空气循环不足
棉花鸡(鸡软)	孵化器内不卫生；孵化第 1～19 天温度低；第 20～21 天湿度过高
雏鸡脱水	种蛋入孵过早，第 20～21 天期间温度过低，雏鸡出壳后在出雏器内停留时间过久
脐部收口不良	种鸡日粮不当，第 20～21 天期间温度过低，孵化器内温度发生很大变化，第 20～21 天期间通风不良
脐部收口不良、脐炎，并潮湿有气味	孵化场和孵化器不卫生
雏鸡不能站立	种鸡日粮不当，第 1～21 天孵化期间温度不当，第 1～19 天孵化期间湿度过高，第 1～21 天孵化期间通风不良

续表 4-8

不良现象	可能的原因
雏鸡跛足	种鸡日粮不当，第 1～21 天孵化期间温度变化，胚胎异位
弯趾	种鸡日粮不当，第 1～19 天孵化期间温度不当
“八”字腿	出雏盘太光滑
绒毛过短	种鸡日粮不当，第 1～10 天孵化期间温度过高
双眼闭合	第 20～21 天孵化期间温度过高，第 20～21 天孵化期间湿度过低，出雏器内绒毛飞扬，绒毛收集器功能失调

任务六　初生雏处理

任务描述

初生雏品质的好坏对其以后的生长发育、前期死亡、增重以及免疫接种效果都有重大影响，故雏鸡孵出后需对其进行分级，同时还需进行雌雄鉴别、免疫、剪冠及去爪等。

二维码 4-7　初生雏处理

任务目标

学会对初生雏进行分级；掌握雏禽的雌雄鉴别技术。

思政目标

动物福利，培养学生的仁爱之心；敬畏生命；团结合作。

知识清单

一、初生雏分级

雏鸡出壳后有强有弱，对初生雏按强弱进行分级能够减少疾病的传播，保障较高的育雏率，并培育出生长发育一致的鸡群。一般可通过看、听、摸进行分级，同时，还需结合种禽的健康状况、孵化率的高低和出壳时间的早晚等进行综合考虑。

“一看”，即看雏鸡的外表及精神状态，包括绒毛的匀称及干净程度，动作灵活程度，卵黄吸收情况，脐部收缩情况，肛门有无粪便黏着，喙、腿、趾、翅及眼等有无异常。

“二听”，即听初生雏的叫声，根据初生雏叫声是否有力判断初生雏的强弱。

“三摸”，即摸雏鸡的丰满度及体温，将雏鸡抓握在手中，感受雏鸡是否温暖，膘情、体重如何，挣扎是否有力。

二、雌雄鉴别

（一）雏鸡的翻肛鉴别

1. 鸡的泄殖腔及退化的交尾器官

鸡的直肠末端与泌尿和生殖道共同开口于泄殖腔，泄殖腔向外的开口有括约肌，称为肛门。将泄殖腔背壁纵向切开，由内向外可以看到3个主要皱襞：第一皱襞作为直肠末端和泄殖腔的交界线而存在，它是黏膜的皱襞，与直肠的绒毛状皱襞完全不同。第二皱襞约位于泄殖腔的中央，由斜行的小皱襞集合而成，在泄殖腔背壁幅度较广，至腹壁逐渐变细而终止于第三皱襞。第三皱襞是形成泄殖腔开口的皱襞。

雄性泄殖腔共有5个开口：两个输尿管开口于泄殖腔上壁第一皱襞的外侧；两个输精管开口于泄殖腔下壁第一及第二皱襞的凹处，成年鸡有小乳头突起；再一个就是直肠开口。在近肛门开口泄殖腔下壁中央第二、第三皱襞相合处有一芝麻粒大的白色球状突起（初生雏比小米粒还小），两侧围以规则的皱襞，因呈八字状，故称“八字状襞”，白色球状突起称为“生殖突起”。生殖突起和八字状襞构成显著的隆起，称为“生殖隆起”。生殖突起及八字状襞呈白色而稍有光泽，有弹性，在加压和摩擦时不易变形，有韧性感（图4-3）。雌性泄殖腔的皱襞及输尿管的开口部位与雄性完全相同，在泄殖腔左侧稍上方，第一、第二皱襞间有一输卵管开口（或称阴道口）。在雄性存在退化交尾器处，呈凹陷状。雌雄泄殖腔内有4个开口。初生雏泄殖腔的构造与成年鸡没有显著差异，3个主要皱襞已经与成年鸡同样发达。雄雏有的可以看到输精管开口的小乳头。雌雏的输卵管这时还很细，仅末端膨大，而其开口尚未发达。退化交尾器官雄雏较发达，但形态及发育程度因个体有很大差异，雌雏的生殖隆起的退化情况也不一致，因个体不同，有的留痕迹，有的隆起相当发达。肛门鉴别法主要是根据生殖突起及八字状襞的形态、质地来分辨雌雄。

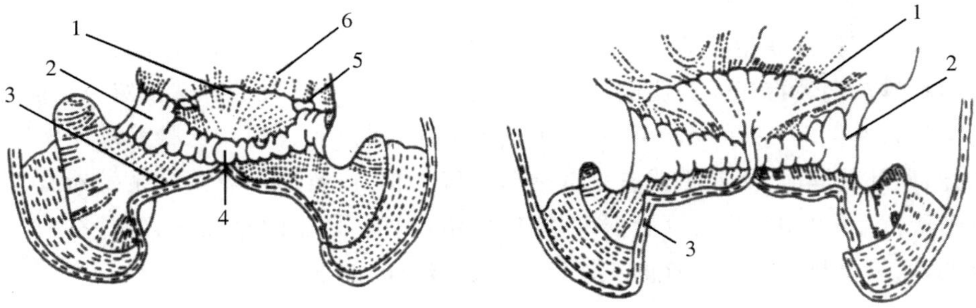

1. 第一皱襞　2. 第二皱襞　3. 第三皱襞　4. 生殖突起　5. 输精管的突起　6. 直肠的末端

图4-3　泄殖腔模式图

2. 初生雏鸡雌雄生殖隆起的组织形态差异

从生殖隆起组织特征来看，初生雏鸡黏膜的上皮组织雌雄雏之间无明显的差异，但黏膜下结缔组织却有显著不同。从外表上看雌雄雏鸡生殖隆起有以下几点显著差异。

①外观感觉。雌雏生殖隆起轮廓不明显，萎缩，周围组织衬托无力，有孤立感；雄雏的生殖隆起轮廓明显、充实，基础极稳固。

②光泽。雌雏生殖隆起柔软透明；雄雏生殖隆起表面紧张，有光泽。

③弹性。雌雏生殖隆起的弹性差，压迫或伸展易变形；雄雏生殖隆起富有弹性，压迫伸展不易变形。

④充血程度。雌雏生殖隆起血管不发达，且不及表层，刺激不易充血；雄雏生殖隆起血管发达，表层也有细血管，刺激易充血。

⑤突起前端的形态。雌雏生殖隆起前端尖；雄雏生殖隆起前端圆。

3. 鉴别的适宜时间

出雏后 2～12 h 是最适宜的鉴别时间。这时雌雄雏鸡生殖隆起的性状区别最显著，雏鸡也好抓握和翻肛。刚孵出的雏鸡身体软绵，呼吸弱，蛋黄吸收差，腹部充实，不易翻肛，技术不熟练者甚至会造成雏鸡死亡。雏鸡孵出 1 d 以上，肛门发紧，难以翻肛，而且生殖隆起萎缩，甚至陷入泄殖腔深处，不便观察。因此鉴别时间不宜超过 24 h。

4. 肛门鉴别的手法

肛门鉴别的操作可分为：抓雏和握雏、排粪和翻肛、鉴别和放雏 3 个步骤。

(1)抓雏和握雏　雏鸡的抓握法一般有两种，即夹握法和团握法。

(2)排粪和翻肛

①排粪。左手拇指轻压腹部左侧髋骨下缘，借助雏鸡呼吸将粪便挤入排粪缸中。

②翻肛。因个人习惯差异，翻肛手法较多，介绍其中一种。如左手握雏，左拇指从前述排粪的位置移至肛门左侧，左食指弯曲贴于雏鸡背侧，与此同时右食指放在肛门右侧，右拇指放在雏鸡脐带处，右手拇指沿直线往上顶推，右手食指往下拉、往肛门处收拢，左拇指也往里收拢，三指在肛门处形成一个小三角区，三指凑拢一挤，肛门即翻开。

(3)鉴别和放雏　根据生殖隆起的有无和形态差别，便可以判断雌雄。遇到生殖隆起一时难以分辨时，可用左拇指或右食指触摸，观察其充血和弹性程度。

5. 雏鸡的解剖

解剖雏鸡可直接观察生殖器官，以验证肛门鉴别是否正确。雏鸡解剖的方法如下：用右手拇指和食指将雏鸡两翼握于雏鸡胸前，右手向外翻转，以左手拇指平行贴于鸡背，其余 4 指握住雏鸡头部和颈部下端，左手固定不动，右手用力一撕(用力要适当)，从胸前纵向将雏鸡背部与腹部撕开，撕开的同时，用左手或右手食指贴雏背上顶，一般即可观察到生殖器官。如生殖器官被脏器所掩盖，可用拇指拨开脏器，即露出生殖器官。公雏的肾上方有左、右两个黄白色圆柱状睾丸，而母雏只在相同位置的左侧有灰白色扁平的卵巢。

(二)雏鸡伴性遗传鉴别法

应用伴性遗传规律，通过专门品种或品系之间的杂交，培育自别雌雄品系，根据初生雏的某些伴性性状就能准确地辨别雌雄。目前，在生产中应用的伴性性状有：慢羽对快羽、横斑(芦花)对非横斑(非芦花)、银色羽对金色羽。

1. 快慢羽雌雄鉴别

决定初生雏鸡翼羽生长快慢的慢羽基因 K 和快羽基因 k 位于性染色体上，而且慢羽基因 K 对快羽基因 k 为显性，属于伴性遗传性状。用快羽公鸡和慢羽母鸡杂交，所产生的子代公雏全部为慢羽，而母雏全部为快羽。快慢羽的区分主要由初生雏鸡翅膀上的主翼羽和覆主翼羽的长短来确定。主翼羽明显长于覆主翼羽的雏鸡为快羽，自别雌雄时为母雏。慢羽在羽速自别雌雄时为公雏，慢羽的类型比较多，有时容易出错，需要引起注意。

慢羽主要有 4 种类型：①主翼羽短于覆主翼羽；②主翼羽等长于覆主翼羽；③主翼羽未长出；④主翼羽等长于覆主翼羽，但是前端有 1～2 根稍长于覆主翼羽，这种类型最容易出错(图 4-4)。

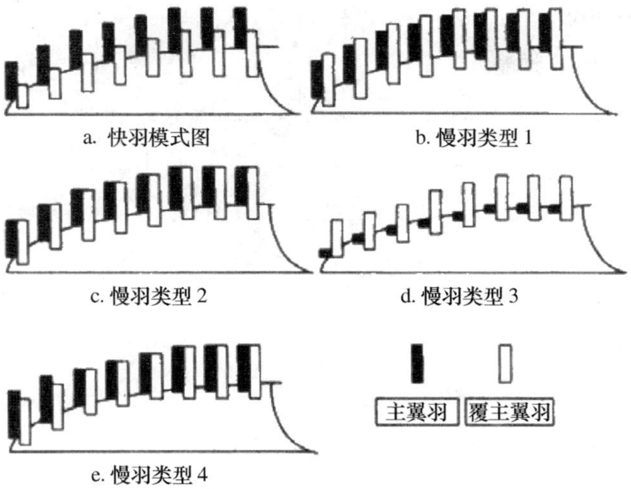

图 4-4　雏鸡快慢羽示意图

2. 金银羽自别雌雄

由于银色羽基因 S 和金色羽基因 s 是位于性染色体的同一基因位点的等位基因，银色羽 S 对金色羽 s 为显性，所以用金色羽公鸡和银色羽母鸡交配时，其子一代的公雏均为银色，母雏为金色。在金银羽自别雌雄时会受到其他羽色基因的影响，子一代雏鸡的羽毛颜色会出现一些中间类型，给鉴别带来一定难度，但是只要掌握了饲养品种的初生雏鸡羽色类型，鉴别率就可以达到 99%以上。绝大部分褐壳蛋鸡商品代都可以羽色自别雌雄。值得注意的是，用银色羽公鸡和金色羽母鸡交配，后代不能自别雌雄。

3. 横斑(芦花)自别雌雄

(1)横斑洛克(芦花鸡)羽色自别　横斑洛克羽色由性染色体上显性基因 B 控制，公鸡两条性染色体上各有一个 B 基因，比母鸡只在一条性染色体上有一个 B 基因影响大，所以基因型纯合的横斑公鸡羽毛中的白横斑比母鸡宽。B 基因对初生雏鸡的影响是：芦花鸡的初生绒毛为黑色，头顶部有一白色小块(呈卵圆形)，公雏大而不规则，母雏白斑比公雏小得多；腹部有不同程度的灰白色，身体黑色母雏比公雏深；初生母雏脚的颜色比公雏深，脚趾部的黑色在脚的末端突然变为黄色，能显著区分开，而公雏跖部色淡，黑黄无明显分界线。经过选种的纯横斑鸡，根据以上三项特征区分初生雏鸡的雌雄，准确率可达 96%以上。

(2)非横斑对横斑　用非横斑公鸡(白来航等显性白羽鸡除外)与横斑母鸡交配，其子一代呈交叉遗传，即公雏全部是横斑羽色，母雏全部是非横斑羽色。例如，用洛岛红公鸡和横斑母鸡交配，则子一代公雏皆为横斑羽色(黑色绒毛，头顶上有不规则的白色斑点)，母雏全身黑色绒毛或背部有条斑。

4. 羽速和羽色自别雌雄相结合

利用伴性遗传实现初生雏鸡自别的方法主要有上述 3 种，为了实现父母代和商品代均能自别雌雄，避免父母代初生雏鸡翻肛鉴别，有时将两种方法结合起来使用。在一些褐壳蛋鸡已实现父母代羽速自别雌雄，商品代羽色自别雌雄的双自别体系(图 4-5)。

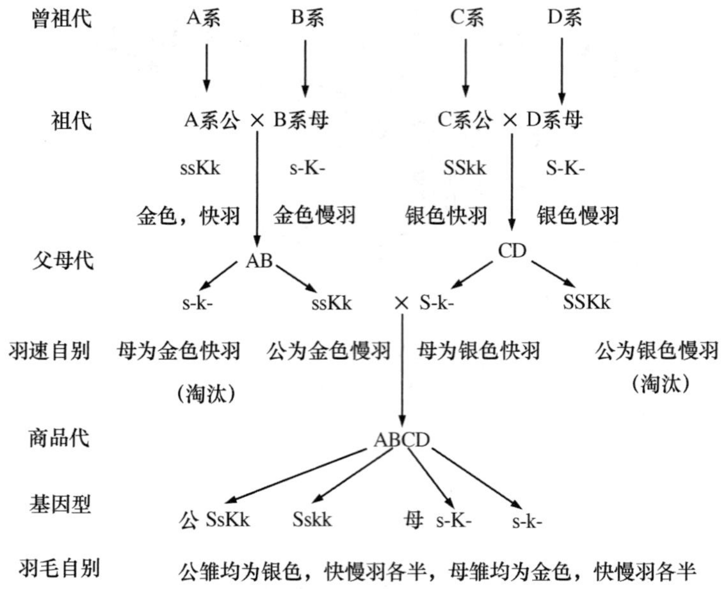

图 4-5　雏鸡羽速和羽色双自别体系

二、免疫

为了预防马立克病，雏鸡出壳后需在 24 h 内皮下注射马立克病疫苗，稀释后的疫苗需在 30 min 内用完，注射时捏住皮肤，确保针头插入皮下。

三、剪冠、去爪

剪冠及去爪均在 1 日龄时进行，剪冠的目的是防止鸡冠被啄伤、冻伤和刮伤，冠大也会影响采食及视力；但最好不要剪冠，因为冠可以指示性腺的发育。去爪的目的是为了防止自然交配时公鸡抓伤母鸡背部影响种蛋受精率或为了做育种标记。

四、初生雏暂存

初生雏在运输至育雏室前需在存雏室内放置一段时间，但存放时间不能太久，应尽快运输到育雏室。存雏室要求温度在 25～29 ℃，室内安静，空气新鲜。

技能训练五　孵化器的构造和管理

一、目的要求

认识孵化器各部构造并熟悉其使用方法，实际参加各项孵化操作，熟悉人工孵化的基本管理技术。

二、实训材料

孵化器、控温仪、继电器、水银导电表、干湿球温度计、孵化室有关设备用具、记录表格、孵化规程。

三、内容和方法

1. 孵化机的构造

识别入孵机和出雏机的各部构造并熟悉其使用方法。

2. 孵化的操作技术

根据孵化操作规程进行各项实际操作。

(1)选蛋 首先将过大,过小的,形状不正的,壳薄或壳面粗糙的,有裂纹的蛋剔出。每手握蛋 3 个,活动手指使其轻度冲撞,撞击时如有破裂声,将破蛋取出。

(2)码盘和消毒 选蛋后进行码盘,码盘时使蛋的钝端向上,装后清点蛋数,登记于孵化记录表中。种蛋装盘上架后可放在单独的消毒间内,按每平方米容积福尔马林 30 mL、高锰酸钾 15 g 的比例熏蒸 20～30 min,熏蒸时关严门窗,室内温度保持 25～27 ℃,湿度 75%～80%,熏蒸后打开门窗,排出气体。

(3)种蛋预热 入孵前 12 h 将蛋移至孵化室内,使蛋初步温暖。种蛋预热后按计划于下午上架孵化,出雏时便于管理。天冷时,上蛋后打开入孵机的辅助加热开关,加速升温,待温度接近要求时即关闭补助电热器。

(4)孵化条件 孵化室条件,温度 20～22 ℃,湿度 55%～60%,通风换气良好。出雏室温度适当提高些。入孵机和出雏机的条件见表 4-9。

表 4-9 入孵机和出雏机的条件

项目	入孵机	出雏机
温度	37.8 ℃	37.2～37.5 ℃
湿度	55%	65%
通气孔	全开	全开
翻蛋	每 2 h 翻 1 次	停止

(5)温度、湿度的检查和调节 实训期间应经常检查孵化机和孵化室的温度、温度情况,观察机器的灵敏程度,遇有超温或降温时,应及时查明原因检修和调节。机内水盘每天加温水一次。湿度计的纱布每出雏一次更换一次。

(6)孵化机的管理 孵化实训过程中应注意机件的运转,特别是电机和风扇的转运情形,注意有无发热和撞击声响的机件,定期检修加油。

(7)移蛋和出雏 孵化第 19 天照检后将蛋移至出雏机中,同时增加水盘,改变孵化条件。孵化满 20 d 后,将出雏机玻璃门用黑布或黑纸遮掩,免得已出雏鸡骚动,每天隔 4～8 h 捡出雏鸡和蛋壳 1 次。出雏完毕,清理雏盘,消毒。

四、实训作业

1. 简述机器孵化的基本操作技术。
2. 如何选择孵化器?

技能训练六　种蛋构造和品质鉴定

一、目的要求

通过实训了解禽蛋在形态结构上的基本概念、品质鉴定的方法、种蛋应具备的各种条件，种蛋消毒的意义和掌握消毒的各种方法。

二、实训材料

生鸡蛋、熟鸡蛋、照蛋器、蛋称、粗天平、液体比重针、游标卡尺、放大镜、培养皿、玻璃缸、小剪刀、小镊子、吸管、高锰酸钾、食盐、蛋白高度测定仪、蛋壳强度测定仪、蛋壳厚度测定仪、蛋形指数测定仪、蛋白蛋黄分离器、罗氏(Roche)比色扇、游标卡尺、光电反射式色度仪等。

三、内容和方法

(一)蛋的构造

(1)壳上膜(胶护膜)　在蛋壳外面的一层透明的保护膜。

(2)蛋壳　蛋壳上有无数个气孔，用照蛋器可以清楚地看到气孔的分布。

(3)蛋壳膜　蛋壳膜分为两层，紧贴蛋壳的称为外壳膜，包围蛋内容物的叫蛋白膜，也称为内壳膜，外壳膜和内壳膜在蛋的钝端分离开而形成气室。

(4)蛋白　由外稀蛋白(约占 23%)、浓蛋白(约占 57%)、内稀蛋白(约占 17.3%)、系带浓蛋白(约占 2.7%)组成。

(5)系带　在蛋黄的纵向两侧有两条相互反向扭转的白带称为系带。

(6)蛋黄　蛋黄膜→浅蛋黄→深蛋黄→蛋黄心→胚盘(或胚珠)。胚盘或胚珠位于蛋黄的表层。胚盘在蛋黄中央有一直径 3～4 mm 的里亮外暗圆点，而胚珠此圆点不透明且无明暗之分。

(二)蛋的品质测定

(1)称蛋重　用蛋称或粗天平将鸡蛋、鸭蛋逐个称重，称得的数据分别写在蛋的小头上，鸡蛋的重量在 40～70 g，鹅蛋在 120～200 g，鸭蛋和火鸡蛋重的变动范围均为 70～100 g。

(2)蛋壳颜色　用光电反射式色度仪测定，颜色越深，反射测定值越小，反之则越大。用该仪器在蛋的大头、中间和小头分别测定，求其平均值。一般情况下，白壳蛋蛋壳颜色测定值为 75 以上，褐壳蛋为 20～40，浅褐壳蛋为 40～70，而绿壳蛋为 50～60。

(3)测量蛋形指数　蛋形由蛋的长轴和短轴的比例即蛋形指数决定，测定工具是游标卡尺。蛋形指数通常是长径/短径的比值，但也有短径/长径的比值来表示的。正常形鸡蛋的蛋形指数为 1.32～1.39，1.35 为标准形(如用短径/长径则分别为 0.72～0.76，0.74 为标准形)；鸭蛋蛋形指数为 1.20～1.58(或 0.63～0.83)，标准形为 1.30(或 0.77)。

(4)蛋的比重测定　蛋的比重即反映蛋的新鲜度，也与蛋壳厚度有关。测定方法是在每 3 L 水中加入不同数量的食盐，配制成不同比重的溶液，用比重计校正后分盛于玻璃缸内。每种溶液的比重依次相差 0.005，见表 4-10。

表 4-10　食盐量与溶液比重

溶液比重	加入食盐量/g	溶液比重	加入食盐量/g
1.060	276	1.085	396
1.065	300	1.090	420
1.070	324	1.095	444
1.075	348	1.100	468
1.080	372		

测定时先将蛋浸入清水中，然后依次从低比重到高比重食盐溶液中通过，当蛋悬浮在溶液中即表明其比重与该溶液的比重相等。鸡蛋壳质量良好的蛋比重在 1.080 以上，鸭蛋为 1.090 以上，火鸡蛋为 1.080 以上，鹅蛋为 1.100 以上。

（5）测定蛋白高度和哈氏单位　用蛋白高度测定仪测定新鲜蛋（产出当天或于第 2 天中午前）和陈旧蛋各 1～2 枚，先称蛋重，然后破壳倾在蛋白高度测定仪玻璃板上，测定浓蛋白的高度，取蛋黄边缘与浓蛋白边缘之中点，测量三个点的蛋白高度，算出平均值，注意避开系带，单位以 mm 计。

根据蛋重和蛋白高度两项数据，用下列公式计算哈氏单位值。也可用“蛋白品质查寻器”查出哈氏单位及蛋的等级。新鲜蛋哈氏单位在 75～85，蛋的等级为 AA 级。计算公式：

$$HU=100\ \lg(H-1.7W^{0.37}+7.6)$$

式中：H，蛋白高度（mm）；W，蛋重（g）；HU，哈氏单位。

（6）蛋壳强度　蛋壳强度是指蛋对碰撞或挤压的承受能力（单位为 kg/cm^2），是蛋壳致密坚固性的重要指标。可以用蛋壳强度仪进行测定。

（7）蛋壳厚度　蛋壳厚度是指蛋壳的致密度。用蛋壳厚度测量仪在蛋壳的大头、中间、小头分别取样测量，求其平均值（单位为 μm）。注意在测量时去掉蛋壳上的内、外壳膜为蛋壳的实际厚度，一般在 330 μm。如果没去掉蛋壳内外膜，则是表观厚度，一般在 370 μm。

（8）蛋黄颜色　比较蛋黄颜色的深浅度。用罗氏比色扇取相应值，一般在 7～9。

（9）血斑、肉斑　血斑、肉斑是卵子排卵时由于卵巢小血管破裂的血滴或输卵管上皮脱落物形成。血斑、肉斑与品种有关。

（三）蛋的照检

用照蛋器检视蛋的构造和内部品质。可检视气室大小、蛋壳质地、蛋黄颜色深浅和系带的完整与否等。刚产出第 1～2 天的新鲜蛋，气室直径仅为 3～4 mm。照检时要注意观察蛋壳组织及其致密程度，也要判断系带的完整，蛋黄的阴影由于旋转鸡蛋而变位置，但又能很快回到原来位置；如系带断裂，则蛋黄在蛋壳下面晃动不停。观察蛋内有蛋黄以外的阴影，可能属于血斑蛋、肉斑蛋或坏蛋。

（四）蛋的剖检

1. 熟蛋的剖检

将煮熟的蛋剥去蛋壳用刀纵向切开，观察蛋白层次、蛋黄深浅及蛋黄心。蛋黄由于鸡体日夜新陈代谢的差异，形成深浅两层，深色层为黄蛋黄，浅色层为白蛋黄。观察蛋的内部构造和研究内容物结束之后，可借助放大镜来统计蛋壳上的气孔数（锐端和钝端分别统计）。统计面积为 1 cm^2 或其 1/4。

2. 生蛋的剖检

在于直接观察蛋的构造和进一步研究蛋的各部分重量的比例以及蛋黄和蛋白的品质等。

（1）鲜蛋置于培养皿内，静置 10 min，用小剪刀刀尖在蛋壳中央开一个小洞，然后小心地剪出一个直径为 1.0～1.5 cm 的洞口，胚盘就位于这个洞口下面。受精蛋胚盘的直径为 3～5 mm，并有稍透明的同心边缘结构，形如小盘。未受精蛋的胚珠较小，为一不透明的灰白色小点。

（2）将内容物小心倒在培养皿中，注意不要弄破蛋黄膜，在蛋壳的里面有两层蛋白质的膜，可用镊子将它们与蛋壳分开。这两层壳膜在蛋壳的钝端，气室所在处最容易看清楚。紧贴蛋壳膜，也称为外蛋壳膜，包围蛋的内容物称为蛋白膜，也称为内蛋壳膜。

（3）为观察和统计蛋壳上的气孔及其数量，应将蛋壳膜剥下，用滤纸吸干蛋壳，并用乙醚或酒精棉去除油脂。在蛋壳内面滴上高锰酸钾溶液，经 15～20 min，蛋壳表面即显出许多小的蓝点或紫红点。

（4）分别称蛋重、蛋壳重、蛋白重、蛋黄重，计算各部分重量的比例。用蛋白蛋黄分离器或吸管（或铁窗纱）使蛋白和蛋黄分开，将蛋白放在预先称好重的培养皿一起称重。由总重减去培养皿的重量即可分别获得蛋白和蛋黄的重量。

（五）种蛋孵化前消毒

为了预防家禽疾病，在孵化前将种蛋进行消毒，以杀灭蛋表面的病原微生物，可按下述方法之一对种蛋进行消毒处理。

1. 药液消毒

两千分之一的高锰酸钾溶液，或万分之五的碘化钾，或千分之一的新洁尔灭溶液，药液配制于大瓷盆内，水温 40～45 ℃，将种蛋放入浸泡 2 min 后，取出沥干，再放入孵化箱内入孵。

2. 熏蒸消毒

先将孵化器的体积测量清楚，单独熏蒸孵化室、孵化器，门窗应密闭 24 h 以后再打开，以充分发挥药效，但种蛋只能熏蒸 20～30 min，已开始孵化的种蛋不能熏蒸，按每立方米空间 40%甲醛 30 mL，高锰酸钾 15 g 的比例熏蒸消毒，经半小时应当打开门孔，用电扇驱散药气。转入正式孵化。

四、实训作业

1. 分别统计蛋形指数、蛋壳的颜色、厚度和蛋的比重，并求其平均值。
2. 按禽蛋构造的挂图，绘出蛋的纵剖面图并注明各部分名称。
3. 计算各部分重量的比例。

<table>
<tr><td rowspan="2">编号</td><td rowspan="2">蛋壳重/g</td><td rowspan="2">蛋白重/g</td><td rowspan="2">蛋黄重/g</td><td colspan="3">各部分占的比例/%</td></tr>
<tr><td>蛋壳</td><td>蛋白</td><td>蛋黄</td></tr>
<tr><td></td><td></td><td></td><td></td><td></td><td></td><td></td></tr>
<tr><td></td><td></td><td></td><td></td><td></td><td></td><td></td></tr>
<tr><td></td><td></td><td></td><td></td><td></td><td></td><td></td></tr>
</table>

技能训练七　家禽的胚胎发育观察

一、目的要求

熟悉孵化的生物学检查方法和识别鸡的若干胚龄胚胎发育的主要特征。

二、实训材料

孵化 5～6 胚龄、10～11 胚龄、17～19 胚龄发育正常的胚蛋和无精蛋、死胚蛋、弱胚蛋、死胚蛋的实物和幻灯片；照蛋器、蛋盘、操作台、暗室。

三、内容和方法

通过观看幻灯片、图谱和观察活胚，了解正常胚胎发育的变化。按下列顺序观察胚胎发育：胚蛋外部观察、照蛋透视和胚蛋剖检（剖开后也先进行外部观察，再剖检内部脏器）。本实训仅观察 5 胚龄、10 胚龄、17 胚龄、18 胚龄和 19 胚龄的胚胎发育。

1. 照蛋时间及胚胎发育特征

一般整个孵化期照蛋 1～2 次，如果孵化正常、孵化率高，也可仅在胚胎发育中期或移盘前照一次蛋。头照，鸡在 5 胚龄（鸭、火鸡在 6～7 胚龄，鹅在 7 胚龄）。胚蛋可明显看出黑眼点，俗称"黑眼"；二照，在移盘前，鸡在 19 胚龄（鸭、火鸡在 25～26 胚龄，鹅在 28 胚龄）。胚蛋气室处有黑影闪动，俗称"闪毛"。此外，还可在胚胎发育中期进行"抽验"，鸡在 10.0～10.5 胚龄（鸭、火鸡在 13～14 胚龄，鹅在 15～16 胚龄）。整个胚蛋除气室外布满血管，俗称"合拢"。

2. 发育正常的活胚蛋和各种异常胚蛋的辨别

先通过幻灯片或图片识别然后再用实物观察。并与表 4-11 对照判别。

表 4-11　发育正常的活胚蛋和各种异常胚蛋的辨别

类型	头照（5 胚龄）	抽验（10～10.5 胚龄）	17 胚龄	18 胚龄	二照（19 胚龄）
发育正常的活胚	"黑眼"，血管呈放射状，蛋黄暗红	尿囊绒毛膜在蛋的小头"合拢"	蛋小头看不到发亮部分，称"封门"	气室倾斜，称"斜口"	气室有黑影闪动，称"闪毛"
弱胚	胚小，血管纤细，蛋色浅红	因未"合拢"，胚蛋小头淡白	蛋小头发亮，未"封门"	气室小，未倾斜，蛋小头淡白	气室小且边缘不平齐，有较多血管；蛋小头淡白

续表 4-11

类型	头照（5 胚龄）	抽验（10～10.5 胚龄）	17 胚龄	18 胚龄	二照（19 胚龄）
死胚或死胎	黑色血环、血线，黑色死胚贴壳；蛋黄沉散，蛋色浅白	死胚体小，且多贴内壳；蛋小头发亮，未“合拢”	胚死不动，气室未见鲜红血管；蛋小头发亮，未“封门”	气室小，不倾斜，边缘模糊	气室小，不倾斜，边缘模糊；未见“闪毛”，无胎动，蛋身发凉
无精蛋	蛋色浅黄发亮，看不到血管或胚胎，蛋黄影子隐约可见；头照不散黄，随后黄散				
破蛋	有树枝状裂纹或有破洞，有时气室跑到一边				
腐败蛋	蛋色褐紫，有异臭味；有的蛋壳破裂，表面有很多点状的黄褐色渗出物				

四、实训作业

根据所观察的各类型胚蛋，描述胚胎发育情况并画图表示。

技能训练八　初生雏鸡的处理

一、目的要求

通过实训学会初生雏鸡分级、剪冠和断趾的方法，初步掌握初生雏鸡雌雄鉴别和马立克病疫苗接种的技术。

二、实训材料

初生雏鸡（能根据羽色和羽速自别雌雄的杂交一代），鸡马立克病疫苗，眼科手术剪、去趾器、200 W 灯泡、连续注射器等。

三、内容和方法

1. 初生雏鸡的分级、剪冠、断趾

（1）初生雏鸡的分级　根据初生雏的活力、蛋黄吸收和脐带愈合情况等进行强弱分级。强雏主要有以下特征：活泼健壮、眼大有神、行动敏捷；腹部大小适中、平坦柔软、蛋黄吸收良好及脐口愈合良好；绒毛整齐、清洁且富有光泽，喙和胫色泽鲜艳，体重适中。

（2）剪冠　用眼科手术剪从前向后贴冠基部齐头剪去。

（3）断趾　肉用型公鸡为防止踩伤母鸡背部，在初生时用断趾器将第一、第二趾指甲跟部的关节切去并烧灼止血。

2. 初生雏鸡的雌雄鉴别

（1）伴性性状鉴别法

①羽速鉴别法。用慢羽母鸡与快羽公鸡交配，所产初生雏鸡慢羽是公雏，快羽是母雏。鉴别时打开雏鸡翅膀，观察主翼羽与覆主翼羽的相对长度。一般主翼羽长于覆主翼羽 2 mm 及

其以上为快羽母雏；主翼羽长于覆主翼羽 2 mm 以内、等于或短于覆主翼羽者为慢羽公雏。

②羽色和羽斑鉴别法。用带银白色基因的母鸡与带金黄色基因的公鸡交配，所产初生雏鸡银白色绒羽的是公雏，金黄色绒羽的是母雏。同样用横斑的母鸡与非横斑的公鸡交配，所产初生雏鸡横斑的是公雏，非横斑的是母雏。

（2）翻肛鉴别法　首先抓起雏鸡，以拇指和食指轻轻压迫其腹部排出胎粪，以利于翻肛。鉴别时，以左手握鸡，将雏鸡颈部夹在中指与无名指之间，两脚夹在无名指与小指之间，用力要轻，不得损伤雏鸡。然后将左手拇指靠近腹侧，以右手食指和拇指按在肛门两旁，三指凑拢一挤，肛门即可翻开。在强光下观察生殖突起的有无，区别雌雄。注意翻肛的手势及雄雏的生殖突起。

3. 免疫

初生雏经性别鉴定后，应立即接种鸡马立克病疫苗。其方法是用连续注射器在雏鸡的颈部皮下注射稀释后的疫苗 0.2 mL。

四、实训作业

参加各项具体操作，并写出实训体会。

复习与思考

1. 简述鉴定蛋的构造和品质。
2. 如何进行雏禽的雌雄鉴别？
3. 简述孵化器的基本构造与功能。
4. 如何观察家禽的胚胎发育情况？
5. 如何进行种蛋的选择？
6. 如何进行初生雏的处理（分级、雌雄鉴别、剪冠、去爪）？

二维码 4-8　绿色食品　蛋与蛋制品　NY/T 754—2021

项目五
家禽营养管理技术

任务一　鸡场饲料的选择

任务描述

家禽要想生长就离不开饲料，因为饲料中含有家禽维持自身生命和生产所需要的各种营养物质。科学地选用饲料原料，科学地运用饲料配制技术，不仅能提高饲料转化率，还能节约养殖成本，增加经济效益。

任务目标

掌握饲料的分类方法；了解家禽各种常用饲料原料的营养特点与饲用价值；掌握营养需要与饲养标准等基本概念；学会进行不同种类饲料原料的鉴别；能根据营养特点正确选用饲料原料；学会运用饲养标准进行饲料配方的设计。

二维码 5-1　鸡场饲料的选择

思政目标

保护环境，生态文明建设；科学精神，创新精神；诚信理念。

知识清单

一、饲料的分类

饲料是指能够被动物采食，并能提供给动物某种或多种养分的物质。从广义上讲，能强化饲养效果的某些非营养物质，比如添加剂，也属于饲料。

饲料分类的原则是以饲料的主要营养特性水分、粗纤维和蛋白质含量为基础进行分类的。美国学者哈里斯根据饲料的营养特性，将饲料分为 8 大类，包括粗饲料、青绿饲料、青贮饲料、能量饲料、蛋白质饲料、矿物质饲料、维生素饲料和饲料添加剂。

(一)粗饲料

粗饲料是指干物质中粗纤维含量≥18%，以风干物质为饲喂形式的饲料。主要包括干草类、农副产品类、树叶类、糟渣类等。

它们的共同特点是体积大、难以消化，可利用养分少及营养价值低；但来源广、种类多、产量高、价格低。如苜蓿草粉及松针粉等已成为饲料工业的一项重要原料，作为蛋白质及维生素的补充饲料用于猪、禽的配合饲料中。

1. 苜蓿草粉

苜蓿草粉是由苜蓿草按一定的茎叶比例制成的草粉，是一种调整配合饲料适口性及理化性状的草粉类饲料原料。

苜蓿草粉的营养特点是粗蛋白质、氨基酸及粗纤维含量较高；矿物质及微量元素丰富；苜蓿多糖及叶蛋白等苜蓿提取物具有广泛的生物活性。

2. 松针粉

松针粉是将从松树上修剪下来的幼嫩枝条和针叶收集起来，经过干燥、粉碎等工艺加工而成的。

松针粉的营养物质丰富，含有粗蛋白质、粗脂肪、粗纤维等，还富含维生素 C、维生素 E 和铜、锌、硒等矿物质元素。此外，松针粉还含有大量的生物活性物质，能够促进动物的生长发育及增强免疫力等。

(二)青绿饲料

青绿饲料是指天然水分含量在 60%以上的青绿多汁饲料。主要包括青绿牧草、饲用作物、树叶类及非淀粉质的根茎、瓜果类等。该种饲料主要作为散养及半散养禽类的重要饲料资源。

它的营养特点是含水分高，能值低；蛋白质含量较高、品质较优；粗纤维含量较低；维生素丰富；矿物质含量高，钙、磷比例适宜。

(三)青贮饲料

青贮饲料是指以天然新鲜青绿植物性饲料为原料，在厌氧条件下，经过以乳酸菌为主的微生物发酵后调制成的饲料，具有青绿多汁的特点。一般不作为家禽饲料的来源。

(四)能量饲料

能量饲料是指饲料干物质中粗纤维含量＜18%，同时粗蛋白含量＜20%的饲料。主要包括：谷物籽实类饲料，如玉米、小麦、稻谷、大麦、高粱等；谷实类加工副产物，主要有麦麸、米糠、玉米加工副产物等；块根块茎类，如马铃薯、甘薯、木薯等；油脂、糖蜜等。

它的营养特点是无氮浸出物含量高，粗纤维含量低，蛋白质含量低且品质差，粗脂肪含量低，矿物质及维生素含量不平衡。

1. 谷实类饲料

(1)玉米　我国东北、西北、华北等地盛产玉米，国内大部分玉米用于饲料，有“饲料之王”之称，少部分用于生产淀粉和酒精。

玉米是家禽的基础饲料，它能量高，是家禽主要的能量来源，一般添加比例为 30%～70%。粗蛋白质含量 7.2%～9.3%，蛋白质约 50%存在玉米胚乳中。玉米粗纤维含量低，无氮浸出物含量高，且几乎全部是淀粉，粗脂肪含量 3%～4%，其中亚油酸含量达到 2%，是所有谷实类饲料中含亚油酸最高的。

玉米适口性好，容易消化，容重大，最适宜做肉用仔鸡的肥育饲料，且黄玉米中含有丰富的叶黄素，对肉鸡、蛋黄等着色有利。

(2)小麦　小麦是我国人民的主食，我国产量居世界第二位，它很少用作饲料，作为饲料用的小麦多数是国家储备的陈化小麦。

小麦的代谢能比玉米低，但高于大麦和燕麦；粗脂肪含量低(约1.8%)，且必需脂肪酸的含量也低；蛋白质含量是谷类籽实中最高的，达12.0%以上，但品质不佳，缺乏赖氨酸、蛋氨酸和苏氨酸；含有丰富的B族维生素；矿物质含量不平衡，钙少磷多，但磷以植酸磷为主。

小麦中所含的非淀粉多糖是戊聚糖(木聚糖)，会引起食糜黏度增加，影响它的吸收利用，用小麦喂禽类饲用价值为玉米的90%左右，故替代量以1/3～1/2为宜。

(3)大麦　大麦是我国重要的谷物之一，按品种可分为皮大麦和裸大麦两种。

大麦的能量较玉米低，因大麦有颖壳，其粗纤维含量较高(5%～7%)，无氮浸出物含量低。其蛋白质含量较高，为12%～13%；含有丰富的B族维生素；矿物质含量钙少磷多，钙、磷比例不平衡。

大麦对鸡的饲养效果比玉米差，大麦中含有一些酚类"涩味物"，这些酚类化合物可与蛋白质结合形成不溶性复合物，降低动物对蛋白质的消化。此外，大麦中的抗营养因子β-葡聚糖，会增加消化道内食糜的黏度，影响动物对营养物质的吸收，故在肉仔鸡饲粮中的用量不应超过20%，育肥鸡控制在10%以下。

(4)稻谷　稻谷为世界上最重要的谷物之一，我国盛产稻谷，从南到北都有种植水稻，但主要产区在长江流域、淮河流域以及华南地区，产量约占世界总产量的1/3。

稻谷种子外壳粗硬，占稻谷重的20%～25%，粗纤维含量约为8%，代谢能含量低于玉米，蛋白质含量(8%)及品质与玉米相似，赖氨酸、含硫氨基酸等含量都较低，矿物质含量不多，钙少磷多，磷的利用率低。

稻谷外壳主要为不易被动物消化吸收的木质素，饲喂效果差，影响了稻谷在配合饲料中的应用，对于猪和禽来说它的用量不应太高，但在传统养殖条件下，常直接用整粒稻谷来饲喂家禽(鸡、鸭等)。

2. 糠麸类饲料

(1)小麦麸　小麦麸又称麸皮，是小麦加工成面粉的副产品。小麦麸主要由种皮、糊粉层以及少量胚和胚乳组成。

小麦麸的粗蛋白质含量为13%～15%，比小麦还高；粗纤维含量为8.5%～12.0%；粗脂肪含量为4%左右，不饱和脂肪酸占比较高；氨基酸较平衡，赖氨酸含量为0.6%，蛋氨酸含量为0.13%；B族维生素含量丰富。

小麦麸的粗纤维含量较高，能量价值偏低，故在家禽饲粮中应限制使用，一般以不超过10%～15%为宜。

(2)次粉　次粉又称黑面、黄粉、三等粉等，与小麦麸同为小麦加工成面粉的副产品，是介于小麦麸与面粉之间的产品。次粉主要由糊粉层、内外胚乳层和部分胚芽、少量胚乳和种皮组成。

次粉中粗脂肪含量低于麸皮，为2%左右；粗纤维含量约为3.5%，也低于麸皮；但蛋白质含量与麸皮差异不大，无氮浸出物含量显著上升，因而，次粉代谢能值要比麸皮高出许多。

次粉常被作为饲料中能量的重要来源，并具有改善饲料颗粒硬度的功能，鸡饲料添加比例为10%～12%。

(3)米糠　米糠是糙米精制成白米的副产品，主要由果皮、种皮及少量外胚乳和糊粉层组成，有时混有少量稻壳和碎米。糙米不同精制程度直接影响米糠的组成及营养价值。

米糠粗脂肪含量高达10%～17%，有效能值较高，但脂肪酸多为不饱和脂肪酸，容易发生氧化酸败及水解酸败；粗蛋白质含量约为13%，赖氨酸含量高，粗纤维含量较多，钙低磷高、钙磷比例极不平衡。富含B族维生素和维生素E。

米糠中含有胰蛋白酶抑制因子、非淀粉多糖、植酸及生长抑制因子等多种抗营养因子，且米糠含粗脂肪高，易氧化酸败，在鸡饲料中的添加量一般在5%以下。

3. 油脂类饲料

油脂类饲料含能量很高，能够提供比任何其他饲料都多的能量，且易被动物消化利用，是畜禽重要的营养物质之一。天然存在的油脂种类很多，主要来源于动植物，一般而言，动物性油脂含饱和脂肪酸高，植物性油脂含不饱和脂肪酸高。

肉禽日粮中通常要添加油脂，以满足肉禽高浓度能量需要，一般添加量为5%～8%，添加油脂能够提高其生产性能和饲料利用率。此外，油脂还具有改善肉质风味、减轻热应激带来的能量损失、改善饲料外观、减少饲料机械磨损和饲料粉尘等作用。

(五)蛋白质饲料

蛋白质饲料指饲料干物质中粗蛋白含量≥20%，粗纤维含量＜18%的饲料。主要包括植物性蛋白质饲料、动物性蛋白质饲料、单细胞蛋白质饲料和非蛋白氮饲料4大类。

1. 植物性蛋白质饲料

(1)豆粕　豆粕是黄豆经浸提法提油后的产物，分为普通豆粕和去皮豆粕。豆粕呈不规则碎片状，颜色从浅黄到淡褐色，有豆香味。

豆粕的粗蛋白含量较高，为40%～48%，氨基酸丰富且平衡性好，是目前畜禽最重要的植物性蛋白质饲料，但其可用能量较低，矿物质中钙少磷多，同时含有胰蛋白酶抑制因子、植物血凝素、非淀粉多糖(半乳甘聚糖)、皂角苷和脲酶等抗营养因子。

豆粕适量添加蛋氨酸后，即是家禽最好的蛋白质来源，任何生产阶段的家禽都可以使用。

(2)花生仁粕　花生仁粕是以脱壳后的花生仁为原料，经浸提法提油后的副产品。我国是花生的生产大国，从南到北均可种植，以山东、河南、河北、江苏等地产量最高。

花生仁粕粗蛋白质含量很高，达43%～47%，但氨基酸组成不平衡，赖氨酸和蛋氨酸含量偏低，为大豆粕的50%左右，但精氨酸和组氨酸含量很高，不带壳的花生仁粕粗纤维含量在4%～6%，属中能量高蛋白质饲料。

花生仁粕(特别是花生仁饼)具有香味，适口性好，适用于成年家禽，育成期可用至6%，产蛋鸡可用至9%，但使用过程中要注意监控黄曲霉毒素B1的含量。

(3)菜籽粕　油菜籽是我国主要油料作物之一，分布广泛，具有悠久的栽培历史，我国的主要产区为四川、湖北、湖南和江苏等地。菜籽粕是油菜籽经浸提或经预压后再浸提取油后的副产品。

菜籽粕粗蛋白质含量35%～39%，含硫氨基酸含量高、赖氨酸含量低，粗纤维含量10%～

13%，富含铁、锰、锌、硒等。菜籽粕含有多种抗营养因子，包括硫葡萄糖苷、芥子碱、单宁、植酸等，限制了其在鸡饲料中的使用，一般雏鸡要避免使用，若是品质优良的菜籽粕肉鸡后期用量应低于10%，蛋鸡、种鸡可用至8%。

(4)棉籽粕　棉籽粕是以棉籽经脱壳、去绒、再浸提取油后的副产品。主要产区为河北、河南、山东、安徽、江苏和新疆等地。棉花品种可分为有腺体棉和无腺体棉两大类，我国目前栽培的棉花品种主要是有腺体棉。

棉籽粕粗蛋白质含量达40%～43%，含硫氨基酸及精氨酸含量高、赖氨酸含量低，粗纤维含量取决于脱壳程度，一般为10%～13%，不脱壳的可达18%。棉籽的脱壳、去绒程度直接影响棉籽粕的营养价值。

游离棉酚和粗纤维的含量决定了棉籽粕在鸡中的添加量，游离棉酚被动物采食后，会有小部分被吸收蓄积在肝、肾等组织，引起累积性中毒；含壳多的棉籽粕粗纤维含量高、热能低，应避免在肉鸡饲料种使用；若游离棉酚的含量在50 mg/kg以下，产蛋鸡饲料可添加5%～15%，肉鸡可添加10%～20%。

2. 动物性蛋白质饲料

(1)鱼粉　鱼粉是以鱼类加工食品剩余的下脚料或全鱼加工的产品，按来源可分为进口鱼粉和国产鱼粉，进口鱼粉主要产区为秘鲁、智利等地，国产鱼粉主要产区为福建、浙江、山东等地。

鱼粉价格昂贵，是动物优质的蛋白质饲料，它粗蛋白质含量高，为50%～65%，氨基酸组成平衡、含量丰富、消化率达90%以上；粗脂肪4%～10%，富含多不饱和脂肪酸；食盐1%～5%；矿物质(如钙、磷、铁、铜、硒、锌)、维生素(如维生素A、维生素D和B族维生素)等含量丰富，容易被动物消化吸收。

鱼粉适口性好，富含各种营养物质，对鸡的饲养效果很好，一般雏鸡及肉仔鸡添加量为3%～5%，蛋鸡为3%，但不新鲜鱼粉易引起动物下痢、幼龄家禽出现肌胃糜烂等，故一定要做好鱼粉的品质鉴定。

(2)肉骨粉　肉骨粉是以动物屠宰后或肉品加工厂的下脚料经高温消毒、干燥、粉碎等工艺制成的产品。

肉骨粉的营养价值受到原料的影响，质量差异较大，粗蛋白质含量40%～50%，赖氨酸及色氨酸不足、脯氨酸和甘氨酸较多，粗脂肪含量5%～8%，钙、磷丰富且消化吸收率好。

使用腐败下脚料加工的肉骨粉品质差，且有使动物中毒或感染病菌的危险，尤其是易感染沙门菌。目前，由于疯牛病的原因，很多国家已经禁止使用反刍动物副产物制成的肉骨粉饲喂反刍动物。

(六)矿物质饲料

矿物质饲料指可供饲用的天然矿物质、化学合成无机盐类或有机配位体与金属离子的螯合物，主要是补充家禽需要的常量矿物元素Ca、P、Na、K、Cl、Mg和S的饲料。

(1)石粉　石粉又称石灰石粉，外观呈淡灰色至白色，无臭无味，无吸潮性，是由天然石灰石经机械粉碎成一定粒度的矿物饲料。其主要成分为碳酸钙，一般含钙35%以上，含少量铜、锰、钾、钠等微量元素，是饲料中最经济、钙来源最广的矿物质饲料。

一般用量：雏鸡2%，肉鸡2%～3%，蛋鸡和种鸡5%～7%。

(2)贝壳粉　贝壳粉是各种贝类外壳(牡蛎壳、蚌壳、蛤蜊壳等)经加工粉碎制成的粉状或颗粒状产品,外观呈淡灰色至白色,无吸潮性。

贝壳粉主要成分为碳酸钙,含钙量一般不低于33%。在蛋鸡及种鸡饲料中使用贝壳粉补充钙元素,可以改善蛋壳质量。

(3)磷酸氢钙　磷酸氢钙利用率良好,是动物优质的钙、磷补充剂,为白色或略带微黄色粉末或颗粒,无臭无味,微溶于水,不溶于乙醇,在稀盐酸或稀硝酸、醋酸中易溶。

磷酸氢钙按生产工艺不同可分为Ⅰ型、Ⅱ型、Ⅲ型3种型号,饲料中常用Ⅰ型磷酸氢钙。

(4)氯化钠　氯化钠又称食盐,化学分子式为 $NaCl$,精制食盐含氯化钠99%以上,粗制盐含氯化钠95%左右,饲料用盐一般以粗制食盐为主。

食盐在禽配合饲料中一般添加量为0.2%~0.5%,食盐不足可引起家禽食欲下降、采食量下降,行动无力,出现异嗜癖、啄羽、啄肛的现象,食盐过量且饮水不足,可引起食盐中毒。

(七)维生素饲料

由工业合成或提取的单一或复合维生素称为维生素饲料。玉米-豆粕型日粮中需要额外添加维生素A、维生素D、维生素E、维生素K、维生素 B_2、烟酸、泛酸、胆碱及维生素 B_{12}。

维生素是维持动物正常生理机能及生命活动所必需的微量营养成分,对动物的健康、生长、繁殖和泌乳等起着重要的作用,每一种维生素都起着其他物质所不能替代的特殊作用。

(八)饲料添加剂

为了利于营养物质的消化吸收,改善饲料品质,促进动物生长或繁殖,保障动物健康而掺入饲料中的少量或微量物质称为饲料添加剂。

饲料添加剂包括营养性饲料添加剂与非营养性饲料添加剂。其中,营养性饲料添加剂包括氨基酸与小肽、维生素、微量元素的补充料。非营养性饲料添加剂包括生长促进剂、饲料保存剂、酸化剂、着色剂等。

二、配合饲料

配合饲料是指根据动物的不同生长阶段、不同生理要求、不同生产用途的营养需要,以饲料营养价值评定的实验和研究为基础,按科学配方把不同来源的饲料,依一定比例均匀混合,并按规定的工艺流程生产以满足各种实际需求的饲料。

配合饲料按营养成分和用途分为全价配合饲料、浓缩饲料和预混合饲料。全价配合饲料指能全面满足饲喂对象的营养需要,不需要另外添加任何营养性物质的配合饲料;浓缩饲料又称为平衡用配合料,由蛋白质饲料、常量矿物质饲料和添加剂预混合饲料构成;其特点是一般占全价配合饲料的20%~40%;超级浓缩料或精料占10%~20%;浓缩饲料 + 能量饲料 = 全价配合饲料。

添加剂预混合饲料是由一种或多种添加剂原料与载体或稀释剂搅拌均匀的混合物;有维生素预混料、微量元素预混料等。其特点是不能直接饲喂动物,是配合饲料的核心技术。

任务二　家禽的营养需要

任务描述

家禽对营养物质的需要会受到品种、性别、年龄、生理状态、生长发育阶段及生产目的的影响。家禽从饲料中摄取营养物质，一部分为了维持正常的生命活动，另一部分为了生产能力，总共需要 40 多种营养物质，可以概括为五大要素，即能量、蛋白质、矿物质、维生素和水。

二维码 5-2　家禽的营养需要

任务目标

掌握营养需要与饲养标准等基本概念；掌握家禽的营养需要特点；在生产中要能判断家禽在不同状态下的营养需要。

思政目标

强调动物对营养物质的利用率关乎环境污染和环境的再生产能力，助力生态文明建设；动物福利，培养学生仁爱之心。

知识清单

一、营养需要及饲养标准

营养需要是指在一定的环境条件下，家禽正常、健康生长或达到理想生产成绩对各种营养物质的要求。

饲养标准是家禽所需的各种营养物质在数量上的叙述或说明。

在实际的生产应用中，饲养标准是设计饲料配方、制作配合饲料及规定家禽采食量的依据，而营养需要又是制定饲养标准的依据。

二、家禽的营养需要

为了维持正常的生命活动和生产能力，大概需要 40 多种营养物质，可以概括为五大要素，即能量、蛋白质、矿物质、维生素和水。

1. 能量

家禽的一切生命活动和生产活动都需要能量的支持。家禽所有的生理活动包括呼吸、运动、生长、繁殖、孵化、换羽等都需要能量。能量的来源主要是糖，其次是脂肪以及在机体代谢中多余的蛋白质。

育雏和育成期间家禽的生长与日粮能量浓度有直接的关系，尤其是 14～20 周龄的。饲料中提供的能量优先用于维持生命活动，多余时才用于产蛋，如果能量不足将直接影响产蛋量。因此在饲料中保持一定的能量水平，是保证家禽健康和高产高效的重要条件。

2. 蛋白质

蛋白质具有重要的营养作用，是家禽机体组织和禽蛋的主要成分。

通过饲料的投喂，必须为机体提供其不能合成的必需氨基酸，包括蛋氨酸、赖氨酸、组氨酸、色氨酸、异亮氨酸、苏氨酸、精氨酸、亮氨酸、苯丙氨酸、缬氨酸和甘氨酸。

育雏和育成期间家禽的生长速度受蛋白质进食量的影响较大，饲料中提供的蛋白质主要用于形成禽蛋。

3. 矿物质

矿物质是家禽机体组织、细胞、骨骼和体液的重要成分，是家禽正常生命活动与生产活动所不可缺少的重要物质。

矿物质在家禽体内虽然含量少，但功能很大。比如钙、磷、镁，主要参与骨骼和蛋壳的形成；钠、钾、氯可维持渗透压、调节酸碱平衡等。

4. 维生素

维生素是家禽维持生命和生长必需的一种物质，已知禽体所需的维生素有13种，维生素可分为脂溶性维生素和水溶性维生素两种，其中脂溶性维生素包括维生素A、维生素D、维生素E和维生素K；水溶性维生素包括维生素C、维生素B_1、维生素B_2、维生素B_6、泛酸、烟酸、胆碱、维生素B_{12}、叶酸和生物素。

不同的维生素有不同的作用，缺少则会产生各种各样的症状。如缺乏维生素A会患“干眼病”；缺维生素D会行动困难、不能站立、蛋壳薄而脆等；缺维生素E会患“渗出性素质病”。

5. 水

水作为一种溶剂、润滑剂，可以直接参与家禽的消化吸收、代谢产物的排泄、血液循环以及体温的调节等一系列的生长、生化过程。正常情况下成年家禽1 d水分消耗量相当于本身体重的10%左右。

水的来源渠道主要有3种：饮水、饲料水及代谢水。研究证明，如果家禽过度缺水，先表现出不适感，继而出现代谢紊乱，严重的导致死亡。因此，陆生家禽对水分的需要比食物更为重要。

三、饲养标准

饲养标准的内容包括序言、研究综述、营养定额、饲料营养价值、典型饲粮配方及参考文献。

饲养标准就是营养需要量，它们是动物在正常管理条件下，健康生产的营养需要量，以及饲料配方营养水平，饲养标准也包括饲料原料的营养价值成分表。

目前，家禽应用的主要饲养标准包括美国NRC 1994年版家禽饲养标准；英国ARC家禽饲养标准及我国2004年版鸡饲养标准。

任务三　家禽配合饲料的设计

任务描述

科学的选用饲料原料，科学的运用饲料配制技术，合理的设计家禽配合饲料，不仅能提高饲料转化率，获得最佳的饲养效果，还能节约养殖成本，增加经济效益。

任务目标

能根据饲料原料的营养特点正确选用饲料原料;学会运用饲养标准进行饲料配方的设计。

思政目标

引导学生加强动物营养理论知识和配方设计的学习,提高动物生产力,既保证食品安全,又使环境生态可持续发展;科学精神;创新精神;精益求精。

知识清单

一、家禽饲料配方设计原则

在设计家禽饲料配方时我们要遵循营养性、经济性、可行性、安全性及逐级预混原则。

1. 营养性

应该以饲养标准为营养需要的基础,合理地设计饲料配方的营养水平,合理选择饲料原料,正确评估营养成分含量,再根据实际情况进行适当调整。

2. 经济性

即考虑经济效益和社会效益,要注重原料的性价比;单位蛋白质和能量的价格。

3. 可行性

即生产上的可行性,产品的种类与阶段划分要符合养殖业生产要求;还应考虑加工工艺的可行性。

4. 安全性

设计饲料配方应安全合法,严格符合国家法律法规及条例,要注意原料的品质,包括营养指标、卫生指标等。

5. 逐级预混原则

这个是为了提高微量养分在全价饲料中的均匀度,凡在成品中用量小于1%的原料,要先进行预混合。

除了要遵循一般的配方原则外,还应注意:①应根据动物的生产性能来确定饲料配方,而不是先有了饲料配方再来期待动物的生产性能。②尽可能利用当地的饲料原料来配制饲粮。③注意生物安全准则,要绿色、安全高效、降低环境污染、维护生态。④必须掌握全面资料包括动物的品种、生产阶段及相应的营养需要量,拥有的饲料原料种类、质量规格,所用饲料的营养物质含量及其用量限制。

二、设计饲料配方的基本步骤

(1)明确目标　包括单位面积的收益最大;最佳的生产性能;最低的生产成本等。

(2)确定家禽的营养需要量　以国内外家禽饲养标准作为营养需要的基本参考;集合当地的环境、养殖场条件、品种生产性能等做必要的调整。

(3)选择饲料原料　要适合家禽习性并考虑其利用效率。

(4)计算饲料配方　将信息综合处理,形成配方配制饲粮。

(5)配方质量评定　利用产品的实际饲养效果来评价配方质量。

三、饲料配方设计的计算方法

饲料配方设计的计算方法分为手工计算和计算机规划两大类。手工计算又分为交叉法、方程组法、试差法等。计算机规划法指根据数学模型编制的专门软件，按数学模型分为线性规划、多目标规划、模糊规划、概率模型、灵敏度分析等。

这边主要以交叉法为例。交叉法又称四角法、方形法、对角线法或图解法。

在饲料种类不多及营养指标少的情况下，采用交叉法较为简单，生产中最适合用于求浓缩饲料与能量饲料的比例。下面用具体的实例来设计配方。

我们试着用玉米、豆粕为主要原料来配制生长后期肉鸡的饲料。

第一步，我们通过查询饲养标准确定配制饲粮的营养指标数值，生长后期肉鸡的粗蛋白质为 14%。

第二步，通过查询我国禽用饲料成分及营养价值表确定玉米的粗蛋白质为 8.0%，豆粕的粗蛋白质为 45.0%。

第三步，做交叉图，把所需要混合饲料达到的粗蛋白质含量 14.0%放在交叉处，玉米和豆粕的粗蛋白含量分别放在左上角和左下角；然后以左边上、下角为出发点，各向对角通过中心做交叉，大数减小数，所得的数值分别记在右下角和右上角。即

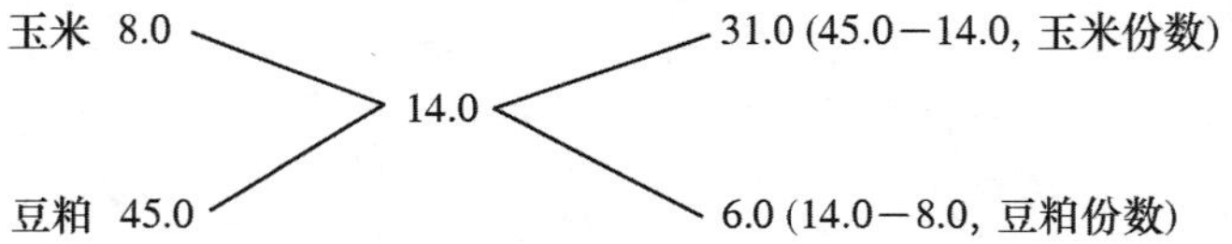

第四步，计算饲料原料混合百分比；通过上面所计算的差数，分别除以这两差数之和就可得到玉米及豆粕的混合百分比。

即玉米应占比例＝31.0÷(31.0＋6.0)＝83.78%

豆粕应占比例＝6.0÷(31.0＋6.0)＝16.22%

第五步，检验。

$$8.0\%\times83.78\%+45.0\%\times16.22\%=14.0\%$$

所以，生长后期肉鸡的混合饲料，由 83.78%的玉米和 16.22%的豆粕组成。

技能训练九　鸡配合饲料配方设计

一、目的要求

能根据鸡配合饲料的设计原则、设计步骤及方法，设计出可以用于生产的鸡配合饲料，使其提供的各种养分符合鸡饲养标准。

二、设计原则

1. 根据鸡的营养需要和生理特点，选择适宜的饲料原料。

2. 饲料组成尽可能多元化，合理利用各种饲料资源。
3. 保持日粮的相对稳定性。
4. 养分含量符合鸡饲养标准。

三、内容和方法

1. 查询饲养标准确定配制饲粮的营养指标数值。
2. 查询我国禽用饲料成分及营养价值表，得出各原料的养分含量。
3. 确定各种原料的大致用量，初拟配方。
4. 对配方进行调整，使蛋白质和能量符合饲养标准的规定量。
5. 计算出矿物质及氨基酸的用量。
6. 写出饲料配方及主要营养指标。

四、实训作业

1. 自行选择至少 8 种饲料原料设计一个生长期肉鸡配合饲料配方。
2. 自行选择至少 8 种饲料原料为蛋鸡(产蛋率大于 85%)设计一个配合饲料配方。

复习与思考

1. 饲料是怎么分类的？分为哪几类？
2. 家禽常用的饲料包括哪些？
3. 家禽常用饲料的营养特点是什么？
4. 试述家禽配合饲料设计的原则、步骤及方法。

二维码 5-3　饲料卫生标准　GB 13078—2017

项目六
蛋鸡生产技术

任务一　蛋用雏鸡培育技术

任务描述

雏鸡的培育是十分重要的工作，生长发育不良是一种无法弥补的损失，生产中常有育雏前15 d阶段是“假母鸡”易感期、35 d定终身之说，事关育雏工作的成败和雏鸡成活率的高低。因此，要根据不同培育阶段给予相应的饲养管理，使雏鸡的骨骼得到充分发育，使育成鸡的体成熟与性成熟同步发育，才能为成年鸡的高产稳产奠定基础。本任务结合雏鸡的生理特点和培育目标，重点阐述如何做好育雏前的各项准备以及雏鸡的饲养管理等工作任务。

任务目标

掌握雏鸡的生理特点和培育目标；掌握雏鸡的育雏方式与育雏前的准备；掌握雏鸡开水与开食、环境控制、断喙等饲养管理技术。

思政目标

学以致用，爱岗敬业；标准化操作，职业操守；创新思维；团结合作。

二维码 6-1　培育阶段的划分与培育目标

知识清单

一、培育阶段的划分与衡量指标

（一）培育阶段的划分

1. 按周龄划分

雏鸡和育成鸡统称为后备鸡，传统上根据其生理特点和饲养工艺设计，将0～20周龄的后备鸡划分为两个阶段：0～6周龄鸡称为雏鸡，又称为幼雏，一般需要供热和细心照料，并给予较高的营养；7～20周龄的鸡称为育成鸡，在此期间一般不再供热。由于不同时期营养需要有所不同，又将育成鸡细分为7～14周龄的中雏和15～20周龄的大雏。

2. 按体重划分

体重是衡量后备鸡生长发育的重要指标之一，不同鸡种（品系）都有它的标准体重。符合标准体重的鸡，说明生长发育正常，将来产蛋性能好，饲料报酬高。体重过大、过肥的鸡，机能较差，产蛋少，死亡率高。体重太轻，说明生长发育不健全，产蛋持久性差。因此，应该以体重而不是周龄来划分后备母鸡的生长阶段。

3. 按体重和胫长划分

进一步的研究表明，鸡的体重和生产性能的高低取决于骨骼的发育程度，新母鸡适宜的体重和较大的骨架是获得高产的先决条件。骨骼的发育与胫长的变化呈强正相关，因此，现代蛋鸡应以体重和胫长双重指标来划分生长阶段。

骨骼在生长的前期发育较快，育雏期体重的增加主要是由于骨骼的快速发育。因此，由育雏转为育成阶段的依据是雏鸡的胫长和体重都达到标准，并且以胫长为第一限制性因素。如迪卡白在胫长达 85 mm，体重 620 g（约 8 周龄时）时进入育成期。育成鸡的饲养管理是按体重而不是周龄来进行的，当体重达标，骨骼发育已完成后，就给予光刺激。育成鸡在何时转为产蛋鸡无时间上的规定。这样划分后，育雏期比过去延长 2～4 周，产蛋期提前 2 周左右，性成熟和体成熟能够同步，有利于生产。

雏鸡的培育是十分重要的工作，生长发育不良是一种无法弥补的损失，要根据不同培育阶段给予相应的饲养管理，使雏鸡的骨骼得到充分发育，使育成鸡的体成熟与性成熟同步发育，才能为成年鸡的高产稳产奠定基础。

（二）衡量指标

1. 育成率高，均匀度好

（1）先进的水平，是育雏的第 1 周死亡率不超过 0.5%，前 3 周不超过 1%；较高的水平是 0～6 周死亡率不超过 2%。我国大型鸡场，在良好的饲养管理条件下，0～20 周龄成活率在 90%以上，优秀鸡群可达 95%～97%。

（2）健康雏鸡，未发生传染病，特别是烈性传染病，食欲正常，精神活泼，反应灵敏，羽毛紧凑而富有光泽；雏鸡的亲本也应该是健康的，不应患有沙门菌病、大肠杆菌病、鸡霉形体病、白血病、禽脑脊髓炎和减蛋综合征等疾病。

（3）均匀度是指鸡群内个体间体重的整齐程度，也称整齐度。均匀度的表示方法：一种是用“平均值±标准差”来表示；另一种是用“平均值±10%范围内的个体比例”来表示。一般认为，均匀度在 70%～76%时为合格，80%时为较整齐，最理想的指标是 95%。

2. 体重能达标，骨骼结实

（1）体重是衡量雏鸡生长发育的重要指标之一，不同鸡种（品系）的鸡都有它的标准体重。符合标准体重的鸡，说明生长发育正常，将来产蛋性能好，饲料报酬高。

蛋鸡从 8 周龄开始每 2 周称重 1 次，在鸡群中随机抽 2%～5%或至少 100 只鸡。称重时间应固定，并在喂料前空腹状态下进行。

（2）骨骼发育程度　鸡的体重和生产性能高低一定程度上取决于骨骼发育程度，健全的骨骼结构是维持蛋鸡产蛋及蛋壳质量的必要条件（呈正相关）。骨骼是蛋壳中钙的重要来源之一，鸡群如体重达到标准但骨骼发育迟缓，说明鸡体内有过量脂肪，将来进入产蛋期后其生活力、耗料、产蛋量和蛋壳质量都会有问题。

生产中，以体重指标为基础结合胫长指标调整体重，可防止偏肥偏瘦鸡的出现，更有利于鸡按期达到性成熟。

发育正常的雏鸡，体重符合标准，骨骼良好，胸骨平直而结实，跖骨发育良好，8 周龄跖长达 76～80 mm，羽毛丰满，肌肉发育良好，并且不带有多余的脂肪，生长速度能达到标准，而且全群具有良好的均匀度，理想的指标是 95%的雏鸡体重在平均体重正负两个标准差范围内（X±2S）。

3. 适当的日龄达性成熟

育成鸡群是否按期开产是衡量育成成功的重要标志。开产提前或推后的天数越多，说明育成水平越低。类型和鸡种不同，开产日龄有较大的差异。一般轻型蛋鸡（22～23 周）要比中型蛋鸡（23～24 周）开产早 1～2 周。

个体性成熟以见蛋来表示，群体性成熟以产蛋率达 50% 来表示。

二、雏鸡的生理特点

二维码 6-2　雏鸡的生理特点

1. 幼雏体温较低，体温调节机能不完善

初生雏的体温较成年鸡低 2～3 ℃，4 日龄开始慢慢上升，到 10 日龄时达到成年鸡体温，到 3 周龄左右，体温调节机能逐渐趋于完善，7～8 周龄以后才具有适应外界环境温度变化的能力。幼雏绒毛稀短，皮薄，早期自身难以御寒。因此，育雏期雏鸡对环境温度适应力很低，既怕冷又怕热，故要为雏鸡创造温暖、干燥、卫生的环境条件，尤其早期要注意保温防寒。

2. 雏鸡生长迅速，代谢旺盛

蛋用雏正常出壳重为 40 g 左右，2 周龄体重约为初生时的 2 倍，6 周龄为 10 倍，8 周龄为 15 倍，以后随日龄增长而逐渐减慢生长速度。雏鸡代谢旺盛，心跳快，脉搏可达 250～350 次/min，刚出壳时可达 560 次/min，安静时单位体重耗氧量比家畜高 1 倍以上，雏鸡每小时每克体重的热产量为 5.5 cal，为成鸡的 2 倍，所以既要保证雏鸡的营养需要，又要保证良好的空气质量。

3. 幼雏羽毛生长快、更换勤

雏鸡 3 周龄时羽毛为体重的 4%，4 周龄时为 7%，以后大致不变。从出壳到 20 周龄，鸡要更换 4 次羽毛，分别在 4～5 周龄、7～8 周龄、12～13 周龄和 18～20 周龄。羽毛中蛋白质含量高达 80%～82%，为肉、蛋的 4～5 倍。因此，雏鸡日粮的蛋白质（尤其是含硫氨基酸）水平要高。

4. 消化系统发育不健全

幼雏胃肠容积小，进食量有限，消化腺也不发达（缺乏某些消化酶），肌胃研磨能力差，消化力弱。因此，要注意喂给纤维含量低、易消化的饲料，并且要少喂勤添。

5. 抵抗力弱，敏感性强

雏鸡免疫机能较差，约 10 日龄才开始产生自身抗体，产生的抗体较少，出壳后母源抗体也日渐衰减，3 周龄左右母源抗体降至最低，故 10～21 日龄为危险期，雏鸡对各种疾病和不良环境的抵抗力弱，对饲料中各种营养物质缺乏或有毒药物的过量反应敏感。所以，要做好疫苗接种和药物防病工作，搞好环境净化，保证饲料营养全面，投药均匀适量。

6. 雏鸡易受惊吓，缺乏自卫能力

各种异常声响以及新奇的颜色都会引起雏鸡骚乱不安，因此，育雏环境要安静，并有防止兽害设施。

三、育雏前的准备

蛋鸡育雏前的准备工作充分与否，事关育雏工作的成败和雏鸡成活率的高低。因此，在雏鸡购买之前必须做好育雏室清洗、消毒和预热，同时准备好育雏用的饲料、运输车辆、疫苗和药品。

二维码 6-3　育雏前的准备(一)

二维码 6-4　育雏前的准备(二)

(一)选择育雏季节，制订育雏计划

1. 育雏季节的选择

育雏季节不同，雏鸡所处的环境就不一样，其生长发育和成活率也有差别，对将来成鸡的生产性能也有影响。在密闭式鸡舍内育雏，由于为雏鸡创造了必要的环境条件，受季节影响小，可实行全年任何季节育雏。但是在一些中、小型商品鸡场以及专业户养鸡场，由于受设备条件的限制尚不能完全人工控制养鸡场环境条件，因此还必须选择适合的育雏季节。

春季育雏气候干燥，阳光充足，温度适宜，雏鸡生长发育好。如种鸡和蛋鸡可以当年开产，产蛋量高，产蛋时间长。秋季育雏，气候适宜，成活率高，但育成后期因光照时间逐渐延长，会造成母鸡过早开产，影响产蛋量。冬季育雏，气温低，特别是北方地区育雏需要供暖，成本高，舍内外温差大，雏鸡成活率受影响。夏季育雏，高温高湿，雏鸡易患病，成活率低。由此可见，育雏最好避开夏冬季节，选择春秋育雏效果最好。

2. 制订育雏计划

根据生产需要、房舍条件、饲料资源、资金等具体情况，制订育雏计划。首先，要确定育雏的数量规模，即确定全年总共育雏的数量、分几批培育及每批的只数规模。确定时考虑以下因素来定：一是房舍、设备条件；二是饲料来源；三是资金多少；四是看主要负责人的经营能力及饲养管理人员的技术水平高低，估计能够完成多大规模的育雏任务；五是要考虑必须依赖的其他物质条件及社会因素如何，如水源是否充足，水质有无问题，动力特别是电力和燃料的来源是否有保证，育雏必需的产前、产后服务(如饲料、疫苗、常用物资等的供应渠道及产品销售渠道)通畅程度与可靠性。然后，将这 5 个方面的因素综合分析，结合市场的需求、价格和利润的情况，确定每一批育雏的规模，决定全年育雏的总量。最后，具体拟订进雏及雏鸡周转计划、饲料及物资供应计划、防疫计划、财务收支计划及育雏阶段应达到的技术经济指标。

3. 确定育雏品种

(1)品种的生产性能　不同品种由于遗传差异，其生产性能差别非常大，只有好的品种才能在相同的饲养管理条件下获得更大的效益。

(2)品种的适应性能　对当地的气候条件、水质、土质等的适应能力越强,疾病的发生就会越少。

(3)品种的饲料转化率　这是影响饲养成本的主要因素。

(二)确定雏鸡饲养量

在订购雏鸡之前,遇到的一个问题是能够饲养多少只雏鸡。雏鸡饲养量应根据成鸡的数量和育雏的设备容量确定。在设计育雏舍的容量时应根据成鸡舍的容量和饲养水平确定。例如成鸡笼位数为5 000只,育雏成活率95%,育成成活率95%,鉴别率98%,合格率98%,保险系数1.05,那么进雏鸡数为5 000÷0.95÷0.95÷0.98÷0.98×1.05=6 057(只)。孵化场一般给予2%～4%的损耗,所以订购5 800只雏鸡在上述饲养水平下可以满足成鸡笼的需要。如果饲养水平高于或低于上述水平,那么进雏的数量就要做相应调整,同时要求育雏的设备必须满足雏鸡的需要(表6-1)。

表6-1　育雏期笼养每只母鸡的空间和设备需要量

品种	笼底面积/cm^2	饲槽长度/cm	水槽长度/cm	乳头饮水器/(只/个)	周龄体重/g
小型鸡	129	4.1	1.5	20	420
普通来航	154	5.1	1.9	15	450
褐壳蛋鸡	181	5.6	2.0	12	500

(三)育雏室的准备

1. 鸡舍及设备的检查与维修

育雏室应保证其保温和通风良好,不漏雨,不潮湿,无鼠害,还要便于通风、清扫、消毒及饲喂操作,因此正式进雏前需对房舍修缮与设备维修。雏鸡全部出舍后,先将舍内的鸡粪、垫料,顶棚上的蜘蛛网、尘土等清扫出舍,再进行栏舍设备、设施检查与维修,包括笼具、水线、料槽、照明电、通风设备(如风机)、加温设备(如保温伞)、清粪装置及控制系统等,发现损坏进行全面检修,还要进行堵塞鼠洞,灭鼠。确保鸡舍所有的门窗都能关严,使笼门不跑鸡,笼底不漏鸡,舍内温控器、电压调节器、风机电机等设施设备运转良好,所有进、出风口设置防护网,照明分布合理,供水系统没有堵水、漏水现象。

2. 鸡舍及设备的清理与消毒

通过对育雏区、鸡舍内部、配套服务区和设备进行清洗和消毒,可以清除鸡舍及设备上的病原微生物,切断各种病原微生物的传播链,以确保上一群鸡不对下一群鸡造成健康和生产性能上的影响。两批鸡之间的最佳空舍期为4周,强烈建议要有至少2周的空舍期,以便全面的清洗和消毒。

(1)清洁　上一批鸡出栏后,所有的设备和设施(如饮水器、料槽)应从鸡舍内移出舍外进行冲洗、消毒与维修;彻底清扫粪便、垫料、料间、料槽、料线内的余料及所有的灰尘、碎屑和蜘蛛网,重点注意地面、墙裙、窗台、通风口、风机轴、天棚、屋内顶;拆走温控器、电压调节器、风机电机、电灯泡等不易或不能冲洗消毒的物品,由专人(如电工)进行除尘、维护保养以及熏蒸消毒等,并放入指定的库房进行隔离保管。对于结疤硬块的鸡粪、饲料要安排人员铲刮,粪便和垫料必须运往远离鸡场的地方，按当地规定进行处理。

在关注清洁鸡舍内部的同时，也不要忘记周围环境。对于场区，彻底清理场区内所有的杂草、垃圾等杂物，地面平整且水平，排水好，没有积水，理想的情况下，鸡舍四周应有 3 m 宽的混凝土或砂砾地面；装卸区、休息区和仓料周围也会沾染到粪便和灰尘，也要进行彻底的清洁和消毒；电子控制系统很难清洁，在清洁和消毒过程中应该密切关注，可以使用湿布清洁电子系统，用浸湿酒精的布进行消毒。

标准：鸡舍内除冲洗鸡舍需用品外，只保留固定物品，粪沟内无粪包硬块，可见粪沟底面，料槽、绞龙无剩料，鸡笼、四周墙壁等无较大粪块，无灰尘、碎屑和蜘蛛网。

(2)冲洗　冲洗前先关闭电源，将不防水灯头用塑料布包严，配电柜、电机等电器设备防水防护，然后用高压温水水龙头冲洗舍内所有的表面(如地面、四壁、屋顶、门窗)，鸡笼、各种用具(如饮水器、盛料器、承粪盘)、风机轴、风机扇叶、通风设备的支架、屋梁的顶部、各种支架、水管以及鸡舍周围等，直到肉眼看不见污物。冲洗顺序：由上到下，由外到内，由前到后的顺序进行，做到不留死角。同时也要注意饮水系统清洗，给鸡生产创造一个良好的饮水环境，重点在于水箱、水管和减压阀，可用水管刷刷洗或用清洁剂软化水垢，再用水清洗，避免形成生物膜，堵塞管道，造成水污染。

标准：无灰尘，蛛网，羽毛，料屑，粪屑等残留物，重点在于死角的检查，如暖气、粪车转角、减速机架子底部、窗户、大绳、钢丝绳、进出口、风机、料间等。

(3)干燥　冲洗后充分干燥可增强消毒效果，细菌数可减少到每平方厘米数千到数万个，同时可避免使消毒药浓度变稀而降低灭菌效果。对铁质的平网、围栏与料槽等，晾干后便于用火焰喷枪灼烧。

(4)药物消毒

鸡舍消毒：鸡舍干燥后，密封所有门窗、进风口，选用广谱、高效、稳定性好的消毒药并配制成一定比例的水剂进行喷洒消毒。如用 0.1%新洁尔灭，0.3%～0.5%的过氧乙酸、0.2% 次氯酸等喷雾鸡笼、墙壁，用 1%～3%的烧碱或 10%～20%的石灰水泼洒地面，用 0.1%的新洁尔灭或 0.1%的百毒杀浸泡塑料盛料器与饮水器。鸡舍周围也要进行药物消毒。喷洒消毒时一定要按从上到下，按房顶、墙壁、笼具、地面的顺序，从鸡舍的一端到另一端依次进行。消毒人员一定要戴上皮手套和口罩，以免烧碱水损伤皮肤。

器具消毒：平养一般要对即将使用的料桶、水桶或水槽进行浸泡消毒；笼养一般要对即将使用的水壶、开食盘、饮水器进行浸泡消毒。浸泡消毒时可将这些待使用的器具放入容器内，然后加上配制好的消毒水，直至将全部器具淹没，浸泡半天后，即可取出器具晾干，搬入鸡舍备用。

熏蒸消毒：在熏蒸时，鸡舍的门、风机、通风系统的格栅和窗户必须严格密封，放回所有育雏所用器具，地面平养须需铺上 10～15 cm 的垫料，按每立方米空间用 40%甲醛液 42 mL 和高锰酸钾 21 g，密闭 24 h，第 2 天打开门窗通风，并清理熏蒸物。熏蒸时，鸡舍应保持潮湿，鸡舍温度应保持在 21 ℃以上，相对湿度在 60%～80%时熏蒸效果最好。为了达到良好的消毒效果，以熏蒸 2 次为宜，间隔时间一般为 7～10 d。

鸡场冲洗和消毒效果的评估：经上述清洗、消毒过程后，用总细菌数评估鸡场清洗和消毒效果的好坏，将有利于改进鸡场的卫生，并比较不同的冲洗和消毒效果。当鸡场进行有效的消毒后，检测程序中不应分离出沙门菌。消毒后的鸡舍，应空置 1～2 周方可使用。值得重视的是，消毒过程一定要切实可靠，不能忽略或流于形式。

(四)垫料、用具的准备

1. 垫料

采用地面平养育雏,要在地面上铺设垫料。垫草要求清洁、干燥、松软、吸水性强。常用垫料有麦秸、稻草、锯末、刨花、稻壳等。垫料长度 5 cm 左右适宜,厚度 10～15 cm。垫料铺设前最好做消毒处理,或在鸡舍内铺好后喷洒 1～2 次消毒药,再连同其他安放好的设备、用具一起熏蒸消毒。使用前应将垫料曝晒,不使用发霉垫草。

2. 喂料和饮水的设备

按雏鸡数量和饮、喂器具规格准备充足的喂料和饮水的器具。金属制品的料槽、水槽拆卸后用水冲洗干净,不留污迹,然后用 0.1%新洁尔灭洗刷晾干或用火焰喷枪灼烧。塑料制品的开食料盘、料桶、真空饮水器等先用水冲刷,洗净晒干后再用 0.1%新洁尔灭刷洗消毒。这些设备在育雏鸡舍熏蒸前安装摆放好,再熏蒸消毒。雏鸡的喂料、饮水器具在育雏室、育雏笼内应分布均匀,饮水器、喂料器间隔放置。平面育雏开始几天,饮水与采食位置应离热源稍近些,便于雏鸡取暖和就近采食、饮水。

3. 其他物品

其他物品包括温湿度计、备用照明灯泡、台秤、喷雾器、连续注射器、推粪车、断喙器、刺种针、开食用报纸或塑料布、水槽、料槽、水桶、清扫用具等。采用热风炉、暖气、烟道、煤炉等方式供温的,要提前备足燃料。

(五)饲料、疫苗及药品的准备

进鸡前的 1～2 d,准备好配合饲料,按雏鸡的营养需要及生理特点,配合好新鲜的全价饲料。育雏的前 6 周内,每只鸡消耗 1.2～1.5 kg 饲料,据此备好充足的饲料原料,有条件的最好给小鸡饲喂破碎饲料。另外,育雏还要准备好预防疾病的药物、疫苗及消毒剂,如消毒药、抗白痢、球虫病、疫苗和抗应激的药物(如电解质液和多维)等。疫苗计划拟定要视不同鸡种的具体情况而定,准备疫苗主要有马立克疫苗、新城疫疫苗、传染性支气管炎疫苗、传染性法氏囊病疫苗等,可按免疫程序准备,妥善保存。在购买时,要慎重选择生产厂家和生产日期。

(六)选定饲养人员

育雏是养鸡过程中最繁杂、最艰苦的工作,要求育雏人员责任心强、吃苦耐劳、细心,育雏过程技术性强,饲养员最好有一定技术水平和养鸡经验,熟悉和掌握饲养品种的操作规程,了解雏鸡的生长发育规律,能正确识别疾病和掌握疾病防治方法。

(七)鸡舍预温

鸡舍提前预温,有利于鸡舍地面、墙壁、垫料等在雏鸡到达前有足够的时间吸收热量,而垫料温度对雏鸡早期的成活率至关重要。另外,提前预温还有利于排除残余的甲醛气体和潮气。

一般情况下,冬季育雏时,鸡舍至少提前 3 d(72 h)预温;而夏季育雏时,鸡舍至少提前 1 d(24 h)预温。鸡舍内安装好灯泡,调试好供暖设备,网上平养的则需铺上塑料布,安装好护网。然后开始升温,达到育雏温度。笼养鸡舍如采用全舍加温方式,鸡舍室温应达到 32～34 ℃,育雏笼电加温方式室温不低于 24 ℃;平养鸡舍室温不低于 25 ℃,保温伞下温度达到 33～35 ℃。当舍温达到此温度时,观察室内温度是否均匀、平稳,加热器的控制元件是否灵敏,温度计的指示是否正确，同时应当适量通风换气，观察风机运转是否正常，育雏舍密闭程度好坏等。如热源是煤、木炭或柴草等，要检查烟道、烟筒有无漏洞，发现漏烟要及时堵好，以防煤气或烟雾中毒。

也要注意饮水预温。检查饮水加氯系统，确保饮水加氯消毒，开放式饮水系统应保持 3 ppm 水平，封闭式饮水系统在水线末端的饮水器处应达到 1 ppm 水平。在雏鸡到场数小时之前，将饮水器注满水，以便雏鸡到场时，水温可达到 25 ℃。

此外，还需要进行人员分工及培训，制订好免疫计划，准备好育雏记录本及记录表，记录出雏日期、存养数、日耗料量、鸡只死亡数、用药和疫苗接种情况、体重称测和发育情况等。

二维码 6-5　育雏方式

四、育雏方式和供温方式

人工育雏按其占地面积和空间的不同及给温方法的不同，其管理要点与技术也不同，大致分为地面育雏、网上育雏和笼养育雏 3 种方式。其中，前 2 种又称为平面育雏，后 1 种称为立体育雏。

（一）育雏方式

1. 地面育雏

地面育雏是指在水泥地面、砖地面、土地面上铺垫约 5 cm 厚的垫料，垫料上设有喂食器、饮水器及保温设施等设备，雏鸡饲养在垫料上的方式。垫料要求干燥、保暖、吸湿性强、柔软、不板结，常用垫料有锯末、麦秸、谷草等。这种育雏方式育雏成本低，条件要求不高，但占地面积大，管理不方便，易潮湿，雏鸡易患病。受惊后容易扎堆压死，只适于小规模暂无条件的鸡场采用。为便于消毒起见，应用水泥地面较好。

2. 网上育雏

网上育雏把雏鸡饲养在离地 50～60 cm 高的铁丝网或特制的塑料网或竹网上，网眼大小一般不超过 1.2 cm×1.2 cm。鸡粪可落入网下掉在地面上，鸡不与鸡粪直接接触。网架要求稳固、平整，便于拆洗。网上育雏的优点是可节省垫料，比地面平养增加 30%～40%的饲养密度，鸡粪可落入网下，减少了鸡白痢、球虫病及其他疾病的传播；雏鸡不直接接触地面的寒湿气，降低了发病率，育雏率较高。网上育雏的造价较高，养在网上的雏鸡有些神经质，而且要加强通风，保持堆积的鸡粪干燥，减少有害气体的产生。

3. 笼养育雏

笼养育雏是大、中型饲养场常采用的一种育雏方式。育雏笼一般 3～4 层，采用层叠式，每层之间有承粪板，四周挂料桶和水槽。这种育雏方式可增加饲养密度，节省垫料和热能，便于实行机械化和自动化饲喂，同时可预防鸡白痢和球虫病的发生和蔓延，但笼架投资大，且上、下层温差大，鸡群发育不整齐，对营养、通风换气等要求较为严格。在管理上可采取初期在上面 2～3 层集中饲养，中后期逐渐移到底层，或将弱雏放置在上层饲养，体格强壮的雏鸡放置在下层饲养。

（二）供温方式

1. 保温伞加热供温

这是育雏中常用的一种供温方式。保温伞的伞面有方形、圆形、多角形等多种形式，可用铁皮、铝皮或其他材料制成，采用电热丝、煤炉、红外线灯等进行供热。此法的优点主要是育雏量大,雏鸡可在伞下自由进出,选择自身需要的温度,换气良好,使用方便,其缺点主要是热量不大,应有保温良好的育雏室,或在育雏室内另设加温设施以帮助提高室温,此法适宜于南方气候较温和的地区使用。

2. 煤炉加热供温

这是小型鸡场和养鸡户最常用的加热取暖方式。一般按 20～30 cm^2 采用一个家用煤炉,煤炉上要加烟管并通往室外,以便排烟,防止煤气中毒。煤炉周围应加防护铁丝网,避免伤及雏鸡。此法简单易行,投资不大,但添煤、出灰比较麻烦,而且温度不太容易控制。

3. 红外线灯供温

利用红外线灯散发的热量进行育雏。一般是将 250 W 的红外线灯泡连成一组,悬挂于离地面 30～40 cm 的高处。随着雏鸡日龄增加,育雏温度要逐渐降低时,逐渐减少灯泡的盏数。红外线灯育雏温度稳定,室内清洁,垫料干燥,雏鸡可以选择合适的温度,育雏效果也较好。缺点是耗电量大,灯泡易损坏,成本较高,电力供应不稳定的地区不能使用。

4. 暖风炉供温

该种方式通过以煤为原料的加热设备产热,舍外设立热风炉,将热风送入鸡舍上空使育雏舍温度升高。国内大型养鸡场采用较多,但投资较大。

5. 锅炉供温

该种方式通过锅炉烧水,热水集中通过育雏舍内的管网进行热交换,使育雏舍温度升高。该法可在较大规模养鸡场采用。

6. 烟道温室供温

烟道设计分为地上烟道、地下烟道两种,烟道建于育雏舍内,一端砌有炉灶(煤燃烧产热),烟道通过育雏舍后在另一端砌有烟囱,要求烟囱高出屋顶 1 m 以上。该法育雏效果好,规模化育雏场常用。

平面育雏从保暖方式来说大体上可分为煤炉育雏、烟道育雏、红外灯育雏、保温伞育雏等。这几种保暖方式各有优缺点,又互为补充,可根据当地及自身情况合理选用。如小型鸡场和农户常用煤炉育雏,中小型鸡场和较大规模鸡场适宜用烟道育雏和锅炉育雏。红外线灯及保温伞常用作局部加温设备,在电力充足的地区也有仅用电热方式育雏的。每盏红外灯的育雏数与室温高低有关,见表 6-2。相应地,保温伞下所容雏鸡数与伞的直径和高度有关,见表 6-3。

表 6-2　红外灯(250 W)育雏数

室温/℃	30	24	18	12	6
育雏数/只	110	100	90	80	70

表 6-3　保温伞尺寸与容鸡数

伞罩直径/cm	伞高/cm	2 周龄以下鸡数/只
100	55	300
130	60	400
150	70	500
180	80	600
840	100	1 000

注:2 周龄后酌情减少 20%的鸡数。

二维码 6-6 雏鸡的选择与运输

五、雏鸡的选择和运输

(一)初生雏的选择

现代商品化养鸡多数为大规模、集约化生产，对雏鸡质量要求很高，必须进行认真的选择。

1. 种鸡选择

要求种鸡产蛋量高，蛋重适宜，遗传性状稳定，符合品种特征，配套正确，没有慢性呼吸道病、传染性支气管炎、新城疫、马立克病、禽白血病等疾病。疾病污染严重的地区，要求种鸡保持较高的抗体水平，以使雏鸡得到较高的母源抗体，增强早期抵抗力。商品雏鸡应是正确配套种鸡的杂交后代，其产蛋性能才更好。

2. 孵化场选择

雏鸡生长是否良好及早期死亡率高低与孵化场密切相关。应从防疫制度严格，种蛋不被污染，出雏率高的孵化场购入苗鸡。同一批鸡，按期出壳的雏鸡质量较好，过早或过迟出壳的质量较差。孵化场还应及时给雏鸡注射马立克疫苗后，才转移到育雏室。

3. 感官选择

一般在孵化室进行，可通过“一看、二摸、三听”来选择。

一看，就是看雏鸡的精神状态。健雏一般活泼好动，眼大有神，羽毛整洁光亮，腹部卵黄吸收良好；弱雏一般缩头闭目，羽毛蓬乱不洁，腹大，松弛，脐口愈合不良、带血等。

二摸，就是摸雏鸡的膘情、体温。手握雏鸡感到温暖、有膘、体态匀称、有弹性、挣扎有力的就是健雏；手感较凉、瘦小、轻飘、挣扎无力的就是弱雏。

三听，就是听雏鸡的叫声。健雏叫声洪亮清脆；弱雏叫声微弱、嘶哑，或鸣叫不休，有气无力。

初生雏鸡的分级标准见表 6-4。

表 6-4 初生雏鸡的分级标准

级别	精神	体重	腹部	脐部	绒毛	两肢	畸形	脱水	活力
健雏	活泼健壮，眼大有神	符合品种要求	大小适中，平整柔软	收缩良好	长短适中	健壮，站立稳当	无	无	挣扎有力
弱雏	呆立嗜睡，眼小细长	过小或适中	过大或较小，肛门污秽	大而潮湿	过长或过短、脆，黏污	站立不稳，喜卧	无	有	软绵无力
残次雏	不睁眼或单眼、瞎眼	过小干瘪	过大，过软或过硬，青色	吸收不好，血脐，疔脐	火烧毛，卷毛，无毛	弯趾，跛腿，站不起	有	严重	无

(二)初生雏的运输

雏鸡的运输是一项重要的技术工作，稍不留神就会给养鸡场带来较大的经济损失。因此，必须做好以下几方面的工作。

1. 选好运雏人员

要求运雏人员必须具备一定的专业知识、运雏经验和较强的责任心。

2. 准备好运雏用具

运雏用具包括交通工具、雏鸡箱及防雨、保温用品等。车辆要干净卫生，最好采用专用运雏空调车。雏鸡箱一般长 50～60 cm，宽 40～50 cm，高 18 cm，箱子四周有直径 2 cm 左右的通气孔若干，箱内分 4 个小格，每个小格放 25 只雏鸡，每箱可装 100 只。箱底可铺清洁的干稻草，以减轻振动，利于雏鸡抓牢站立，避免运输后瘫痪。没有专用雏鸡箱的，也可用厚纸箱、筐子等，但要留有一定数量的通气孔。冬季和早春运雏要带防寒用品，如棉被、毛毯等；夏季运雏要带遮阳、防雨用具。所有运雏用具在装运雏鸡前，均要进行严格的消毒。

3. 掌握适宜的运雏时间

初生雏鸡体内还有少量未被利用的卵黄(约 6.05 g)，故初生雏鸡在 48 h 或稍长一段时间内可以不喂饲料进行运输。但可喂些饮用水，尤其是在夏季或运雏时间较长时。有试验表明，雏鸡出壳后 24 h 开食的死亡率较出壳后 8 h、16 h、36 h 开食的都低，故最好能在出壳后 24 h(最迟不超过 36 h)安全运到饲养地，以便及时饮水、开食。

4. 解决好保温和通风的矛盾

初生雏运输的原则是要求迅速平稳，舒适安全，防雨防潮，保持雏鸡实际感受的温度适宜，氧气充足。雏鸡运输过程中，保温与通风是一对矛盾，只注意保温，不注意通风换气，会使雏鸡受闷、缺氧，以致窒息死亡；只注意通气，忽视保温，雏鸡会受凉感冒，容易诱发鸡白痢，成活率下降。因此，装车时要注意将雏鸡箱错开安排，箱子周围要留有通风空隙，重叠层数不能太多。气温低时要加盖保温用品，但不能盖得过严，装车后立即启运，路上要尽量避免长时间停车。运输人员要经常检查雏鸡动态，如见雏鸡张嘴抬头、绒毛潮湿，说明温度太高，要注意通风降温；见雏鸡拥挤一起，吱吱鸣叫，说明温度偏低，要把雏鸡分开并加盖保温。长时间停车时，要经常将中间层的雏鸡箱与边上的雏鸡箱对调，以防中间的雏鸡受闷。

5. 合理安放

运雏车到场后，应迅速接入准备好的育雏室内，先将雏鸡盒摞放在地上，下垫一个空盒，静置 15 min，让雏鸡从运输应激状态中缓解过来，同时适应育雏舍的温度，然后进行全面的选择，将健雏和弱雏分开养育，以使雏鸡生长整齐，成活率高，及早处理掉过小、过弱及病残雏。捡鸡动作要轻，不要扔掷，否则会影响雏鸡日后的生长发育。笼养时先将雏鸡放在明亮、温度较高的中间两层，以后再逐步分散到其他层；平养时根据育雏伞育雏规模，将正确数量的雏鸡放入育雏围栏内。少数弱雏放到 35 ℃环境中特殊饲养管理，经 3～5 d 康养后放到大群中。

六、雏鸡饲喂技术

(一)饮水

1. 初饮(开水)

二维码 6-7　雏鸡饲喂技术——开水

给雏鸡首次饮水习惯上称为“初饮”或“开水”。雏鸡出壳后一定要先饮水后喂食，而且要保证清洁的饮水持续不断的供给，因为出雏后体内水分消耗很大，加上雏鸡体内还残留的卵黄需要水分来帮助吸收。另外，育雏室温度较高，空气干燥，雏鸡呼吸和排泄时会散失大量水分，也需要靠饮水来补充水分以维持体内水代谢的平衡，防止脱水死亡。因此，饮水是育雏的关键，目的是促进肠道蠕动、吸收残留卵黄、排出胎粪、增进食欲、利于开食。

一般应在其绒毛干后 12～24 h 开始初饮，此时不给饲料。冬季水温宜接近室温（16～20 ℃），在室内预热时就应加好饮水，建议饮用温开水；炎热天气尽可能提供凉水。最初几天的饮水中，通常每升水中可加入 0.1 g 高锰酸钾、头孢、阿莫西林、环丙沙星等对沙门菌敏感的药物，但注意避免使用肝肾刺激性大的药物，如庆大霉素、氟苯尼考，以利于消毒饮水和清洗胃肠，促进雏鸡胎粪的排出。经过长途运输的雏鸡，饮水中可加入 5%的葡萄糖或蔗糖、多维或电解质液，以帮助雏鸡消除疲劳，尽快恢复体力，加快体内有害物质的排泄。育雏前几天，饮水器、盛料器应离热源近些，便于鸡取暖、饮水和采食。立体笼养时，开始 1 周内在笼内饮水、采食，1 周后训练在笼外饮水和采食。

2. 正常饮水

雏鸡损失 10%的水分就会发生严重紊乱，损失 20%就会死亡。所以初饮后，无论何时都不应该断水（饮水免疫前的短暂停水除外），而且要保证饮水的清洁，尽量饮用自来水或清洁的井水，避免饮用河水，以免水源污染而致病。饮水器要刷洗干净，每天至少换水 2 次。供水系统应经常检查，去除污垢。饮水器的数量，要求育雏期内每只雏鸡最好有 2 cm 的饮水位置，或每 100 只雏鸡有 2 个 4.5 L 的塔式饮水器。饮水器一般应均匀分布于育雏室或笼内，并尽量靠近光源、保温伞等，避开角落放置，让饮水器的四周都能供鸡只饮水。饮水器的大小及距地面的高度应随雏鸡日龄的增加而逐渐调整（图 6-1）。同时初饮要注意调教饮水：喙部入水但不淹没鼻孔或用滴管喂。

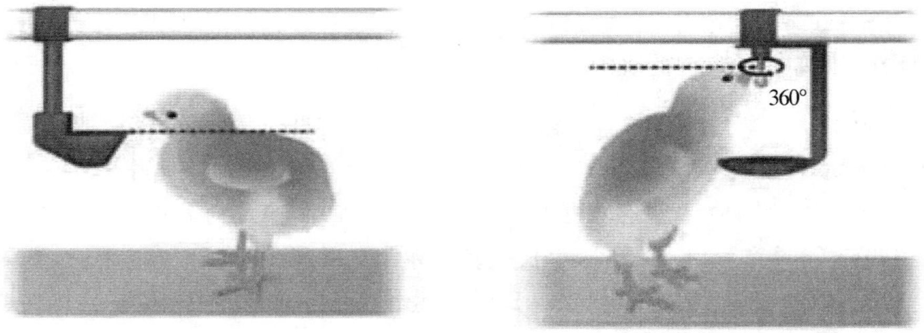

水杯高度与雏鸡背部持平　　乳头高度与雏鸡头部持平

图 6-1　雏鸡饮水线高度示意图

雏鸡的需水量与品种、体重和环境温度的变化有关。体重越大，生长越快，需水量越多；中型品种比小型品种饮水量多；高温时饮水量较大。一般情况下，雏鸡的饮水量是其采食干饲料的 2.0～2.5 倍。需要密切注意的是：雏鸡的饮水量忽然发生变化，往往是鸡群出现问题的信号，比如鸡群饮水量突然增加，而且采食量减少，可能有球虫病、传染性法氏囊病等发生，或者饲料中含盐分过高等。雏鸡在不同气温和周龄下的饮水量见表 6-5。

表 6-5　蛋用雏鸡饮水量　　L/100 只

周龄	21 ℃以下	32 ℃
1	2.27	3.90
2	3.97	6.81
3	5.22	9.01
4	6.13	10.60
5	7.04	12.11
6	7.72	12.32

二维码 6-8　雏鸡饲喂技术——开食

(二)饲喂技术

1. 开食

给初生雏鸡第一次喂料叫开食。适时开食非常重要,原则上要等到鸡群羽毛干后并能站立活动,且有 1/3 的鸡只有啄食表现时进行。有试验表明,雏鸡在羽毛干后 24 h 开食的死亡率较 8 h、16 h、36 h 为低,一般开食的时间掌握在出壳后 24～36 h 进行,此时雏鸡的消化器官才能基本具备消化功能。过早开食,雏鸡缺乏食欲,对消化器官有害,也影响卵黄的吸收利用,不利于今后的生长发育;过迟开食,雏鸡的体力消耗大,影响今后的生长和成活。由于出雏时间的拉长,大型鸡场还要求分批开食。

开食时使用浅平食槽或食盘,或直接将饲料撒在反光性强的已消毒的硬纸、塑料布上或剪边的雏鸡箱里,当一只雏鸡开始啄食时,其他雏鸡也纷纷模仿,全群很快就能学会自动吃料。有条件的鸡场或专业户可采用人工诱食的方法,让鸡群尽快吃上饲料。待雏鸡习惯啄食后撤去料盘或塑料布,1～3 周龄使用幼雏料盘,4～6 周龄使用中型料槽,6 周龄后改为大型料槽。

开食料要求新鲜、颗粒大小适中,易于雏鸡啄食,营养丰富易消化。常用的有碎玉米、小麦、碎米、碎小麦等,这些开食料最好先用开水烫软,吸水膨胀后再喂,经 1～3 d 后改喂配合日粮。大群养鸡场也有直接使用雏鸡配合料的。

2. 正常饲喂

开食 1～3 d 后,应逐步改用雏鸡配合饲料进行正常饲喂,并在喂食器中盛上饲料,每天多次搅拌喂食器中的食物,促使雏鸡开始使用喂食器,1 周后撤去开食器具。

开食后,实行自由采食。饲喂时要掌握"少喂勤添八成饱"的原则,每次喂食应在 20～30 min 内吃完,以免幼雏贪吃,引起消化不良,食欲减退。喂料后 40 min 即可检查雏鸡嗉囊丰满度,以便判定雏鸡采食状况:12 h 嗉囊丰满度达 80%～85%、24 h 达 90%以上、48 h 达 100%、72 h 达 100%,为确保均匀度,考虑鸡群变异,还应检查 96 h 达 100%、120 h 达 100%。从第 2 周开始要做到每天下午料槽内的饲料必须吃完,不留残料,以免雏鸡挑食,造成营养缺乏或不平衡。一般第 1 天饲喂 2～3 次,以后每天饲喂 5～6 次,6 周龄后逐渐过渡到每天饲喂 4 次。喂料时间要相对稳定,喂料间隔基本一致(晚上可较长),不要轻易变动。从 2 周龄开始,料中应开始拌 1%砂砾,粒度从小米粒逐渐增大到高粱粒大小。

育雏期,要保证每只雏鸡占有 5 cm 左右的食槽长度。雏鸡的饮水器和喂食器应间隔放开,均匀分布,使雏鸡在任何位置距水、料都不超过 2 m。育雏期饮水器和喂料器的布局见

图 6-2。

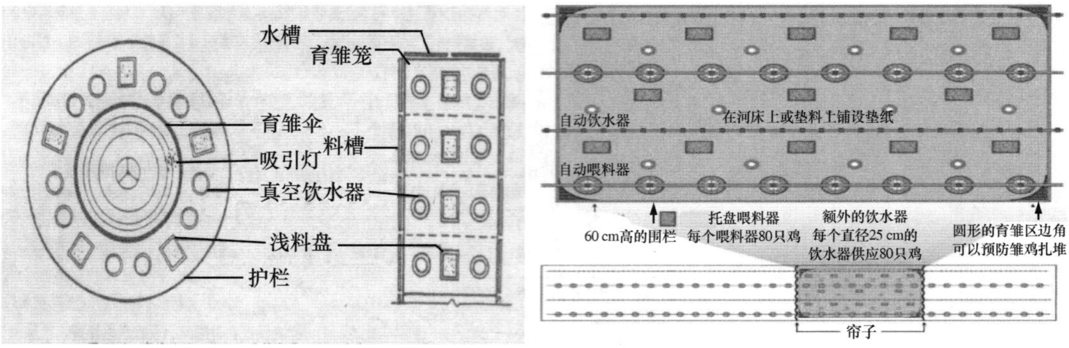

图 6-2　育雏期饮水器和喂料器的布局

（左：平养；右：笼养）

雏鸡饲料的需要量依据雏鸡品种、日粮的能量水平、鸡龄大小、喂料方法和鸡群健康状况等而变化。同品种鸡随鸡龄的增大，每日的饲料消耗是逐渐上升的，生产中饲养员应每日测定饲料消耗量，如发现饲料耗量减少或连续几天不变，这说明鸡群生病或饲料质量变差了。此时应立即查明原因，采取有效的措施，保证鸡群正常生长发育。一般地，育雏期间需要 1.10～1.25 kg 饲料，其具体耗料量见表 6-6。其饲养标准见育成蛋鸡部分。

表 6-6　蛋用型雏鸡育雏期参考耗料量　　g/只

周龄	白壳蛋鸡		褐壳蛋鸡	
	日耗量	周累计耗料量	日耗量	周累计耗料量
1	7	49	12	84
2	14	149	19	217
3	22	301	25	392
4	28	497	31	609
5	36	749	37	868
6	43	1 050	43	1 169

为了充分利用农村的自然资源，提高养鸡的经济效益，小型鸡场和广大农户可使用青饲料喂鸡。使用了青饲料，在配合饲料时就可以少添或不添复合维生素添加剂。给雏鸡第一次喂青饲料（即“开青”）的时间一般是在出壳后的第 4 天，开青用的饲料可以是切碎的青菜或嫩草等。饲喂量约占饲料总量的 10%。不宜过多，以免引起拉稀，或雏鸡营养失调。随着雏鸡日龄的增长，可逐步加大喂量到占饲料总量的 20%～30%。大型鸡场一般不喂青料，饲喂营养全面的全价配合饲料。

蛋用雏鸡的饲料形状有两种：干粉料和湿拌料。一般机械化或半机械化的大型鸡场或规模较大的专业户宜采用干粉料，省工省时，鸡群能比较均匀地吃到饲料，只是适口性稍差。一些小型鸡场可采用湿拌料，这种方法能保持雏鸡旺盛的食欲，有利于雏鸡对饲料的消化吸收。但工作烦琐，劳动强度大，要求及时处理料槽中的剩料，现喂现拌，掌握好饲喂量，减少浪费。湿拌料应拌成半干半湿状，捏在手中能成团，轻轻拍击能自动散开。

七、雏鸡管理技术

(一)提供适宜的环境条件

二维码 6-9 雏鸡的管理技术——环境控制

1. 合适的温度

适宜的温度是育雏成败的首要条件，育雏开始的 2～3 周极为重要。刚孵出的幼雏体温低于成年鸡 2.7 ℃左右，20 日龄时接近成年鸡体温，体温调节机能不完善，绒毛稀短，皮薄，难以自身御寒，尤其在寒冷季节，所以，必须严格掌握育雏的温度。

育雏温度包括育雏室和育雏器(伞)的温度。平育时，育雏器温度是指将温度计挂在育雏器(如保温伞)边缘或热源附近，距垫料 5 cm 处，相当于鸡背高的位置测得的温度；育雏室的温度是指将温度计挂在远离热源的墙上，离地 1 m 处测得的温度。笼育时，育雏器温度是指笼内热源区离网底 5 cm 处的温度；育雏室的温度是指笼外离地 1 m 处的温度。由于育雏器的温度比育雏室的温度高，在整个育雏室内形成了一定的温差，有利于空气的对流，而且雏鸡可以根据自身的需要选择适温地带，感觉到较热的雏鸡可自动走向远离育雏器的地方，而感觉到较冷的雏鸡可以靠近育雏器。育雏的适宜温度见表 6-7。

表 6-7 雏鸡的适宜温度 ℃

日龄	笼养温度		平养温度	
	育雏器	育雏室	育雏器	育雏室
1～3	32～34	22～24	34	24
4～7	31～32	20～22	32	22
8～14	30～31	18～20	31	20
15～21	27～29	16～18	29	16～18
22～28	24～27	16～18	27	16～18
29～35	21～24	16～18	24	16～18
36～42	18～20	16～18	18～20	16～18

由表 6-7 可知，前 3 周温度下降幅度较小，每周下降 1～2 ℃，以后几周降幅略大，每周下降 3～4 ℃。但降温不能突然，即每天下降约 0.5 ℃，而不是在周末突然下降 2～3 ℃。随着鸡龄增加，育雏器与育雏室的温度差逐渐缩小，最后保持在 18 ℃以上才能满足雏鸡的需要，并根据气温情况，在 5～6 周龄脱温。笼育群小，密度大，提供的温度比较均匀，育雏温度可低些。温度下降要逐渐进行，做到平稳过渡，否则对雏鸡的生长发育不利，死亡率增加。

育雏温度掌握是否得当，温度计上的温度反映的只是一种参考依据，重要的是要会“看鸡施温”，即通过观察雏鸡的表现正确地控制育雏的温度。育雏温度合适时，雏鸡在育雏室(笼)内均匀分布，活泼好动，采食、饮水都正常，羽毛光滑整齐，雏鸡安静而伸脖休息，无奇异状态或不安的叫声；育雏温度过高时，雏鸡远离热源，精神不振，展翅张口呼吸，不断饮水，严重时表现出脱水现象，雏鸡食欲减弱，体质变弱，生长发育缓慢，还容易引发呼吸道疾病和啄癖等；育雏温度过低时，雏鸡靠近热源而打堆，羽毛蓬松，身体发抖，不时发出尖锐、短促的叫声，因为打堆可能压死下层的雏鸡，还容易导致雏鸡感冒，诱发雏鸡白痢。另外，育雏室内有贼风(间隙风、穿堂风)侵袭时,雏鸡也有密集拥挤的现象,但鸡只大多密集于远离贼风吹入方向的某一侧。不同温度下雏鸡的反应如图 6-3 所示。

育雏的温度因雏鸡品种、年龄及气候等的不同而有差异。一般来讲,育雏温度随鸡龄增大而逐渐降低,弱雏的养育温度应比健雏高一些;小群饲养比大群饲养的要高一些;夜间比白天高一些;阴雨天比晴天高一些;肉用鸡比蛋用鸡要高一些;室温低时育雏器的温度要比室温高时高一些。生产中可根据实际情况,并结合雏鸡的状态做适当调整。

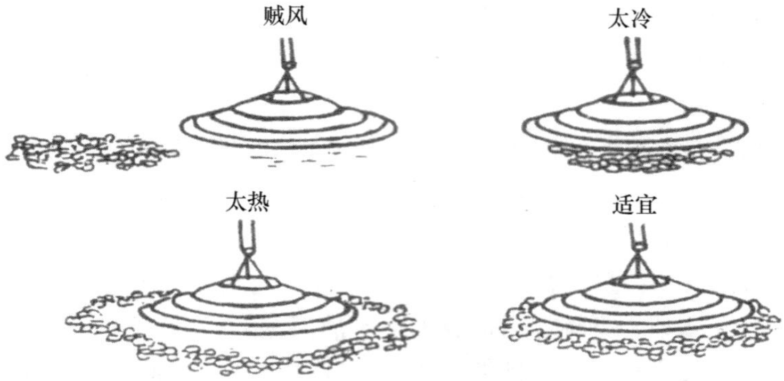

图 6-3 不同温度条件下雏鸡的状态

2. 适宜的湿度

湿度的高低,对雏鸡的健康和生长有较大的影响,但影响程度不像温度那么严重,只有在极端情况下或多种因素共同作用时,才对雏鸡造成较大危害,如雏鸡出壳后在孵化器内停留过久,或出雏后超过 72 h 还没有开饮,或冬季取暖造成环境干燥时,雏鸡可能发生脱水而增加死亡率。湿度过低,环境相对干燥,易造成雏鸡脱水、糊肛、生长不良,增加应激和啄羽的可能性,且舍内尘土飞扬,刺激呼吸道黏膜,易诱发呼吸道疾病;湿度过高,氨气含量升高,空气质量变差,同时为球虫等病原微生物的滋生创造了条件。因此,育雏初期必须注意室内水分的补充,使雏鸡室的相对湿度达到 60%～65%。可以在火炉上放置水壶烧开水或定期向室内空间、地面喷雾等来提高湿度。当湿度过大时,可适当增加排风量,以达到排除湿气的目的。

雏鸡生长到 10 日龄以后,随着日龄与体重的增加,雏鸡的采食量、饮水量、呼吸量、排泄量等都逐日增加,加上育雏的温度又逐渐下降,很容易造成室内潮湿。南方多雨地区或梅雨季节育雏时,情况更加严重,雏鸡对这种潮湿的环境极不适应。育雏室内低温高湿时,会加重低温对小鸡的不良影响,因水分能吸收机体的热量,雏鸡会因失热过多而受寒,小鸡易患各种呼吸道疾病,感冒性疾病;高温、高湿条件下,小鸡的水分蒸发和体热散发受阻,小鸡会感到更加闷热不适,而且高温、高湿还能促进病原性真菌、细菌和寄生虫的生长繁殖,易导致饲料和垫料的霉变,使雏鸡暴发曲霉菌病、球虫病等。因此,雏鸡 10 日龄后,育雏室内要注意加强通风,勤换垫料,严防供水系统漏水,尽可能将育雏室的相对湿度控制在 65%～70%。

育雏室的湿度一般使用干湿球温度计来测定,要注意使湿球少沾灰尘以利于水分蒸发。有经验的饲养员还可通过自身的感觉和观察雏鸡表现来判定湿度是否适宜。湿度适宜时,人进入育雏室有湿热感,不会鼻干口燥,雏鸡的脚爪润泽、细嫩,精神状态良好,鸡群振翅时基本无尘土飞扬。如果人进入育雏室感觉鼻干口燥、鸡群大量饮水,鸡群骚动时尘土四起,这说明育雏室内湿度偏低。反之,雏鸡羽毛黏湿,舍内用具、墙壁上有一层露珠,室内到处都感觉湿漉漉的，说明湿度过高。

3. 正常的通风

(1)有害气体　经常保持育雏舍内空气新鲜，这是雏鸡正常生长发育的重要条件之一。雏鸡生长快，代谢旺盛，呼吸频率高(35 次/min，单位体重排出的二氧化碳比大家畜高 2 倍以上)。另外，禽类的消化道较短，雏鸡排出的粪便中还含有 20%～50%的营养物质，这些营养物质在育雏室的温湿条件下，经微生物分解可产生大量的有害气体，如氨气、硫化氢和二氧化硫等。这些有害气体对雏鸡的生长和健康都很不利，尤其在饲养密度大，或用煤或煤气供暖时(一氧化碳易超标)，更要注意通风换气。

①二氧化碳　二氧化碳无色、无臭、无毒，比重为 1.524，主要来自鸡群呼吸。一般来说，育雏室内二氧化碳的含量要求控制在 0.15%左右，不能超过 0.5%。大气中二氧化碳的浓度很低(0.03%)。只要注意舍内通风，一般不会超标，只有在密闭式鸡舍通风设备失灵时，才可能导致二氧化碳过高。如舍内二氧化碳含量过高，雏鸡缺氧，呼吸频率显著增加，严重时雏鸡精神不振，食欲减弱，生长缓慢，体质下降。此外，二氧化碳浓度还能指示其他有害气体的含量。

②氨气　氨气无色，具刺激性臭味，易溶于水，比重为 0.596，人可感觉的最低浓度是 4 mg/m^3。氨气主要由含氮有机物分解而来，特别是温热、潮湿、饲养密度大、垫料反复使用、通风不良等都会使其浓度升高。鸡单位体重的呼吸量大，且除肺外还有气囊遍布全身，因而对氨气特别敏感。低浓度的氨气即可使雏鸡生长受阻，肉鸡的肉质下降；当氨气含量达 20 mg/m^3 (ppm)，持续 6 周以上，会引起雏鸡肺水肿、充血，诱发呼吸道疾病，削弱抵抗力，如新城疫的发生率增高；氨气含量 46～53 mg/m^3 时，可导致角膜炎、结膜炎的发生。蛋鸡在氨气含量 38 mg/m^3 以上的环境中，呼吸频率下降，性成熟延迟，产蛋量减少，且难以恢复，还会降低饲料效率，增加死亡率等。因此，育雏舍中氨的浓度不应超过 10 mg/m^3，最多不能超过 20 mg/m^3。

③硫化氢　硫化氢无色，易溶于水，易挥发，比重大，有强烈臭鸡蛋气味，产生气味的低限为 0.17 mg/m^3。硫化氢主要来自含硫有机物的分解，如破蛋腐烂或鸡群消化不良时均可产生大量硫化氢。硫化氢毒性很强，易使雏鸡产生眼炎和呼吸道炎症，出现流泪、角膜浑浊、咳嗽，甚至肺水肿；进入血液后可造成组织缺氧。长期低浓度的硫化氢可使鸡的体质变弱，抵抗力下降，生产性能低下，体重减轻；高浓度时可抑制呼吸中枢，导致窒息死亡。育雏室内硫化氢的含量要求在 6.6 mg/m^3 以下，最高不能超过 15 mg/m^3。

一般情况，室内只要经常通风，就不会出现有害气体浓度偏高的问题。在无检测仪器的条件下，以不刺鼻和眼，不闷人，无过分臭味为宜。

(2)通风换气的方法　有自然通风和机械通风 2 种。密闭式鸡舍及笼养密度大的鸡舍通常采用机械通风，如安装风机、空气过滤器等装置，将净化过的空气引入舍内。开放式鸡舍基本上都是依靠开窗进行自然通风。由于有些有害气体比重大，地面附近浓度大，故自然通风时还要注意开地窗。

值得注意的是，育雏舍内的通风和保温常常是矛盾的，尤其是在冬季，生产上应在保温的前提下排出不新鲜的空气，如在通风之前先提高室温 1～2 ℃，待通风完毕后基本上降到了原来的舍温，或通过一些装置处理后给育雏舍鼓入热空气等。寒冷天气通风的时间最好选择在晴天中午前后，气流速度不高于 0.2 m/s。自然通风时门窗的开启可从小到大最后呈半开状态，开窗顺序为：南上窗→北上窗→南下窗→北下窗→南北上下窗。不可让风对准鸡体直吹，并防止门窗不严出现贼风。

通风换气除与雏鸡日龄、体重有关外，还受季节、温度变化的影响。表 6-8 列出了机械通风时育雏舍的通风量。温度高时，通风量大增，除了必要的通风换气外，还需要靠通风带走多余的水分和热量。

表 6-8 育雏舍的通风量 m^3/(只·h)

外界温度/℃	1 周龄	3 周龄	6 周龄
35	2.0	3.0	4.0
20	1.4	2.0	3.0
10	0.8	1.4	2.0
0	0.6	1.0	1.5
−10	0.5	0.8	1.2
−20	0.3	0.6	0.9

4. 合适的密度

饲养密度是指育雏舍内每平方米地面或笼底面积所容纳的雏鸡数。合理的饲养密度是鸡群发育良好、整齐度高的重要条件，要保证鸡只的料位和水位充足。密度与育雏舍内空气的质量以及鸡群啄癖的产生有着直接的关系。密度过大会造成鸡抢水、抢料等现象，导致鸡群整齐度低，严重影响后期生产性能的发挥。育雏前期饲养密度适当放大，笼养可以把雏鸡放置在中间两层，随着鸡只的逐渐长大向上、下两层疏散；平养育雏可以先隔开 1/3 的区域进行育雏，然后逐渐扩大范围。雏鸡的适宜密度见表 6-9。

表 6-9 各种饲养方式下雏鸡的饲养密度 只/m^2

周龄	地面平养	网上平养	立体笼养
1～2	30	40	60
3～4	25	30	40
5～6	20	25	30

注：笼养所指面积是笼底面积。

由表 6-9 可知，密度应根据雏鸡日龄、舍内温度、饲养方式等调整。此外，轻型品种的密度要比中型品种大些，每平方米可多养 3～5 只；冬天和早春天气寒冷，气候干燥，饲养密度可适当高一些；夏秋季节雨水多，气温高，饲养密度可适当低一些；弱雏经不起拥挤，饲养密度宜低些。鸡舍的结构若是通风条件不好，也应降低饲养密度。

5. 适宜的光照

初生雏鸡视力水平不佳，觅食能力较差，消化与体温调节能力不健全，为了促进雏鸡的健康生长，增强鸡群体质进而提高大群成活率，建议在育雏阶段采用间歇式光照程序。在 0～5 日龄不采用间歇式的光照程序，一般在 0～3 日龄光照 22 h，4～5 日龄光照 21 h，最好不要使用 24 h 光照。0～7 日龄使用明亮光照（30～50 lx）可以帮助雏鸡快速找到饲料和饮水，并适应新的环境。1 周以后，减少光照强度并开始逐步减少光照时间，并进行间歇式光照。开灯 4 h 后，关灯 2 h，这样交替进行光照。间歇性的黑暗给雏鸡提供休息时间，让雏鸡建立更加自然的休息和活动相间的生活规律。育雏鸡光照时间见表 6-10。

表 6-10 育雏鸡光照时间

日龄/d	光照/h
0～3	22
4～5	20～21
6～9	17～19
10～14	14～16
15～28	12～14
28～42	8～10

二维码 6-10 雏鸡的日常管理工作

(二)雏鸡的管理技术

培育好雏鸡,除适宜的环境条件外,还要针对不同的饲养方式给予精心的管理。

1. 平养雏鸡的管理要点

平养的主要特点是群大,饲养人员与雏鸡直接接触。管理时特别要注意防止温度偏低、雏鸡打堆和采食不均等。

(1)限制雏鸡的活动范围　为防止幼雏远离热源而受凉,一般在育雏的初期常以热源为中心在周围加一圈护网或护板,高 40～50 cm,长 50～60 cm,成条的串起,可以通过增减护板条数来调整所围面积,在热源周围 60～150 cm 处围成圈。热源处安装一灯泡,使雏鸡对热源的灯光建立条件反射,遇冷即向热源靠近。

护板(网)随鸡龄的增大而逐渐向外扩展,7～10 日龄即可撤除。饲养管理过程中为保证护板(网)不倒塌,两侧可用砖块加固。

(2)分群饲养　在较大面积的平面育雏时,一定要用护网(板)隔离成几个圈,每个圈养 500～1 000 只为宜,对弱雏或出雏不整齐时,每群可少养些,最好按出雏时间的早晚分群,并对出壳晚的弱雏给予优厚的条件。分群后,便于进行防疫工作,也减少了打堆造成的伤亡。如果一个育雏舍内不只养一圈鸡,则 7～10 日龄时不可将护板(网)拿走,而应将护板拉直,继续保持分群状态,网上平养的可将所铺的塑料布拿掉,地面平养的要注意撤换或加厚垫料。

(3)检查温度　在较大面积育雏时,温度可能偏低或不均匀,要勤于查看,及时采取局部加温措施。在最初几天内至少每小时要检查一次温度,并观察雏鸡状况。

(4)预防球虫病　垫料平养的雏鸡易患球虫病,笼养鸡也会发生球虫病。一旦患病,会损害鸡的肠道黏膜,妨碍营养吸收,采食量下降,严重影响鸡的生长和饲料效率。如遇阴雨天或粪便过稀,即应在饲料中加药预防,或在饮水中加入水溶性抗球虫药。如鸡群采食量减少,出现血便,则应立即投药治疗。投药时要注意交叉用药,选用广谱抗球虫药。此外,还要加强管理,严防垫料潮湿,发病期间每天清除垫料和粪便。要求鸡群全进全出,雏鸡和成鸡分开饲养,鸡舍彻底清扫、消毒后才能进鸡,保持环境清洁和干燥,并通风良好,给予全价饲料。

(5)防止兽害　舍内所有的窗户都应安上铁丝护网,堵死老鼠洞并开展有效的灭鼠工作,以免对雏鸡造成骚乱和伤害。

(6)防异常声响　在鸡舍内不能大声说话;所挂物件一定要挂稳,不能突然掉下来而发出异常声响;饲养操作要轻巧;严防机动车辆靠近鸡舍;防止鞭炮声响。

2. 笼养雏鸡的管理要点

笼养雏鸡不接触地面，饲养密度较大，活动范围较小，要从以下几个方面加强管理。

(1)检查育雏笼　在育雏之前必须进行育雏笼检查，查看底网是否破漏，笼门是否严实，水槽、料槽是否配齐，粪盘是否放好等。

(2)上笼　雏鸡运至育雏舍后尽快入笼。开始时，可将四层笼的雏鸡集中放在温度较高又便于观察的上面一、二层。上笼时先捉壮雏，剩下的弱雏另笼单养，给予优厚条件。上笼之前，在笼内备好水；饮水 3 h 后，在笼内放好开食料；3 d 之后，在笼门外边加挂料槽，并加满饲料，让笼内雏鸡容易看见。1 周左右，待绝大部分鸡只转向笼外采食后，撤除笼内开食器具。

(3)分雏　一般在 10 日龄左右进行，结合预防免疫，将原来集中养在上面一、二层的幼雏分散到下边 2 层去。一般是将弱小的鸡留在原笼内，较大、较壮的鸡捉到下层笼内。

(4)及时出粪　雏鸡的粪便自然掉在底网下的承粪盘内，要及时出粪，以免粪便堆积在底网不利于防病、通风。笼养鸡由于密度高，不良的通风造成的后果更加严重。出粪时还要检查粪便情况，及时做出处理。

(5)调整采食幅面　随着雏鸡的生长，每隔 5～10 d，应根据育雏笼笼门的采食空档调整采食幅面和饲槽高度，使雏鸡能方便地伸颈采食，又不致钻出笼外。

(6)捉回地面雏　由于雏鸡发育不整齐，分雏或其他原因，难免有些雏鸡跑出鸡笼，给卫生和管理带来不便，也容易导致受寒和发病，应及时捉回笼内。可以利用鸡的趋光性和合群性，在夜间开灯撒料，待鸡聚于灯下采食时进行捕捉。

二维码 6-11　断喙技术

3. 及时断喙

(1)断喙目的　断喙主要在于防止啄癖，同时可避免鸡只扒损饲料而减少饲料浪费，提高养鸡效益。在笼养和平养条件下，特别是当鸡群饲养密度过高、空气污浊、饲料中缺乏某些营养物质、光照过强的情况下，容易诱发雏鸡啄癖。

(2)断喙时间　一般在孵化厅采用红外线断喙(IRBT)，或在 7～10 日龄采用凸轮式断喙器断喙，如果有断喙不成功的可在 12 周龄左右进行修整，如图 6-4、图 6-5 所示。

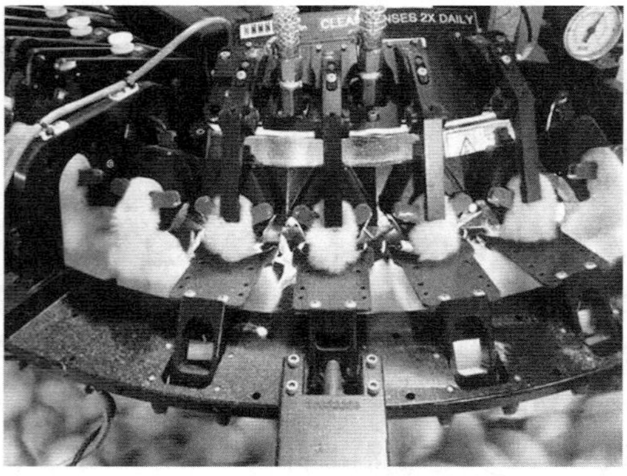
图 6-4　红外线断喙示意图

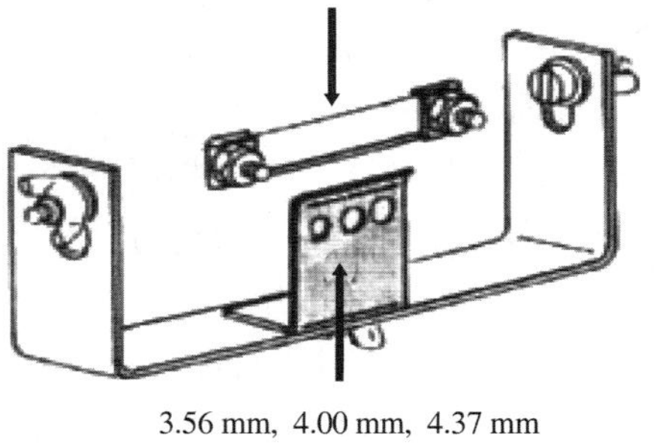

图 6-5　断喙器示意图

(3)断喙方法　断喙者一只手握住雏鸡脚部，另一只手的拇指放在雏鸡头部背侧上方，食指放在咽喉部下方，其余三指放在雏鸡胸部下方。将雏鸡喙插入断喙器的孔眼中，将上喙断去

1/2,下喙断去 1/3,并在高温(600～800 ℃)刀片处停留 2～3 s,以利于止血。

(4)注意事项　免疫接种前后 2 d 不应断喙;鸡群健康状况不良时不断喙;断喙前后 2 d 不喂磺胺类药物;断喙前后 1～2 d,保证饮水并在饲料中添加维生素 K 4 mg/kg、维生素 C 150 mg/kg,以利于止血和抗应激;断喙后料槽中饲料应撒得厚些;适当提高温度使雏鸡舒适;选用合适的孔眼;及时更换刀片;使用经过训练断喙技术娴熟的工人,而且断喙器位置合适,这样才能避免大量不合格断喙现象出现。

4. 疾病预防与免疫接种

(1)免疫接种　实践中没有一个普遍实用的免疫程序,要根据当地禽病流行情况,雏鸡的抗体水平与健康状况,以及疫苗的使用说明等制订本场实用的免疫程序。尽量选择国内外知名兽用生物制品厂家生产的兽用疫苗。建议疫苗免疫后进行抗体监测(一般活苗免疫后 2 周,油苗免疫后 4 周),综合分析合格率、平均值、离散度等数据,在此基础上调整免疫程序,进而达到预防疾病的目的。农大 3 号小型蛋鸡的商品蛋鸡免疫程序,如表 6-11 所示。

表 6-11　农大 3 号小型蛋鸡的商品蛋鸡免疫程序(供参考)

日龄	疫病名称	疫苗种类	免疫方法	剂量
1	马立克病	CVI988	皮下注射	0.25 mL
1	新城疫+传支	新支二联活苗	喷雾	1 羽份
7	新城疫+传支	新支二联活苗	滴鼻点眼	1 羽份
12	传染性法氏囊病	IBD-D78 或国产(中等毒力)	滴眼	1 羽份
18	传染性法氏囊病	IBD-MB 弱毒活苗	饮水	1 羽份
19	新城疫+传支	新支二联活苗	滴鼻点眼	1 羽份
21	新城疫+禽流感	ND+H9 二联灭活苗	皮下注射	0.3 mL
30	鸡痘	鸡痘	双刺	1 羽份
30	禽流感	H5(Re-11+Re-12)+H7(Re-2)	皮下注射	0.5 mL
50	禽流感	H5(Re-11+Re-12)+H7(Re-2)	皮下注射	0.5 mL
52	传支	H52/Ma5	滴眼	1 羽份
56	传染性鼻炎	IC(A+B+C)	皮下注射	0.5 mL
60	传染性喉炎	ILT(鸡胚苗或细胞苗)	点眼	1 羽份
80	鸡痘	POX	双刺	1 羽份
90	传染性喉炎	ILT 细胞苗	点眼	1 羽份
100	传染性鼻炎	IC (A+B+C)	腿部内侧皮下注射	0.5 mL
110	新城疫+禽流感(H9)	ND+H9 二联灭活苗	腿部内侧皮下注射	0.5 mL
115	新城疫、传支、减蛋综合征、脑炎	EDS+ND+IB+AE 四联灭活苗	皮下注射	0.5 mL
115	新城疫、传支	新支二联活苗	滴鼻点眼	1 羽份
120	禽流感	H5(Re-11+ReV12)+H7(Re-2)	皮下注射	0.5 mL
280	禽流感、新城疫	ND+H9 二联灭活苗	皮下注射	0.5 mL
285	禽流感	H5(Re-11+Re-12)+H7(Re-2)	皮下注射	0.5 mL
310	新城疫、传支	新支二联活苗	饮水	1 羽份

(2) 投药防病　为了治疗和预防疾病及加强营养、保健需要进行投药,可在饲料中混加或饮水中添加,但一定要准确计算使用浓度和使用量。如雏鸡 3 日龄至 3 周龄期间,饲料或饮水中要注意添加抗白痢药物;15～60 日龄时,饲料中要添加抗球虫药物,接种疫苗前后几天最好停药。

(3)搞好卫生防疫

①实行"全进全出"制度:整个家禽场或整个鸡舍只饲养同一批鸡,同时进场(舍),又同时出场(舍),这样可便于彻底的清扫、消毒,避免各种传染病的循环感染,也能使接种后的家禽获得一致的免疫力,不受干扰。

②引种时防止带入病原:苗鸡和种蛋要来自健康的种鸡群,而且应来自相对固定的种鸡场或孵化场,以防将各种病原随苗鸡或种蛋带入场内,导致雏鸡多病,难养。

③制定严格的环境卫生与消毒制度:经常保持育雏舍内的环境卫生清洁与消毒,是养好雏鸡的关键。舍内要经常开窗换气,及时清除鸡粪,更换垫料,特别是饮水器周围容易潮湿的垫料。对厚垫料育雏舍要经常钩松垫料,定期补充垫料。要重视经常性的带鸡消毒及定期对育雏舍及周边环境进行清洁与消毒,并注意消毒剂应轮换使用。工作人员更衣、换鞋后经消毒池进入鸡舍,不得在生产区内的各禽舍间串门,严格控制外来人员进入生产区。

④保证饲料和饮水质量:配合饲料要求营养全面,混合均匀,以防雏鸡发生营养缺乏症和啄癖;严防饲料发霉、变质,以免雏鸡中毒。饮水卫生也是防治疾病发生的重要措施,要保证育雏用具清洁,饲槽、水槽要定期洗刷、消毒,同时水质应符合饮用水标准。

⑤提高鸡群的抗病能力:应适当给雏鸡增加多维,特别是维生素 A、维生素 C 的用量,以利于增强雏鸡抗病能力,提高成活率。

⑥合理处理家禽场的废弃物,如孵化废弃物、禽粪、死禽及污水等,使之既不对场内形成危害,也不对场外环境造成污染,最好能够适当的再利用。

5. 定期称重、测胫长和群体均匀度评估

(1)定期称重　为掌握雏鸡的发育情况,应定期称重,计算平均体重与该品种的标准体重相对照,如发现有明显差异,应及时调整日粮与管理措施,使其体重达到本品种标准要求。

测定的时间:称量体重从 1 周龄开始,每隔 1～2 周称 1 次,要在早上空腹称重。

测定的数量:从鸡舍的不同位置随机抽测 1%～5%的雏鸡(至少 100 只)。

取样方法:抽样应有代表性。一般先将鸡舍内各区域的鸡统统驱赶,使各区域的鸡和大小不同的鸡分布均匀,然后在鸡舍任一地方用铁丝网围大约需要的鸡数,然后逐个称重登记。笼养时,为保证抽样有代表性,要在舍内不同区域抽样,但不能仅取相同层阶笼的雏鸡,因为不同层阶的环境不同,体重有差异。

(2)均匀度评估　通常按标准体重±10%范围内的鸡只数量占抽样鸡只数量的百分率作为被测鸡群的群体均匀度。其计算公式是:

$$\text{体重均匀度}=\frac{\text{标准体重}\pm 10\%\text{范围内的鸡只数}}{\text{抽样总只数}}\times 100\%$$

例:某鸡群 10 周龄标准体重为 760 g,标准体重±10%的范围是:760+(760×10%)=836(g),760-(760×10%)=684(g)

在 5 000 只鸡群中抽样 5%的 250 只鸡中,标准体重±10%范围内(684～836 g)的鸡为 198 只,占称重总数的百分比为:198÷250=79%。则该鸡群的群体体重均匀度为 79%。

体重均匀度优劣的判断标准见表 6-12。

均匀度等级：70%～75%为合格，75%～80%为良好，80%～85%为很好，85%以上为优秀。开产前，鸡群的均匀度至少应为 80%，这样将来的产蛋水平才会比较理想。

表 6-12　鸡群体重均匀度优劣的判断标准

鸡群中标准体重±10%范围内的鸡只所占数量的百分比	鸡群发育整齐度
85%以上	优秀
80%～85%	很好
75%～80%	良好
70%～75%	合格
70%以下	不合格

（3）测胫长　近年来的研究表明，鸡的体重和今后生产性能的高低取决于骨骼发育程度，胫长的变化又与整个骨架发育呈强正相关，因此，可以通过容易测量的胫长来衡量鸡体骨骼的发育，并与标准比较，对没达标的雏鸡，找出原因，保证饲料的质量及适宜的环境条件，直到达标后才改饲喂育成鸡料，不在乎当时的雏鸡周龄。

测量方法：4 周龄以后开始测量胫长，以后每 2 周测量一次。用游标卡尺测量胫长，部位是从跖关节到脚底（第 3～4 趾）的垂直距离，量胫骨时，让胫骨与股骨呈 90°角，测量后记录并计算平均数。具体如图 6-6 所示。

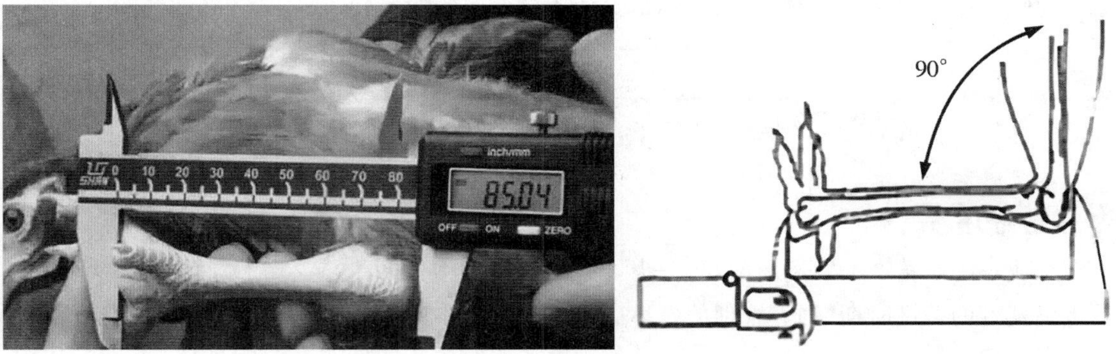

图 6-6　胫长测量示意图

6. 加强日常看护

雏鸡管理上，日常细致的观察与看护是一项比较重要的工作，饲养员和技术员只有对雏鸡的一切变化情况了如指掌，并能及时分析原因，采取相应的措施加强护理，才能提高雏鸡成活率，减少损失。

要经常检查采食，饮水位置是否够用，饮食高度是否适宜，采食量和饮水量的变化等，以了解雏鸡的健康状况。如果发现雏鸡减食或不吃，可能有以下几种情况：饲料质量下降，如发霉或有异味；饲料原料和喂料时间突然改变；育雏温度波动大，饮水不足或饲料长期缺乏砂砾等；鸡群发生疾病。如果发现鸡群饮水过多，常见于饲料中食盐或其他物质含量过高（如使用劣质咸鱼粉）；育雏温度过高或室内空气湿度过低；鸡群发生疾病（如球虫病、传染性法氏囊病）。当鸡只有行动不便（如跛行）、神经症状（如扭脖）、精神不振等症状时，饮水量会下降，而且是在采食量减少前 1～2 d 下降。注意观察这些细微变化，有助于及早采取措施，减少损失。

饲养人员要经常观察雏鸡的精神状况，及时剔除鸡群中的病雏、弱雏。病雏、弱雏常表现出离群闭目呆立、羽毛蓬松不洁、翅膀下垂，呼吸带声等。

每天早晨，饲养员要注意观察雏鸡粪便的颜色和形状是否正常，以便于判定鸡群是否健康。雏鸡正常的粪便应该是：刚出壳尚未采食的幼雏排出的胎粪为白色或深绿色的稀薄液体，采食后的雏鸡粪便呈圆柱形、条状，颜色为棕绿色，粪便的表面有白色的尿酸盐沉着。有时早晨单独排出盲肠内的粪便呈黄棕色糊状，也是正常的。病理状态的粪便可能有以下几种情况：肠炎腹泻，排出黄白色、黄绿色附有黏液、血液等的恶臭稀粪，多见于新城疫、霍乱、伤寒等急性传染病；尿酸盐成分增加，排出白色糊状或石灰浆样的稀粪，多见于雏鸡白痢、传染性法氏囊病等；肠炎、出血，排出棕红色、褐色稀粪，甚至血便，多见于球虫病。

经常观察鸡群中有无啄癖及异食现象，检查有无瘫鸡、软脚鸡等，以便及时了解日粮中营养是否平衡。

7. 日常记录报表

为了总结经验，更好地进行下一批次的育雏工作，每批次育雏都要认真记录育雏期间的资料，以便在育雏结束时进行系统分析。主要项目有：每天的温度、湿度、光照时数、通风换气等情况；每天的存栏数、死淘数及其原因；每天的饲喂量及饮水量；每次免疫情况；用药情况；周末称重情况；其他突发情况，如雏鸡的呼吸情况、粪便颜色、鸡群精神状态，水电暖供应情况等。此外，在大、中型鸡场还应有月(周)报表，统计各育雏舍的情况。

任务二　育成鸡培育技术

任务描述

育成鸡一般指 7～20 周龄的鸡，分为 7～14 周龄的中雏和 15～20 周龄的大雏，这个时期是蛋鸡发育的关键时期，饲养管理的好坏决定鸡在性成熟后的体质、产蛋性能和种用价值。为此培育出群体健康、体重达标、均匀度高、性成熟一致的后备母鸡。

任务目标

掌握育成鸡的生理特点和培育标准；掌握育成鸡的限制饲养和光照控制技术，能进行限制饲喂操作；掌握育成鸡的日常管理操作规程和饲养管理关键技术，能确定育成鸡每天的采食量、饲喂次数和饲喂时间；能测定、统计体重均匀度和调整鸡群；能制定正确的光照方案。

二维码 6-12　育成鸡的生理特点及标准

思政目标

学以致用，爱岗敬业；工匠精神，创新思维；团结合作，勇于奉献。

知识清单

一、育成鸡的生理特点

1. 育成鸡体温调节机能逐渐完善

育成鸡的羽毛在 7～8 周龄、12～13 周龄和 18～20 周龄更换 3 次，频繁的换羽会给禽类造成一种很大的生理消耗。因此，换羽期间要注意营养的供给，尤其要保证足够的蛋白质，如含硫氨基酸等。

育成鸡体温调节途径主要是通过羽毛的隔热和呼吸的散热进行。育成鸡的羽毛逐渐丰满密集而成片状，保温、防风、防水作用强，加上皮下脂肪的逐渐沉积，采食量的增加，体表毛细血管的收缩等，使育成鸡对低温的适应幅度变宽。但鸡的皮肤既无汗腺也无皮脂腺（尾脂腺除外），加上羽毛的覆盖，使皮肤的蒸发散热受到限制，育成鸡的高温应激逐渐明显。

2. 育成鸡的体重增长迅速

育成鸡的骨骼和肌肉生长迅速，脂肪沉积与日俱增，是体重增长最多的时期。6～8 周龄前增重不十分明显，主要是内脏器官的发育，而此后至 12 周龄前，除内脏器官继续发育外，骨骼、肌肉发育很快，增重明显。13～14 周龄骨架基本形成，增重开始缓慢，此后体脂沉积明显加快，如果在开产前后小母鸡的卵巢和输卵管沉积脂肪过多，会影响母鸡卵子的产生和排出，从而导致产蛋率降低或停产。因此，这一阶段既要满足鸡生长发育的需要，又要防止鸡体过肥。

一般情况下，鸡在 8 周龄左右已完成骨骼发育的 85%～90%，而体重仅完成 30%～35%，故 10 周龄前胫骨长指标更为重要，10 周龄后关注体重增长。鸡的体重大小在 12～15 周龄时已经定型，在这之后无论怎么努力，体重小的鸡也难以改变其在鸡群中体重小的位置，所以在育成前期必须注意鸡群的体重及时分出体重小的鸡单独组群，给予优良待遇。

3. 育成中后期生殖系统加速发育

刚出壳的小母鸡卵巢为平滑的小叶状，重约 0.03 g，性成熟时由于未成熟卵子的迅速生长，使卵巢呈葡萄状，上面有许多大小不同的白色和黄色卵泡，卵巢重 40～60 g。输卵管在卵巢未迅速生长前，仅 8～10 cm 长，当卵泡成熟能分泌雌激素时，输卵管即开始迅速生长，并达到 80～90 cm，故育成鸡的腹部容积逐渐增大。育成鸡大约在 12 周龄后，性腺发育加快。一般育成鸡的性成熟要早于体成熟，而在体成熟前，育成鸡的生产性能并不好，因此，这一阶段既要保证骨骼和肌肉的充分发育，又要适度限制生殖器官的发育并防止过肥，可通过控制光照和饲料，使性成熟与体成熟趋于一致，将有助于提高其生产性能。但在开产前 2 周左右应供给充足的营养，使母鸡有足够的营养贮备，满足卵巢和输卵管快速增长的营养需要。

4. 其他内脏系统的协同发育

育成鸡的消化机能逐渐增强，消化道容积增大，各种消化腺的分泌增加，采食量增大，饲料转化率逐渐提高，为其他内脏器官及骨骼、肌肉的发育奠定了基础。

此外，育成鸡的胸腺和法氏囊从出壳后逐渐增大，接近性成熟时达到最大，使育成鸡的抗病力逐渐增强。

二、高产鸡群的育成标准

1. 育成鸡体质培育要求

育成鸡未发生或蔓延烈性传染病，食欲旺盛，羽毛紧凑，体质健康结实，活泼好动，体形紧凑呈“V”字形，体重和骨骼发育符合品种要求且均匀一致，胸骨平直，脂肪沉积少而肌肉发达，适时达到性成熟，初产蛋重较大，能迅速达到产蛋高峰且持久性好。海兰褐商品蛋鸡在开产前胸肌指数应在 4～5 分，即微肥较好。海兰褐商品蛋鸡胸肌指数可作为生产参考，如图 6-7 所示。

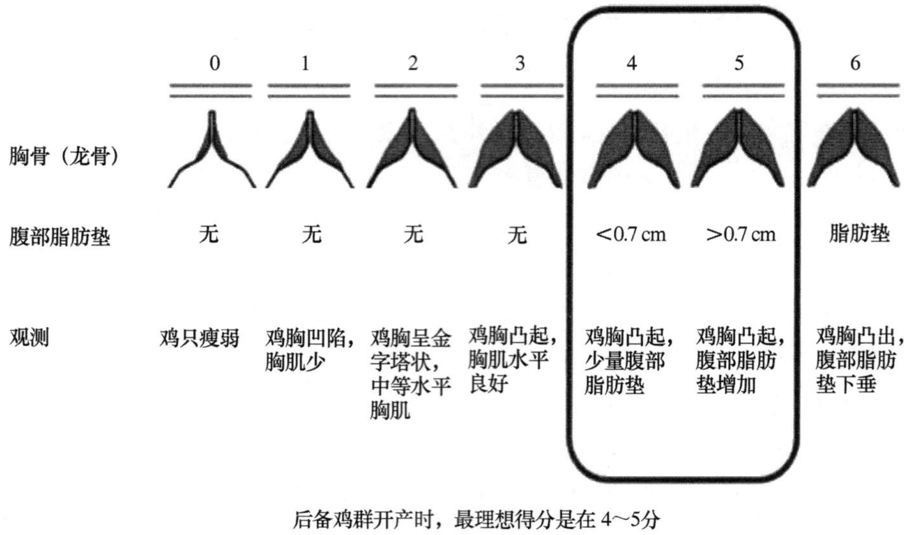

图 6-7　海兰褐商品蛋鸡胸肌指数

2. 体重、胫长符合品种标准，均匀度好

现代蛋鸡品种在良好的饲养管理条件下，20 周龄体重标准是：罗曼褐鸡 1.64～1.87 kg，迪卡鸡 1.76 kg，伊萨褐鸡 1.55～1.65 kg，罗曼白鸡 1.35 kg。

育成期要求鸡群整齐一致，80%以上鸡只的体重和跖骨长度在本品种标准±10%范围内，尤其是育成后期整齐度（16 周龄）对后期生产性能影响巨大。16 周龄整齐度与成年期生产性能的关系见表 6-13。表 6-14、表 6-15 分别列出海兰 W-36 白壳蛋鸡和罗曼褐蛋鸡的体重与胫长的参考标准。

表 6-13　16 周龄整齐度与成年期生产性能的关系

性状	相关性	影响
68～72 周龄产蛋率	＋＋46	良好的产蛋持久性
72 周龄成活率	＋＋＋61	总的死亡减少
60 周龄每只入舍鸡产蛋	＋＋＋54	产更多的蛋
60～79 周龄每只入舍鸡产蛋	＋＋＋60	产更多的蛋
70 周龄每只入舍鸡产蛋	＋＋＋72	产更多的蛋

表 6-14　海兰 W-36 白壳蛋鸡体重和胫长标准

周龄	体重/g	胫长/mm	周龄	体重/g	胫长/mm
6	390	62	14	1 100	96
7	470	69	15	1 160	97
8	550	76	16	1 210	98
9	640	82	17	1 250	98
10	740	87	18	1 280	98
11	850	91	19	1 300	99
12	950	93	20	1 320	99
13	1 030	95			

表 6-15　罗曼褐蛋鸡体重和胫长标准

周龄	公鸡		母鸡	
	体重/g	胫长/mm	体重/g	胫长/mm
4	310	58	282	54
6	520	73	415	66
8	740	86	585	77
10	980	98	778	88
12	1 220	110	958	96
14	1 460	119	1 100	101
16	1 720	123	1 320	103
18	1 950	125	1 500	104
20	2 130	126	1 620	104

3. 育成率高

在良好的饲养管理条件下，育成率应达到以下标准：每周死亡率不超过 0.5%，7～20 周龄育成率应达 96%～97%。

三、育成鸡饲养技术

（一）育成鸡营养需要特点

进入育成阶段后的小母鸡，消化机能提高，对环境适应性提高，骨骼和肌肉生长迅速，特别是 10 周龄后，生殖器官的发育加快，因此，这一阶段既要保证骨骼和肌肉的充分发育，又要适度限制生殖器官的发育并防止过肥，通过采用低水平营养控制鸡的早熟、早产和体重过大，这对于以后产蛋阶段的总蛋重和产蛋持久性都有好处。育成鸡饲料中粗蛋白含量逐渐减少，7～14 周龄为 16%，15～18 周龄为 14%，矿物质含量要充足，钙、磷比例应保持在(1.2～1.5)∶1，同时，饲料中各种维生素及微量元素比例要适当。育成阶段食槽要充足，饲喂 3～4 次/d，为改善育成鸡的消化机能，地面平养每 100 只鸡每周饲喂 0.2～0.3 kg 砂砾，笼养鸡按饲料量的 0.5% 喂给。

(二)换料时间与方法

育成鸡需要的饲料营养成分含量比雏鸡低，特别是蛋白质和能量水平较低，需要更换饲料。当鸡群 7 周龄平均体重和胫长达标时，即将育雏料换为育成料。若此时体重和胫长达不到标准，则继续饲喂雏鸡料，达标时再换；若此时两项指标超标，则换料后保持原来的饲喂量，并限制以后每周饲料的增加量，直到恢复标准为止。

更换饲料要逐渐进行，如用 2/3 的雏鸡料混合 1/3 的育成料喂 2 d，再各 1/2 混合喂 2 d，然后用 1/3 育雏料混合 2/3 育成料喂 2～3 d，以后就全喂育成料。

(三)限制饲养

为避免鸡只体重过大或过肥，对日粮实行必要的数量限制，或在能量和蛋白质的质量上给予限制。限饲的目的就在于控制鸡的生长，使性成熟适时化和同期化，提高产蛋量和整齐度。另外，还可节省饲料。

二维码 6-13 育成鸡限制饲养

1. 育成鸡限制饲养的意义

通过限制饲养，可节约饲料，育成期减少 7%～8%的饲料消耗；控制体重增长，维持标准体重；保证正常的脂肪蓄积，可防止脂肪沉积过多，有利于开产后蛋鸡产蛋的持久性；育成健康结实、发育匀称的后备鸡；防止早熟，提高产蛋性能；限制饲养期间，及时淘汰病弱鸡，减少产蛋期的死亡淘汰率。

2. 限制饲养的时间与方法

(1)限制饲养的时间　蛋鸡一般从 6～8 周龄开始限制饲养，到开产前 3～4 周结束，即在开始增加光照时间时结束(一般为 18 周龄)。必须强调的是，限饲必须与光照控制相一致，才能起到应有的效果。

(2)限制饲养的方法　限制饲养方法主要有限量饲喂、限时饲养、限质饲喂等，生产中可根据情况选用适当的限制饲养方法。

①限量饲喂：即每天每只鸡的饲料量减少到正常采食量的 80%～90%。但应保证日粮营养水平达到正常要求。此法容易操作，应用较普遍，但饲粮营养必须全面，不限定鸡的采食时间。

②限时饲养：就是通过控制鸡的采食时间来控制采食量，达到控制体重和性成熟的目的。常采用限量限时，其方法如下。

每日限饲法：每天减少一定的饲喂量，一般是全天的饲料集中在上午一次性供给。此法应激小。要求饲料分配均匀，投料速度要快，采食位置足够，否则易产生大小分化。

隔日限饲法：将 2 d 减少后的饲料集中在 1 d 喂给，让其自由采食。此法应激较大，有时会出现暴食而休克甚至死亡，故不宜单独使用，可在体重难以控制时(8～11 周龄)进行。

三日限饲法：以 3 d 为一段，连喂 2 d，停 1 d，将减少后的 3 d 的饲喂量平均分配在 2 d 内喂给。

五二限饲法：在 1 周内，固定 2 d(如星期三和星期六)停喂，将减少后的 7 d 的饲喂量平均分配给其余 5 d。此法应激小，应用广泛。

以上4种方法的限饲强度是逐渐递减的，可根据实际情况选择使用，一般接近性成熟时要用低强度的限饲方法过渡到正常采食。

③限质饲喂：限制饲粮的营养水平，就是通过降低饲料中某些营养成分的含量（如能量、蛋白质、赖氨酸）来控制鸡性成熟及体重。

3. 采取限制饲养时应注意的问题

（1）应以跖长、体重监测为依据进行限制饲养，掌握好给料量。限制饲养期间，应每1～2周测定跖长、体重1次，然后与育成鸡标准跖长、体重进行对照，以差异不超过5%～10%为正常，否则就要调整喂料量。可按鸡群数量的5%～10%测定，数量不得少于50只。

（2）限制饲养前应断喙，淘汰病弱鸡、残鸡。

（3）保证足够的食槽和饮水，确保每只鸡都有一定的采食和饮水位置，防止因采食不均造成发育不整齐。

（4）防止应激。当气温突然变化、鸡群发病、疫苗接种、转群时停止限制饲养。

（5）不可盲目限制饲养。鸡的饲料条件不好、鸡群发病、体重较轻时停止限制饲养。此外，考虑鸡种的区别，白壳蛋鸡有时可不限饲，褐壳蛋鸡必须限饲。

4. 掌握正确的喂料量

喂料量可参考本品种和相同体形鸡种的喂料量及其对应的标准体重表进行。整个限饲过程中，饲喂量不能减少，当体重超标时，保持上一次的饲喂量，直到恢复到标准体重再按正常增幅增加饲喂量；当体重达不到标准时，加大饲料增幅，直到达标后，按正常增幅加料。蛋鸡育成期推荐喂料量见表6-16。

表6-16　蛋鸡育成期推荐喂料量　　g/只

周龄	白壳品系		褐壳品系	
	日喂料量	累计喂料量	日喂料量	累计喂料量
7	44	1 300	45	1 414
8	46	1 626	50	1 764
9	48	1 960	55	2 149
10	51	2 317	57	2 548
11	54	2 695	60	2 968
12	57	3 094	64	3 416
13	59	3 507	69	3 899
14	61	3 934	72	4 403
15	63	4 375	75	4 928
16	65	4 830	78	5 474
17	67	5 300	80	6 034
18	68	5 775	83	6 615

5. 补充砂砾和钙

育成鸡添喂不溶性砂砾的作用是：提高肌胃的消化机能，改善饲料转化率；防止育成鸡因肌胃中缺乏砂砾而吞食垫料、羽毛等；避免育成鸡因长期不能采食砂砾而造成的肌胃逐渐缩小。

砂砾的添加量与粒度要求：前期砂砾用量少且直径小，后期用量多且砂砾直径增大。每 1 000 只育成鸡，5～8 周龄时一次饲喂 4 500 g 砂砾，砂砾粒度能通过 1 mm 筛孔；9～12 周龄时 9 kg，能通过 3 mm 筛孔；13～20 周龄时 11 kg，能通过 3 mm 筛孔。砂砾可拌入日粮中，或撒于饲料面上让鸡采食，也可单独放在饲槽内让鸡自由采食。饲喂前砂砾用清水洗净，再用 0.01％的高锰酸钾水溶液消毒。

育成鸡从 18 周龄到产蛋率 5％阶段，日粮中钙的含量应增加到 2％，以供小母鸡形成髓质骨，增加钙盐的贮备。但由于鸡的性成熟时间可能不一致，晚开产的鸡不宜过早增加钙量，因此，最好单独喂给 1/2 的粒状钙料，以满足每只鸡的需要，也可代替部分砂砾，改善适口性和增加钙质在消化道内的停留时间。

二维码 6-14　育成鸡的日常管理

四、育成鸡的管理技术

(一)前期管理

1. 脱温

当室温与保温器温度相当时，即可脱温。降温过程要求缓慢，脱温要求稳妥，一般要有 3～5 d 逐步过渡时间，防止脱温太快使雏鸡感冒。最好选择在风和日丽的晴天。脱温期间饲养人员要注意观察鸡群动态，要避开免疫、转群、疾病、寒潮、换料等各种逆环境，同时应保持室内干燥，料槽、水槽等设备尽量维持原状。

2. 适时转群

雏鸡 6～7 周龄应转入育成舍，炎热季节最好在清晨或傍晚进行，冬季可在晴天中午进行。转群时需做到以下几点。

(1)准备好育成舍　鸡舍和设备必须进行彻底的清扫、冲洗和消毒，在熏蒸后密闭 3～5 d 再使用。

(2)调整饲料和饮水　转群前后 2～3 d 内增加多维 1～2 倍或饮用电解质液；转群前 6 h 应停料；转群后，根据体重和骨骼发育情况逐步更换饲料。

(3)清理和选择鸡群　将不整齐的鸡群，根据生长发育程度分群分饲，淘汰体重过轻、有病、有残的鸡只，彻底清点鸡数，并适当调整密度。

(4)临时增加光照　转群的当天连续光照 24 h，使鸡只尽早熟悉新环境，尽早开始吃食和饮水。

(5)补充舍温　育成舍的温度应与育雏舍温度一致，否则就要补充舍温，补至原来水平或者高 1 ℃。这对寒冷季节的平养育成舍更为重要。如果舍温在 18 ℃以上，可以不加温。

(二)日常管理

1. 饲养密度

为了促进育成期鸡骨骼、肌肉和内部器官的发育，增加鸡群体质，要保持适宜的饲养密度，以全部卧地休息时应有 25％～30％的闲置空间。网上平养时 10～12 只/m^2，笼养时以笼底面积计算，比较适宜的密度为 15～16 只/m^2，不超过 30 只/m^2为宜，见表 6-17。

表 6-17　育成鸡饲养密度　　只/m²

品种类型	周龄	笼养	地面平养	网上平养
轻型蛋鸡	7～12	28～33	9～11	10～12
	13～18	22～25	7～9	8～10
中型蛋鸡	7～12	27～31	8～10	10～11
	13～18	20～23	7～8	8～9

2. 保证水位、料位充足

育成期料槽长度每只鸡应有 8 cm 或 4.5 cm 以上的圆形食槽位置；饮水器则每只有 2 cm 以上即可。充足的水位、料位可以防抢食和拥挤践踏，提高育成鸡均匀度。

3. 环境控制

(1)温度　育成鸡最佳生产温度为 21 ℃，一般控制在 15～25 ℃，同时应根据季节变化做好防暑降温、防寒保温工作。

(2)湿度　以干燥为宜，要防止环境过于潮湿。

(3)通风　育成鸡的生长和采食量增加，呼吸和排粪量相应增多，舍内空气很容易污浊。通风不良，鸡羽毛生长不良，生长发育减慢，整齐度差，饲料转化率下降，容易诱发疾病。密闭式鸡舍必须安装排风机，特别在夜间熄灯后，往往易忽视开机通风。通风要适当，既要维持适宜的鸡舍温度，又要保证鸡舍内有较新鲜的空气。夏季鸡舍温度升至 30 ℃时，鸡表现不安，采食量下降，饮水减少。温度越高，应激越大，越要加大通风量。

(4)光照　鸡在 10～12 周龄时性器官开始发育，此时光照对育成鸡的作用很大，光照时间的长短影响性成熟的早晚。育成鸡若在较长或渐长的光照下，性成熟提前；反之性成熟推迟。育成期绝不能延长光照时间，以 8～9 h/d 为宜，强度以 5～10 lx 为最好。

4. 卫生与免疫

(1)卫生防疫工作　应按照制定的免疫程序做好免疫工作，特别是有条件的鸡场，最好进行抗体监测；要做好消毒工作，每周带鸡消毒 1～2 次，消毒药物每 2 周要换一个品种，以免产生耐药性；应拒绝无关人员进入鸡舍；要加强日常卫生管理，经常清扫鸡舍，及时清粪等，以免造成舍内有毒有害气体含量增加，从而诱发呼吸道疾病。

(2) 驱虫　地面饲养的雏鸡与育成鸡比较容易患蛔虫病与绦虫病，15～60 日龄易患绦虫病，2～4 月龄易患蛔虫病，应及时对这 2 种内寄生虫病进行预防，增强鸡只体质和改善饲料利用率。

5. 预防啄癖

育成鸡在限制饲养的条件下容易产生啄癖，因此预防啄癖是育成鸡管理的一个难点。预防啄癖的措施主要有：合理断喙，雏鸡断喙时间最好选择在 6～10 日龄进行，如果断喙不成功的鸡可在 12 周龄左右进行修整；注意改善舍内环境，降低饲养密度，改进日粮，采用低强度光照(10 lx 光照强度)。

6. 体重与均匀度控制

(1)体重控制的目的　使实际体重在本品种标准体重±10%范围内，体重过大、过小均造成体质差，生殖系统发育不完善，对以后的产蛋造成不良影响。

(2)育成期体重对产蛋期性能的影响　①产蛋期体重：两者呈正相关，育成期体重可直接影响开产日龄、产蛋量、蛋重、蛋料比及产蛋高峰持续期。②蛋重：初产体重越大，初产蛋重也越大，体重适中、均匀度高的鸡群总产蛋量多，18 周龄的体重与开产时的蛋重成正比。③开产日龄：体重达标时，产蛋率上升快，产蛋平稳，高峰持续期长；体重不达标时，很难达到产蛋高峰，易脱肛，且不持久。

二维码 6-15　育成鸡体重与均匀度的控制

(3)体重的调控措施　每周(或隔周)末空腹，随机抽样 2%～3%的个体称重，计算出平均体重，与标准体重±10%范围比较。

①若平均体重＞标准体重＋10%：下周继续喂本周的喂料量(切不可减少)。

②若平均体重＜标准体重－10%：下周的喂料量在标准喂料量的基础上再增加 2～3 g/只，或饲喂下下周的料量。

③若平均体重在标准体重±10%范围内：按标准喂料量执行。

在育成期的任一时期均不允许出现体重下降的现象，对出现体重达不到标准的情况，要先查找原因(如营养、疾病等)，处理之后再调整饲喂量。

(4)提高群体均匀度　均匀度是显著影响蛋鸡生产性能的重要指标。如果鸡群显著地偏离体重和胫长指标或均匀度不好，应设法找到原因。造成群体均匀度差的原因主要有：①疾病，特别是肠道寄生虫病；②喂料不均；③密度过大；④管理不当，如舍内温度不均匀、断喙不成功、通风不良等。

保证采食均匀，提高均匀度的措施。

①有足够的采食位置，保证每只鸡都能同时吃到饲料。

②全天的投料量尽量一次性投给。

③加料速度适当快，尤其是平养时。

④搞好分群管理：应经常进行，将大、中、小、病弱的鸡群分开饲养，至少每周调整 1 次，抑大促小。

7. 控制性成熟

性成熟过早，就会早产蛋，产小蛋，持续高产时间短，出现早衰，产蛋量减少；若性成熟晚，推迟开产时间，产蛋量减少。因此，要控制性成熟，做到适时开产。控制性成熟的主要方法：一是限制饲养，二是控制光照。特别是 10 周龄以后，光照对育成鸡的性成熟越来越敏感。

控制性成熟的关键是把限制饲养与光照管理结合起来，只强调某个方面都不会起到很好的效果。按限制饲养要求管理，鸡的体重达到了该品种的开产日龄，但没有开产，原因是光照时间不足，性器官发育受到影响，这说明鸡的体重不完全是控制性成熟的标志；仅强调光照管理，鸡群体重较小，增加光照时间的结果会使开产鸡的蛋重小，脱肛现象多。

8. 精心看护

鸡群日常管理主要包括：鸡群精神状态、采食情况、排粪情况、外观表现等。在早晨、晚上、喂料过程中进行重点观察，发现异常及时处理。

由于生殖器官的发育，特别是在育成后期，鸡对环境变化的反应很敏感，在日常管理上应严格按照操作规程进行，尽量避免外界不良因素的干扰，保持环境安静。不要经常变动饲料配方和饲养人员，每天的工作程序更不能变动。调整饲料配方时要逐渐进行，一般应有1周的过渡期。断喙、接种疫苗、驱虫等必须执行的技术措施要谨慎安排，最好不转群，少抓鸡。不要穿着特殊衣服突然出现在鸡舍，以防炸群，影响鸡群正常生长发育。

任务三　产蛋鸡饲养管理

任务描述

产蛋期一般指21～72周龄，此阶段饲养管理的主要任务是最大限度地消除与减少各种逆境，提供适宜环境条件与卫生消毒，充分发挥其遗传潜力，让鸡群迅速进入产蛋高峰期，让产蛋高峰期维持6～9个月，同时降低鸡群的死淘率和蛋的破损率，尽可能地降低单位蛋重的耗料量（料蛋比），最大限度地提高蛋鸡饲养的经济效益。

任务目标

掌握产蛋鸡的生理特点和产蛋规律；能合理地调控环境条件；熟练掌握蛋鸡日常管理操作规程；掌握产蛋鸡饲养技术要点，能对鸡群进行检查、挑选和分群工作，能区别高低产量的鸡只；能制订产蛋期的方案，记录和统计各种生产数据；能分析产蛋曲线并加以应用。

思政目标

爱岗敬业；工匠精神；勇担责任，甘于奉献；团结合作；扎根农村，服务农业发展，促进乡村振兴。

知识清单

二维码6-16　产蛋鸡的生理特点与产蛋规律

一、产蛋鸡的生理特点

1. 开产后身体发育尚未完成

刚开产的母鸡虽然性已成熟，开始产蛋，但机体还没有发育完全，体重仍在继续增长，到40周龄时生长发育基本停止，体重增长极少，40周龄后体重增加多为脂肪积蓄。因此，产蛋前期要保证产蛋和发育所需的营养，后期要对母鸡限制饲养，以节约成本，提高产蛋率。

2. 产蛋鸡敏感性强

产蛋鸡富于神经质，对于环境变化非常敏感，产蛋期间饲料配方突然变化，饲喂设备改换，环境温度、通风、光照、密度的改变，饲养人员和日常管理程序等的变换以及其他应激因素都对蛋鸡产生不良影响，且难以恢复。

3. 对营养物质的利用率不同

不同周龄的产蛋鸡对营养物质利用率不同。刚开产时，成熟的卵巢释放雌性激素，使母鸡贮钙能力显著增加；随着产蛋高峰期的到来，鸡对营养物质的消化吸收能力也增强，采食量持续增加；到产蛋后期，消化吸收能力减弱，脂肪沉积能力增强。

二、产蛋规律与产蛋曲线

1. 产蛋规律

(1)年产蛋规律　蛋鸡的产蛋具有规律性，就年龄来讲，第一个产蛋年产蛋量最高，第二个产蛋年和第三个产蛋年产蛋量每年递减15%～20%。

(2)周期产蛋规律　蛋鸡在一个产蛋期中产蛋规律性强，随着产蛋周龄的增加，产蛋呈现“低→高→低”的规律性变化。根据产蛋曲线的变化特点和蛋鸡的生理年龄，可将产蛋期分为初产期、高峰期、产蛋后期三个不同的阶段。初产期是指蛋鸡产第一个蛋到产蛋率达到80%这一阶段，一般为21～28周龄；高峰期蛋鸡的产蛋率在80%以上，一般在28周龄前后产蛋率可超过90%，而且这一水平可维持8～16周；产蛋后期产蛋率缓慢下降，直到第二年换羽停产为止。

初产期：开产(个体开产日龄是指产第一枚蛋的日龄，群体开产日龄是指产蛋率达5%时的日龄)至产蛋率达70%以上阶段。现代蛋鸡品种如海兰褐，105～110日龄见蛋，140～150日龄达50%产蛋率。此期的产蛋规律性不强，主要表现有：①个体产蛋间隔时间较长；②蛋重较小，但也常见到双黄蛋；③蛋壳异常较多；④产蛋率上升幅度快，体重仍在快速增加(若育成鸡发育不良，整齐度低，体质差，饲养管理不当，则会影响产蛋率的上升)；⑤易出现脱肛、啄壳现象。

高峰期：产蛋率在80%以上的时期，即产蛋高峰期，正常情况下产蛋高峰可持续4个月以上，此期的产蛋规律性强。产蛋间隔时间变化不大，蛋重变化不大，蛋壳质量稳定，体重略有增加(但不可过大或下降)，应加强管理，避免产蛋率下跌，否则不易恢复。

产蛋后期：产蛋率80%以下至鸡群淘汰。通常指60～72周龄阶段。产蛋后期产蛋率开始逐渐下降(正常为每周下降0.5%)，蛋重则逐渐增大，产蛋间隔变长，且易出现无黄蛋，易过肥(体重以腹脂的沉积为主)。

(3)蛋重变化规律　蛋重随周龄增加而增大，至第一个产蛋年末达到最大，以后趋向稳定，一直保持到第二个产蛋年。

(4)每日产蛋时间分布　每日产蛋时间大多集中在当天光照开始后的3～7 h内。若早上5:00开灯，8:00前占8%，8:00—12:00占70%以上，12:00—14:00占15%，14:00以后占7%。

2. 产蛋曲线

在正常情况下，整个产蛋期内产蛋率的变化有一定规律性，并表现出一定的产蛋率变化模式。如果将蛋鸡产蛋期周龄作为横坐标，每周龄产蛋率作为纵坐标，在坐标纸上描出各点并将各点连接起来，就能得到一条曲线，即为蛋鸡的产蛋曲线(图6-8)。

蛋鸡产蛋曲线具有以下3个特点。

(1)上升速度快　一般呈陡然上升态势，这一时期产蛋率成倍增长，在产蛋6～7周内产蛋率达到90%以上。通常在27～32周龄达到产蛋高峰，高峰期产蛋率为93%～94%，可持续8～16周。

(2)下降平稳　产蛋高峰期过后，产蛋率下降缓慢且平稳。通常每周下降0.5%～1.0%，直到72周龄产蛋率仍然可维持65%～70%。若饲养管理良好，则鸡群的实际生产状况同标准曲线相同或相近。

（3）不可补偿性　产蛋过程中，若遇到严重应激、疾病或其他因素，使产蛋水平迅速下降，常需几天或几周方能恢复“正常”，恢复时，最多只能达到当时应有的标准产蛋率。“错过”的蛋再也补不回来。在产蛋高峰前发生波折，影响将极为严重，鸡群绝不会达到标准产蛋高峰。在产蛋下降阶段出现波折，损失则小一些。

每一个鸡场的技术人员应及时绘出本场每一个品种、每个批次的实际产蛋曲线，并同标准产蛋曲线相比较。如果偏离标准曲线，说明饲养管理方面出了问题，应设法及时纠正。产蛋曲线能够直观地反映出鸡群的产蛋状态，在生产中应充分加以利用并进行综合分析。

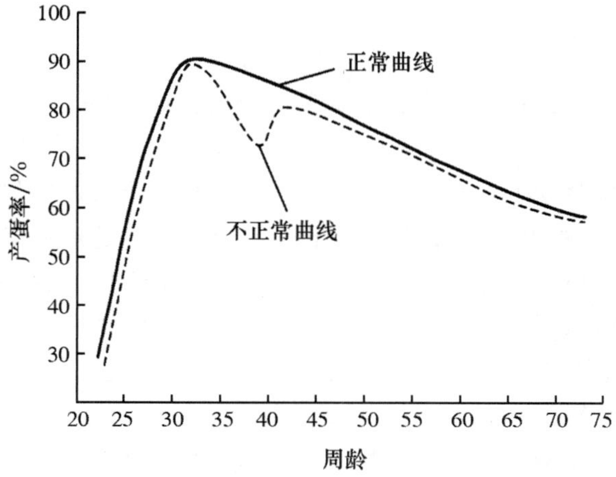

图 6-8　产蛋曲线

二维码 6-17　产蛋曲线的概念及应用

三、产蛋鸡饲养技术

（一）饲养方法

1. 分段饲养

根据鸡群的产蛋率和周龄，将产蛋期分为若干阶段，并根据环境温度，喂以不同水平的蛋白质、能量的日粮。这种既能够满足鸡的营养需要，又能够节约饲料的方法称为分段饲喂。

分段饲喂有两阶段饲养法和三阶段饲养法，一般采用三阶段饲养法较科学合理。

（1）两阶段饲养法　两阶段的划分以 50 周龄（或 42 周龄）为界限，分产蛋前期和产蛋后期。产蛋前期鸡体仍在持续发育，又值产蛋盛期，因此营养供给既要满足产蛋的需要又要满足其生长的需要，为满足这需要，前期一般使用代谢能为 11.51 MJ/kg、粗蛋白质为 16%～17%的全价饲料。产蛋后期鸡体发育完成，产蛋率开始下降，脂肪沉积能力增强，这一阶段一般使用代谢能为 11.51 MJ/kg，粗蛋白质为 15%～16%的全价饲料。

（2）三阶段饲养法　在 21～40 周龄，产蛋率急剧上升至高峰并维持，同时鸡的生长发育仍在继续，体重的增加主要以骨骼和肌肉为主，因此营养必须同时满足鸡的生长和产蛋所需。所以，饲养上饲料营养物质浓度要高，要促使鸡多采食。这一时期饲料营养物质和采食量决定着产蛋率上升的速度和在高峰期维持的时间长短，因此在饲喂上，应该以自由采食为好。这一阶段日粮要求粗蛋白质含量为 18%、钙含量为 3.4%的全价饲料。

在41～60周龄，鸡的产蛋率缓慢下降，此时鸡的生长发育已停止，但是其体重在增加，增加的内容主要以脂肪为主。所以在饲料营养物质的供应上，要在抑制产蛋率下降的同时防止机体过多的积累脂肪。在饲养实践中，可以在不控制采食量的条件下适当降低饲料能量浓度。这一阶段日粮要求粗蛋白质含量为16.5%～17%、钙含量为3.6%的全价饲料。

在61～72周龄，此期产蛋率下降速度加快，体内脂肪沉积增多。所以饲养上在降低饲料能量的同时对鸡进行限制饲喂，以免鸡过肥而影响产蛋。这一阶段日粮要求粗蛋白质含量为15%～16%、钙含量为3.8%的全价饲料。

采用三阶段饲养法，产蛋高峰出现早，上升快，高峰期持续时间长，产蛋量多。我国产蛋鸡的饲养标准也就是按这三个阶段制定的。

2. 调整饲养

根据环境条件和鸡群状况的变化，及时调整日粮配方中各种营养成分的含量，以适应鸡的生理和产蛋需要。

调整饲养必须以饲养标准为基础，保持饲料配方的相对稳定。要尽量维持原配方的格局，保证日粮营养平衡，不能大增或大减，不能因饲料调整而使产蛋量下降。应根据鸡的产蛋量、蛋重、鸡群健康状况、环境变化等，做到适时调整。调整日粮时，主要调整日粮中蛋白质、必需氨基酸及主要矿物质的水平。当产蛋率上升时，提高饲料营养水平要在产蛋量上升的前面；当产蛋率下降时，降低饲料营养水平应落在产蛋量下降的后面。也就是上高峰时要"促"，下高峰时要"保"。调整的方法主要有以下几种。

(1)按育成鸡体重调整　育成鸡体重达不到标准的，从转群后(18～19周龄)就应换用营养水平较高的蛋鸡饲料，粗蛋白质控制在18%左右，经3～4周饲养，使体重恢复正常。

(2)按产蛋规律调整　调整原则：上高峰时为了"促"，营养走在前头，下高峰时为了"保"，营养走在后头。在产蛋量上升阶段，从18周龄起要增加日粮中钙的比例，由育成鸡的1%增加到2%，逐渐改喂产蛋期的饲料；当产蛋率达到5%时，蛋白质为14%，钙为3.2%；当产蛋率达到50%时，蛋白质应为15%，钙为3.4%；当产蛋率达到70%时，蛋白质为16.5%，钙为3.5%；进入产蛋高峰期时，每只轻型鸡每天食入蛋白质不少于18 g，中型鸡不少于20 g。在产蛋高峰期维持最高营养2～4周，以保持高峰期长时间产蛋。当产蛋率下降时，应逐渐降低营养水平，直至最低档，蛋白质为14%，以后保持不变。正常情况下，鸡群产蛋率每周下降0.5%～0.6%。因此，在日粮调整时，不能一见到产蛋率下降，就急于降低营养水平，而应该认真分析产蛋率下降的原因。

(3)按季节气温变化调整饲养　在能量水平一致的情况下，冬季由于采食量大，日粮配方中应适当降低粗蛋白质水平；夏季由于采食量下降，日粮配方中应适当提高粗蛋白质水平，以保证产蛋的需要。

(4)鸡群出现异常时的调整饲养　鸡群出现啄羽、啄趾、啄肛和啄蛋时，除了消除引起啄癖发生的原因外，饲料中可适当增加粗纤维含量，也可短时间喂些石膏。开产初期脱肛，啄肛严重时，加喂1%～2%的食盐1～2 d。鸡群发病时，适当提高日粮中营养成分，如蛋白质增加1%～2%，多维提高0.02%，还应考虑饲料品质对鸡适口性和病情发展的影响。

3. 限制饲养

限制饲养指产蛋鸡群在高峰期过后减少饲喂量而对产蛋性能无影响的一种措施，目的在于减少饲料成本。

产蛋鸡实行限制饲养的时间应该在产蛋高峰过后2周。通常要通过抽测体重或产蛋率下降幅度来确定是否继续限饲。具体方法是减少饲喂量220 g/(100只·d),连续3～4 d,观察产蛋量变化。若降低正常,持续数天后,再次尝试类似的减量。若下降异常,就应恢复。另外,当气候异常寒冷或鸡群受应激时,恢复原来的喂料量。

在正常情况下,限制饲养的鸡减少饲喂量不超过同龄鸡自由采食量的8%～9%。随着养鸡技术的发展,蛋用型鸡产蛋期限饲的实用意义日趋明显,在省料的同时,料蛋比也有所改善,同时可以维持适宜的产蛋体重,有利于发挥生产潜力,增加产蛋量,降低产蛋期死淘率。

(二)饲喂与饮水

(1)喂料量和喂料次数　每只蛋鸡产蛋期喂料量为110～120 g/d,喂料次数3次/d。产蛋高峰期增加到4次/d。每天喂料量应根据体重、周龄、产蛋率、气温进行调整。

(2)补喂大颗粒钙　蛋鸡产蛋量高,需要较多的钙质饲料,一般在下午17:00补喂大颗粒(直径3～5 mm)贝壳砾,每1 000只鸡3～5 kg。饲料中钙源采用1/3贝壳粉、2/3石粉混合应用的方式为宜,可提高蛋壳质量。

(3)保证充足饮水　每只鸡4 cm长水位长度。水是鸡生长发育、产蛋和健康所必需的营养,必须确保水质良好的饮水全天供应,每天清洗饮水器或水槽。产蛋鸡的饮水量随气温、产蛋率和饮水设备等因素不同而异,每天每只鸡的饮水量为200～300 mL。有条件的最好采用乳头式饮水器。夏季饮凉水。

(4)保证足够料位　一般平养时每只轻型蛋鸡占据料位为7.5 cm,中型蛋鸡为10 cm;笼养时轻型蛋鸡为10 cm,中型蛋鸡为15 cm。

四、产蛋鸡管理技术

(一)环境管理

1. 温度

温度对鸡的生长、产蛋、蛋重、蛋壳品质、受精率与饲料效率都有明显的影响。成年鸡的适温范围为5～28 ℃,产蛋适宜温度为13～20 ℃,其中13～16 ℃产蛋率较高,15.5～20.0 ℃饲料转化率较高。气温过高、过低对产蛋性能都有不良影响。

2. 湿度

湿度对蛋鸡的影响一般是与温度相结合共同起作用的。温度适宜时,湿度对产蛋鸡的健康和产蛋性能的影响不大,只有在温度过高或过低时才会有较大的影响。蛋鸡适宜的湿度为40%～70%,最佳湿度为60%～65%。

3. 通风

通风换气是调控鸡舍空气环境状况最主要也是最常用的手段,它可以排出鸡舍内污浊的空气,保持鸡舍内空气的清新和舍内的空气流动,还可以在一定的范围内调节温度和湿度。蛋鸡舍内常见有害气体的卫生学标准是:CO_2不超过0.15%,H_2S不超过10 mg/m^3,NH_3不超过20 mg/m^3。

二维码 6-18 光照管理

4. 光照

光照不仅影响鸡的采食、饮水、运动和健康，而且对蛋鸡的性成熟、产蛋量、蛋重、蛋壳厚度、蛋形成时间及产蛋时间等都有影响。光照控制的目的是母鸡适时开产，并达到高产、稳产，因此必须严格管理，准确控制。

(1)光照管理程序的原则

①育雏期前 1 周或转群后几天可以保持较长时间的光照，以便鸡只熟悉环境，及时喝水和吃料，然后光照时间逐渐减少到最低水平。

②育成期每天光照时间应保持恒定或逐渐减少，切勿增加，以免光照刺激使鸡早熟；生长期每天光照时间一般为 8～9 h。

③产蛋期每天光照时间逐渐增加到一定小时数后保持恒定，切勿减少。每天光照时间一般为 14～16 h，不超过 17 h。

(2)光照制度

后备鸡光照制度：

①密闭式鸡舍：1～7 日龄 23 h，20 lx；第 2～20 周龄 10 h，5 lx。

②开放式鸡舍：1～3 日龄 23 h，4 日龄至 20 周龄按以下光照方案。

第一种为利用自然光照。适用于 3 月 1 日至 8 月 31 日孵出的雏鸡，其生长阶段的后半段处于日照逐渐缩短时间，只要不超过 10 h，可完全利用自然光照。

第二种为自然光照和人工光照相结合。适用于 9 月 1 日至翌年 2 月 28 日孵出的雏鸡，又可分为以下 2 种方案。

方案一：恒定式光照制度。0～3 日龄，23 h；4 日龄至 20 周龄，以该批鸡该期间最长日照时数为光照时间，并恒定不变。自然光照不足时，用人工光照补足。

如从当地气象站查得这期间最长日照时数为 10 h，则这期间的光照一直为 10 h，不够时用人工光照补足。

方案二：渐减渐增制度。0～3 日龄，23 h；4～7 日龄，以出壳至 20 周龄最长日照时数加 5～7 h 为这段时间的光照时数；2～20 周龄，每周递减 15～20 min，到 20 周龄时刚好减完所加的 5～7 h。

产蛋鸡光照控制：

可选择慢增、快增的光照方案。

慢增光照方案：18～19 周龄 9～10 h/d，20 周龄开始每周增 0.5 h，一直递增到 16～17 h/d。

快增光照方案：21 周龄 9 h/d，22 周龄 10 h/d，以后每周增 1 h，一直递增到 16～17 h/d。

生产中为早晨 5:00 到 21:00 为光照时间，即每天早晨 5:00 开灯，日出后关灯，日落后开灯，规定时间(21:00)关灯。

(3)光照强度的掌握　第一周 10～20 lx，其余以弱光 5～10 lx 为好。具体应用中按 15 m^2 鸡舍面积在第一周用一个 40 W 灯泡，挂于 2 m 高位置，第二周换 25 W 灯泡。灯泡间距 3 m，双排的要交叉排列；安装的灯泡最好加用灯罩，保持灯泡清洁，及时换掉坏灯泡。

(4)注意事项

①根据不同的饲养方式制定不同的光照管理程序，不得半途而废。

②育雏第 1 周 23 h/d 光照，之后逐渐减少。育雏育成期每天的光照时间不得低于 6 h，否

则影响鸡的正常采食、饮水和活动，也不要超过 11 h(开放式鸡舍采用自然光照)。

③不得随意改变光的颜色、强度和时间，否则会引起产蛋突然下降。天气炎热时鸡的采食量下降较大，可在气温较低的早晨增加 1.5～2.0 h 光照，以增加采食时间。

④进入产蛋期光照时间应逐渐增加，不能突然大量增加，一般一次增加 0.5～1.0 h，否则容易引起脱肛。

⑤产蛋期每天光照一般以 14～16 h 为宜，最多不超过 17 h。

⑥开放式鸡舍日照不足时，采用早晚补充人工光照的办法解决。

⑦产蛋最后几周光照可增加。

(二)产蛋期的饲养管理

二维码 6-19　开产前后饲养管理要点

1. 开产前后的饲养管理

开产前后指开产前几周到约有 80% 的鸡开产这段时间，一般为第 18～25 周龄。这是青年母鸡从生长期向产蛋期过渡的重要时期，而且小母鸡生理变化很大。这种变化除来自外界转群、饲养环境与方式的改变而造成应激外，还来源于自身的生理刺激，主要有生殖系统发育、性激素的刺激、髓质骨的形成等。因此为了适应鸡体的生理变化，饲养管理上需采取一些措施，以利于母鸡很好地完成这种转变，为今后的高产做好准备。

(1)适时转群

①转群时间的选择。现代蛋鸡一般在 18 周龄进行转群，最迟不超过 21 周龄。这时母鸡还未开产，有一段适应新环境的时间，对培育高产鸡群有利。否则，转群过晚，由于鸡对新环境不熟悉，会出现产蛋中断的情况，影响和推迟产蛋高峰的到来，降低产蛋期的产蛋量。

②转群前的准备。转群前应对产蛋鸡舍进行彻底清洗、修补和消毒，方可转入鸡群。转群前要准备充足的饮水和饲料，使鸡一到产蛋舍就能吃到水和料。

鸡群在转群上笼前要进行整顿，严格淘汰病、残、弱、瘦、小的不良个体。并进行驱虫，主要是驱除线虫。经过整顿后，白壳蛋鸡体重 1.2～1.3 kg、褐壳蛋鸡体重 1.4～1.5 kg 即可转群。

做好转群前后备蛋鸡的饲养管理。在转群前 2 d 内，为了加强鸡体的抗应激能力和促进因抓鸡和运输所导致的鸡体损伤的恢复，应在饲料或饮水中添加抗生素和双倍的多维、电解质。转群当日连续 24 h 光照并停喂水料 4～6 h，将剩余料吃净或剩余料不多时再进行转群。

③做好转群工作。转群时注意天气不应太冷太热，冬天尽量选择晴天转群，夏天可在早晚或阴凉天气进行。捉鸡要捉双脚，不要捉颈或翅，且轻捉轻放，以防骨折和惊恐。转群工作量大，可把转群人员分成抓鸡组、运鸡组和接鸡组 3 组，各组要配合好，轻拿轻放，防止运输过程中出现压死、损伤，提高工作效率。

鸡群转群后要立即饮水、采食，饲料中可添加和双倍的多维、电解质 2～3 d。转群后注意观察鸡群动态，鸡可能会排白色鸡粪，但 2 d 后可恢复正常。当鸡群经过 1 周时间的适应过程后，要依次进行断喙(主要是修喙)、预防注射、换料、补充光照等工作。

(2)蛋鸡开产前后的饲养管理要点

①适宜的体重标准。18 周龄测定鸡群的体重，并与标准体重相对照。不达标者，原为限制饲养的应转为自由采食，并提高蛋白质和能量水平；达标后再补光。到育成后期鸡群开产时，均匀度在 95% 以上的开产后很快达到高峰，产蛋上升期短，年产蛋量较高。

②满足开产前的营养需要。开产前 3～4 周内，鸡体内合成蛋白量与产蛋高峰期相同，因

为这个时期母鸡的卵巢和输卵管都在迅速增长，体内也需有些储备。没有足够的体重增长和营养积蓄，或者过肥，产蛋平均水平较差。因此，应饲喂高峰期时的营养浓度（钙除外），体重要增加 400～500 g，骨骼要增加 15～20 g。为此从鸡群产蛋之时，应自由采食，并一直实行到产蛋高峰和高峰过后的 2 周。

③增加光照时间和强度。18 周龄时抽测体重达标时，则应在 18 周龄或 20 周龄开始补充光照。如果在 20 周龄时仍达不到标准体重，可将补光时间往后推迟 1 周。补光的幅度一般为每周增加 0.5～1.0 h，到产蛋高峰时达 16 h。

④日粮更换与饲喂。一般从 18～19 周龄开始由育成鸡饲料更换为产蛋鸡饲料。更换方法有两种：一是设计一个开产前饲料配方，含钙量为 2%左右，其他营养与产蛋期相同；二是产蛋鸡饲料按 1/3、1/2、2/3 等比例逐渐替换育成鸡日粮，直至全部替换为产蛋鸡日粮。从鸡群开始产蛋起，由限制饲养改为自由采食，一直到产蛋高峰过后 2 周为止。

⑤保持鸡舍安静。鸡性成熟时是其新生活阶段的开始，特别是平养蛋鸡产头两个蛋的时候，精神亢奋，行动异常，高度神经质，容易惊群，应尽量避免惊扰鸡群。

⑥准备产蛋箱。在平养鸡群开产前两周，要放置好产蛋箱，否则会造成窝外蛋现象。一般每 4～5 只母鸡放 1 只产蛋箱，每 4～6 只产蛋箱连成一组。箱内铺垫草，要保持清洁卫生。产蛋箱宜放在墙角或光线较暗处。

2. 产蛋高峰期的饲养管理

现代高产蛋鸡在 28 周龄左右到达产蛋高峰，在其前后约有 10 周时间（即从产蛋第 7 周到第 17 周），产蛋率在 90%以上。这期间是鸡的高产阶段，其中相当一部分鸡每天产蛋，且母鸡体重仍在增加。据测，在开产后的 8～9 周内，每只来航蛋鸡每天平均增重约 5 g，鸡群的产蛋率上升也很快，每周增长 1 倍左右。因此，要做好以下饲养管理工作。

（1）充分满足母鸡的营养需要　高峰期前产蛋呈跳跃式上升，增长很快，并且体重仍在增加，要特别注意供给优良的、营养完善而平衡的高蛋白、高钙日粮，千方百计满足鸡群对维生素 A、维生素 D_3、维生素 E 等各种营养物质的需要，并保持饲料配方的稳定。这个阶段蛋鸡基本上能根据能量需要来调节采食量，应让其自由采食，并随产蛋率的增加逐渐增加喂饲量和光照时间（16 h 为止），饲喂量的增加要走在产蛋量上升之前。当产蛋率下降时，减少饲喂量要缓慢，并走在产蛋下降之后。

（2）加强卫生防疫工作　处于繁忙生长与生产阶段的鸡群，抵抗力较弱易感染疾病，因此，要特别注意环境与饲养卫生，不使鸡群受到病原微生物的侵袭。

（3）减少鸡群应激　在产蛋高峰期间，鸡体已经受相当大的内部应激，如再采取能形成外部应激源的措施，如并群、驱虫、防疫等，会使鸡群处于多重应激下，易使产蛋高峰急剧下降，以后一般回复不到原来的水平，最多只能回到该周龄产蛋曲线的高限，使产蛋量受到大幅度地削减。具体措施：保持各种环境条件（如温度、湿度、光照、通风）尽可能地适宜、稳定或渐变；注意天气预报，及早预防热浪与寒流，采取有效的防寒降温措施；按常规进行日常的饲养管理，使鸡群免受惊吓；群的大小与密度要适当，提供数量足够、放置均匀的饮喂等设备；接近禽群时给以信号，轻捉轻放，尽可能地在弱光下进行；尽量避免连续进行可引起家禽骚乱不安的技术操作；谢绝参观者入舍，特别是人数众多或奇装异服者；不喂给影响产蛋的药物（如磺胺类）；预知家禽处于逆境时，将饲料中的维生素加倍供给。

总之，这个阶段要保证满足鸡群高产的营养需要和环境条件，保证鸡群的健康、高产和稳产，使产蛋高峰能维持得长一些，下降得缓慢些。

3. 产蛋后期的饲养管理

产蛋后期一般是指 43～72 周龄。该阶段鸡的产蛋率每周下降 1%左右，蛋重有所增加，同时鸡的体重几乎不再增加，要做好以下几方面的工作。

（1）调整日粮组成　参照各类鸡产蛋后期的饲养标准进行，一般可适当降低粗蛋白质水平（降低 0.5%～1.0%），能量水平不变，适当补充钙质，最好采用单独补充粒状钙的形式。这样，既可降低饲料成本，又能防止鸡体过肥而影响产蛋。

（2）限制饲养　一般轻型蛋鸡采食量不多，又不易过肥，一般不进行限饲，只调整日粮组成即可；中型蛋鸡饲料消耗过多，要进行限饲才有利于产蛋。具体的限制饲养法如前述。

（3）淘汰低产、停产鸡　目前，生产上的产蛋鸡大多只利用一年，在产蛋一年后，或自然换羽之前就淘汰，这样既便于更新鸡群和保持连年有较高的生产水平，且有利于省饲料、省劳力、省设备。许多鸡场（特别是个体户）也有采用淘汰提前换羽和低产的母鸡，留下高产母鸡，再养一段时间或一年。

如何区别提前换羽和低产鸡呢？可注意观察鸡的头部，低产鸡一般冠小、萎缩、粗糙而苍白；如日粮中含有黄玉米或叶粉，则低产鸡眼圈与喙呈黄色。当发现料槽中或粪板上有羽毛时，可检查鸡体，如主翼羽已脱换，且耻骨变粗糙，间距缩小，即为早换羽的停产鸡，都应淘汰。另外，对一些体小身轻，或过于肥大，或已瘫痪有肿瘤的鸡，也应及时淘汰。

（4）增加光照时间　在全群淘汰之前的 3～4 周，可适当地逐渐增加光照时间，可刺激多产蛋。

（三）日常管理

鸡舍的日常管理工作除喂料、捡蛋、打扫卫生和生产记录外，最重要、最经常的任务是观察和管理鸡群，掌握鸡群的健康及产蛋情况，及时准确地发现问题和解决问题，保证鸡群的健康和高产。

1. 观察鸡群

（1）观察鸡群的精神状态和粪便情况　清晨开灯后随时注意观察，若发现病鸡应及时挑出隔离饲养或淘汰；若发现死鸡尤其是突然死亡且数量较多时，要立即送兽医诊断，及早发现和控制疫情。

（2）观察鸡群的采食和饮水情况　喂料给水时，观察饲槽和水槽的结构和数量是否能满足产蛋鸡的需要。每天应统计耗料量，发现鸡群采食量下降时，都应及时找出原因，加以解决。对饮水量的变化也应重视，往往是发病的先兆。

（3）观察脱肛、啄肛现象　多数鸡开产后，应注意观察有无脱肛、啄肛现象，及时将啄肛鸡和被啄鸡分开，并对伤者进行治疗。伤重者进行缝合，伤轻者涂擦碘酒等局部消毒，然后注射青霉素[2 万～4 万 U/(只·d)]，或口服四环素（1 片/只），以防感染并消除炎症。

（4）观察有无意外伤害　及时解脱挂头、别脖、扎翅的鸡，捉回挣出笼的鸡；发现好斗的鸡及受强鸡欺压不能正常采食、饮水、活动的弱鸡，及时调整鸡笼，避免造成损失；防止飞鸟、老鼠等进入鸡舍引起惊群、炸群和传播疾病。

（5）观察鸡群有无生长异常　由于人工调节环境及饲料营养不良等原因，可能引起鸡群生长异常，应采取有效措施进行调节。对发育不良的鸡和产蛋高峰后鸡冠萎缩发白的鸡，加喂微量元素[0.15 g/(只·d)]、维生素 E(每千克饲料 5 IU)等，促进早日开产和恢复产蛋。对于7月龄左右仍未开产的鸡只，或加喂多维和微量元素1个月后仍未恢复产蛋的鸡只，通过产蛋记录(做1周)核实后给予淘汰。

(6)观察有无呼吸道疾病　观察鸡只有无甩鼻、流涕行为，倾听鸡只有无呼吸道所发出的异常声响，如呼噜、咳嗽、喷嚏、咯音等，尤其是夜晚关灯后倾听更好。若有必须马上挑出，有一只挑一只，不能拖延，并隔离治疗，以防疾病传播蔓延。

观察鸡群健康与否，是观察的主要内容，可从精神、食欲、粪便、行为表现等方面加以区别。健康鸡只精神活泼、食欲旺盛、站立有神、行走有劲、羽毛紧贴、翅膀收缩有力、尾羽上翘，冠髯红润；粪便较干，呈盘曲圆柱形，灰褐色，表面覆盖着一层白色尿液。病鸡精神沉郁，两眼常闭，羽毛松弛，翅尾下垂，食欲差或无；冠苍白或紫黑，常伏卧；呼吸带声，张嘴伸脖，有的口腔内有大量黏液，有的嗉囊充气，有的腹部肿胀发硬，有的体重极轻，龙骨刀状突起；有的肛门附脏污，粪便稀薄，呈黄绿色或灰白色或带血。

总之，观察管理蛋鸡的内容很多，在饲养实践中，凡是影响鸡群正常生活、生产的情况，均属观察管理的内容。高的产蛋水平来自细致的观察和精心的管理。

2. 保持稳定、良好的环境

蛋鸡对环境变化非常敏感，尤其是轻型蛋鸡尤为神经质。环境的突然改变，如高温、断喙、接种、换料、断水、停电等，都可能引起鸡群食欲不振、产蛋下降、产软壳蛋、精神紧张，甚至乱撞引起内脏出血而死亡。这些表现往往需要数日才能恢复正常，因此，稳定而良好的环境对产蛋鸡非常重要。

为了创造稳定而良好的环境，必须严格制订和认真执行科学的鸡舍管理程序，保证适宜的环境条件(如温度、光照、通风等)和饲喂条件(如定时定量喂料、饮水)，饲养操作动作要轻，饲养人员要固定，按作业日程完成各项工作(如定时开关灯、按时喂料、捡蛋、打扫卫生等)。此外，还要保持环境的卫生，进鸡前，做好鸡舍、所有设备、用具及周围环境的消毒；进鸡后，要经常进行各项清洁及带鸡消毒工作；要求工作人员进场时必须通过消毒池，有条件的最好淋浴更衣，一定要穿工作服上班，不能在生产区的各禽舍间串门；妥善处理病死鸡(如焚烧、深埋等)，管理好粪便及污水，防止环境污染。

3. 防止饲料浪费

蛋鸡饲料成本占总支出的60%～70%，节约饲料能明显提高经济效益。饲料浪费的原因是多方面的，防止饲料浪费的措施主要有：①保证饲料全价合理，既不缺少也不多给，因为饲料营养不全面是最大的浪费。②饲料保存要避光、防潮、防虫害鼠害，因为日光直射可使饲料脂肪氧化，破坏维生素 A、维生素 E、核黄素等，同时饲料房和鸡舍还不能有甲虫粪和鼠类，否则会被吃掉大量饲料。③槽底最好是平的，底板与侧板要成直角而不是三角形，槽边沿内卷，防止鸡将饲料钩到外面去。④饲槽高度要与鸡背高度一致，方便鸡只采食又不致将饲料钩到槽外。⑤饲槽有损坏时，要及时修补或更换。⑥粉料不能过细，以鸡不挑食为原则，否则易造成采食困难并“料尘”飞扬。⑦每次添料不能超过料槽容量的1/3，由于添料过满而抛洒的料，其数量是惊人的。⑧采用高质量的喂料机械可节省饲料。⑨及时淘汰低产鸡和停产鸡。⑩给鸡断喙、切翅也能防止饲料浪费。

4. 保证水质及全天供水

水是鸡生长发育、产蛋和健康所必需的营养，但在大群生产中往往被忽视（尤其是水质）。从日常管理来说，必须确保水质良好的饮水全天供应，每天清洗饮水器或水槽。产蛋鸡的饮水量随气温、产蛋率和饮水设备等因素不同而异，每天每只的饮水量为 200～300 mL。有条件的最好用乳头式饮水器。

5. 捡蛋

捡蛋的起止时间必须固定，尤其是截止时间，不可任意推后和提前。捡蛋时要轻拿轻放，尽量减少破损，全年破损率不得超过 3%。捡蛋次数以每日上午、下午各捡 1 次（产蛋率低于 50%，每日可只捡 1 次）。

6. 及时挑出低产鸡和停产鸡

（1）产蛋鸡与停产鸡的区别（表 6-18）

表 6-18　产蛋鸡与停产鸡的区别

项目	产蛋鸡	停产鸡
冠，肉髯	大而鲜红，丰满，温暖	小而皱缩，色淡或暗红色，干燥，无温感
肛门	大而丰满，湿润，呈椭圆形	小而皱缩，干燥，呈圆形
触摸品质	皮肤柔软细嫩，耻骨薄而有弹性	皮肤和耻骨硬而无弹性
腹部容积	大	小
换羽	未换羽	已换或正在换羽
色素	肛门、喙、胫已褪色	肛门、喙、胫颜色正常

（2）高产鸡与低产鸡的区别（表 6-19）

表 6-19　高产鸡与低产鸡的区别

项目	高产鸡	低产鸡
头部	大小适中，清秀，头顶宽	粗大，面部有较多脂肪，头过长或短
喙	稍粗短，略弯曲	细长无力或过于弯曲，似鹰嘴
头饰	大，细致，红润，温暖	小，粗糙，苍白，发凉
胸部	宽而深，向前突出，胸骨长而直	发育欠佳，胸骨短而弯
体躯	背长而平，腰宽，腹部容积大	背短，腰窄，腹部容积小
尾	尾羽开展，不下垂	尾羽不正，过高，过平，下垂
皮肤	柔软有弹性，稍薄，手感良好	厚而粗，脂肪过多，发紧发硬
耻骨间距	大，可容 3 指以上	小，3 指以下
胸耻间距	大，可容 4～5 指	小，3 指及以下
换羽	换羽开始迟，延续时间短	开始早，延续时间长
性情	活泼而不野，易管理	动作迟缓或过野，不易管理
各部位配合	匀称	不匀称
觅食力	强，嗉囊经常饱满	弱，嗉囊不饱满
羽毛	表现较陈旧	整齐清洁

7. 做好生产记录

要管理好鸡群，就必须做好鸡群的生产记录，如表6-20所示。其中，某些项目如死亡数、产蛋量、耗料、舍温、防疫、投药等都必须每天(次)记载。通过这些记录，可以及时了解生产、指导生产，发现问题、解决问题，这也是考核经营管理效果的重要根据。鸡群有调整时须做好调整记录，此外，还要做好鸡舍的物资领用记录。

表6-20 产蛋鸡舍鸡群生产情况一览表

鸡种　　第　舍　　饲养员　　年　月

日期	周龄	日龄	当日存养		减少鸡数/只							产蛋数	破蛋数	耗料/kg	备注(温湿度、防疫等)
			公	母	病死	压死	兽害	啄肛	出售	其他	小计				

根据以上蛋鸡的日常管理内容，可编写出适合本地区本场的饲养管理操作日程。某大型蛋鸡场的一些日常管理内容，见表6-21。

表6-21 蛋鸡饲养管理操作日程

时间		工作内容
上午	早晨5:00	开灯查鸡舍温度、湿度，查鸡群情况，重点查看有无病鸡、死鸡
	5:00—5:30	冲水槽、加料，如果喂青饲料、投药等须先拌料
	5:30—8:00	(1)刷水槽，1次/d (2)擦食槽、托蛋板，每周2次 (3)打扫墙壁、屋顶、屋架，擦门窗玻璃、灯泡每周1次 (4)清理下水道 (5)铲除走廊上鸡粪等
	8:00—8:30	早饭
	8:30—10:00	(1)观察鸡群，挑选治疗病鸡 (2)对病鸡、好斗鸡、偷吃鸡蛋鸡，调整鸡笼 (3)捡破蛋，推平被鸡啄成堆的料
	10:00—10:40	加料并清扫
	10:40—12:00	修理蛋箱、蛋箱垫料过秤，捡蛋并分类，装箱、结算、登记
	12:00—12:30	清扫鸡舍、工作间、更衣室卫生，洗刷用具，准备交班
	12:30—13:00	午饭(接班的人先吃)

续表 6-21

时间		工作内容
下午	13:00—13:30	交接班,讲评,交班双方共同检查鸡群和鸡舍设备
	13:30—14:30	冲水槽,观察鸡群,擦风扇叶
	14:30—15:10	加料并清扫(此料不喂可匀在早上和晚上喂)
	15:10—16:30	观察鸡群,挑选治疗病鸡,匀料、调整鸡笼,挑出鸡冠萎缩的鸡、发育不良的鸡等
	16:30—17:30	修理蛋箱,第二次捡蛋、过秤、分类装箱、检查、结算、登记
	17:30—18:00	晚饭
	18:00—19:00	加料并清扫鸡舍、值班室、更衣室、鸡舍卫生,洗刷用具
	19:00—22:00	紫外线照射、观察鸡群、匀料、消毒、填写值班记录,结算当天产蛋个数、重量、死淘鸡数,关灯

(四)季节管理

1. 冬季管理

冬季气温低,光照短,要注意防寒保暖和补充人工光照(天气阴暗的白天也应开灯),使舍温不低于 8 ℃。有条件的可加设取暖设备,条件差的要关紧鸡舍门窗,在南面开几扇窗户换气,晴天中午换气时间可久些,将有害气体及时排出舍外。此外,还可适当提高日粮能量水平,增加饲喂量。

2. 春季管理

春季气候变暖,日照时间延长,是鸡群产蛋量上升的阶段,也是微生物大量繁殖的季节。所以,管理上要提高日粮营养水平以满足产蛋需要,并加强卫生防疫工作。在气温尚未稳定的早春,要注意协调保温与通风之间的矛盾。

3. 夏季管理

夏季气温较高,日照时间长,管理上要注意防暑降温,最好控制在 27 ℃以下,并降低开放式鸡舍的照度,想办法促进采食。此外,要做好经常性的灭鼠和灭蝇工作,减少疾病传播和饲料浪费;要注意防止鸡虱、羽螨的繁殖和传播。

4. 秋季管理

秋季天气渐凉,昼夜温差较大,日照渐短,要注意补充人工光照。早秋天气闷热,雨多潮湿,白天要加大通风量排湿,饲料中经常投放预防呼吸道病和肠道病的药物。开放式鸡舍要做好夜间保温工作,适当关闭部分窗户。对于秋天进入产蛋高峰的鸡群,要特别注意气温的变化和人工光照的补充,否则会使产蛋高峰下跌并难以恢复。如果要继续饲养产蛋满一年的老母鸡,可剔除残次鸡后实行强制换羽,以缩短秋季自然换羽的时间。

任务四　蛋种鸡饲养管理

任务描述

饲养种鸡的目的是为了提供优质的种蛋和种雏，其质量的好坏直接关系到商品鸡生产性能的高低，因此，在种鸡的饲养管理中，重点是保持良好的体质和旺盛的繁殖能力，以尽可能多地生产合格的种蛋，提高受精率、孵化率和健雏率。

任务目标

了解蛋种鸡饲养管理的主要任务；了解鸡的强制换羽技术；掌握蛋种鸡的饲养管理要点；掌握蛋种鸡的体重测定和均匀度评估；掌握提高种鸡产蛋率、种蛋合格率、种蛋受精率等相关技术措施。

思政目标

爱岗敬业；工匠精神；勇担责任，甘于奉献；团结合作；扎根农村，服务农业发展，促进乡村振兴。

知识清单

蛋种鸡饲养周期长，生产现场具体操作环节多，对饲养管理要求更高。要确保更好地改善蛋种鸡各项生产数据和质量的稳定，保证鸡苗的孵化率以及鸡苗的健雏率，提高蛋种鸡的生产效益，就必须遵循严格的生产管理制度和规范操作程序。蛋种鸡的饲养管理在许多方面与商品蛋鸡相似，这里主要介绍蛋种鸡的一些特殊饲养管理措施。

一、蛋种鸡饲养管理的主要任务

(一)高的产蛋率和种蛋合格率

种蛋必须来自健康高产的种禽群，还要强调蛋重、蛋形、蛋壳质量、蛋表面的清洁程度、蛋的内部品质等几个方面。高的产蛋率和种蛋合格率取决于种鸡的遗传基础和饲养管理水平，这样才能获得生产性能高的商品鸡。只有合格的种蛋才能入孵，因此，在种鸡生产中，提高种蛋合格率是提高种鸡场经济效益的重要措施。正常情况下，种蛋的合格率必须高于90%。

(二)高的种蛋受精率

种蛋受精率不但是种鸡繁殖价值的重要标志，而且还能反映出种蛋质量、公鸡的精液品质、饲养管理水平、种蛋公、母比例是否合理、人工授精技术水平等。也对种鸡场的经济效益与信誉度有重大的影响，因此，提高种蛋受精率也是提高种鸡场经济效益的重要措施。正常情况下种蛋受精率应在90%以上。

(三)低的种鸡死淘率

产蛋期死淘率是鸡群生活率的指标，也是鸡群健康状况、饲养管理状况、疫病预防状况以及生产力状况的综合体现。因此，降低死淘率同样是提高种鸡场经济效益的重要方面。鸡群产蛋期的死淘率应控制在10%以下。

（四）控制可垂直传播的疾病

种鸡场、孵化场环境卫生不良，污染严重，或有些种鸡场自身就有多种疾病存在，再加之种蛋管理消毒不严，能使得许多经蛋垂直传播的疾病顺利下传扩散，如鸡沙门菌、支原体、鸡白血病、减蛋综合征、传染性脑脊髓炎等。因此，对种鸡群中存在可以通过种蛋垂直传播的疾病的检疫和净化工作，是生产健康、优质鸡苗的重要保证，也是种鸡场提高经济效益的关键。

二、蛋种鸡的饲养管理

蛋种鸡饲养周期长，生产现场具体操作环节多，对饲养管理要求更高。要确保更好地改善蛋种鸡各项生产数据和质量，保证鸡苗的孵化率以及鸡苗的健雏率，提高蛋种鸡的生产效益，就必须遵循严格的生产管理制度和规范操作程序。

（一）空舍期管理

有效的空舍期是指鸡舍内鸡粪等有机物清理冲刷干净并消毒完毕后空舍。空舍期的主要作用是让鸡舍内的病原微生物在无宿主的环境中，净化鸡舍内的环境，杜绝批次间污染，控制疾病传播，如滑液囊支原体（MS）、沙门菌（SE）。主要工作包括：①空舍期要制订有序的工作计划，保证真正的空舍时间达到或超过4周。②供水管道的清洗消毒，包括对水塔、压力罐、管道、水线等供水线路进行浸泡、冲洗、消毒。③定期对蛋鸡养殖区进行杀虫和灭鼠工作，空栏期间对舍内的下水管道以及老鼠洞进行防鼠处理。④对鸡舍清洗消毒质量进行检查评估，并取样送检，保证空舍期清洗、消毒工作的成效。

（二）育雏期管理

1. 育雏期温度和湿度控制

笼养育雏进鸡苗前鸡舍温度要提高至33 ℃左右，保证雏鸡不扎堆。进鸡后看鸡群状态，调整保温灯或保温伞的高度。雏鸡舍湿度控制在65%左右，笼养育雏场建议湿度控制在60%，控制好雏鸡舍的湿度可有效降低呼吸道疾病的发生率。

2. 均匀度的控制主要工作

①雏鸡到场后先饮水后开食，在水中添加5%的红糖，可快速给雏鸡补充能量，减少因长途运输的应激。②雏鸡强弱挑选，饮水后2～3 h开食，开食后24 h内通过眼观和手触的方式把弱小或未喝水吃料的雏鸡挑出单独饲养。③每次免疫时通过手感挑出弱小的鸡，把体质弱小的鸡放上层笼舍，体质中等的鸡放中层，体质健硕的鸡放下层。④蛋种鸡在疫苗免疫、转群和高温应激时添加抗应激多维，为了保证蛋种鸡的均匀度做好鸡群计划，按体重大小分群饲养，并针对不同群体制定料量精准饲养。

3. 光照控制

①育雏期使用18 W白炽灯，光照强度30～50 lx，1周龄光照时间22 h，光照时间长、光照强度大有利雏鸡熟悉环境；2～4周龄光照强度25 lx，光照时间18～20 h。5～6周龄光照强度

5～15 lx，光照时间15～17 h。育成期根据体重情况在7～14周更换成5 W灯泡，将光照强度调整到5～15 lx，光照时间10～14 h。15～17周维持恒定光照10 h，光照强度控制在20～25 lx(图6-9)。②初产期根据产蛋情况、均匀度情况、第二性征发育情况(鸡冠发育、主翼羽更换、耻骨开张)，海兰蛋种鸡指标项目为19周龄末的平均体重达到1 450～1 530 g，更换暖光(2 700～3 500 K)或可调节亮度的白炽灯，并保证灯泡具有足够的红光谱，光照时间从11 h开始缓慢地增加。如果体重不达标，则需要推迟增加光照的时间，直到体重达到标准体重后再给予增加光照强度。增加光照的依据是综合考量的结果，在增加光照前3周就要着手进行数据收集，如鸡群体斜长、龙骨长、骨盆宽、胸深、胸宽、胫长、胫围等抽测评估，体重和耗料量进行分析，依据饲养鸡群的实际情况形成增加光照评估依据。

(三)育成期管理

1. 在育成期阶段做好转群和脱温

一般在育成期阶段要经过2次的转群。转群最好是在清晨或傍晚进行，转群前4～6 h停料，转群前3 d和入舍后3 d在饮水中添加多维电解，转群当天连续24 h光照，保证采食和饮水。

2. 育成期饲料的更换

将雏鸡料更换为育成料，如果体重不达标，可以继续使用雏鸡料到8周龄。饲料更换过渡具体方法是：第1～2天，2/3的雏鸡料＋1/3的育成料；第3～4天，1/2的雏鸡料＋1/2的育成料；第5～7天，1/3的雏鸡料＋2/3的育成料。

3. 育成期光照管理

秋雏前8周采用自然光照，8～18周龄时采取最长的自然光照，不足的采用人工光照加以补充，以避免在生长后期逐渐延长的光照时间导致母鸡性成熟而早产。18周龄鸡群达到标准体重，每周延长光照0.5～1.0 h，直至增加到16 h后恒定不变。若鸡群没有达到标准体重，光照时间可延缓到下1周再加，但不晚于19周龄。

(四)产蛋期管理

蛋种鸡开产期饲养管理原则：开产前做好蛋鸡的全部基础免疫工作，同时做好驱虫，为进入产蛋期，保持好的体况、较高的抗体水平和机体抵抗能力、高的饲料转化率做好充分准备；做好饲料营养的调整和光照管理，以满足产蛋鸡生产的需要。

1. 饲养方式和饲养密度

(1)饲养方式　蛋种鸡产蛋期的饲养方式与繁殖方式关系密切。采取人工授精的蛋鸡普遍采取个体笼养，多采取二层阶梯式笼养，这样有利于公鸡采精和母鸡人工输精的操作；采取自然交配的种鸡多数采取地面垫料平养、笼养(图6-10)、地网混合平养(图6-11)等饲养方式，同时配备产蛋箱，每四只母鸡配一个。

图 6-9　光照强度测定

图 6-10　种鸡笼养

图 6-11　种鸡地网混合平养

(2)蛋种鸡的产蛋期的饲养密度　饲养密度的大小与种鸡饲养方式和体形有关。不同饲养方式下不同体形蛋种鸡母鸡的饲养密度见表 6-22,公鸡所占的饲养面积应比母鸡多 1 倍。

表 6-22　蛋种鸡母鸡的饲养密度

鸡体形	地面平养		网上平养		混合地面		笼养	
	m^2/只	只/m^2	m^2/只	只/m^2	m^2/只	只/m^2	m^2/只	只/m^2
轻型蛋种鸡	0.19	5.3	0.11	9.1	0.16	6.2	0.045	22
中型蛋种鸡	0.21	4.8	0.14	7.2	0.19	5.3	0.050	20

注:笼养所指的面积为笼底面积。

2. 日粮过渡

饲料营养要从育成料过渡到产蛋料,但要坚持循序渐进的原则,做好育成期向产蛋期的科学过渡。方法是:2/3 的育成期日粮+1/3 的产蛋期日粮饲喂 2 d,1/2 的育成期日粮+1/2 的产蛋期日粮饲喂 2 d,1/3 的育成期日粮+2/3 的产蛋期日粮再饲喂 2 d,此后改成产蛋期日粮,整个过渡期约 1 周完成。以后饲料营养的增加要随着产蛋率的递增而逐渐增加,切忌增加太猛。蛋白增加过量会导致蛋体太大增加难产、脱肛概率,而且一旦不能及时发现会因严重啄肛致死。贝壳粉或石粉加入太猛、过量,蛋鸡吸收不了,只能通过增加饮水、加强体循环促进排泄多余的矿物质来保持平衡,不但增加了肝、肾功能负担,而且往往容易导致腹泻的发生,因此,豆粕、贝壳粉的增加量每次调整 1%～2%为宜。

3. 要注意的是饲料日粮的平衡供给

特别要考虑能量与蛋白比、钙与磷比以及钙与钠之间的协同性以及各种必需氨基酸之间的协调、平衡等细节。开产前 2 周可在饲料中加入 2%贝壳粉或石粉,以促进钙磷的储备。通常蛋鸡料能量与蛋白比以 17∶1为宜。

4. 适时开产

蛋鸡能否开产很重要的评判依据是:体重过轻或者胫长(高)不够即行开产,容易导致蛋重小、高峰持续期短、产蛋总量低,严重的会因难产引起不必要的损失。因此,开产时机的把握要根据其品种要求,待达到体重和胫长(高)标准,确认鸡群达到性成熟和体成熟时方可开产。

5. 补光与换料须同步进行

育成鸡达到品种开产体重和胫长(高)标准即可转入产蛋期管理,第一周补光 0.5～1.0 h,以后每周增加 0.5～1.0 h,直至光照时长达 16 h 保持恒定。

6. 种蛋收集时间

种蛋收集的适宜时间与蛋重有关，蛋重必须在 50 g 以上才能留种，即合格种蛋的收集时间从 25 周龄开始。种鸡采取人工授精时，只要提前 1 周训练公鸡适应按摩采精即可，种母鸡最初 2 d 连续输精，第 3 天即可收集种蛋，受精率可达 95%以上。对于老年的种母鸡，最好用青年公鸡配种，种蛋受精率较高。每天应捡蛋 5 次，其中上午捡蛋 3 次，下午捡蛋 2 次。

三、种鸡疾病净化与健康管理

(1)近年来，滑液囊支原体在种鸡场阳性率相当高，种鸡场在支原体疾病净化的方案中不仅要做好支原体病的药物保健计划，还要做好呼吸道健康的管理。在种雏鸡进场后做好温湿度的管理，温度控制在 33 ℃左右，湿度保持在 60%左右，要确保温湿度均衡和稳定，一天内温度波动不超过 3 ℃。特别在冬、春季节考虑到通风的因素鸡舍内室温最少高于体感温度 2 ℃以上，保证雏鸡和育成鸡有舒适的温度和湿度。

(2)肠道是蛋鸡体内最大的器官，也是体内器官表面暴露程度最广的器官，且大多数存在肠道相关的淋巴组织中，也是主动抵御病原体的第一道防线。肠道健康不仅让蛋鸡增加采食量，提高产蛋率，而且直接关系到蛋鸡对饲料的消化和吸收效率。为了减少饲养过程中肠道疾病的发生，往往在饲料中添加抗生素，抗生素的大量使用打破肠道菌群的平衡，也导致了有害菌群耐药性的产生。在国家全面禁抗的背景下，减少蛋种鸡的抗生素使用量，目前在饲料中添加有机酸、酶制剂和益生菌制剂，通过改善肠道的内环境来促进肠道健康。试验证明，在蛋鸡的不同生长阶段添加可溶性膳食纤维可有效地促进肠道菌群中有益菌群(如肠杆菌、拟杆菌属、双歧杆菌属、普雷沃氏菌属和瘤胃球菌属)的生长。肠道中有益菌群发酵分解产生的乙酸、丙酸、丁酸等短链脂肪酸能降低胃肠道 pH，抑制或杀死大肠杆菌等有害菌群，促进有益菌的生长，从而改善蛋鸡肠道微生物结构。

(3)沙门菌是种鸡垂直传播的主要细菌性疾病之一，种鸡患慢性或隐性带菌，其所产的种蛋平均 30%左右带菌。沙门菌的净化目前有效的措施就是在种鸡全程饲养阶段，在饲料中添加有机酸、益生菌、膳食纤维以及植物精油类添加剂，改善肠道健康预防沙门菌病的发生。种鸡进入产蛋期之前，必须严格对公母种鸡进行全面的沙门菌筛查，淘汰阳性鸡只，保证鸡群沙门菌阴性，减少沙门菌的垂直传播。

四、种公鸡的选择与培育

(一)种公鸡的选择

种公鸡的质量直接影响到种蛋受精率及后代的生产性能，其影响大于种母鸡，必须进行更严格的选择。

1. 第一次选择

在育雏结束公、母分群饲养时进行，选留个体发育良好、冠髯大而鲜红者。留种的数量按 1∶(8～10)的公、母比选留(自然配种按 1∶8，人工授精按 1∶10)，并做好标记，公鸡最好与母鸡分群饲养。

2. 第二次选择

在第 17～18 周龄时选留体重和外貌都符合品种标准、体格健壮、发育匀称的公鸡。自然交配的公、母比为 1∶9；人工授精的为 1∶(15～20)，并选择按摩采精时有性反应的公鸡。

3. 第三次选择

在第 20 周龄，自然交配的此时已经配种 2 周左右，主要把那些处于劣势的公鸡淘汰掉，如鸡冠发紫、萎缩、体质瘦弱、性活动较少的公鸡，选留比为 1∶10。进行人工授精的公鸡，经过 1 周按摩采精训练后，主要根据精液品质和体重选留，选留比例为 1∶(20～30)。

(二)种公鸡的培育

1. 种公鸡的营养水平

种母鸡育雏育成期的营养水平与商品蛋鸡一致。种公鸡的饲料最好不要使用母鸡料，应单独配制。后备公鸡的日粮是：代谢能 11～12 MJ/kg；育雏期粗蛋白质 18%～19%，钙 1.1%，有效磷 0.45%；育成期粗蛋白质 12%～14%，钙 1.0%，有效磷 0.45%；微量元素与维生素可与母鸡相同。公、母混养时应设公鸡专用料槽，放在比公鸡背部略高的位置，公鸡可以伸颈吃食而母鸡够不着；母鸡的料槽上安装防护栅，使公鸡的头伸不进去而母鸡可以自由伸头进料槽采食。

2. 种公鸡特殊的饲养管理要求

(1)断喙、断趾与戴翅号　对采取人工采精的公鸡在育雏期要断喙，以减少育雏、育成期间的死亡。自然交配的公鸡不用断喙，但要断趾，防止配种时踩伤、抓伤母鸡。公鸡断喙的合理长度为商品蛋鸡的一半；断喙时间与商品鸡相同，即 7～10 日龄进行第 1 次断喙，在 12 周龄左右将断喙效果不好的公鸡进行补断或重断。

采用自然交配的公鸡，可将内侧第一、第二趾断去，以免配种时抓伤母鸡。

引种时，各亲本雏出雏时都要戴翅号，以方便识别。

(2)剪冠　现代蛋用型种公鸡的冠较大，容易影响种公鸡的采食、饮水和配种，平养时发生争斗容易受伤，因此种公鸡要剪冠。同时，在引种时为了便于区别公、母鸡也要剪冠。

剪冠的方法有两种：一是出壳后通过性别鉴定，用手术剪剪去公雏的冠，但不要太靠近冠基，防止出血过多；二是南方炎热地区，只把冠齿剪去即可，以免影响散热。

(3)单笼饲养　繁殖期人工授精的公鸡应单笼饲养。群养时，公鸡相互争斗、爬跨等，影响精液数量和品质。

(4)温度与光照　成年公鸡在 20～25 ℃环境条件下可产生理想的精液品质。温度高于 30 ℃时会导致暂时抑制精子产生，而温度低于 5 ℃时，公鸡的性欲降低。

后备鸡阶段公母鸡应按同样的光照程序进行管理，育成后期至产蛋高峰前逐渐增加光照时数，母鸡到 16 h，公鸡到 12～14 h 为止。如果公母混养，以母鸡的光照要求为准。

五、人工强制换羽技术

人工强制换羽是人为采取强制性方法，给鸡以突然应激，造成新陈代谢紊乱，营养供给不足，促使鸡迅速换羽然后迅速恢复产蛋的措施。

(一)强制换羽前的准备工作

在鸡群健康的条件下进行，严格淘汰病、弱、瘦小和低产鸡。公鸡和母鸡分开强制换羽；挑出已经换羽的公、母鸡，单独饲养不必强制换羽，否则这些鸡会因连续换羽而增加死亡率；还可进行大小分群。接种疫苗后，进行一次驱虫，清理鸡舍粪便，消毒。全面检查、维修鸡舍内外设备。换羽前 1 d，抽测体重 10%，以其平均体重为标准，从断料的第 5 天起，每天在同一时间称重，计算失重数。当体重减少 25%～30%时应恢复喂料，并保持逐渐增加，直至自由采食。

(二)强制换羽的方法

1. 畜牧学法

采用停水、停饲和控制光照等措施，使鸡群的生活条件和营养产生剧烈变化，从而强制鸡休产换羽。

2. 生物学法

给鸡使用激素，使其停产换羽。如通过注射或拌料给每只鸡施用 20 mg 孕酮，在 2～4 d 内停止产蛋，7～12 d 内开始换羽，3～4 周内恢复产蛋。

3. 化学法

采用在饲料中添加含锌药物，使鸡的食欲中枢受抑制，采食量大大降低，从而达到休产换羽的目的。如产蛋期饲料中加 2.5%的氧化锌或 3%硫酸锌，饲喂 5～7 d 鸡群完全停产，之后换用产蛋期饲料。

4. 综合法

目前，生产中多数采用断水绝食和加锌日粮相结合的强制换羽方法，即断水断料 2～3 d，停止人工给光或光照降低到 8 h，然后开始给料，第 3 天让鸡自由采食含 2%锌的饲料，连喂 7 d，一般 10 d 后全部停料。这时可恢复光照，换羽 20 d 后母鸡开始产蛋。

(三)衡量强制换羽的指标

1. 换羽期的长短

从强制换羽开始到产蛋率恢复到 50%，一般为 6～8 周。

2. 失重率

根据鸡群的周龄、季节和饲养方式等，一般失重率达 20%～30%为宜，才能使输卵管中的脂肪基本消耗尽。

3. 死亡率

死亡率为 3%～5%，一般第 1 周死亡率为 1%，第 1～10 天为 1.5%，第 1～5 周为 2.5%，第 1～8 周为 3%。

4. 羽毛脱换速度

7～10 d 羽毛应大部脱落，10～20 d 主翼羽开始脱落，70%以上的主翼羽在 10～50 d 内脱落。

(四)实行强制换羽应注意的事项

(1)鸡群的选择　选择健康无病的高产鸡群，并选择体重一致的鸡只，淘汰病、弱和已经换羽的鸡只。

(2)疫苗接种和驱虫　强制换羽前1周对选择的鸡群进行新城疫疫苗的接种和药物驱虫。

(3)换羽期间　应掌握好脱羽速度、失重率和死亡率3项指标的相对平衡。

(4)恢复给料和光照时要逐渐进行　给料数量和营养水平都应逐渐增加，一般恢复期给料的第1天每只饲喂10～30 g，以后每天增加10～20 g，到第10天左右达到正常采食。要保证料槽充足，喂料时使全群鸡只都能同时吃上料。

(5)注意鸡舍卫生　及时清扫羽毛杂物，防止因饥饿啄食，引起消化道疾病。

(6)实行强制换羽的适宜周龄　一般在种母鸡产蛋60周龄左右，当产蛋率在60%以上时为好。

(7)适宜的换羽时间　强制换羽最好选在秋冬之交进行，这样换羽效果最好。

(8)不能连续强制换羽和给种公鸡换羽　种母鸡强制换羽只能进行一次，种公鸡强制换羽会影响精液品质。

技能训练十　雏鸡的断喙技术

一、目的要求

通过实训操作，反复练习，熟练掌握断喙技术。

二、实训材料

断喙在实训场地或实验室内进行。断喙器5台，6～10日龄雏鸡若干。

三、内容和方法

1. 断喙时间

断喙在1～12周龄均可进行，但最晚不能超过14周龄。对蛋用型鸡来说，6～10日龄是最佳的断喙时间。

2. 断喙器具的使用

(1)电热断喙器　电热断喙器为普遍采用的断喙器，插上电源，通电后刀片灼热，即可使用。雏鸡断喙器的孔径6～10日龄为4.4 mm，10日龄后为4.8 mm。

(2)感应式电烙铁　用感应式电烙铁也可以代替断喙器。用上海产“手枪式”感应电烙铁(220 V，60 W)，手触电钮10 s后，烙铁尖端温度可达700 ℃，以发红为止。但仅适用于雏鸡，可连续断喙15 000只鸡以上。

(3)普通剪子与烙铁结合　小规模养鸡场用普通剪子在火焰上烧红，剪去鸡的上、下喙，或用剪子直接剪去上下喙，再用烙铁烧烙止血。为减少伤口出血，可在伤口搽涂苛性钾。

3. 断喙方法

电热断喙法是借助于灼热的刀片，切除鸡上喙1/2，下喙1/3。断喙时，左手抓住鸡的腿部，右手拿鸡，以拇指压住头背，食指置于喉部，将关闭的上下喙一并插入孔中，轻压喉部使其缩回舌头。喙触及触发器，热刀片就会自动落下将喙断去，喙的断面应与刀片接触2 s，以灼烧止血。6～10 日龄常采用直切，6 周龄断喙可将上喙斜切，下喙直切，斜切时只要在喙插入导板孔时将头向下倾斜就行。

4. 断喙时注意事项

（1）断喙前后 3～5 d 内在饮水中加 0.1% 的维生素 C 及适量的抗生素，在饲粮中加 0.000 2% 的维生素 K，有利于凝血和减少应激。

（2）要求参加断喙的人员工作认真、耐心、细致，并妥善安排抓鸡、送鸡和断喙人员，捉拿鸡的动作要轻，不能粗暴。

（3）断喙操作要准确，应在鼻孔下边缘至喙尖的一半处剪断（切断生长点）。若断得过多，不易止血。若断得过少，达不到断喙的目的。不同日龄的雏鸡，喙的长短或大小不一，断喙人员不易掌握，易于多切或少切，要分开进行，不能混在一起，公雏的喙不要切得过多。断喙达到一定数量后要更换刀片。

（4）勿烙伤雏鸡眼睛，勿切断雏鸡的舌头。

（5）断喙器必须经常清洁、消毒，以防止断喙时的交叉感染。虽然灼烙的刀片能将接触到的所有微生物杀死，但易受断喙器其他部位的污染，在断喙后的 10～12 d 鸡的死亡增加。从未消毒的断喙器上分离到的微生物有沙门菌、葡萄球菌、曲霉菌和大肠杆菌。因此，要做好断喙器具的消毒工作。断喙后，在饮水中加入抗生素，如青霉素、链霉素和庆大霉素等，平均每只鸡 1 万 U，连续饮水 3～5 d；或饮用高锰酸钾水，水呈暗红色，连续饮水 2～3 d 即可。

（6）断喙应与接种疫苗、转群等日常工作错开，尤其在炎热的夏季，断喙要选择在凉爽的时间进行，这样可避免多重应激。

（7）断喙后，要仔细观察鸡群，对流血者重新烧烙止血。由于断喙伤口使鸡有疼感，若触到较硬的料槽底上，会增加鸡的疼感，必须增加料的厚度。断喙后应立即给水。

四、实训作业

每人断喙 5～10 只雏鸡，写出断喙方法、注意事项及断喙实训体会。

技能训练十一　鸡体重与均匀度的测定技术

一、目的要求

熟练掌握体重抽测的方法和鸡群均匀度的测定方法。

二、实训材料

称重设备（台秤、家禽秤或鸡舍内的自动称重系统）、围网、运鸡笼；体重记录表格、某鸡种各周龄体重和均匀度标准；种鸡（≥500 只）。

三、内容和方法

1. 测定的时间

称量体重从 1 周龄开始直到产蛋高峰前，每隔 1～2 周称重 1 次，必须在每周同一天的同一时间进行空腹称重。要在早上空腹称重。

2. 测定的数量

从鸡舍的不同位置随机抽测1%～5%的雏鸡(至少100只)。

3. 取样方法

抽样应有代表性。一般先将鸡舍内各区域的鸡统统驱赶,使各区域的鸡和大小不同的鸡分布均匀,然后在鸡舍任一地方用铁丝网围大约需要的鸡数,然后逐个称重登记。笼养的,为保证抽样有代表性,要在舍内不同区域抽样,但不能仅取相同层次笼的雏鸡,因为不同层次的环境不同,体重有差异。

4. 称重设备

称重设备有多种类型可以选择,但要使用精确度可达到±20 g的设备,同一鸡群多次或反复称重必须使用同一类型的称重器。所有的称重器都需要校准并随时准备好标准的重量砝码以检测称重器是否称重准确。每次抽样称重前后都要对称重器进行校准。

5. 均匀度的计算方法

通常按标准体重±10%范围内的鸡只数量占抽样鸡只数量的百分率作为被测鸡群的群体均匀度。其计算公式是:

$$体重均匀度=\frac{标准体重\pm 10\%范围内的鸡只数}{抽样总只数}\times 100\%$$

例:某鸡群10周龄标准体重为760 g,超过或低于标准体重±10%的范围是:760+(760×10%)=836(g),760−760×10%=684(g)。

在5 000只鸡群中抽样5%的250只鸡中,标准体重±10%(684～836 g)范围内的鸡为198只,占称重总数的百分比为:198÷250=79%。

则该鸡群的群体均匀度为79%。

6. 体重与均匀度的意义

体重能保证种鸡在该鸡种规定的体重标准和周龄达到性成熟,同时也决定种鸡的体质。种鸡均匀度的意义是要使鸡群发育整齐一致。只有详细的称量才能够很好地控制种鸡的体重与均匀度,对超重的鸡只进行限饲,对于低体重的要加强饲喂。生产上将所称测的体重和计算的均匀度与该周龄某品种的体重和均匀度标准进行比较,如果在标准之上,说明鸡群生长发育正常。当称量测得鸡群的均匀度低于70%时,尤其是低于平均体重严重时,就要及时地分析原因。一般从疾病、喂料饮水的均匀性、饲喂程序、饲料质量、断喙、环境条件等方面去查找,并根据其原因采取相应的措施。

四、实训作业

1. 按步骤写出实训结果。

2. 根据实训结果对照本鸡种的标准分析该鸡群的体重和均匀度,分析原因,并对该鸡群下一阶段的饲养管理提出合理化建议。

3. 结合蛋禽数字化管理平台历史数据,研判某栋鸡舍鸡群产蛋曲线的变化,分析原因并提出合理化建议。

技能训练十二 产蛋曲线的绘制与分析应用

一、目的要求

学会绘制产蛋曲线，并根据产蛋曲线分析鸡群的生产性能。

二、实训材料

某鸡场各周产蛋记录、该鸡场所饲养的品种产蛋性能指标、坐标纸、绘图工具。

三、内容和方法

1. 绘制标准曲线

在坐标纸上将该品种的产蛋率指标及所对应周龄（表 6-23）连成曲线，即标准曲线。

表 6-23 该品种的标准产蛋率

周龄	20	23	25	28	30	33	35	40	45	50	55	60	65	70	75
产蛋率/%	5	30	47	73	90	92	90	87	84	81	78	75	72	69	66

2. 绘制产蛋曲线

在同一坐标纸上将某鸡场产蛋率指标及所对应周龄（表 6-24）连成曲线，即为该鸡群的实际产蛋曲线，设该鸡场统计期内蛋鸡只数以 1 800 只计。

表 6-24 该鸡场实际产蛋曲线

周龄	20	23	25	28	30	33	35	40
日产蛋总数	90	492	839	1 358	1 691	1 590	1 480	1 360
产蛋率/%								
周龄	45	50	55	60	65	70	75	
日产蛋总数	1 477	1 452	1 395	1 290	1 196	1 090	995	
产蛋率/%								

3. 对比分析

对比两条曲线，分析产蛋率变化规律及判断该场鸡群产蛋量是否正常。

四、实训作业

1. 写出对比分析结果，找出原因，分析该场鸡群饲养管理方面存在的问题。
2. 根据以上分析，提出合理性建议。
3. 结合蛋禽数字化管理平台历史数据，研判某栋鸡舍鸡群产蛋曲线的变化，分析原因并提出合理化建议。

复习与思考

1. 雏鸡有哪些生理特点？
2. 后备鸡培育的目标是什么？
3. 雏鸡育雏方式有哪些？怎样因地制宜地选择适宜的育雏方式？
4. 育雏前应做哪些准备工作？
5. 如何给雏鸡开水与开食？
6. 如何掌握和控制育雏期的环境条件？
7. 如何做好鸡群的日常管理工作？
8. 断喙的目的是什么？怎样做好雏鸡断喙工作？
9. 为何要监测鸡群的体重？如何提高鸡群的均匀度？
10. 育成鸡与产蛋鸡在限制饲养上有何区别？
11. 结合实际，谈谈如何做好蛋鸡开产的技术措施？
12. 什么是蛋鸡的分段饲养、调整饲养？谈谈蛋鸡产蛋各阶段饲养管理措施是什么？
13. 何谓产蛋曲线？有何特点？如何延长产蛋高峰？
14. 根据蛋鸡的光照原则，请设计一个密闭式鸡舍和开放式鸡舍的光照控制方案。
15. 怎样进行强制换羽？

二维码 6-20　成功养殖土鸡案例分析

二维码 6-21　家禽健康养殖规范　GB/T 32148—2015

项目七
肉鸡生产技术

任务一　快大型肉仔鸡的生产技术

任务描述

快大型肉仔鸡是指某些专门的肉用品种及其品系或品系间的商品杂交鸡。现代肉鸡育种以提高肉用性能为中心，特别注重早期生长速度选育。由于肉鸡的快速生长加重了机体各部的负担，使机体始终处在应激状态下，易发生腿部疾病、胸囊肿、猝死和心包腹水综合征等营养代谢病。根据快大型肉仔鸡的生产特点，本任务在于如何做好肉仔鸡的饲养与管理工作。

二维码 7-1　快大型肉仔鸡生产

任务目标

了解肉仔鸡的生产特点；掌握肉仔鸡的饲养管理要点；掌握提高肉仔鸡商品质量的措施。

思政目标

学以致用，爱岗敬业；工匠精神，创新思维；团结合作，勇于奉献；职业操守，精益求精。

知识清单

一、肉仔鸡生产的特点

1. 早期生长速度快，饲料报酬高

肉仔鸡出壳时体重在 40 g 左右，第 1 周龄体重可比出壳时增加近 3 倍，6 周龄公、母平均体重 2 000 g 以上，为出壳体重的 60 多倍，料肉比(1.6～2.0)∶1。

2. 生长周期短，设备利用率高

肉仔鸡一般 6～7 周龄即可售出，一般第 1 批鸡出售后，清扫鸡舍消毒隔离 2 周又可饲养第 2 批鸡。这样一栋鸡舍 1 年可饲养 5～6 批肉仔鸡，增加了设备的利用效率。

3. 饲养密度大，经营规模化

肉仔鸡的一个优点是性情温顺，活动速度较缓，适合于大规模集约化饲养，而且每只肉鸡的纯利润较低，一般为1～2元，要获得效益，需要饲养一定的规模。饲养密度可达8～10只/m^2，国外由于各项技术先进和配套完备，舍内环境条件好，饲养密度可高达20只/m^2以上。

4. 肉质好，屠宰率高

肉仔鸡上市时商品合格率可达95%，胴体屠宰率可达65%～70%，屠宰后分割净肉率为45%～50%，肉质细嫩多汁，味道鲜美，脂肪少，而蛋白质、维生素、矿物质等含量高，氨基酸齐全，适宜做白切鸡、扒鸡、烧鸡、香酥鸡等各种佳肴。

5. 腿部疾病较多，胸囊肿发病率高

由于肉仔鸡的骨骼生长不能适应体重增长的需要，容易出现腿病。另外由于肉鸡体重大、活动少，胸部爬卧时长期支撑体重，若后期管理不善，常常会发生胸部囊肿。肉仔鸡的快速生长加重了机体各部的负担，对氧气的需要量较高，特别是3周龄内的快速生长，使机体始终处在应激状态下，容易发生肉鸡特有的猝死和心包腹水综合征。

二、肉仔鸡的饲养

(一)肉仔鸡饲养方式

由于肉仔鸡飞跳能力差、性情温顺、生长快、体重大的生物学特性，容易发生腿病和胸部囊肿的实际情况，应选择适宜的、有别于蛋鸡的饲养方式。目前主要采用的有以下几种饲养方法。

1. 厚垫料平养法

厚垫料平养法是当前国内外普遍采用的一种饲养方法。它是在鸡舍内地面铺设10～15 cm厚的垫料，垫料的长度以10 cm以内为好。要求垫料干燥松软、吸水性强、不霉变、不污染。常用有锯末、稻壳、切短的稻草等。优点是简便，投资少，易操作，胸部囊肿发病率低，残次品少。缺点是球虫病难以控制，药品和垫料费用较大，操作烦琐。在饲养过程中应经常抖动垫料，防止鸡粪在垫料表面结块，水槽及料桶周围的潮湿垫料应经常取出，换上新鲜垫料。饲养后期必要时应再往上面加一层垫料。

2. 网上平养法

网上平养法是将肉鸡饲养在距地面50～60 cm高的铁丝网(镀锌)或塑料垫网上的一种饲养方法。网眼1.25 cm×1.25 cm，粪尿混合物可直接掉于地面。金属网和塑料垫网均有定型产品，可购买，也可自制或设计。该方法优点是管理方便，劳动强度小，减少了球虫病的发病率，同时还能降低胸囊肿的发病率，但一次性投资大，胸、脚病发病率比厚垫料平养法高。网上平养法很受广大饲养户的欢迎，在我国很多地方推广使用。

3. 笼养法

笼养法就是肉鸡从出壳到出栏一直在笼内饲养的方法。笼养设备有的用金属制成，有的用塑料制成。国外多采用塑料制成，特别是新研制的笼底垫网，具有粪便漏下不粘网眼的优点，大大减少了疾病感染的概率。笼养肉用仔鸡，可经济利用房舍有效面积，提高饲养密度，节省垫料成本，减少或防止球虫感染腿，便于公母鸡分饲。缺点是一次性投资大，对环境要求高，胸囊肿和腿部发病率高，商品合格率低。

4. 笼养和平养相结合法

笼养和平养相结合法，在育雏供暖阶段（3～4 周龄前）采用笼养，然后转群改为地面厚垫料散养或网上散养，因笼养时雏鸡集中在较小范围内，节省燃料，且前期雏鸡胸囊肿发生率低，短期在笼内饲养对今后产品的合格率无明显影响。有一定可取之处，但不易做到全进全出。

（二）肉仔鸡养育期的划分与营养需要

1. 肉仔鸡养育期的划分

（1）三段制　前期（0～21 d），中期（22～37 d），后期（38 d 至上市）。

（2）二段制　前期（0～21 d），后期（22 d 至上市）。

2. 肉仔鸡营养需要的特点

肉仔鸡生长速度快，要求供给高能量、高蛋白的饲料，日粮各种养分充足、齐全且比例平衡。肉仔鸡早期器官组织发育需要大量蛋白质，生长后期脂肪沉积能力增强。因此在日粮配合时，生长前期蛋白质水平高，能量稍低；后期蛋白质水平稍低，能量较高。每个育种公司都对自己的肉仔鸡进行过大量的试验，总结出了自己鸡种的营养需要量，饲养户可据自己的实际情况，参照执行。从当前的生产性能和经济效益来看，肉仔鸡饲粮代谢能为 12.14～12.56 MJ/kg，蛋白质含量前期≥21%，后期≥19%为宜。同时，要注意满足必需氨基酸的需要量，特别是赖氨酸、蛋氨酸、各种维生素、矿物质的需要。

三、肉仔鸡饲喂技术

1. 加强早期饮水和饲喂

肉仔鸡生长速度很快，相对生长强度很大，如果前期生长稍有受阻，以后很难补偿。因此，雏鸡出壳后早入舍，早饮水，在饮水 1～2 h 后尽早开食，必要时采用人工引诱的办法，尽快让所有小鸡吃上饲料，是整个饲养过程的关键措施。

与蛋鸡育雏的开水、开食基本相同。只是雏鸡一开始即饲喂肉仔鸡前期的全价饲料，不限量，实行自由采食。最好采用颗粒料或膨化料。

2. 保证采食量

有了较高营养水平的日粮，若鸡的采食量不够，肉仔鸡的增重效果照样得不到保证。保证采食量的方法是：提供足够的采食和饮水位置；饲养密度、温度要适宜；防止饲料霉变提高饲料的适口性；采用颗粒料；在饲料中添加香味剂等以促进食欲。尤其是高温季节，应采取综合性的防暑降温措施，如加强舍内通风、喷雾降温、种树遮阴、提高日粮营养水平等。

3. 饲喂次数与饲喂量

饲喂次数本着少喂勤添的原则，1～14 日龄喂 6～8 次/d，隔 3～4 h 喂 1 次，全天至少不能少于 6 次；15～56 日龄喂 3～4 次/d。每次喂料量的多少应根据鸡龄大小不断调整。肉仔鸡大致给料标准和参考体重见表 7-1，肉仔鸡生长和耗料标准见表 7-2。

表 7-1　肉仔鸡大致给料标准和参考体重

日龄	给料量/(g/只)	周累计给料量/(g/只)	参考体重/g
1～7	12	84	80
8～14	26	226	170
15～21	43	567	330
22～28	60	987	535
29～35	80	1 547	750
36～42	100	2 247	968
43～49	115	3 052	1 250
50～56	130	3 962	1 500

表 7-2　肉仔鸡生长和耗料标准

周龄	体重/g			累计耗料量/g			耗料增重比		
	公鸡	母鸡	混养	公鸡	母鸡	混养	公鸡	母鸡	混养
1	180	170	175	154	146	149	1.10	1.10	1.10
2	456	424	440	484	458	471	1.20	1.23	1.22
3	839	751	759	1 032	939	986	1.43	1.47	1.45
4	1 325	1 175	1 250	1 829	1 669	1 750	1.64	1.72	1.68
5	1 890	1 650	1 770	2 911	2 606	2 761	1.91	1.98	1.94
6	2 536	2 174	2 355	4 337	3 804	4 074	2.21	2.29	2.24
7	3 181	2 699	2 940	5 949	5 236	5 586	2.50	2.73	2.58

4. 公母分群饲养

公母雏鸡性别不同，其生理基础也有差别，对生活环境和营养条件的要求也不同。主要表现有以下几点：生长速度不同，公鸡生长快，母鸡生长慢，达 8 周龄出栏时，公鸡比母鸡体重重 27%；沉积脂肪能力不同，母鸡比公鸡沉积脂肪的能力强；羽毛生长速度不同，公鸡长羽慢，母鸡长羽快；胸囊肿的严重程度不同，公鸡较母鸡长易发生。公母分群饲养采取的主要措施有以下 3 点。

(1)分期出售　由于体重增长速度下降的时间是公鸡 8 周龄、母鸡 7 周龄，而且母鸡在 40 d 以后体脂和腹脂蓄积程度较公鸡严重，饲料利用率相应下降，经济效益降低。因此，母鸡应尽可能提前上市。

(2)按公母调整日粮营养水平　公鸡能更有效地利用高蛋白质饲料，中后期日粮蛋白质含量可分别提高至 21%、19%；母鸡则不能更有效地利用高蛋白质日粮，而且将多余的蛋白质在体内转化为脂肪，很不经济，中、后期日粮蛋白质含量应分别降低至 19%、17.5%。

(3)按公母提供适宜的环境条件　公鸡羽毛生长速度慢，前期需要稍高的温度，后期公鸡比母鸡怕热，温度宜稍低；公鸡体重大，胸囊肿比较严重，应给予更松软更厚些的垫草。

公母分群饲养好处在于可提高饲料利用率，节省饲料；同时肉鸡体重均匀度高，便于屠宰场机械化操作；便于适时出场以满足不同市场需求。

5. 限制饲养

肉仔鸡吃料多，增重快，鸡体代谢旺盛，需氧量大，在当前饲养管理及环境控制技术薄弱的条件下，易发生脂肪蓄积过多、腹水症等营养代谢病而降低商品合格率。因此在肉鸡早期进行限制饲养，尤其饲喂至较大体重时（2.3 kg 以上），应适当降低前期料的蛋白质和能量水平，以减少肉鸡腿病和猝死综合征。

四、肉仔鸡管理技术

1. 环境控制

（1）温度　雏鸡调节体温能力差，不论育雏前期还是后期，温度对鸡的发育和鸡只的成活率都有很大影响，因此保温是肉仔鸡一切管理的基础，尤其在育雏的第 1 周内。1 日龄时舍内温度一般要求 27～29 ℃，育雏伞温度 33～35 ℃，以后每周平稳下降 2～3 ℃，直至 20～21 ℃。温度控制应保持平稳，育雏人员必须每天检查和记录温度变化，细致观察鸡的行为，以雏鸡不挤堆、靠近热源及不远离热源张翅喘气、均匀散布地面、食欲旺盛为佳。根据季节、气候、雏鸡状况灵活掌握温度，肉仔鸡适宜育雏温度见表 7-3。

与蛋鸡比较，肉鸡对温度的要求有两个显著特点：①在保证温度供给的同时，同时还应考虑到肉仔鸡在适宜温度范围内变温比恒温生长快，应积极采取措施，使舍温有一个变动范围，在不同时间调成适当温差；②脱温后舍内温度要求较为严格，以保持在 20 ℃左右为最佳。

表 7-3　肉仔鸡适宜育雏温度　　℃

生长期	育雏方式		
	保温伞育雏		直接育雏
	保温伞温度	雏舍温度	
1～3 日龄	33～35	27～29	33～35
4～7 日龄	30～32	27	31～33
2 周龄	28～30	24	29～31
3 周龄	26～28	22	27～29
4 周龄	24～26	20	24～27
5 周龄以后	21～24	18	21～24

（2）湿度　供温的同时不可忽视舍内空气的湿度，在育雏前期温度在 30 ℃以上，如湿度较低，易造成雏鸡脱水，而育雏后期如湿度过高，导致球虫和霉菌繁殖，严重影响雏鸡的健康。一般育雏第 1 周要求控制在 65%～70%的稍高湿度，以后应控制在 50%～65%，但不能低于 45%。

（3）通风　由于肉鸡饲养密度大，生长快，代谢旺盛，因此在保持鸡舍适宜温度的同时，良好的通风是极为重要的。良好的通风可以排出舍内水气、氨气、尘埃以及多余的热量，为鸡群提供充足的新鲜空气，提高采食量，促进生长发育。实际生产中，许多饲养者在育雏初期往往过度地强调保温而忽视通风，严重时会造成肉鸡中后期腹水症增多。2～4 周龄时通风换气不良，有可能增加鸡群慢性呼吸道病和大肠杆菌病的发病率。

（4）饲养密度　饲养密度直接影响肉仔鸡的生产性能。如果饲养密度过大，肉鸡休息、饮食都不方便，秩序混乱，环境越来越恶化，则鸡群自然生长缓慢，疾病增多，生长不一致，死亡率增加。饲养密度是否合适，主要是看能否始终维持鸡舍内适宜的生活环境，应根据鸡舍类型、饲养方式和鸡舍调节环境的能力，按照季节和肉鸡的最终体重来增减饲养密度。肉仔鸡的饲养密度见表 7-4。一般条件下 20～22 kg 活重/m^2，条件好的可提高到 30～33 kg 活重/m^2；寒冷季节密度可适当加大，温暖季节可适当降低；通风条件好时密度可高一些，反之则低；网上饲养密度可高一些，平养则低。

表 7-4　肉鸡的饲养密度　　只/m^2

最终体重/kg	地面平养		网上平养	
	夏冬	春秋	夏	春秋冬
1.8	10～12	12～14	12～14	13～16
2.5	8～10	10～12	10～12	10～13

要保证有足够的食槽，使每只鸡都能充分采食，一般第 1 周每 100 只雏鸡配 1 个或 2 个平底料盘（大盘 1 个，小盘 2 个），以后改用料槽，要求每只要占有 5 cm 的位置，如果用料桶则每 50 只鸡配 1 个，大鸡每 20～40 只 1 个。

饮水位置在不断水的前提下，前 2 周每 70 只鸡一个饮水器（容量为 4 L），以后改用水槽时每只鸡应占 2 cm 的饮水位置，如果用圆钟式自动饮水器，则每个饮水器可供 120 只鸡使用。自动饮水器要求量足且分布均匀，间距大约 2.5 m，自动饮水器高度应随鸡日龄的增长不断调整。

（5）光照　采用弱光制度是肉仔鸡饲养管理的一大特点。因为强光照会刺激鸡的兴奋性，而弱光照可降低兴奋性，使鸡经常保持安静，有益于增重。一般在育雏的 1～4 日龄给予较强的光照，3.0 W/m^2，15～30 日龄为 1.5 W/m^2，30 日龄以后为 0.75 W/m^2。研究表明，此法可降低腿病、猝死和腹水症发生率，从而有效地提高肉鸡商品合格率。对于有窗或开放式鸡舍，要采用各种挡光的方式遮黑；对于密闭式鸡舍，应安装光照强弱调节器，按照不同时期的要求控制光照强度。

对光照时间，大多数肉鸡饲养者只在进雏后第 1～3 天实行通宵照明，4 日龄以后改为 23 L（光照）＋1 D（黑暗）；另一种方法是 1～2 日龄 24 h 光照，3～42 日龄 16 L＋8 D，43 日龄至上市 23 L＋1 D。在全密闭式鸡舍内安装定时开关，可实行（1～2）L＋（2～4）D 的间隙光照方案，可节省饲料，也可明显提高肉鸡的饲养效益。鸡的采食行为一般集中于明期，暗期为休息、睡眠时间，一旦进入暗期，肉鸡就会转入休息并集中精力于饲料的消化；明期短，不会产生玩食现象，因而可以较大幅度地提高饲料利用率。间歇光照还可有效地防止腹水症，因为间歇光照起到了一种间接限饲的作用。总之，对肉仔鸡来说，间歇光照的效果好于连续光照（23 L＋1 D）。

2. 细心观察雏群

要养好雏鸡必须经常细心观察鸡群，熟悉雏鸡的动态。

（1）检查、记录鸡群的采食量和饮水量，并与前 1 d 的采食量、饮水量进行比较，发现问题要及时查明原因，采取措施。

（2）每天清晨要检查雏鸡的粪便是否正常，正常的粪便为灰绿色，并带有尿碱沉淀的一层白霜，如为黄色浆尿和黄绿色稀粪或粪中带血、稀水等，说明雏鸡有病症应及时查明原因，采取预防治疗措施。

(3)注意在夜间倾听鸡群内有无异常呼吸声,在个别鸡只出现呼吸道症状时,立即改善环境和投药,就可以避免过大的损失。

3. 加强疫病防治

肉鸡生长周期短,饲养密度大,任何疾病一旦发生,都会造成严重损失。因此要制定严格的防疫卫生措施,搞好预防。

(1)实行“全进全出”的饲养制度　在同一场或同一舍内饲养同批同日龄的肉仔鸡,同时出栏,便于统一饲料、光照、防疫等措施的实施。第一批鸡出栏后,留 2 周以上时间彻底打扫消毒鸡舍,以切断病源的循环感染,使疫病减少,死亡率降低。全进全出的饲养制度是现代肉鸡生产必须做到的,也是保证鸡群健康、根除病源的最有效措施。

(2)加强环境卫生,建立严格的卫生消毒制度　搞好肉仔鸡的环境卫生,是养好肉仔鸡的重要保证。鸡舍门口设消毒池,垫料要保持干燥,饲喂用具要经常洗刷消毒,注意饮水消毒和带鸡消毒。

(3)预防接种　预防接种是预防疾病,特别是预防病毒性疾病的重要措施,要根据当地传染病的流行特点,结合本场实际情况制定合理的免疫程序。最可靠的方法是进行抗体监测,以确定各种疫苗的使用时间。

(4)药物预防　根据本场实际情况,定期进行预防性投药,以确保鸡群稳定健康。如 1～4 日龄饮水中加抗菌药物(如环丙沙星、恩诺沙星),防治脐炎、鸡白痢、慢性呼吸道病等疾病,切断种蛋传播的疾病;17～19 日龄再次用以上药物饮水 3 d,为防止产生抗药性,可添加磺胺增效剂;15 日龄后地面平养鸡,应注意球虫病的预防。也可以参照以下程序进行预防给药:10 日龄用阿莫西林饮水,对机体起到一个净化作用;20 日龄用氟苯尼考饮水,预防大肠杆菌;前期预防和治疗白痢可选择恩诺沙星或左旋氧氟沙星;34～37 日龄为疾病高发期,可提前用抗病毒中药和预防大肠杆菌药配合应用。用药总原则:30 日龄前控制好呼吸道疾病,30 日龄后以预防肠道疾病为主。

4. 减少肉鸡的应激

肉鸡快速生长所造成的娇嫩体质,加之大规模高密度的饲养方式,使肉鸡特别容易产生应激。在应激状况下,肉鸡的生理活动不正常,胸腺、法氏囊和脾脏等免疫器官萎缩,体内淋巴细胞减少,采食量减少,消化功能紊乱,生长迟缓,抗病能力下降,严重时诱发各种疾病。在生产上,如接种疫苗、饲料中某种营养不足或过剩或某些物质引起中毒、饲养密度过大、温度过高过低或急剧变化、通风换气不良、捕捉、鸡群发病等均会造成肉鸡应激,影响正常生长发育。因此应构建完善的饲养管理制度,尽可能地减少肉鸡的应激,对诸如免疫之类不可避免的应激,也应设法减缓应激程度,尽量控制在鸡群能承受的范围之内。

5. 做好记录工作

正确详实地做好记录,可以使饲养者比较清楚地把握鸡群的生长状况,也便于日后总结经验改进工作,尽快掌握正确的肉鸡饲养技术。记录内容大致如下:每日记录实际存栏数、死淘数、耗料数,记录死淘鸡的症状和剖检所见;每天早晨 5:00、下午 15:00 记录鸡舍的温度和湿度;记录每周末体重及饲料更换情况;认真填写消毒、免疫及用药情况;认真记录特殊事故,包括控温失误造成的意外事故、鸡群的大批死亡或异常状况、误用药物、环境突变造成的事故等。

五、肉鸡出栏

出栏作业过程的疏忽，常会造成肉鸡死亡，或增加碰伤擦伤而降低肉鸡的商品等级，严重影响经济效益。据调查，肉鸡屠体等级下降有50%左右是由碰伤造成的，而80%的碰伤是发生在出栏前后。所以应该规范肉鸡出栏时抓鸡、装笼、运输和卸车的过程。

肉鸡出栏时必须注意以下问题。

(1)确定屠宰时间后再决定捕捉、运输的时间，减少肉鸡在屠宰场待宰的时间，这一点在夏季尤为重要。据测，停食20 h比8 h掉膘率高3%～4%。处理得当，掉膘率为1%～3%。

(2)捕捉装笼前4～6 h停喂饲料，但不停止供水。

(3)捕捉前先移走舍内所有料桶、饮水器及其他一切地面上的器具。

(4)捕捉前尽可能地降低光照强度，白天可采取遮光措施，只要在朦胧中看得见鸡即可，达到不用围网即可捕捉的程度。

(5)抓鸡前和抓鸡过程中尽可能地避免惊扰鸡群，整个作业应在安宁的气氛中进行。必须防止鸡群扎堆，以防导致窒息死亡和增加肉鸡的外伤。

(6)抓鸡时应抓住鸡的双腿，每只手最多只允许同时抓3～4只鸡。对体重很大的鸡，应用双手抓住鸡只的背部，不可用脚踢鸡。

(7)根据肉鸡的体重和气候状况决定每只笼子的装鸡数，鸡笼中不得超量装鸡。

(8)夏季运鸡，应选在清晨或上午前到达屠宰场，鸡笼之间要留有10 cm左右的距离，以利于散热。运输途中不得停车休息，到达之后，应停在遮阳棚下，必要时利用喷雾装置和风扇降温。

(9)在寒冷季节运鸡，车的前半部分需用帆布遮盖，运输途中注意检查鸡只是否舒适，待到达目的地后再撤去帆布。

六、肉鸡生产中的主要问题

(一)疾病控制与药物残留的矛盾

为保证食用肉鸡者的身体健康，确保上市肉鸡无药残，在饲养肉鸡过程中必须严格遵守用药规定，对不熟悉的药物，必须经过药残分析，确认无疑并征得技术员同意方可使用。减抗禁抗势在必行，我国在2020年7月1日颁布法规禁止在饲料中添加抗生素，保证鸡蛋、鸡肉等食品安全，同时需关注产品的微生物残留、重金属残留和农药残留等。另外，应尽快开发新型的替代抗菌药物和寻求安全辅助制剂。

(二)营养代谢性疾病

1. 胸囊肿

胸囊肿是胸龙骨部位与笼丝、垫料或结块接触而出现的囊状病变，是肉仔鸡最常见的胸部皮下发生的局部炎症。它不传染也不影响生长，但影响屠体的商品价值和等级，降低食用价值，造成一定经济损失。从管理方面减少胸囊肿的方法有以下几种。

(1)尽可能保持垫料的干燥和松软，垫料保持足够的厚度，避免露出水泥地面，及时钩松或更换垫料以防潮湿板结。

(2)勿使鸡只长期处于伏卧状态,应适当活动。越是日龄大的、体重大的、胸部肌肉丰满的鸡,胸部受压情况越严重,囊肿发生率越高。

(3)尽量不采用金属网面饲养肉仔鸡。

2. 腿部疾病

随着肉用仔鸡生产性能的不断提高,腿部疾病的严重程度也在增加,是肉鸡生产中存在的第二大问题。引起腿病的直接原因是多种多样的,归纳为以下几类:遗传性腿病,如胫骨、软骨发育异常、脊柱滑脱等;感染性腿病,如化脓性关节炎、脑脊髓炎、病毒性腱鞘炎等;营养性腿病,如脱腱症、软骨症、维生素 B_2 缺乏症等;管理性腿病,如风湿性和外伤性腿病等。

应针对上述病因,主要从营养、管理及预防等方面采取相应的措施。

(1)完善防疫保健措施,杜绝感染性腿病。

(2)确保微量元素和维生素的合理供给,避免因缺乏钙、磷而引起的软肢病。

(3)加强管理,确保肉仔鸡适宜的生活环境,避免因垫草湿度过大,脱温过早,以及抓鸡不当造成的脚病。

3. 腹水症

一般认为肉鸡发生腹水症是由于生长速度过快,而内脏器官的发育与其他器官系统之间发生不平衡现象,造成内脏器官和循环系统负担过重,从而引发腹水症。引起腹水症的原因多种多样,如环境条件、饲养管理、营养及遗传等,直接原因都与缺氧密切相关。应采取的措施如下。

(1)改善环境条件,特别是密度大的情况下,应充分注意鸡舍的通风换气。

(2)适当降低前期料的蛋白质和能量水平。

(3)防止饲料中缺乏硒和维生素 E。

(4)当早期发现有轻度腹水症时,除检查与改善以上措施外,应补加 0.05%维生素 C 于饲料,以控制腹水症的发展。

4. 猝死症

猝死症的症状是一些增重快、体大、外观正常健康的鸡突然狂叫,仰卧倒地死亡。剖检常发现肺肿、心脏扩大、胆囊缩小。导致猝死症的具体原因不详。一般建议:在饲粮中适量添加多维;加强通风换气,防止密度过大;避免突发的应激。

任务二　快大型肉种鸡的生产技术

任务描述

现代肉种鸡具有体形大、肌肉发达,前期增重快、生长迅速,沉积脂肪能力强等特性。在饲养过程中易发生过肥或超重,使正常的生殖机能受到抑制,引起产蛋率和受精率的降低,腿部疾病增多。学习本任务重点是使肉种鸡保持其生长和适宜的产蛋体重,良好的均匀度,保持体成熟与性成熟一致,使其适时开产,所以饲养肉种鸡关键技术要特别注意控制采食量和光照时间。

任务目标

掌握肉种鸡的饲养管理要点;掌握限饲技术;会监测肉种鸡的体重与均匀度评估;会监测

肉种鸡的体况。

思政目标

爱国情怀;学以致用,爱岗敬业;工匠精神;团结合作;标准化操作,职业操守。

知识清单

一、肉种鸡的饲养管理目标

1. 适宜的体重

现代肉种鸡具有体形大,肌肉发达,采食量大,在饲养过程中易发生过肥或超重而引起产蛋率和受精率的降低。一个理想的肉种鸡群体重必须是群体体重与标准相符,要求个体每周的体重均应在标准体重±10%范围内。因此,在育雏育成期,尽可能按照体重标准进行饲养;在产蛋期,除保持种鸡少量增重外,尽可能避免种鸡过度超重或失重,使其获得最佳生产性能。

2. 良好的整齐度

整齐度是品种性能和饲养管理技术的综合体现,一般要求鸡群的整齐度在80%以上。鸡群生长发育越整齐均匀,越能获得较理想的产蛋高峰,且其高峰期持续的时间也较长。实践证明,越早控制均匀度,效果越好。分圈饲养、定期挑鸡是提高均匀度的有效办法之一。此外,适宜的饲养密度、充足的采食和饮水空间、合理的饲喂和饮水程序、良好的鸡舍环境等,都是提高均匀度的基本保障。

3. 适时开产

在饲养过程中必须保持体成熟与性成熟一致,使其适时开产,可提高产蛋率、受精率及种蛋的合格率。一般要求种鸡于22～25周龄见蛋,27～28周龄开产,30～32周龄产蛋达高峰。

4. 重视种蛋生产

在种蛋生产过程中,必须注意鸡群中公母比例适当;公鸡健康、强壮、配种能力强、营养满足种蛋生产需要;母鸡体重符合标准要求;种蛋清洁无污染。在生产中一般要求鸡群中公母比例以1∶10为宜,且在45周龄后补充后备青年公鸡,其数量以不少于公鸡总数10%,同时种蛋收集后,必须进行消毒处理,这样才能获得提高种蛋的受精率及合格率。

二、肉种鸡的饲养方式与密度

(一)饲养方式

1. 栅板—垫料饲养

栅板—垫料饲养即为通常所说的“两高一低”鸡舍。由2/3的栅板和1/3的地面垫料组成。栅板常用宽2～3 cm木质板条或竹片钉成,板条之间留有2.5 cm左右的间隙,便于鸡粪落下。栅板置于离地面60 cm的栅板架上,并靠鸡舍两侧放置,栅板上再铺上一层弹性塑料网。中间留有1/3鸡舍面积的地面,铺以厚10 cm的垫料。种鸡在栅板上采食、饮水。在地面上交配,这种饲养方式种蛋受精率高。

2. 地面平养

因地面平养具有投资少、简便易行的特点,也被饲养场(户)较多采用,但由于垫料容易潮湿、板结,常会导致种鸡腿部疾病,特别是产蛋后期会造成种公鸡较高的淘汰率。

3. 笼养

笼养是一种立体化的饲养。近年来肉用种鸡笼养方式有逐渐增加的趋势。每笼养 3 只种母鸡,采用人工授精,既提高了饲养密度,又获得了较高而稳定的受精率,因而采用者日趋增多。肉用种母鸡每只占笼底面积 720～800 cm^2,一般笼架上只装两层鸡笼,便于抓鸡、输精、喂料、捡蛋。

(二)各阶段密度要求

1. 育雏阶段(0～4 周龄)

育雏阶段密度要求见表 7-5。

表 7-5 育雏饲养面积、采食位置和饮水位置推荐值

项目	推荐值
饲养面积	
垫料平养	11 只/m^2
采食位置	
料槽	5 cm/只
圆形料筒	8～12 只/个
圆形料盘	30 只/盘
饮水位置	
水槽	2.5 cm/只或 8～10 只/个
乳头饮水器	8～10 只/个
钟式饮水器	1.25～1.5 cm/只

2. 育成阶段(5～19 周龄)

育成阶段密度要求见表 7-6。

表 7-6 育成期饲养面积、采食位置和饮水位置推荐值

项目	公母分饲		公母混饲
	母鸡	公鸡	
饲养面积			
开放式鸡舍/(只/m^2)	5.2	3	5.2
密闭式鸡舍/(只/m^2)	6.2	4	6.2
采食位置			
链式食槽/(cm/只)	15	20	15
圆形料桶/(只/个)	12	8～12	12
圆形料盘/(只/个)	14	8～10	12～14

续表 7-6

项目	公母分饲		公母混饲
	母鸡	公鸡	
饮水位置			
水槽/(cm/只)	4.0	2.5	2.5
乳头式饮水器/(只/个)	8	10～12	10～12
圆钟式饮水器/(只/个)	60～80	80	80

3. 产蛋阶段(20 周龄起)

产蛋阶段密度要求见表 7-7。

表 7-7　产蛋期饲养面积、采食位置和饮水位置推荐值

项目	推荐值
饲养面积	
垫料平养	4 只/m^2
采食位置	
料槽	15 cm/只
圆形料筒	8 个/100 只
圆形料盘	10 只/盘
饮水位置	
水槽	2.5 cm/只
乳头饮水器	8～10 只/个
钟式饮水器	80 只/个

三、肉种鸡的选择

对祖代和父母代种鸡都要进行选择，通常分 3 次进行。

1. 1 日龄时选择

母雏：绝大部分留下，只淘汰过小的、过瘦的或畸形的。

公雏：选留活泼健壮的，数量为选留母雏的 17%～20%。

2. 6～7 周龄时选择

6～7 周龄是选择的关键时期。此时种鸡体重与后代呈相当高的正相关，往后相关性就差多了。因为，在这个时期正是肉仔鸡出栏上市，选择的重点是公鸡。

此时的公、母雏，外貌不合格者很明显，将那些交叉嘴、鹦鹉嘴、歪颈、弓背、瘸腿、瞎眼、体重过小的淘汰掉。

选公雏时，还要按体重大小排队，选外貌合格，胸部和腿部肌肉发育良好，腿脚粗壮结实，体重较大的公鸡。数量为选留母鸡的 12%～13%，其余转为肉仔鸡。

3. 转入种鸡舍时选择

这次淘汰数很少，只淘汰那些明显不合格的，如发育差、畸形、断喙过多的鸡。公鸡按选留母鸡的 11%～12%留下。有些种鸡场在母鸡群开产后，对发育欠佳，近期无繁殖能力的公鸡也予以淘汰。

四、肉种母鸡各阶段的饲养管理

(一)育雏育成期公母分饲

育雏育成期种公鸡和种母鸡饲养管理的原则基本相同,但体重生长曲线和饲喂程序却不一样。虽然种公鸡的数量在整个鸡群中所占的比例较小,但在遗传育种重要性方面却起着50%的作用。因此,种公鸡和种母鸡在达到其最适宜的体重标准方面具有同样的重要性。目前大多数饲养管理成功的办法是鸡群在整个育雏育成阶段都采取了种公鸡和种母鸡分开饲养的程序,在育雏育成阶段公母分饲的主要优势如下。

(1)可为种公鸡和种母鸡采用不同的料量进行饲喂,更有效地分别控制种公鸡和种母鸡的体重和丰满度。

(2)可在育雏初期为种公鸡提供更多的光照,促使其早期生长,以期获得较大的骨架。骨架的大小与受精率之间具有十分密切的关系,因此种公鸡从 7 日龄开始根据目标体重达到适宜的骨架生长发育。

(3)有助于加强生物安全体系,如果种公鸡或种母鸡受到疾病侵袭,可防止另一方受到感染。

种鸡早期实施公母混群饲养是某些地区的传统做法。然而,同一群体中由于种公鸡和种母鸡具有不同的采食竞争能力,种公鸡和种母鸡的生长发育就会出现很大的差异。虽然早期混群饲养的方法也可以获得成功,但毕竟无法分别控制种公鸡和种母鸡的生长发育和均匀度,总而言之,混群饲养无法使种鸡群发挥最大的生产性能。

(二)育成期的饲养管理

肉用种鸡的育成期是指雏鸡脱温后到种母鸡开产前的这一段时期,一般指 7~22 周龄。其饲养管理与商品蛋鸡或蛋种鸡育成期的饲养管理基本相似,但有所区别,主要原因是肉用种鸡具有前期增重快,生长迅速,沉积脂肪能力强等特性。因此,在育成阶段,要特别注意控制采食量和光照时间,防止育成鸡长得过肥、过重,影响种用价值,导致受精率和产蛋率下降。

1. 限制饲养

(1)限饲目的

①控制肉种鸡体况过肥,使其体重符合本品种标准。肉用种母鸡在育成后期(20 周龄)体重控制在 2.2~2.4 kg,体况中等,种鸡即表现出来较强的繁殖力。如果任其自由采食,自然生长,体重超过 2.7 kg,其种用价值会显著降低,种鸡产蛋量下降,种蛋的合格率也会降低。肉用种公鸡在育成后期(20 周龄)体重应控制在 2.7~2.9 kg,保持其较高的配种力。如果体重过大,脚趾疾患增加,配种困难,则利用期缩短,配种能力过早降低。

②推迟肉种鸡性成熟的时期,使其性成熟和体成熟同步化。采取限制饲喂的技术措施,可使肉种鸡的骨骼和内脏器官早期得到充分发育,保持适当的体重,避免生长过快和早期性成熟,从而使全群所有个体的性成熟和体成熟大致同步实现。肉种鸡一般到 24 周龄左右即可开始产蛋,到 27~28 周龄产蛋率可达 50%,30~32 周龄进入产蛋高峰期。按技术要求,肉种鸡产蛋不宜早于 21 周龄,也不宜迟于 27 周龄。合理限制饲喂,可使种鸡开产日龄比较整齐,开

产适时，产蛋率上升快，产蛋高峰期持续时间长，种蛋的合格率高。

③降低脂肪沉积，减少产蛋期死亡率。限饲可使种鸡腹部脂肪沉积量减少 20%～30%，从而降低其开产后脱肛、难产的发生率，并且可以提高其耐热能力，不易中暑。

④节约饲料。限饲可减缓种鸡体重增长速度，减少饲料消耗 10%～30%，可使培育成本下降 8%左右。

(2)限饲的方法　种鸡最理想的饲喂方法是每日饲喂，但肉用型种鸡必须对其饲料量进行适宜的限制，不能任其自由采食。概括来说，限饲的方法可划分为限时法、限质法和限量法等多种方法。在生产实践中，限制日粮采食量的方法主要有每日限饲、隔日饲喂、喂 5 限 2、喂 4 限 3、喂 6 限 1 等几种饲喂程序，各种限饲方法并非单独采用，常常根据具体情况，将某些方法配合起来应用。近年来，喂 4 限 3 (4/3 制)饲喂程序越来越流行，主要原因在于该程序周料量增加的比较缓和。从每日饲喂转换成 4/3 制、5/2 制、6/1 制，或相互转换，或再转化成每日饲喂都要适宜地逐渐进行。最常用的选择饲喂程序见表 7-8 所示。

表 7-8　限制饲喂程序表

饲喂程序	饲喂日						
	星期一	星期二	星期三	星期四	星期五	星期六	星期日
每日限饲	√	√	√	√	√	√	√
隔日限饲	√	×	√	×	√	×	√
喂 5 限 2	√	√	√	×	√	√	×
喂 4 限 3	√	√	×	√	×	√	×
喂 6 限 1	√	√	√	√	√	√	×

(3)限饲方案

①母鸡限饲方案。

1～28 日龄：用雏鸡料，1～21 d 不限饲，第 22 天开始每日限饲，饲料含精蛋白质 17%～18%，能量 11.50～12.18 MJ/kg。为了促进鸡的肌肉、骨骼的充分生长发育，开始几天连续不断给料，让小鸡自由采食，1 周后由 8 次/d 降到 6 次/d，再降到 4 次/d。

29～84 日龄：应用生长料，隔日限饲，能量 11.27～12.18 MJ/kg，饲料含粗蛋白质 14.5%～15.5%。

85～127 日龄：采用喂 5 限 2 饲喂程序，继续饲喂生长料。从第 50 天起饲喂砂砾，饲喂量为4.5 kg/(千只・周)，喂法是撒在垫料或砂槽内，任由鸡采食。

128～168 日龄：为每日限饲，喂产蛋前期料，能量 11.50～12.18 MJ/kg，饲料含粗蛋白质 15.5%～16.5%，钙 1%。此阶段是小母鸡最重要的黄金时期，为了保证生殖系统的良好发育，必须提供充足的优质蛋白、能量饲料及矿物质。自 162 d 后，加喂贝壳，饲喂 1.35 kg/100 只，1 次/周，撒在垫料中，任鸡只自由采食。

169～455 日龄：为每日限饲，喂产蛋料，能量 11.50～12.18 MJ/kg，饲料含粗蛋白质 15.5%～16.5%，钙 3%。开产 28 d 产蛋率达 40%以上时，饲料日喂量要求达最高量(165 g 以上)。由于距产蛋率 80%以上仅有 14～21 d 时间，若加料不快不充分，将无法满足产蛋所需营养。

197～252 日龄：产蛋率达 80%以上，为产蛋高峰期。在此阶段母鸡对营养的实际需要不变，饲料不可减量。而产蛋率下降至80%及以下时，须立即减料，否则将导致母鸡过肥，且浪费饲料。实施限制饲喂技术，可有效降低产蛋肉种鸡体内20%～30%过量脂肪的沉积。

一般开产之前，使限饲程度随鸡龄提高而逐步放宽，以利正常开产。至于限饲方式的采用，主要取决于鸡的实际体重与标准体重的差异。

过去经典的限饲方案中种母鸡的限饲时间从3～4周龄开始，现在已提前至1周龄后，即2周龄起就限饲，以使雏鸡体重起伏不太大。事实上，肉种鸡从7日龄至产蛋结束都实行不同程度的限饲。种公鸡一般从5～6周龄或当每只鸡每日摄取量120 g饲料时开始限饲，使其骨骼能得到充分发育。

喂料量应根据体重标准、每周称重情况、季节、饲料的营养水平、鸡群状况等因素综合考虑，其最终目的是通过调整喂料量，达到规定的体重标准。

AA种鸡(母鸡)常用限饲程序推荐表见表7-9。

表7-9 AA种鸡(母鸡)常用限饲程序推荐表

生长期	饲料种类	限饲程序	代谢能/(kal/kg)	粗蛋白质/%
0～21日龄	育雏料	每日饲喂	2 800～2 915	17.0～18.0
4～11周龄	育成料	喂4限3	2 640～2 860	15.0～15.5
12～17周龄	育成料	喂5限2	2 640～2 860	15.0～15.5
18～20周龄	产前料	喂6限1	2 800～2 915	15.5～16.6
21～24周龄	产前料	每日饲喂	2 800～2 915	15.5～16.6

②公鸡限饲方案。为了保证公鸡良好的发育、合适的体况、较高的配种率，就需要采取措施控制公鸡饲料摄入量。公鸡育成期的限饲方法同母鸡限饲方法，只是饲料量和体重不同而已。不论与母鸡混养或分养，严格按体重限饲，均能收到较好的效果。生产中常采取公母鸡笼养，进行人工授精。

(4)限饲期间管理

①分群与调群。限饲前应通过对鸡群的目测和称重，按体重大小和体格强弱进行分群，将体重过小和体格软弱的鸡移出或淘汰。一旦发现鸡群强弱不均，要及时调整分群。调群工作一般每1～2周进行一次。

②断喙。限饲时易发生啄癖，特别是有日光照射的开放式鸡舍，更易发生。因此，6～8日龄时应对肉用雏鸡进行断喙。

③定期称量体重。从开始限饲到产蛋前1周，每周称重1次。从开产到40周龄，每2周称重1次。40周龄后，每4周称重1次。称重应固定于每周的某天，一般选在限饲日下午进行，以测得鸡空腹时体重。若鸡体重比标准体重超出1%时，下1周喂料量应比计划数减少1%。若比标准体重低1%时，则下1周喂料量应按计划数增加1%。

④经常观察鸡群。限制饲养时要经常观察鸡群，注意观察鸡群的采食、饮水和健康状态。如鸡群患病或接种疫苗等，应暂时恢复自由采食。限饲时要保证每只鸡都有足够的采食和饮水位置。

⑤限制饲养与光照控制结合。体成熟和性成熟能否同步进行对育成期肉种鸡极为重要。如果限饲与光照控制结合得好，就会通过光照的时间和强度调节开产日龄，使种鸡的性成熟和体重标准同步。如果限饲不与光照很好地结合，就会出现种鸡体重虽已达标，但尚未开产，或

体重低于标准，但不能同步开产的现象。

⑥公母分群饲喂。有条件的种鸡场，雏鸡从 1 日龄开始公母鸡分栏或分舍饲养，分别控制限饲时间、喂料量和体重，提高公母鸡群的均匀度，便于实现各自的饲养目标。

⑦在鸡群受到疫病、转群、免疫接种等因素应激时，要适当增喂饲料或临时改为自由采食，并可酌情添饲抗应激药物。待鸡群状态恢复正常时，再按规划方案继续限饲。

2. 种鸡生长发育监测

(1)监测体重　鸡群的生长发育都应根据鸡群抽样称重进行评估和管理，并将其与各个生长阶段的标准体重进行比较。肉用种鸡的最大特点是采食量大、生长速度快、沉积脂肪能力强，尤其 10～15 周龄是决定体形发育的重要节点，此阶段饲料摄取量的少许变化会对种鸡体重产生巨大的影响，因此，监测体重尤为重要，确保种鸡对饲料产生适时的应答，使鸡群达到体重标准并保持良好的均匀度，培育最佳的种鸡繁殖潜力。

应从 1 日龄开始每周实施抽样称重，1 日龄、1 周龄和 2 周龄(或 2 日龄、7 日龄和 14 日龄)可采取群体称重，每个群体抽取 10～20 只鸡。对早期生长存在问题的鸡群，建议增加称重次数。从实际角度出发，整个种母鸡抽样称重的数量不应少于鸡群的 1%，种公鸡不应少于 3%。

从第 3 周龄(21 日龄)开始，随机抽样的鸡只应进行个体称重。使用捕捉围栏，或在鸡舍内的某个区域，每次围圈 50～100 只鸡并逐个进行称重。为避免任何选择偏差，所有被围圈的鸡只都必须进行称重。如果栏内或舍内的鸡群数量超过 1 000 只，则必须在栏内或舍内不同的两个位置进行抽样称重。

种鸡应在每周同一天的同一时间进行称重，最好是在限饲日或喂料 4～6 h 后进行。这样做的目的在于通过准确的抽样称重，真正了解鸡群生长和发育的状况。

如果鸡群平均体重与标准体重相差 90 g 以上，应重新抽样称重。如情况属实，应按着下列方法加以校正体重。该原则既适用于种公鸡也适用于种母鸡。15 周龄前体重过低将会导致鸡只体形小，均匀度差，16～22 周龄饲料利用率降低。解决办法是延长育雏料的饲喂时间，立即饲喂下一步计划所要增加的料量，加大计划增加的料量直至体重恢复到标准体重为止。一般种鸡群平均体重低于标准体重 50 g，每只鸡每天应在原有基础上额外增加 50 kJ 的能量，1 周内体重可恢复到标准体重。15 周龄前体重超过标准体重将会导致鸡只体形大，均匀度差，产蛋期饲料利用率降低。解决办法是减少下一步所要增加的料量，推迟下一步所要增加料量的时间。

(2)监测均匀度　测量鸡群均匀度的方法是按照平均体重±10%或±15%的范围内鸡只数量占称重鸡只总数的百分比来表示。生产实践表明，1～8 周龄鸡群体重均匀度要求在 80%左右，最低 75%；9～15 周龄鸡群体重均匀度要求在 80%～85%；16～24 周龄鸡群体重均匀度要求在 85%以上。

鸡群均匀生长的另一重要指标在于良好的骨架发育。性成熟的开始完全取决于鸡只身体发育的状态。体重均匀度良好但骨骼大小参差不齐的鸡群身体发育状态有很大差异。这方面均匀度差会导致光照刺激开始后性成熟均匀度较差。

(3)体况监测　除保证鸡群均匀生长发育之外，另一重要因素就是要注意监测鸡只身体的发育状态。身体发育状态也就是鸡只骨架上肌肉和脂肪的丰满程度。不同周龄阶段的鸡只丰满度具有不同的状态。种母鸡丰满度过分或丰满度不足，其产蛋高峰和产蛋总数会明显低于丰满度理想的鸡群。过于肥胖的种公鸡交配活力会下降，从而影响受精率，而且腿病问题的发生率也较高。

评估种公鸡和种母鸡丰满度有下列三个特别重要的阶段：16～23周龄（112～161日龄）、30～40周龄（210～280日龄）、40周龄（280日龄）至淘汰。

种鸡身体方面有四个主要部位需要监测：胸部、翅部、耻骨、腹部的脂肪。评估鸡只丰满程度的最佳时机应是每周进行周称重时，对鸡只进行触摸。在抓鸡之前要注意观察鸡只的总体状态。

①胸部丰满度。在称重前或称重后，从鸡只的嗉囊部至腿部用手触摸鸡只胸部。按照丰满度过分、不足和理想三个评分标准，判定每一只种鸡的状况，而后计算出整个鸡群平均分。

至15周龄时，种鸡的胸部肌肉应完全覆盖龙骨。胸部的横断面应呈现英文字母V的形状。丰满度不足的鸡只龙骨比较突出，其横断面呈现出英文字母Y的形状，这种现象绝对不允许发生。丰满度过分的鸡只胸部两侧的肌肉较多，其横断面有些像较宽大的字母V的形状或较细窄的字母U的形状。20周龄时鸡只胸部应具有多余的肌肉，胸部的横断面应呈现较宽大的V的形状。25周龄时鸡只的胸部横断面应像窄细的英文字母U的形状。30周龄时胸部的横断面应像丰满的U形状。

②翅部丰满度。挤压鸡只翅膀桡骨和尺骨之间的肌肉可以监测翅膀的丰满度。监测翅部丰满度应考虑下列几点：20周龄时，翅部应有很少的脂肪，丰满度应很像人手掌小拇指尖上的程度。25周龄时，翅部丰满度应发育成类似人手掌中指尖的程度。30周龄时，翅部丰满度应发育成类似人手掌大指尖的程度。

③耻骨开扩。测量耻骨（骨盆骨或髋骨）开扩的程度判断种母鸡性成熟的状态。正常情况下，耻骨开扩的程度：12周龄耻骨闭合；见蛋前21 d耻骨开张一指半；见蛋前10 d耻骨开张两指到两指半；开产时耻骨开张三指。适宜的耻骨间距取决于鸡只的体重、光照刺激的周龄以及性成熟的发育。在此阶段应定期监测耻骨间距，检查评估鸡群的发育状况。

④腹部脂肪的累积。腹部脂肪能为种鸡最大限度地生产种蛋提供能量储备。然而，不同的遗传品系脂肪沉积量有所不同。常规型肉用种鸡品系一般在24～25周龄时，腹部出现明显的脂肪累积；29～31周龄（大约产蛋高峰前2周）时，腹部脂肪块达到最大尺寸，足以充满一手。丰满度适宜的宽胸型肉种母鸡在产蛋高峰期几乎没有任何的腹脂累积。产蛋高峰后，最重要的是要避免腹部累积过多的脂肪。如果发生该问题，同正常的情况相比产蛋率就会下降较快，受精率和孵化率也会下降。

3. 15周龄至光刺激期间的饲养管理

这一阶段是影响母鸡开产、早期蛋重、种蛋产量、产蛋高峰前饲料绝对需要量和产蛋高峰潜力的关键时期，加强饲养管理的目的是尽量减少种鸡性成熟中的差异，满足种母鸡各方面的生理需要，为性成熟做好准备。此期饲养管理的重点是制订一个合理的增重、增料计划，确保母鸡向性成熟和产蛋期平稳过渡。

（1）增重　在15周龄至光刺激期间应通过增加料量加速种母鸡的均匀生长，获取适宜的周增重。体重不断增长的结果会促进种母鸡生理上产生变化，逐渐趋于性成熟，还可以保证日后提高产蛋性能。鸡群可以从育成料换成预产期料或直接从育成期料换成产蛋期料。此期得到充分发育的鸡对光刺激反应敏感，在体成熟过程中也达到了相应的性成熟。所以，此期要保证较大的增重，发育不足的较瘦个体对光刺激不敏感，因分泌性激素不足使性成熟推迟，还会导致初产蛋重小，不合格种蛋比例增加，受精率低下，体重均匀度差和性成熟时间的不一致。

但如果这个阶段鸡群喂料量过多，导致体重超过标准，也会出现早产，蛋重大且双黄蛋比例增加，产蛋高峰不高，种鸡总产蛋数量减少，整个产蛋期饲料需求量加大，整个生产周期受精率降低，鸡群死亡率增加。

(2)公母混群　通常情况下，种公鸡和种母鸡在20～23周龄时就能达到混群的要求。如果种公鸡群体中性成熟时间存在差异，应将脸、冠、肉髯等第二性征表现突出的种公鸡与种母鸡混群，尚未达到性成熟的种公鸡可再等待一定的时间，使其继续发育，待完全达到性成熟后再混群。公母混群时所挑选的种公鸡应体重均匀、无生理缺陷、双腿健壮、脚趾笔直、羽毛丰满、体态直立、肌肉结实。生产中常用的方法是22周龄时先混入6%的种公鸡，此后至29周龄再混入余下的2.5%～3.0%。

(3)种母鸡饲喂设备　槽式(链式)喂料系统是最常用的喂料设备。每只鸡至少应有15 cm的采食位置。防止种公鸡偷吃母鸡料最有效的方法是在料槽上安装格栅，可将头部较宽、冠部较高的种公鸡隔绝在料槽之外。格栅内侧最小宽度为42～45 mm。还应在格栅顶部50～55 mm处横向安装一根铁丝或PVC管。如果种公鸡不剪冠，配合使用格栅和横向铁丝(或PVC管)可以确保种公鸡无法吃到母鸡料。有的还为公鸡戴鼻签用于阻挡其喙部进入母鸡料槽。

4. 光刺激期间至30周龄产蛋高峰前的饲养管理

(1)光刺激期间至5%产蛋率之间种母鸡的饲养管理　此阶段饲养管理的目的是利用光照和饲料刺激种母鸡产蛋。种鸡对光照时间和光照强度增加的反应好坏，主要取决于育成期达到了体重标准鸡群的均匀度好坏和营养摄入是否适宜。应该按照能够获得正常体重生长曲线的饲喂程序饲喂，并严格按照所推荐的光照程序加光(表7-10、表7-11)，这样种鸡才能够适时开产。鸡群没有达到适宜体重时，过早增加光照，鸡体对光照刺激失去敏感性，反而导致开产推迟。如果鸡群出现体成熟推迟或性成熟提前时，应推迟1～2周进行增光刺激，而在性成熟和体成熟同步提前的鸡群，则应提前增加光照刺激。必须定期增加料量以获得适宜的周增重、适宜的丰满度和适时的开产时间。监测种母鸡的耻骨宽度，掌握性成熟的发育状态，保证饲料、饮水质量，避免疾病的发生，否则会对整个鸡群的开产及开产后的生产性能产生重大影响。

表7-10　某鸡场推荐的种母鸡光照程序(开放式鸡舍)

生长期	光照时间	光照强度/lx
1～2日龄	23 h	30～40
3日龄至16(或18)周龄	适时鸡(3—8月份出生)按自然光照； 不适时鸡，保持这期间最长日照时数，不够时加人工光照	15
17～18周龄	保持光照时间不变	15
19周龄至产蛋	若19周龄时<10 h，则19、20周龄各增加1 h，以后增加0.5 h/周，产蛋高峰前达16 h为止； 若19周龄时10～12 h，则19周龄增加1 h，以后增加0.5 h/周，高峰前达16 h为止； 若19周龄达12 h以上，则21周龄时增加1 h，以后每周增加0.5 h，到17 h为止	40～50

表 7-11 某鸡场推荐的种母鸡光照程序(密闭式鸡舍)

生长期	光照时间	光照强度/lx
1～2 日龄	23 h	20
3 日龄至 7 周龄	16 h	10～15
8～18 周龄	8 h	10～15
19～20 周龄	9 h	10～15
21 周龄	10 h	10
22～23 周龄	13 h	20
以后	增加 1 h/周,到 27 周龄时达 16 h	20

(2)5%产蛋率至产蛋高峰期间种母鸡的饲养管理　此阶段饲养管理的目的是促进和提高种母鸡的产蛋性能,其中包括早期蛋重、种蛋品质、产蛋高峰水平以及产蛋持续性。

种母鸡在产蛋初期必须增加体重,以期最大限度地发挥其产蛋性能和种蛋质量。此阶段每天应观察和分析产蛋率、体重以及相应条件的变化并调整每天的料量。随着鸡群产蛋率逐渐上升,对营养的需要量不断增加,以产蛋率变化调整鸡群的饲料供给量,是这一阶段饲养工作的主要措施。鸡群产蛋率从 5%上升到 70%,要求平均日产蛋率增加 2.5%。这就意味着鸡群从开产至 70%产蛋率的时间不得超过 4 周,否则产蛋高峰到来较晚,且很难达到 80%以上。产蛋率从 70%到 80%这段时间,每天产蛋率平均增加 1%以上,从产蛋率 80%至最高峰时每天产蛋率平均增加 0.25%以上。

喂料量随产蛋率的递增速度增加供给,增料过快或过慢都会影响产蛋性能,增料是决定能否按时达到产蛋高峰的关键措施。还可利用每天喂料后,观察鸡群吃完料槽内饲料所需要的时间,判定供料量是否适宜。维持较高的产蛋量,还要严格把好饲料质量关,对饲料原料进行质量检测。为确保种鸡每日各种营养物质的摄入量,产蛋前期,体重停滞或下降都说明鸡体营养不足。当气温升至 27 ℃以上,鸡的采食量明显下降时,应对日粮配方进行调整。

(3)促使种母鸡开产的饲养管理要点　①每周监测种母鸡的平均体重、均匀度和增重。②从产蛋率 5%开始加料、加光刺激产蛋率上升。③根据产蛋率上升、产蛋前的料量、环境温度和预计的高峰料量制定加料程序。④采用少量多次逐渐增加的加料方法,种母鸡的卵巢会更加有序的排卵。⑤蛋重、产蛋率和体重与标准出现偏差时,应及时采取措施(提前或推迟增加料量的时间)。⑥种鸡群吃料时间有所变化应及时采取措施。

5. 产蛋高峰后种母鸡的饲养管理

此阶段饲养管理的目的是最大限度地提高每只种母鸡受精种蛋的数量。为保持种母鸡 30 周龄以后的身体健康和旺盛精力,种母鸡必须按照体重标准以近乎平均的速率获得体重增加。如果增重不足,种母鸡得不到足够的营养,整体产蛋率就会有所下降。如果种母鸡增重过快,生产后期的产蛋率和受精率都会低于期望值。产蛋高峰后,体重超重和过多沉积脂肪会使产蛋持续性、蛋壳质量和种蛋受精率明显降低。为防止肉种鸡体脂肪过量沉积和超重,要求采用减料措施。具体实施要考虑到减料对鸡体造成的应激,避免导致产蛋率迅速下降,所以不同鸡群减料量和开始时间也不一样。应根据产蛋率、种母鸡体况、实际体重与标准体重的差异,环境温度、吃料时间、鸡群的健康状况等情况减料。一般在环境因素不变的前提下,当鸡群产蛋率停止上升后 1 周左右开始。每次减料以后,如果产蛋率下降的速度比预期的要快,应将料量立即恢复到原来的水平,并在 5～7 d 后再尝试减料。

五、种公鸡的饲养管理

1. 种公鸡的饲料营养及饲喂量

为防止种公鸡采食过多而导致过重和脚趾病的发生，影响配种，必须喂给较低的蛋白质饲料12%～13%，代谢能11.70 MJ/kg，钙0.85%～0.90%及有效磷0.35%～0.37%，均低于种母鸡。有的推荐值要求种公鸡多维、微量元素用量为种母鸡的130%～150%。

种公鸡的饲喂量特别重要，原则是保持种公鸡良好的生产性能情况下尽量少喂，以能维持最低体重标准为原则，但不允许有明显失重。以AA种公鸡为例，27周龄后，种公鸡每日喂料量为130～150 g。喂料时，加料准确，各料桶加料相等。

2. 种公母鸡同栏分槽饲喂

因为种公母鸡营养需要及饲喂量不同，为了防止种公鸡超重而影响配种能力，混养的种公母鸡必须实行分槽饲喂，采用不同的饲料，不同的饲喂量。否则，种公鸡在采食产蛋料后很快超重，易发腿脚病，繁殖能力下降，常常在45～50周龄时不得不补充新种公鸡，增加饲养成本及啄斗应激。

具体做法：

(1)种母鸡　用料槽(盘)，加上金属条格，间距4.1～4.5 cm，目的是让种母鸡能从容采食而种公鸡头伸不进去。最初可能发育差的种公鸡能暂时采食，到28周龄后，种公鸡完全不能采食种母鸡料了。饲养管理时要注意维修、调整料盘，以免因金属条格间距过大公鸡能采食，间距过小而擦伤种母鸡头部两侧。

(2)种公鸡　用料桶，比种母鸡提早4～5 d转入产蛋舍(自然配种)，以适应料桶和新鸡舍环境。料桶吊离地(网)41～46 cm，随种公鸡背高而调整，以不让种母鸡够着，而种公鸡立起脚能够采食为原则。要求有足够的料位，让每只种公鸡都能同时采食，8～10只/桶。喂料时间比种母鸡晚15～20 min，有助于种母鸡不抢食种公鸡料。

3. 控制好各阶段种公鸡体重

这是种公鸡各项饲养管理措施的中心任务。只有在适宜的体重下，种公鸡才能发挥最大的作用，饲养过程中应根据各品种的饲养指南认真做。

种公鸡在21～36周龄期间，以23～25周龄增重最快，以后逐渐减慢；27周龄时达体成熟；28～30周龄睾丸充分发育成熟，受精率达到高峰。在此期间每周称重1次，千万不能让体重减轻，否则会影响受精率，但体重过大也不行。36周龄以后，仍要重视种公鸡体重的控制，种公鸡每4周增重50～70 g为宜，一般父系比母系公鸡多给料5～10 g。若种公鸡体重超出太多或极瘦弱、配种力下降，要及时淘汰，换上30周龄左右的青年公鸡。要注意使公鸡群的均匀度保持在80%以上，在饲养末期种公鸡体重一般要比种母鸡重25%～30%。

4. 适宜的公母比例

公母比例取决于种鸡类型和体形大小，公鸡过多或过少均会影响受精率。自然交配时一般公母比例为(8.5～9.0)∶100比较合适。无论何时出现过度交配现象(有些母鸡头后部和尾根部的羽毛脱落是过度交配的征兆)，应按1∶200的比例淘汰种公鸡，并调整以后的公母比例。按常规每周评估整个鸡群和公鸡个体，根据种公鸡个体的状况淘汰多余的种公鸡，保持最佳公母比例。人工授精时，公母比例为1∶(20～30)比较合适。

任务三　优质肉鸡的生产技术

任务描述

优质肉鸡是近年来在市场的需求不断提高的情况下饲养规模和数量都在不断增长的一种肉鸡。因其肉质好、符合我国居民的传统饮食和消费习惯，且相比普通肉鸡来说经济效益更加明显，越来越多的养殖户选择饲养优质肉鸡。本任务主要对优质肉鸡进行概述及制定出合理的饲养管理措施，提供适宜的饲养环境，力求达到最好的生产效果。

二维码 7-2　优质肉鸡概述

任务目标

了解优质肉鸡的概念及分类，了解优质肉鸡的评定及影响肉质的因素；掌握优质肉鸡的饲养管理要点。

思政目标

促进乡村振兴；工匠精神；团结合作。

知识清单

一、优质肉鸡生产概述

(一)优质肉鸡的概念

优质肉鸡是指具有某地区和民族喜好的体形外貌、肉质鲜美、风味独特、营养丰富、适于传统方法加工烹调的鸡种，商品价值较高，主要是指地方鸡种或经过杂交改良的仿土鸡。

(二)优质肉鸡的分类

我国地域辽阔，各地经济、人文环境不同，烹饪饮食习惯不同，不同的市场对外观和品质有不同的要求，优质肉鸡生产呈现多元化的格局。

1. 按照生长速度

我国的优质肉鸡按照生长速度可分为 3 种类型，即快速型、中速型和优质型。

(1)快速型　以长江中下游的上海、江苏、浙江和安徽等地为主要市场。要求 49 日龄公母鸡平均上市体重 1.3～1.5 kg，1 kg 以内未开啼的小公鸡最受欢迎。该市场对生长速度要求较高。

(2)中速型　以珠江三角洲地区为主要市场，内陆市场也有逐年增长的趋势。市民偏爱接近性成熟的小母鸡，要求 80～100 日龄上市母鸡体重 1.5～2.0 kg，冠大而红，毛色光亮。

(3)优质型　以广西、广东部分市场为代表，内陆中高档宾馆饭店，高收入人群也有需求。要求 90～120 日龄上市公母鸡体重 1.1～1.5 kg，冠大而红，毛色光亮，羽色和胫色随鸡种和消费习惯而有所不同。这种类型的鸡一般未经杂交改良，以各地的优良地方鸡种为主。

2. 按照鸡的羽色

优质肉鸡按照羽色可分为 4 种类型，即三黄鸡、麻鸡类、乌鸡类和土鸡类。

①三黄鸡：毛、脚、皮肤黄色。②麻鸡类：分为黄脚麻鸡和青脚麻鸡，羽毛颜色全麻。③乌鸡类：皮肤、骨骼、冠、肉青黑色，羽毛分黑、白、麻黄色。④土鸡类：主要注重肉质及地方性特有性状，羽色复杂。

（三）优质肉鸡的评定

尽管优质肉鸡的概念有多种表达，但其内涵主要在于肉质，而肉质是一个复杂的性状，它的评定主要有客观标准（如物理学、化学、生物学）和主观标准（如色、香、味）两类。而色和香可以分别用物理学和化学方法来客观度量，所以，纯粹的主观标准就只剩下味觉这一项了。研究者们曾用屠宰性能测定肌肉中各种氨基酸含量、脂肪及脂肪酸含量、肌肉的系水性、嫩度、pH 以及肌肉纤维结构等指标来衡量肉质的好坏，结果不是非常令人满意。实践中常用主观方法（即品尝和闻味评分）来评定肌肉品质，有一定的市场价值，但因受人为因素（如习惯、嗜好、生理状态等）影响，可能产生较大偏差。故优质肉鸡的肉质评定标准有待进一步研究。实际育种中考虑肉质时，主要着眼于育种素材的选择以及市场的欢迎程度，即一定要有至少 50%的地方鸡种血缘且适合某地区的消费习惯和烹调方法。

（四）影响肉质的因素

1. 品种

品种对肉鸡生长、性成熟、体形、胴体肌肉含量、脂肪沉积能力、脂肪酸含量、肌肉的系水性、嫩度、pH 等都有重大影响。据研究，影响鸡肉风味的因素主要有两个方面：一是鸡肉中脂肪的含量及其分布，二是肌纤维的粗细。肉仔鸡的脂肪总含量一般略低于优质肉鸡，并且肌肉间无脂肪而使肉质粗糙无味；而优质肉鸡体内脂肪分布均匀，特别是在肌肉间和皮下的脂肪多于肉仔鸡，故吃起来香滑可口。但肌间脂肪和皮下脂肪并不是越多越好，过多容易使人腻口，也不利于人体健康。一般来说，肌间脂肪的适宜厚度为 0.5～1.0 cm，皮下脂肪的适宜厚度为 0.3～0.5 cm。在该范围之下称为过瘦，在该范围之上称为过肥。其次，从一些测定来看，优质肉鸡的肌纤维都明显细于肉仔鸡。所以品种是优质肉鸡的主要决定因素。

2. 饲养水平

饲料种类和饲养水平对肉质都有重要影响，其中影响最大的就是蛋白质和能量水平。如肉鸡上市前，饲料中鱼粉含量较大时，鸡肉就会有鱼腥味；饲料中含有的氨基酸的种类和数量不同，对肉质的影响也不同。优质肉鸡生长后期沉积脂肪的能力很好，出栏前 20 d 左右在饲料中加入 5%～8%的动物脂肪，可以较好地改善肉质风味。

饲料中的色素与肌肉、脂肪、皮肤的色素沉着关系密切，如黄色素或黄玉米能改善黄肤鸡的屠体外观。一些药物或添加剂会在鸡肉中残留，也会影响肉质。

此外，饲料中维生素的含量也会影响到肌肉中维生素的含量。特别是维生素 D 不足时，影响骨骼的形成，出现龙骨弯曲、脚部变形而影响到肉鸡的屠体外观。饲料中矿物质如钙、磷不足时，鸡就会出现腿骨弯曲、关节肿大等缺陷，也会影响到肉鸡的屠体外观。

3. 其他因素

(1)屠宰日龄　肉鸡生长前期含水较多，骨骼松软，肌肉较嫩，鸡味较淡；成年后含水量减少，骨骼坚硬，肌肉较粗，鸡味较浓，但难以咀嚼。一般认为优质肉鸡饲养期 90～120 d 为好。

(2)性别　优质肉鸡的母鸡接近性成熟时肉质最佳，而同龄公鸡因性成熟早，追逐母鸡，肥度下降。因此公鸡最好是阉割后肥育。

(3)运动　有利于改进鸡肉品质，改善机体组织成分的比例，也有利于增强疾病抵抗力，最终影响肉鸡产品的品质。

(4)管理条件　笼养比平养时出现更多的胸部症状或机械创伤，对屠体外观影响较大。

(5)屠宰与保存　屠宰过程中放血过少，鸡的屠体呈血红色，也影响着屠体的外观。常温下，屠体的存放时间延长，肉的质量也会逐步下降。冷藏(4 ℃)条件下，保存时间较短，肉质变化不大。冷冻(－20 ℃ 以下)时，可以保存较长时间，解冻后肉质受到一定破坏。

二、优质肉鸡饲养管理

(一)饲养方式

优质肉鸡的饲养方式通常有放牧饲养、地面平养、网上平养和笼养 4 种。优质肉鸡可在舍内圈养，也可在山地放养。舍内饲养时，饲养密度一般按 45～20 只/m^2 计算(前期密度可大一点)。鸡舍要求水泥地面，有中间窗和地窗，使空气流通和采光充足。放养时，要搭建棚舍，供鸡只休息和躲避风雨。要分成小群，每小群不超过 500 只，用网子围起，防止鸡只丢失或其他兽害侵袭。

近些年，笼养优质肉鸡越来越广泛地得到应用。鸡笼的规格很多，大体可分为重叠式和阶梯式两种，层数有 3 层或 4 层。也有些养鸡户采用自制鸡笼。笼养与平养相比，单位面积饲养量可增加 1 倍左右，有效地提高了鸡舍利用率；由于鸡限制在笼内活动，争食现象减少，发育整齐，增重良好，可提高饲料效率 5%～10%，降低总成本 3%～7%；鸡体与粪便不接触，可有效地控制白痢、杆菌病和球虫病蔓延，不需要垫料，减少垫料开支，减少舍内粉尘；转群和出栏时，抓鸡方便，鸡舍易于清扫。过去肉鸡笼养存在的主要缺点是胸囊肿和腿病的发生率高，近年来改用弹性塑料网代替金属底网，大大减少了胸囊肿和腿病的发生，用竹片做底网效果也好。

在 6 周龄以后也可采用放牧饲养，即让鸡群在自然环境中活动、觅食、人工饲喂，夜间鸡群回鸡舍栖息。该方式一般是将鸡舍建在远离村庄的山丘或果园之中，鸡群能够自由活动、觅食，得到阳光照射和沙浴等，可采食虫草、砂砾和泥土中的微量元素等，有利于优质肉鸡的生长发育，鸡群活泼健康，肉质特别好，外观紧凑，羽毛有光泽，不易发生啄癖。

(二)品种选择

根据市场的需求情况，如对肉鸡羽毛色泽、肤色、体重大小、肉质等的喜爱倾向及在市场上的价格差别，选择适应性强，容易饲养，肉质细嫩，风味好，深受消费者欢迎、销路广、产品价格高的品种来饲养。根据地方鸡血统的含量不同，其肉质、出栏时间、营养需求、市场销售价格都有所不同。目前饲养较多的有两种：纯种土鸡和含 50%地方鸡血统的杂交鸡。纯种土鸡出栏时间一般为 5 个月左右，体重 1.5 kg。杂交鸡一般 3 个月左右出栏，体重 1.5～2.0 kg。

(三)优质肉鸡饲喂技术

1. 饲喂方案

优质肉鸡新陈代谢旺盛,生长速度较快,必须供给高蛋白、高能量的配合饲料,才能满足机体维持生命和生长发育的需要。优质肉鸡的整个生长过程均应采取自由采食方式。

生产中优质肉鸡的饲喂方案通常有 2 种:一种是将优质肉鸡的生长分为 0～35 日龄、36 日龄至上市 2 个阶段,分别采用幼雏日粮和中雏日粮进行饲养,这种方案可称为“两阶段制饲养”;另一种是将优质肉鸡的生长分为 0～35 日龄、36～56 日龄、57 日龄至上市 3 个阶段,分别采用幼雏日粮、中雏日粮、肥育日粮进行饲养,这种方案可称为“三阶段制饲养”。生产中根据管理及饲料等情况可采用以上 2 种方案的任何一种,但当优质肉鸡上市前存在停药期时,则使用“三阶段制饲养”较为方便,育肥日粮可作为停药期日粮。

2. 饲喂方式

饲喂方式可分为 2 种:一种是定时定量,即根据鸡日龄大小和生长发育的要求,把饲料按规定的时间分为若干次投给的饲喂方式,投喂的饲料量以下次投料前半小时能采食完为准,这种方式有利于提高饲料的利用率;另一种是自由采食的方式,即把饲料放在饲料槽内任由鸡只随时采食。一般加料 1～2 次/d,终日保持饲料槽内有饲料。后一种方式采用较多,这种方式不仅使鸡只的生长速度较快,而且可以避免饲喂时鸡群抢食、挤压的现象,使鸡群能比较均匀地采食饲料,可减少因饥饿引起的啄癖。

(四)优质肉鸡管理要点

优质商品肉鸡生产类似于快大型白羽肉鸡,因为其目的都是提供达到市场要求体重且整齐一致的肉鸡。但两者又有所不同,如优质商品肉鸡生长速度相对缓慢,对饲料的营养要求有较强的适应能力,生长后期对脂肪的利用能力强,羽毛生长丰满,性成熟早等。因此,在饲养管理上又有其自身的特点,参照蛋鸡或肉仔鸡的管理相应指标,根据鸡种体形、饲养方式、通风状况等进行调整。

1. 光照管理

与肉仔鸡的光照制度有所不同,优质肉鸡光照除了延长采食的时间,促进其快速生长外,还具有促进性成熟,使其上市时冠大面红,性成熟提前的作用。优质肉鸡光照方案见表 7-12。

表 7-12　优质肉鸡光照参考方案

日龄/d	光照时间/h	光照强度/lx
1～2	23～24	60
3～7	20	40
8～13	16	30
14～21	自然光	
22～28	16	20
29～35	20	30
36 日龄至上市	23～24	40

2. 防止啄癖

优质肉鸡活泼好动，喜追逐打斗，特别容易引起啄癖。啄癖的出现不仅会引起鸡只死亡，而且影响以后的商品外观，必须引起注意。对于公鸡群，有的给鸡戴塑料眼镜以阻挡其前视，能够有效减少啄癖。断喙可防止啄癖，多在雏鸡阶段，一般在1日龄或6～9日龄进行。

3. 加强卫生防疫

搞好环境卫生，定期消毒，定期驱虫，执行严格的卫生防疫制度和免疫程序。免疫接种：对土鸡的免疫程序，应结合生产的性质(商品肉仔鸡)而定，最好按肉鸡的免疫程序来参照进行，即1日龄接种MD疫苗(孵化场)，6～7日龄用NDⅣ系苗、IBD弱毒苗、IBH120苗等混合饮水免疫，24～28日龄用NDⅣ系苗饮水免疫1次，60日龄再用NDⅠ系苗注射接种1次，以后不再免疫接种。

4. 药物预防

在2～7日龄使用抗生素防止沙门菌、大肠杆菌，13～17日龄再重复用药；19～90日龄在饲料中添加防球虫药物；鸡舍门口要有消毒池，消毒池有石灰或消毒液，并注意常换；鸡舍内每天要清扫干净，每3 d消毒1次；出栏后对场地要彻底清扫、冲洗和消毒。

5. 炎热天气条件下的管理要点

(1)增加给食次数，改变给食时间，减少因采食量下降而造成的损失。

(2)饮用低温水和添加不同盐类，增加鸡体内渗透压。增加饮水量，改善热应激时鸡体的平衡。

(3)短时间的绝食，有利于减少鸡只在热应激时的产热量，降低死亡率。

(4)在饮水中添加碳酸化水、氯化铵和盐酸等，保持血液二氧化碳的含量或血液pH，对保持生长率极为重要。

(5)日粮营养调配手段，在热应激条件下，先考虑肉鸡料的能量含量以及能量的饲料原料。采用适中的能量水平，并保持必需氨基酸的平衡。实践证明，在肉鸡日粮中添加维生素C有较明显的抗热应激作用。

6. 减少优质肉鸡残次品的管理措施

(1)避免垫料潮湿，增加通风，减少氨气，提供足够的饲养面积。

(2)在抓鸡、运输、加工过程中装取操作要轻巧。

(3)在抓鸡前1 d勿惊扰鸡群。鸡若受惊，就会与食槽、饮水器相撞而引起碰伤。装运仔鸡的车辆最好在天黑后驶近鸡舍，因白天车辆的响声会惊动鸡群。

(4)训练抓鸡工人，在捉鸡时务必要小心。临抓鸡前，移去地面上的全部设备。抓鸡工人不要一手同时握住太多的鸡，一手握住的越多则鸡外伤发生的可能性越大。

(5)在抓鸡时，鸡舍使用暗淡灯光。

(6)引起腿病的原因除了以上的原因外，也有遗传和疾病的因素。如传染性关节炎、马立克病，饲料中缺乏钙、磷或钙、磷比例不当，缺乏某些维生素等。生产管理上可逐项分析原因，采取改进措施。

技能训练十三　家禽屠宰测定和内脏器官的观察

一、目的要求

1. 学习鸡屠宰方法和步骤，掌握屠宰率测定及计算方法。
2. 了解鸡体内各器官的相互关系和解剖结构。

二、实训材料

公、母鸡若干只、解剖刀、手术剪、镊子、解剖台、台秤、电子秤、温度计、瓷盘、骨剪、胸角器、游标卡尺、皮尺、粗天平、吊鸡架、承血盆。

三、内容和方法

(一)鸡的屠宰测定

1. 宰前的准备

(1)家禽屠宰前必须先禁食 12～24 h，只供饮水，其目的既可节省饲料还可使放血完全，保证肉的品质优良和屠体美观。

(2)屠宰前为避免药物残留，应按规定程序停止在饲料中添加药物。

(3)称活体重。

2. 放血

(1)颈外放血法　左手握鸡两翅，将其颈向背部弯曲，并以左手拇指和食指固定其头，同时左手小指钩住鸡的一脚。右手将鸡耳下颈部宰杀部位的羽毛拔净后，用刀切断颈动脉或颈静脉血管，放血致死。血放于承血盆中。

(2)口腔内放血法　将鸡两腿分开倒悬于吊鸡架上，左手握鸡头于手掌中并用拇指及食指将鸡嘴顶开，右手将解剖刀的刀背与舌面平等伸入口腔，待刀伸入至左耳部时将刀翻转使刀口朝下，用力切断颈静脉和桥形静脉联合处，然后再将刀抽出转向硬腭处中央裂缝中部(两眼间)斜刺延脑，破坏脑神经中枢。此法使屠体没有伤口，外表完整美观，放血完全，死亡快。

以上两种方法待血流尽后立刻称体重，求得血重。还有电刺法，适用于火鸡、鹅等体重大的家禽。

3. 拔毛

(1)干拔法　应用口腔内放血宰杀的家禽可用干拔法，在血放尽后，将羽毛拔去。注意勿损伤皮肤。

(2)湿拔法　在血放净后，用 50～80 ℃的热水浸烫，让热水渗进毛根，因毛囊周围骨肉的放松而便于拔毛。注意水温和浸烫时间要根据鸡体重、季节和鸡日龄而异，不宜太高温度和浸烫太久。一般以能拔下毛而不伤皮肤为准。拔毛顺序为：尾—翅—颈—胸—背—臀—两腿粗毛—绒毛。拔完羽毛后沥干水称屠体重，并求毛重。

4. 屠体外观检查

检查屠体表面是否有病灶、损伤、淤血，如鸡痘、肿瘤、胸囊肿、胸骨弯曲、大小胸、脚趾瘤、外伤、断翅或淤血块等。

5.基本测量

用手术刀做第一切线、第二切线和尾根部切线，测量以下指标。

(1)胸角宽　测量胸角宽常以胸角度表示，理想的胸角度应在90°以上。用胸角器在胸骨前的吻突向下垂直，不要过紧夹住胸肌，自然夹角形成的角度数即为胸角宽度。

(2)皮下脂肪厚　从尾根部切线向上沿第一切线剥离两侧皮肤，用游标卡尺测量此处的皮脂厚。游标卡尺应轻轻卡住，不要用力挤压。

(3)肌间脂肪宽　将胸部的皮掀开，在胸骨侧突的部位用游标卡尺测量脂肪带的宽度。

6.分割、去内脏

割除头、颈、脚。脚从踝关节分割并剥去脚皮、趾壳，头从枕寰关节处割下，颈部从肩胛骨处割下。分别将头、颈、脚称重，并填入表中。

为防止屠体被污染，开腹前先挤压肛门，使粪便排出。在胸骨剑突与泄殖腔之间切一切，掏出内脏，仅留肺脏和肾脏。

7.屠宰测定项目

(1)活重　指在屠宰前停饲12 h后的重量。

(2)放血重　指禽体放血后的重量。

(3)屠体重　指禽体放血、拔毛后的重量(湿拔法须沥干)。

(4)胸肌重　指将屠体胸肌剥离下的重量。

(5)腿肌重　指将禽体腿部去皮、去骨的肌肉重量。

(6)半净膛重　指屠体重去气管、食管、嗉囊、肠、脾脏、胰腺和生殖器官，留下心脏、肝脏(去胆)、肺脏、肾脏、腺胃、肌胃(去除内容物及角质膜)和腹脂的重量。

(7)全净膛重　指半净膛重去心脏、肝脏、腺胃、肌胃、腹脂、头、颈、脚，留肺脏、肾脏的重量(鸭、鹅保留头、颈、脚)。

(8)腹肌重　包括腹脂(板油)及肌胃外脂肪。

(9)翅膀重　从肩关节切下翅膀称重。分割翅分为三节：翅尖(腕关节至翅前端)、翅中(腕关节与肘关节之间)和翅根(肘关节与肩关节之间)。

(10)根据实训要求，有时要称脚重、肝脏重、心脏重、肌胃垂、头重等。

8.计算项目

(1)屠宰率＝屠体重/活重×100%

(2)半净膛率＝半净膛重/活重×100%

(3)全净膛率＝全净膛重/活重×100%

(4)胸肌率＝胸肌重/全净膛重×100%

(5)腿肌率＝腿肌重/全净膛重×100%

(6)腹脂率＝(腹脂重＋肌胃外脂肪重)/全净膛重×100%

(7)瘦肉率＝(胸肌重＋腿肌重)/全净膛重(或胴体重)×100%(鸭)

(二)泌尿生殖系统和消化系统的观察

1.准备

(1)屠宰方法、屠体外观检查，同前述。

(2)切开胸侧壁与大腿间的皮肤，用力掰开髋关节，让其脱臼。这样屠体可稳定地呈仰卧姿势。

(3)在胸剑突下方横切一刀，切口伸向腹部两侧。再从切口下缘沿腹部中线纵向切开腹腔，露出腹腔脏器。

(4)从腹壁两侧，沿椎骨肋与胸骨肋结合的关节处，纵向向前剪开至肩关节处，再用骨剪剪断锁骨和乌喙骨。稍用力向上掀开整个胸壁，露出胸腔脏器。

2. 观察

先总体观察胸腔、腹腔各脏器位置，并观察气囊。

(1)生殖系统

母鸡观察：①卵巢。识别卵泡、卵泡囊外的血管和卵泡带(破裂缝)以及排卵后的卵泡膜。②输卵管。观察输卵管的漏斗部(伞部、腹腔口、颈部)、膨大部(蛋白分泌部)、峡部、子宫部、阴道部和输卵管在泄殖腔的开口等部分的位置、形态及分界处。

公鸡观察：观察睾丸、附睾和输精管的形态、位置(观察公鸡生殖器官应在观察消化系统之后)。

(2)消化系统　首先摘除母鸡输卵管，然后剪开口腔，露出舌和上颌背侧前部硬腭中央的腭裂(相对于两眼位置，为斜刺延脑位置)。从上至下依次观察：口腔(喙、舌、咽)，食管和嗉囊(鸭为纺锤形的食道膨大部)，腺胃(切开露出腺胃乳头突起)，肌胃(切开露出角质膜)，小肠(十二指肠、空肠、回肠)以及胰腺、胆囊、肝脏，大肠(盲肠、直肠)以及盲肠扁桃体，泄殖腔。

(3)泌尿系统　摘除消化器官，露出紧贴于鸡腰部内侧的泌尿系统，包括肾脏、输尿管和泄殖腔。

(4)其他脏器　观察心脏、肺脏、脾脏、法氏囊、胸腺、坐骨神经和卵黄柄(美克耳氏憩室)等。

四、实训作业

每小组屠宰1～2只鸡，要求屠体放血完全、无伤痕，并按屠宰测定顺序将结果填入测定表。要求数据准确、完整。对鸡体各内脏器官进行认真辨认。

屠宰测定记录表

测定周龄：　　　　　测定人：　　　　　　　　　　测定时间：　　年　月　日

品种	编号	性别	活重/g	血重/g	毛重/g	屠体		胸角宽	半净膛		全净膛	
						g	%		g	%	g	%

头颈重/g	脚重/g	翅重/g	腿肌		胸肌		腹脂		心、肝、肌胃重/g	皮下脂肪/g	备注
			g	%	g	%	g	%			

复习与思考

1. 肉仔鸡的生产特点有哪些？其饲养方式有哪些？
2. 肉仔鸡的饲养管理技术有哪些？
3. 提高肉仔鸡商品质量的措施有哪些？
4. 怎样选择肉种鸡？
5. 试述肉种鸡各阶段饲养管理的主要措施。
6. 何谓优质肉鸡？有哪些分类？如何评定？
7. 简述商品优质肉鸡的饲养管理措施。

二维码 7-3　畜禽屠宰操作规程鸡　GB/T 19478—2018

项目八
水禽生产技术

任务一　蛋鸭生产技术

任务描述

从世界范围来看水禽业以鸭、鹅的饲养和经营为主，目前我国是世界上最大的水禽生产国，水禽产品的消费量也居世界之首。鸭为饲养最多的水禽，鸭的产品有其独特的风味，非其他家禽所能取代。水禽生产的增长方式还处于粗放的数量扩张型的阶段，存在生产方式落后、良种繁育体系不完善等薄弱环节和问题，只有通过推进水禽产业化进程，才能有效加以解决。本任务主要依据蛋鸭的生理特点和饲养方式，重点强化蛋鸭阶段性管理，促进蛋鸭高产高效。

任务目标

了解水禽生活习性；掌握雏鸭的培育要点；熟悉青年鸭圈养方法；掌握产蛋鸭不同阶段的饲养管理要点。

思政目标

学以致用，爱岗敬业；标准化操作，职业操守；创新思维；团结合作；节能环保。

知识清单

一、水禽生活习性

家禽生活习性的形成与其野生祖先和驯养驯化过程的生态环境密切相关，因而鸭、鹅等水禽与鸡、火鸡等陆禽的生活习性有明显的不同之处。

（1）喜水性　鸭、鹅善于在水中觅食、嬉戏和求偶交配。因此，宽阔的水域、良好的水源是饲养水禽的重要环境条件之一。对于采取舍饲方式饲养的水禽，需设置一些人工小水池，以供水禽洗浴之用，但要求在干燥场所栖息和产蛋，以保证种禽的健康和种蛋的清洁。

（2）合群性　水禽的野生祖先天性喜群居和成群飞行，此习性驯化家养之后仍未改变。因而，家鸭、家鹅至今仍表现出很强的合群性。经过训练的鸭群、鹅群可以呼之即来，挥之即去。

鸭、鹅在放牧中可以远行数十里而不紊乱。如离群独处，则高声鸣叫，彼此应和归群。这种合群性使水禽适应大群放牧饲养或圈养，也比较容易管理，便于集约化饲养。

(3)耐寒性　水禽的羽毛比陆禽更贴身，绒羽层更厚，水禽浓密的羽毛与发达的尾脂腺，能有效地防水御寒，具有更强的防寒保暖作用。水禽的皮下脂肪比陆禽厚，具有更强的耐寒性。水禽在 0 ℃左右，仍然能在水中活动自如，在 10 ℃左右仍可保持较高的产蛋率。相反，水禽的散热性能差，耐热性能也较差，尤其是体大脂肪厚的个体，耐热性能更弱。

(4)耐粗饲　水禽的食性比陆禽更广，更耐粗饲。有句谚语“鸭吃 72 种无名食”，说明鸭的食性广，容易饲养。由于鸭的嗅觉、味觉不发达，对饲料要求不高，凡是无酸败和异味的饲料都会无选择地大口吞咽，所以不论精粗饲料或青绿饲料等都可以作为鸭的饲料。鹅则更喜食植物性食物，具有强健的肌胃和比身体长 10 倍的消化道，以及发达的盲肠。鹅的肌胃在收缩时产生的压力比鸡、鸭都大，能有效地裂解植物细胞壁，使细胞汁流出。鹅的盲肠中含有较多的厌氧纤维分解菌，能将纤维发酵分解成脂肪酸，因而鹅具有利用大量青绿饲料和部分粗饲料的能力。

(5)敏感性　水禽富于神经质，反应敏捷，能较快地接受管理训练和调教。在水禽中，特别是鸭，性急胆小，易受外界突然的刺激而惊群，尤其是对人、畜及偶然出现的色彩、声音、强光等刺激均有害怕的感觉。所以，应保持水禽饲养环境的安静稳定，以免因突然受惊而影响产蛋和增重。

(6)定巢性　即鸭的第一个蛋产什么地方，以后就一直到原地产蛋。如果这个地方被别的鸭占用，该鸭宁可在此等待也不进旁边的空窝产蛋。因此在蛋鸭开产前应设置足够多的产蛋窝。另外，鸭产蛋具有喜暗性，并多集中在后半夜至凌晨产蛋。

(7)生活规律性　水禽具有良好的条件反射能力，反应灵敏，比较容易接受训练和调教，可以按照人们的需要和自然条件进行训练，以形成各自的生活规律。一天之中水禽的放牧(出栏)、觅食、嬉水、歇息、交配和产蛋等行为都有比较固定的时间，且这种规律一经形成就不易改变。

二维码 8-1　雏鸭的饲养管理

二、雏鸭饲养管理

雏鸭从出壳到 4 周龄，称为雏鸭阶段。刚出壳的雏鸭对外界的适应能力较差，消化器官容积小，消化能力较差，但雏鸭相对生长极为迅速，因而要充分满足雏鸭的营养需要，同时还要根据雏鸭的生活习性，人为地创造良好的育雏条件，以让雏鸭尽快适应外界环境，为种鸭的育成或肉用仔鸭的育肥打下坚实的基础。

(一)育雏方式

1. 根据供温方式的不同可将育雏方式分为自温育雏和加温育雏

(1)自温育雏　利用雏鸭本身的温度，在无热源的保温器具内，以鸭数多少，保温器具覆盖与否来调节温度。这种方式节省能源，但受外界环境条件的影响较大，气温过低的冬季不能采用这种方式育雏。

(2)加温育雏　通过人工加温来达到所需的温度，加温的器具有保温伞、红外线灯、煤炉等。这种方式不受季节的限制，不论外界温度高低均可以育雏，但要求条件较高，需消耗一定的能源，育雏成本高。

2. 根据雏鸭生活的地面类型不同可将育雏方式分为地面育雏和网上育雏

(1)地面育雏 雏鸭直接生活在育雏舍的地面上,地面铺上清洁干燥的垫料。这种方式设备简单,投资少,不论条件好坏均可采用。

(2)网上育雏 雏鸭生活在具有弹性的网上。其优点是:环境卫生条件好,雏鸭不与粪便接触,感染疾病的概率小,成活率高,节省劳动力。其缺点是:一次性投资比较大。

(二)育雏条件

1. 温度

由于雏鸭御寒能力弱,初期需要温度稍高些,随着雏龄增加,室温可逐渐下降。3 周龄以内雏鸭,可参考表 8-1 规定的标准给温;3 周龄以后,已有一定的抗寒能力,如气温在 15 ℃左右,就不必考虑人工保温了。雏鸭育雏温度必须维持均匀,应根据雏鸭的精神状态结合外界气温变化"看鸭施温"。要特别注意阴雨天及夜间的保温工作,同时注意空气流畅,干燥无贼风,以防闷死、冻死。

表 8-1 蛋鸭育雏温度

日龄/d	1～3	4～7	8～11	12～16	16～21	21 以后
温度/℃	30～28	28～26	26～24	24～22	22～18	≥18

2. 湿度

鸭虽喜欢游水,但不能整天泡在水里,特别在雏鸭时期,环境的湿度不能过大,圈窝不能潮湿,垫草必须干燥,尤其在吃过饲料或下水游泳回来休息时,一定要睡在干净的垫草上。如久卧阴冷潮湿的地面,不但影响饲料的消化吸收,而且还会烂毛。第 1 周控制在 60%以上,利于雏鸭卵黄吸收;此时湿度过低,易出现轻度脱水症状,影响健康和生长。第 2 周以后要求湿度低些,一般以 50%～55%为宜,这时若湿度过大,霉菌及其他致病菌会大量繁殖,雏鸭易发病。

3. 通风

雏鸭体温高,呼吸快,如果育雏室关得太严密,室内的二氧化碳会很快增加,如不适当通风,会造成缺氧。尤其在高温高湿情况下,粪便分解快,挥发出大量的氨和硫化氢等有害气体,刺激眼、鼻和呼吸道,严重时会造成中毒。因此,育雏室要定时换气,朝南的窗户,要适当敞开,以保持室内空气新鲜。但任何时候都要防止贼风直吹雏鸭。

4. 光照

雏鸭特别需要日光照射。太阳光能提高雏鸭的体表温度,增强血液循环,照射皮肤能合成维生素 D_3,促进骨骼生长,并能增进食欲,刺激消化系统,有助于新陈代谢。在不能利用自然光照或自然光照不足的条件下,可用人工光照补光。育雏期内,光照的强度可大些,时间可长些。第 1 周龄,每昼夜光照可达 20～23 h。第 2 周开始逐步降低光照强度,缩短光照时间。第 3 周龄起,要区别不同情况,如上半年育雏,白天利用自然光照,夜间以较暗的灯光通宵照明,只在喂料时用较亮的灯光照半小时;如下半年育雏,由于日照时间短,可在傍晚适当增加光照 1～2 h,其余时间仍用较暗的灯光通宵照明。

5. 饲养密度

饲养密度因品种、日龄、环境、饲养方式而不同。雏鸭饲养密度见表 8-2。

表 8-2 雏鸭饲养密度

日龄/d	地面平养/(只/m^2)	网上饲养/(只/m^2)
0～7	40	40～60
7～28	20	30～40

(三)雏鸭饲养要点

1. 开水

刚孵化的雏鸭第一次饮水称“开水”。一般雏鸭出壳后 12～24 h，毛干后，在“开食”前先“开水”。常用的方法如下。

(1)用鸭篓“开水” 将雏鸭放在鸭篓内，每篓关 40～50 只，雏鸭连同鸭篓慢慢浸入水中，使水没过脚趾，但不能超过膝头节，让雏鸭在浅水中站立活动 5～10 min 后，就将鸭篓连雏鸭端起来，让其理毛，放在垫草上休息片刻就可“开食”。这时，雏鸭受到水的刺激，十分活跃，一边饮水，一边嬉戏，使生理上处于兴奋状态，促进新陈代谢，促使胎粪排泄，如果再在水面上撒点绿浮萍，则效果更佳，春末至秋初，当气温超过 18 ℃时，可直接在冷水中“开水”，气温低于 11 ℃时，要加点热水，适当提高水温。

(2)雏鸭绒毛上洒水 将雏鸭放到已潮湿的篾席或塑料布上，塑料布四周的下边垫竹竿或木条，使水不外流，然后向雏鸭身上喷洒温水，这时雏鸭的绒毛上形成一颗颗晶亮的水珠，任其相互吮吸，这种方法适于气温较低的早春或秋末。

(3)用水盘“开水” 用白铁皮一张做成两个边高 4 cm 的水盘，盘中盛 0.5～1.0 cm 深的水，将雏鸭放在盘内饮水、理毛 2～3 min 后，抓出放在垫草上理毛、休息后“开食”。以后随着日龄的增大，盘中的水可以逐渐加深，并将盘放在有排水装置的地面上，任其饮水、洗浴。

(4)用饮水器“开水” 即用塔式饮水器注满干净水，放在保温器四周，让其自由饮水，起初要先进行调教，可以用手敲打饮水器的边缘，引导雏鸭来饮水；也可将个别雏鸭的喙浸入水中，让其饮到少量的水，只要有个别雏鸭到饮水器边来饮水，其他雏鸭就会跟上。以后随着日龄的增大，饮水器逐步撤到另一边，有利排水的地方。

以上 4 种方法，前 2 种适用于小群的自温育雏，后 2 种适用于大群的保温育雏。“开水”后，必须保证不间断供水。在饮水中加入适量的抗生素、葡萄糖和维生素等，能促进食欲、增强抗病力。

2. 开食

第一次喂料称“开食”。常在“开水”后 15 min 左右进行，即“开水”以后让其梳理一下羽毛，身上干一点后再“开食”。传统喂法是用焖熟的大米饭或碎米饭，或用蒸熟的小米、碎玉米、碎小麦粒，食物往往较为单一，应提倡用配合饲料制成颗粒料直接开食，最好用破碎的颗粒料。一般都将雏鸭放到塑料布上，先洒点水，略带潮湿，然后放出小鸭，饲养员一边轻撒饲料，一边吆喝调教，引诱雏鸭啄食。这时务必细心观察，要使每只鸭子都能吃进一点，但只要六七成饱就可以了。发现吃得较猛、较多的雏鸭，要提前捉出以免过饱伤食。发现吃得少，或没有进食的雏鸭，也要捉出，单独圈在一个地方，专门饲喂。此时可将夹生饭拌点蛋黄，撒在雏鸭身上吸引雏鸭相互啄食，或将米饭先在嘴里嚼几下，然后喷撒在雏鸭身上。对个别仍不进食的要单独喂点糖水。

喂料时要撒得均匀、撒得开，第二遍撒时，要注意找空隙处撒，使鸭不拥挤，以免互相践踏，使弱小的雏鸭也有机会吃到饲料。

“开食”的适宜时间，春鸭出壳后 24 h 左右，夏鸭出壳后 18～20 h，秋鸭出壳后 24～30 h。“开食”过早，雏鸭身体较弱，采食能力差，达不到“开食”效果；“开食”过迟，不能及时补充所需的养分，使雏鸭体内养分消耗过多，过分疲劳，降低了胃肠的消化吸收能力。具体可根据以下 2 点仔细观察：一是看精神状态，雏鸭活泼好动，神态老练，并有求食行为者，可先“开食”。二是看雏鸭脚上表皮，凡脚胫和蹼上的表皮干燥收缩，说明出壳已久，可先“开食”；若表皮细嫩的，可暂缓“开食”。

3. 饲喂次数与饲喂量

10 日龄以内的雏鸭，每昼夜饲喂 6 次，白天 4 次，夜晚 2 次；11～20 日龄可减少为每昼夜饲喂 4～5 次，即白天和夜晚各减少 1 次。

饲喂量：开始 3 d 要适当控料，只让它吃七八成饱，3 d 后就要放开喂料，每次要吃饱，但不能过饱。喂料时，饲养员要精心观察，如发现鸭子吃过料后还跟着人转，并不断鸣叫，这是没有吃饱的表现，说明喂料不足，要适当补加一点。如果精料量已经按标准喂给了，则可以适当增加点青、粗料，以填饱肚子。

采食速度开始慢，以后快，吃粒料快，吃粉料慢。一般每次喂食 10 min 左右。饮水要清洁，必须保持终日不断水。

小型蛋鸭精料用量可以按 2.5 g/d 的喂量递增，即每千只按 2.5 kg/d 的精料量递增，一直加到 50 日龄为止。即到达 50 日龄时，每 1 000 只鸭子每天消耗 125 kg 精饲料，以后维持这个水平，105 日龄前基本不增加精料量。大型蛋鸭按 4 g/d 喂量递增。适当地控制饲养，如鸭群饥饿感明显，有强烈的求食欲时，可适当加喂青、粗料充饥。

（四）雏鸭管理要点

1. 掌握合适温度，切忌忽冷忽热

雏鸭要求的温度前已述及，如限于条件，达不到标准时，略低一二度也不要紧，只要比较平稳就好，切忌时高时低，因为忽冷忽热最易招致疾病。育雏室温度是否适合，只要观察一下鸭的动态就会心中有数。如雏鸭散开来卧在地上休息，睡得很香，这说明温度合适，如雏鸭缩颈耸翅，互相拥挤，不断往鸭堆里边钻，或向上面爬，并发出吱吱的尖叫声，这说明温度太低，需要保温或升温。

雏鸭温度管理，关键在第 1 周，尤以前 3 d，必须昼夜值班。

2. 及时分群，严防打堆

育雏期内，常因温度管理不当，雏鸭互相堆挤，越挤堆越大，被挤在中间或被压在下面的鸭，重则窒息死亡，轻则全身“湿毛’，稍不谨慎，便感冒致病。有时温度并不太低，但在食后休息或光线较暗时，雏鸭也有互相堆挤的现象，管理人员要随时注意，尤其在雏鸭临睡前，要多次检查，发现打堆，要及时分开，分堆工作从育雏开始，一直到 15 日龄左右，尤其是 10 日龄内的小鸭。为了防止雏鸭打堆致残，在其能水浴之前，不论舍内还是舍外，都应每隔 1～2 h 进行 1 次驱赶运动，每次数分钟。

同一批雏鸭，少则几百只，多则数千上万只，这么多的鸭，不能混为一群，要按大小、强弱、年龄等不同分为若干个小群，每群 300～400 只为宜。分好以后，在一般情况下，不再随便混合，以后每隔 1 周调整 1 次。调整时，只将最大、最强、最小、最弱的提出，然后将各群最大的合为一群，弱小者合为一群，这样各种不同类型的鸭都能得到合适的饲养条件和环境，可保持正常的生长发育。

3. 从小调教下水，逐步锻炼放牧

蛋用鸭神经敏感，胆子较小，从育雏期开始，饲养员要进行训练调教，使它在陌生人面前或放牧下水时都不会心惊胆战，以免受惊。饲养员要定时进鸭舍巡视，把长久卧伏的鸭子赶起来走走，一方面是活动活动筋骨；另一方面是锻炼它的胆子。

下水要从小开始训练，千万不要因为小鸭怕冷、胆小、怕下水而停止，开始 1～5 d，晴天时可以在室外铺一张薄膜，四边垫高，中间倒上清水，水深 1 cm 左右，水倒好后让太阳晒一会儿，待水稍温后，再把鸭放进去。第 5 天起，就可以自由下水活动。注意每次下水上来，都要让它在无风温暖的地方梳理羽毛，使身上的湿毛尽快干燥，千万不可带着湿毛入窝休息。下水活动，夏季不能在中午烈日下进行，冬季不能在阴冷的早晚进行。

5 日龄以后，即雏鸭能够自由下水活动后，就可以进行放牧。开始在鸭舍周围，适应以后可慢慢延长放牧路线，选择理想的放牧环境，水稻田、浅水河沟或浅水池塘，这些地方水草茂盛，昆虫滋生，浮游生物多，是雏鸭放牧的好场所，放牧的时间要由短到长，逐步锻炼。不可因为雏鸭放出去精神活泼，就任其长时间活动。放牧的次数也不能太多，雏鸭阶段，每天上午、下午各放牧 1 次，中午休息，每次放牧的时间，开始 20～30 min，以后慢慢延长，但不超过 1.5 h。

4. 搞好清洁卫生，保持圈窝干燥

随着雏鸭日龄增大，排泄物不断增多，鸭篓和圈窝也极易潮湿，污秽，这种环境会使雏鸭绒毛沾湿、弄脏，并有利于病原微生物繁殖，必须及时打扫干净，勤换垫草，保持干燥清洁，换下的垫草要经过翻晒晾干，方能再用，但晒热的垫草不能立即关鸭，以防中暑，圈窝的垫草干燥松软，雏鸭才能睡得舒服，睡得长久，潮湿的圈窝，雏鸭睡下后由于不舒服，常常会“起哄”。久而久之，不仅影响生长，甚至会使腹部绒毛烂脱。育雏舍周围环境，也要经常打扫，四周的排水沟必须畅通，以保持干燥、清洁、卫生的良好环境。

5. 建立一套稳定的管理程序

蛋鸭具有集体生活的习性，合群性很强，神经类型较敏感，它的各种行为要在雏鸭阶段开始培育，如饮水、吃料、下水游泳、上滩理毛、入圈歇息等，都要定时、定地，每天有固定的一整套管理程序，形成习惯后，不要轻易改变，即使改变也要逐步进行，饲料品种和调制方法的改变也是如此。

此外，要防止兽害，特别是鼠害；注意预防鸭的传染病；做好育雏记录。

三、青年鸭圈养技术

二维码 8-2　青年鸭的圈养技术

育成鸭一般指 5～18 周龄开产前的青年鸭。该阶段鸭子体重增长快、羽毛生长迅速、性器官发育快、适应性强。此阶段是种鸭体格和生殖器官充分发育最重要的时期，需进行科学饲养管理，使其生长发育整齐，做到适时开产、同期开产。

育成鸭的整个饲养过程均在鸭舍内进行，称为全舍饲圈养或关养。一般鸭舍内采用厚垫料饲养。舍内必须设置饮水和排水系统，采用垫料饲养的，垫料要厚，要经常翻动增添，必要时翻晒，以保持垫料干燥、清洁。地下水位高的地区可选用网状地面或栅状地面饲养，这两种地面要比鸭舍地面高 60 cm 以上，鸭舍地面用水泥铺成，并有一定的坡度，便于清除鸭粪。网状地面最好用涂塑铁丝网，网眼大小适中。栅状地面可用宽 20～25 mm，厚 5～8 mm 的木板条或 25 mm 宽的竹片，或用竹子制成相距 15 mm 空隙的栅状地面。

1. 圈养方法

(1)分群和饲养密度　青年鸭圈养的规模，可大可小，以 500 只左右为宜。分群时，要尽可能做到日龄相同、大小一致、品种一样、性别相同。饲养密度随鸭龄、季节和气温的不同而变化：4～10 周龄，20～12 只/m^2；11～20 周龄，12～8 只/m^2。冬季气温低，每平方米适当多养几只，夏季气温高，每平方米少养几只。鸭子生长快，密度略小些，鸭子生长慢，密度略大些。

(2)日粮配合　圈养鸭的饲料与放牧不同。圈养鸭基本上采食不到任何的野生饲料，完全依靠人工饲喂，因此，所需的各种营养物质，特别是长骨骼、长羽毛所需的营养，都要予以满足，饲料尽可能多样化，保持能量、蛋白质的平衡。培育期的青年鸭，日粮中的蛋白质水平不需要太高，钙的含量也要适宜。在实践过程中，要根据生长发育的具体的情况，调整饲养水平，如蛋用型品种绍鸭，正常的开产日龄是 130～150 d，标准的开产体重为 1 400～1 500 g。体重超过 1 500 g，则认为鸭过于肥大，影响及时开产，应轻度限制饲养，适当多喂些青饲料和粗饲料。对发育差、体重轻的鸭，要适当提高饲料质量，每只每天的平均喂料量可掌握 150 g 左右，另加少量的动物性鲜活饲料，以促进生长。

青年鸭的饲料，全部用混合饲料，不用玉米、谷、麦等单一的原料，要粉碎加工后制成混合粉料，喂前加适量的清水，拌成湿料生喂。每日只需喂料 3～4 次，每次喂料的间隔时间尽可能相等，避免采食时饥饱不均。

(3)限制饲养　圈养和半圈养鸭如让其自由采食，往往体重大大超过其标准体重，造成体内脂肪沉积而过肥，成熟早，产蛋早，蛋重小，开产不一致，并会影响今后的产蛋率。因此，在育成鸭培育过程中，在保证其正常生长发育所需营养的前提下，应适当限制饲喂。通过限制饲喂控制鸭群体重，使育成鸭生长发育一致，适时开产。在分群的基础上，对于体重低于标准的增加一定的饲喂量；高于标准的减少饲喂量；达标的维持原饲喂量。限制饲喂一般从 8 周龄开始，到 16～18 周龄结束。限饲前应称重，此后每 2 周抽样称重 1 次，以将体重控制在相应品种要求的范围内为宜，体重超重或过轻均会影响鸭群产蛋量。

2. 圈养青年鸭的管理要点

(1)适当加强运动，促进骨骼和肌肉的发育，防止过肥。每天定时在舍内作转圈运动，5～10 min/次，活动 2～4 次/d；或定时进行短距离的放牧活动。

(2)多与鸭群接触，提高鸭子胆量，防止惊群。

(3)舍内通宵弱光照明。

(4)加强传染病的预防工作，主要传染病有鸭瘟和禽霍乱。免疫程序的具体安排是：60～70 日龄，注射禽霍乱菌苗；100 日龄前后再注射 1 次禽霍乱菌苗。70～80 日龄，注射 1 次鸭瘟弱毒疫苗。对于只养 1 年的蛋鸭，注射 1 次即可，利用 2 年以上的蛋鸭，翌年再预防注射 1 次。预防注射疫苗，都要在开产以前完成，进入产蛋高峰后，尽可能避免捉鸭打针，以免影响产蛋。

(5)建立一套稳定的作息制度，圈养鸭的生活环境，比放牧鸭稳定，要根据鸭子的生活习性，定时作息，制订操作规程，尽量保持稳定，但要视鸭子日龄不同或气候变化，可以适当改变。冬季推迟放鸭，提早关鸭，缩短休息和下水的时间；夏季提早放鸭，推迟关鸭，延长中午休息和上下午下水的时间。

二维码 8-3 商品蛋鸭的饲养管理

四、商品蛋鸭的饲养管理

1. 产蛋鸭(19～72 周龄)的特点及产蛋规律

(1)产蛋鸭的特点　①胆大、温顺、喜欢接近人。②食量大，觅食勤，代谢旺盛，对饲料要求高。③生活有规律，环境、饲养管理程序稳定。

(2)鸭的产蛋规律　蛋鸭开产日龄一般在 21 周龄左右，28 周龄可达产蛋高峰(90%)，60 周龄开始下降，72 周龄淘汰时仍可达 75%左右。产蛋时间多集中于凌晨 2:00—5:00，白天产蛋很少。

2. 影响产蛋的因素

(1)品种因素　不同的蛋鸭品种其产蛋率的高低、产蛋周期的长短、蛋的大小等指标有差异。为了获得高产，要选择优良的蛋用鸭品种。

(2)雏鸭的质量　雏鸭要求体质健康、健壮，脐部收缩良好，无伤残，外貌特征符合品种要求。作为商品蛋鸭生产的要全留母鸭，雏鸭出壳后及时进行公母性别鉴别，淘汰公鸭。

(3)营养因素　产蛋鸭的饲料营养要求全面平衡，否则影响产蛋率或发生营养缺乏症。在日粮配合时，要保证饲料品种的多样化和相对稳定，并根据不同的产蛋水平和气候条件，配制不同营养水平的全价饲料，以满足鸭产蛋的营养需要。夏季由于气温高，鸭的采食量减少，为保证蛋鸭产蛋的营养需要，可适当增加饲料中蛋白质含量，降低日粮能量水平。钙是蛋壳的主要成分，如缺钙母鸭产蛋量减少，出现产软壳蛋。产蛋鸭适宜的钙磷比例是(3～4)∶1。

(4)环境因素　产蛋鸭最适宜的环境温度是 13～20 ℃。这个温度范围内，产蛋鸭对饲料的利用率和母鸭的产蛋率最高。如果气温过高，超过 30 ℃蛋鸭散热慢，热量在体内蓄积，正常的生理机能受到干扰，食欲下降，产蛋减少，甚至会中暑死亡。而气温过低，产蛋鸭要消耗大量的能量抵御寒冷，饲料利用率降低。0 ℃以下蛋鸭反应迟钝，产蛋显著下降。但受季节气候的影响，环境温度变化较大，一般通过通风、挡风和垫料发酵等措施来控制鸭舍内的温度。光照可促进鸭生殖器官的发育，使青年鸭适时开产，提高产蛋率。产蛋期的光照强度以 5～8 lx 为宜，光照时间保持在 16～17 h。

(5)健康因素　要使蛋鸭发挥出最大的生产性能，必须要有健康的鸭群。鸭场要建立完善的消毒和防疫措施，严格实行鸭场卫生管理制度。搞好环境卫生，做好主要传染病的防疫工作，减少疾病发生的概率。

3. 不同产蛋期的管理要点

一般可将蛋鸭产蛋期分为 4 个阶段：150～200 日龄为产蛋初期，201～300 日龄为产蛋前期，301～400 日龄为产蛋中期，401～500 日龄为产蛋后期。

(1)产蛋初期和前期　青年鸭开产时身体健壮、精力充沛，是一生中最容易饲养的时期。这个时期的饲养管理重点是尽快把产蛋率推向高峰，从营养方面根据产蛋率上升的趋势，不断提高饲喂量，适当增加饲料质量，适当增加饲喂次数，以满足产蛋的营养需要。如前面喂的是基础饲料，产蛋率达 20%时，每只每日加 15 g 鱼粉；产蛋率达 90%以上时，每只每日加 19～20 g 鱼粉，以后维持这个水平；饲喂次数，从 3 次/d 增至 4 次/d，每只日平均采食量 150 g 左右。日平均光照不少于 14 h，光照应从短到长逐渐增加，直至达到每日光照 16 h。

本阶段饲养管理是否恰当，可从以下 3 个方面观察。

①看蛋重的增加趋势：产蛋初期和前期，蛋重都处于不断增加之中，即越产越大，增重的势头快，说明饲养得好；增重的势头慢，或者蛋重又低下来，说明饲养得不好，管理不当，要找出原因。

②看产蛋率上升的趋势：本阶段的产蛋率也是不断上升的，早春开产的鸭，上升更快。

③观察体重变化：正常情况下蛋重和产蛋率呈上升的趋势，而体重应维持原状。体重下降，说明营养不足；体重增加，说明营养过度或蛋白能量之间的比例不当。在此期间，决不能让鸭体发胖；一般来说，这个阶段内，营养不会过多，应重点注意防止营养不足，鸭体消瘦。

(2)产蛋中期　这个阶段，产蛋率已进入高峰期，经过 100 多 d 连续产蛋后，体力消耗较大，健康状况不如产蛋初期和前期，这是比较难饲养的阶段。本阶段的目标是保高产，力求产蛋高峰维持到 400 日龄，因此，必须注意以下问题：营养上保证满足高产的需要，饲料的营养浓度应比上阶段略有提高，粗蛋白为 19%～20%，日采食量为 150 g 左右，青饲料适当多喂，适当增加钙的饲喂量，可以在混合料中添加 1%～2%颗粒状壳粉；每日光照时数可稳定在 16 h，不可缩短；日常操作程序要保持稳定，室内温度最好控制在产蛋鸭最适宜的环境温度 13～20 ℃。

本阶段饲养管理是否恰当，主要看产蛋率是否稳定在高峰期的标准。在此阶段，蛋重也比较稳定，稍有增加的趋势，如有下降则应采取对策；体重也应维持初产时的水平，在日常管理中，还要细心观察。

①蛋壳质量：如蛋壳光滑厚实，有光泽，这是正常的情况；如蛋形变长，蛋壳薄，透亮，有沙点，甚至产软壳蛋，说明饲料质量不好，特别是钙质不足或维生素 D 缺乏。

②产蛋时间：正常产蛋时间为深夜 2:00，若每天推迟产蛋时间，甚至白天产蛋，产蛋稀稀拉拉，应查找饲养管理问题。

③鸭群的精神状态：如鸭子精神不振，行动无力，放出后怕下水，下水后羽毛沾湿，甚至沉下，说明这群鸭营养不足，应增加营养，加喂动物性鲜活饲料，并补充点鱼肝油，以挽救危机。

(3)产蛋后期　经过 8 个多月的连续产蛋，到了后期产蛋高峰就难以保持下去了，但对于高产品种，如饲养管理得当，仍可维持 80%左右的产蛋率。此阶段的管理要点有以下几个方面。

①根据体重和产蛋率确定饲料的质量和喂料量，不能盲目增加饲料。应根据具体情况，区别对待：产蛋率仍在 80%以上，而鸭子的体重却略有减轻的趋势，此时在饲料中适当增喂动物性饲料；鸭子体重增加，身体有发胖的趋势时，但产蛋率还有 80%左右，这时可将饲料中的代谢能降下来，或者适当增喂粗饲料和青饲料，或者控制采食量；体重正常，产蛋率也较高，饲料中的蛋白质水平应比上阶段略有增加；产蛋率已降低到 60%左右时，难以上升，无须加料。

②每天保持 16 h 光照时间，如产蛋率已降至 60%时，可以增加光照数直至淘汰为止。

③饲养管理上要多放少关，促进运动。

④操作规程要保持稳定，避免一切突然刺激而引起应激反应。

⑤注意气候剧变的影响，保持鸭舍内小气候的相对稳定。

⑥观察蛋壳质量和蛋重的变化。如出现蛋壳质量下降，蛋重减轻时，可增补鱼肝油和无机盐添加剂。

五、种鸭的饲养管理

产蛋留作种用的鸭称为种鸭。种鸭与产蛋鸭的饲养管理基本相同，不同的是饲养种鸭不仅要获得较高的产蛋量，还要保障种蛋的质量。

(1)根据产蛋率调整日粮营养水平。产蛋初期(产蛋率50%以下)，日粮蛋白质水平一般控制在15%～16%，即可满足产蛋鸭的营养需要，以不超过17%为宜；进入产蛋高峰期(产蛋率70%以上)时，日粮中粗蛋白质水平应增加到19%～20%，如果日粮中必需氨基酸比较平衡，蛋白质水平控制在17%～18%，也能保持较高的产蛋水平。母鸭开产3～4周后即可达到产蛋高峰期，在饲养管理较好的情况下，产蛋高峰期可维持12～15周。如何保持和延长母鸭的产蛋高峰期，对于提高全年产蛋量和种蛋质量具有重要的意义。

(2)保持适宜的公母配种比例，是提高种蛋受精率的重要措施。公鸭过多，公鸭之间发生争配、抢配等现象，造成母鸭伤残，影响种蛋受精率。放牧种鸭公母配种比例应根据种鸭体重的大小来掌握。轻型品种适宜的公母比例为1∶(10～20)，中型品种一般为1∶(8～12)。

(3)在母鸭开产前1个月左右应增加饲料的喂料量，放牧回家后要喂饱，使母鸭能饱嗉过夜。这样母鸭开产时产蛋整齐，能较快进入产蛋高峰。

(4)种鸭交配次数最多是在清晨和傍晚，已开产的种鸭早晚放牧时要让鸭群在水流平缓的沟渠、溪河、水塘洗浴、嬉水、配种，这样可提高种蛋的受精率。

(5)母鸭开产后，放牧时不要急赶、惊吓，不能走陡坡陡坎，以防母鸭受伤造成母鸭难产。产蛋期种鸭通过前期的调教饲养，形成的放牧、采食、休息等生活规律要保持相对稳定，不能经常更改。饲料原料的种类和光照作息时间也应保持相对稳定，如突然改变都会引起产蛋下降。产蛋鸭一般在深夜1∶00—5∶00大量产蛋。此时夜深人静，没有吵扰，可安静地产蛋。如此时周围环境有响动、人的进出、老鼠及鸟兽窜出窜进，则会引起鸭子骚乱，惊群，影响产蛋。

(6)在栽插秧苗后的一段时间内，种鸭不能下田放牧，常采用圈养方式饲养，此时应加强补饲，否则会造成鸭群产蛋量大幅度下降，以后增加喂料量也难以达到高产的水平。

(7)圈舍垫料要保持干燥清洁，以减少种蛋的破损和脏蛋，提高种蛋的合格率。

任务二 肉鸭生产技术

任务描述

鸭肉在我国饮食文化中占有重要地位，直接关系到百姓的菜篮子工程。本任务的重点是根据各地饲养条件和饮食消费习惯，选择合适的饲养方式和肉鸭品种，做好肉鸭不同阶段的饲养管理工作，提高肉鸭生产水平和经济效益。

任务目标

了解肉鸭生产特点，掌握肉用仔鸭、肉用种鸭和番鸭不同阶段的饲养管理要点。

思政目标

标准化操作，职业操守；创新思维；团结合作，爱岗敬业；节能环保，安全意识。

知识清单

一、肉用仔鸭的生产特点

1. 生长特别迅速，饲料报酬高

肉用仔鸭的早期生长速度是所有家禽中最快的一种。一般饲养至 8 周龄上市，体重可达 3.2～3.5 kg，全程耗料比为 1∶3左右，饲养 7 周龄上市，全程耗料比降到 1∶(2.6～2.7)。因此，肉用仔鸭的生产要尽量利用早期生长速度快、饲料报酬高的特点，在最佳屠宰日龄出栏。

2. 体重大、出肉多、肉质好

大型肉鸭的上市体重一般在 3 kg 以上，比麻鸭上市体重高出 1/3～1/2，尤其是胸肌特别丰厚，因此出肉率高。据测定 8 周龄上市的大型肉用仔鸭的胸腿肉可达 600 g 以上，占全净膛屠体重的 25%以上，胸肌可达 350 g 以上。这种肉鸭肌间脂肪含量多，所以特别细嫩可口。

3. 生产周期短，可全年批量生产

肉用仔鸭由于早期生长特别快，饲养期为 6～8 周，因此，资金周转很快，对集约化的经营十分有利。由于大型肉用仔鸭是舍饲饲养，加以配套系的母系的产蛋量很高，无季节性的限制。

4. 采用全进全出制，建立产销加工联合体

肉用仔鸭的生产采用分批全进全出制的生产流程，根据市场的需要，在最适屠宰日龄批量出售，以获得最佳经济效益。为此，必须建立屠宰、冷藏、加工和销售网络，以保证全进全出制的顺利实施。超过最适屠宰日龄不能出售，以致不能实施全进全出制，则会带来严重的经济损失。

二、肉用仔鸭的饲养管理方式

肉用仔鸭大多数采用全舍饲，即鸭群的饲养过程始终在舍内。这种管理方式要求日粮的营养成分必须完善。该方式又分为以下 3 种类型。

1. 地面平养

水泥或砖铺地面撒上垫料即可。若出现潮湿、板结，则局部更换厚垫料。一般随鸭群的淘汰或出售后全部更换垫料，可节省清圈的劳动量。这种方式因鸭粪发酵，寒冷季节有利于舍内增温。采用这种方式舍内必须通风良好，否则垫料潮湿、空气污浊、氨浓度上升，易诱发各种疾病。这种管理方式的缺点是需要大量垫料，导致舍内尘埃多、细菌也多等。各种肉用仔鸭均可采用这种饲养管理方式。

2. 网上平养

在地面以上 60 cm 左右铺设金属网或竹条、木栅条。这种饲养方式粪便可由空隙中漏下去，省去日常清圈的工序，防止或减少由粪便传播疾病的机会，而且饲养密度比较大。

网材采用铁丝编织网时，网眼孔径：0～3 周龄为 10 mm×10 mm，4 周龄以上为 15 mm×15 mm。网下每隔 30 cm 设一条较粗的金属架，以防网凹陷，网状结构最好是组装式的，以便装卸时易于起落。网面下可采用机械清粪设备，也可用人工清理。采用竹条或栅条时，竹条或栅条宽 2.5 cm，间距 1.5 cm。这种方式要保证地面平整，网眼整齐，无刺及锐边。实际应用时，可根据鸭舍宽度和长度分成小栏。饲养雏鸭时，网壁高 30 cm，每栏容 150～200 只雏鸭。食槽和水槽设在网内两侧或网外走道上。饲养仔鸭时每个小栏壁高 45～50 cm，其他与饲养雏鸭相同。应用这种结构必须注意饮水结构不能漏水，以免鸭粪发酵。这种饲养方式可饲养大型肉用仔鸭，0～3 周龄的其他肉鸭也可采用。

3. 笼养

目前，我国笼养方式多用于养鸭的育雏阶段，并正在大力推广之中。改平养育雏为笼养，在保证通风的情况下，可提高饲养密度，一般每平方米饲养 60～65 只。若分两层，则每平方米可饲养 120～130 只。笼养可减少禽舍和设备的投资，减少清理工作，还可采用半机械化设备，减轻劳动强度，饲养员一次可养雏鸭 1 400 只，而平养只能养 800 只。笼养鸭不用垫料，既免去垫草开支，又使舍内灰尘少，粪便纯。同时笼养雏鸭完全处于人工控制下，受外界应激小，可有效防止一些传染病与寄生虫病。加之又是小群饲养，环境特殊，通风充分，饲粮营养完善，采食均匀。因此，笼养鸭生长发育迅速、整齐，比一般放牧和平养生长快，成活率高。如北京鸭笼养 2 周龄可达 250 g，比平养体重高 35.4%，成活率高达 96%以上。笼养育雏一般采用人工加温，因此舍上部空间温度高，较平养节省燃料；且育雏密度加大，雏鸭散发的体温蓄积也多。一般可节省燃料 80%。

目前，不少养殖场多采用单层笼养，但也有采用重叠式或半阶梯式笼养。选用哪一种类型应该配合建筑方式，并考虑饲养密度、除粪和通风换气设备三者的关系而定。

三、商品肉鸭的饲养管理

根据商品肉鸭的生理和生长发育特点，饲养管理一般分为雏鸭期（0～3 周龄）和生长肥育期（4～8 周龄）两个阶段。

（一）雏鸭期（0～3 周龄）的饲养管理

这个阶段的幼鸭生长速度快，主要生长内脏、肌肉和骨骼，代谢旺盛，但采食量小，消化能力较差，因此要饲喂易于消化、营养全面、蛋白和能量都较高的日粮，以满足其快速生长的营养需要。若饲料营养水平低，营养供应不足，雏鸭生长缓慢，上市时间将大幅度延长，饲料转化效率将大大地降低，因此必须注重雏鸭的营养水平，加强饲养管理，以培育优质的肉雏鸭。

1. 环境控制

（1）温度　大型肉鸭是长期以来用舍饲方式饲养的鸭种，不如蛋鸭那样比较容易适应环境温度的变化。因此，在育雏期间，特别是在出壳后第 1 周内要保持适当高的环境温度，这也是育雏能否成功的关键所在。在生产实践中，育雏温度的掌握应根据雏鸭的活动状态来判断，即“看鸭施温”，做到“适温休息、低温喂食、逐步降温”，提高雏鸭的成活率。肉用雏鸭的育雏温度见表 8-3。

表 8-3　肉用雏鸭的育雏温度

日龄	育雏温度/℃	日龄	育雏温度/℃
1～3	31～28	11～15	22～19
4～6	28～25	16～20	19～17
7～10	25～22	21 日龄后	<17

(2)湿度　育雏第1周应该保持稍高的湿度，一般相对湿度为65%，以后随日龄的增加，要注意保持鸭舍的干燥。要避免漏水，防止粪便、垫料潮湿。第2周湿度控制在60%，第3周以后为55%。

(3)密度　适当的密度既可以保证较高的成活率，又充分利用育雏面积和设备，从而达到减少肉鸭活动量，节约能源的目的。育雏密度依品种、饲养管理方式、季节的不同而异。一般最大收容量为每平方米25 kg活重。不同饲养方式雏鸭的饲养密度见表8-4。

表8-4　雏鸭的饲养密度　　只/m^2

周龄	地面垫料饲养	网上饲养	笼养
1	20～30	30～50	60～65
2	10～15	15～25	30～40
3	7～10	10～15	20～25

(4)通风　雏鸭的饲养密度大，排泄物多，育雏室容易潮湿，积聚氨气和硫化氢等有害气体。因此，保温的同时要注意通风，以排除潮气等，其中以排出潮湿气最为重要。适当的通风可以保持舍内空气新鲜，夏季通风还有助于降温。开放式育雏时维持舍温21～25 ℃，尽量打开通气孔和通风窗，加强通风。

(5)光照　光照可以促进雏鸭的采食和运动，有利于雏鸭的健康生长。出壳后的前3 d内采用23～24 h光照，以便于雏鸭熟悉环境，寻食和饮水，关灯1 h保持黑暗，目的在于使鸭能够适应突然停电的环境变化，防止一旦停电造成的集堆死亡。光的强度不可过高，过强烈的照明不利于雏鸭生长，通常光照强度在10 lx。在4日龄以后，可不必昼夜开灯，白天利用自然光照，早、晚喂料时，只提供微弱的灯光，只要能看见采食即可。这样既省电，又可保持鸭群安静，不会降低鸭的采食量。

2.雏鸭饲养管理技术

(1)雏鸭的选择　鸭苗必须来自健康高产的种鸭群，要求雏鸭体质健康、健壮，大小一致，体重在55～60 g，脐部收缩良好，无伤残等。

(2)接雏和分群　雏鸭转入育雏室后，应根据体质的强弱和体重的大小，把强雏和弱雏分别挑出，分成小群饲养，特别是弱雏，要把它放在靠近热源即室温较高的区域饲养，以促使"大肚脐"雏鸭完全吸收腹内卵黄，可提高成活率。一般每群的大小以300～500只为宜。分群工作要经常进行，可以在8日龄和15日龄时，结合密度调整，再进行第二次、第三次分群。

(3)先饮水后开食　与蛋雏鸭、蛋雏鸡的饲养管理技术相同。

(4)喂料方法　第1周龄的雏鸭也应让其自由采食，经常保持料盘内有饲料，随吃随添加。一次投料不宜过多，否则堆积在料槽内，不仅造成饲料的浪费，而且饲料容易被污染。1周龄以后还是让雏鸭自由采食，不同的是为了减少人力投入，可采用定时喂料。次数安排按2周龄时昼夜6次，一次安排在晚上。3周龄时昼夜4次。每次投料若发现上次喂料到下次喂料时还有剩余，则应酌量减少，反之则应增加一些。最初第1天投料量以每天每只鸭30 g计算饲喂量。第1周平均每天每只鸭35 g，第2周105 g，第3周165 g，在21日龄和22日龄时喂料内分别加入25%和50%的生长育肥期饲粮。

(5)搞好清洁卫生　雏鸭抵抗力差，要创造一个干净卫生的生活环境。随着雏鸭日龄的增大，排泄物不断增多，鸭舍或鸭篮的垫料极易潮湿。因此，垫料要经常翻晒、更换，保持生活环境干燥，所使用的食槽、饮水器每天要清洗、消毒，鸭舍要定期消毒、带鸭消毒等。此外，还须进行经常性的灭鼠、灭蚊工作。保持舍内环境安静，不随便更换饲养人员，不突然改变饲料品质，饲养人员工作时动作要轻巧，不要大声喧哗，不让噪声和其他动物干扰鸭群。

(6)搞好免疫防病工作　严格执行免疫接种计划，如 20 日龄肌内注射鸭瘟弱毒疫苗 1 mL/只，30 日龄肌内注射禽霍乱菌苗 2 mL/只，平时可用 0.01%～0.02%的高锰酸钾饮水，以加强抗病力。

(7)适当淘汰　及时淘汰健康状况差、生长不良的鸭。对生长不良的弱雏，应选出分开饲养，精细护理，使其追上生长良好的鸭。鸭群生长不整齐的问题大都是与育雏期的管理和鸭苗质量有关，特别是育雏温度太高或太低都极易使雏鸭生长不均，参差不齐。淘汰残次鸭时要小心轻抓，不要惊扰整个鸭群，以免造成应激反应。残次鸭和病鸭应坚决淘汰。

(8)做好记录和建立饲养管理规程　记录鸭舍的温度、湿度、饲料消耗、药物应用、群鸭数量、生长增重、疾病发生、死亡淘汰数等，这样可根据记录了解鸭群的生产性能，进而改善饲养管理。可通过抽检部分鸭，称量其样本重来测定鸭的生长情况。应当建立养鸭管理规程，在预定时间内做好饲养管理工作，如饲喂、换水、铺垫料、清洁卫生等。有一个固定的规程，将会减少工作遗漏和鸭群的应激，使鸭群按规律在舒适的环境中生活。

(二)生长肥育期(4～8 周龄)的饲养管理

肉鸭的 4～8 周龄培育期也称为生长肥育期，习惯上将 4 周龄开始到上市这段时间的肉鸭称为仔鸭。这段时期，商品肉鸭的生理特点及身体状况，已不同于育雏期。肉鸭的自身发生了变化，相应的饲养管理措施也须进行适当的调整。

1. 饲养方式

大型肉鸭 4～8 周龄多采用舍内地面平养或网上平养，育雏期地面平养或网上平养的，可不转群，既避免了转群给肉鸭带来的应激，也节省劳动力。但育雏期结束后采用自然温度肥育的，应撤去保温设备或停止供暖。对于由笼养转为平养的，则在转群前 1 周，平养的鸭舍、用具须做好卫生和消毒工作。地面平养的需准备好 5～10 cm 厚的垫料。转群前 12～24 h 饲槽加满饲料，保证饮水不断。

2. 温度、湿度和光照

室温以 15～18 ℃适宜，冬季应加温，使室温达到最适温度(10 ℃以上)。湿度控制在 50%～55%。应保持地面垫料或粪便干燥。光照强度以能看见吃食为准，每平方米用 5 W 白炽灯，白天利用自然光，早晚加料时才开灯。

3. 密度

地面垫料饲养，每平方米地面养鸭数为:4 周龄 7～8 只，5 周龄 6～7 只，6 周龄 5～6 只，7～8 周龄 4～5 只。具体视鸭群个体大小及季节而定。冬季密度可适当增加，夏季可减少。气温太高，可让鸭群在室外过夜。

4. 饲喂次数

白天 3 次，晚上 1 次。喂料量原则与育雏期相同，以刚好吃完为宜。为防止饲料浪费，可将饲槽宽度控制在 10 cm 左右，每只鸭饲槽占有长度在 10 cm 以上。

5. 饮水管理

自由饮水，不可缺水，应备有蓄水池。每只鸭水槽占有长度 2 cm 以上。

6. 垫料管理

地面垫料要充足，随时撒上新垫料，且经常翻晒，保持干燥。垫料厚度不够或板结，易造成胸囊肿，影响屠体品质。

7. 防止啄羽

如果鸭群饲养密度过大，通风换气差，地面垫料潮湿，光照强度过大，日粮中营养不平衡，特别是含硫氨基酸缺乏，容易引起肉鸭相互啄羽，因此在饲养上要注意采取综合措施防止啄羽的发生。

8. 上市日龄与上市体重

不同地区或不同加工目的所要求的肉鸭上市体重不一样，因此，上市日龄的选择要根据销售对象来确定。肉鸭一旦达到上市体重应尽快出售。商品肉鸭一般 6 周龄活重达到 2.5 kg 以上，7 周龄可达 3.0 kg 以上，饲料转化率以 6 周龄最高，因此，在 42～45 日龄为其理想的上市日龄。但此时肉鸭胸肌较薄，胸肌的丰满程度明显低于 8 周龄，如果用于分割肉生产，则以 8 周龄上市最为理想。

四、肉用种鸭的饲养管理

（一）育雏期的饲养管理

现代肉鸭的父母代种鸭育雏期为 0～4 周龄。育雏期的培育是为育成鸭和成年鸭打好基础。因此须采取科学的饲养管理，才能培育出优良的种雏。

1. 管理方式

雏鸭采用舍饲的饲养方式，一般采用网上平养或地面平养。

2. 营养条件

必须饲喂全价配合颗粒料（用于 2 周龄前）或粉料。作为种用的雏鸭营养要求不同于商品代肉鸭，只要达到其最低营养需要量即可。

3. 育雏准备

在进雏前 1 周，做好房舍及用具的消毒，进雏前 48 h，打开经消毒的鸭舍门窗，提前 12～24 h 将育雏室温度升上去，并加满料槽、水槽。

4. 饲养技术

肉用种雏鸭开水、开食方法同肉用仔鸭。

（1）饮水　不能缺少饮水，应充分饮水。前 3 d，还可以在水中加维生素 C、葡萄糖、矿物质等，以减少环境改变引起的应激。

（2）饲喂　种雏鸭的喂料量可以按规定的日粮标准分次饲喂，樱桃谷鸭 SM 系父母代种鸭饲喂标准（表 8-5）可供参考，也可以按照规定次数每次喂饱。1～7 日龄，自由采食，白昼、夜晚均喂料。1 日龄可以 1 h 喂一次，每次量不宜多，以饱而不浪费为原则。8～14 日龄，逐渐减少夜晚喂料次数，到 14 日龄时夜晚不喂料。15～21 日龄日喂 3 次，22～28 日龄日喂 2 次。按规定日粮定额喂料的次数可与上述相同，喂料量见表 8-5。27～28 日龄的喂料中分别加入 25%和 50%的育成期饲粮。

表 8-5 樱桃谷鸭 SM 系父母代种鸭饲喂标准(0～28 日龄) g/只

日龄	日耗料	累计耗料	日龄	日耗料	累计耗料
1	5.1	5.1	15	75.8	606.3
2	10.1	15.2	16	80.8	687.1
3	15.2	30.3	17	85.9	773.0
4	20.2	50.5	18	90.9	864.0
5	25.2	75.8	19	96.0	960.0
6	30.3	106.1	20	101.0	1 061.0
7	35.4	141.5	21	106.1	1 167.0
8	40.4	181.9	22	111.2	1 278.3
9	45.5	227.4	23	116.2	1 394.5
10	50.5	277.9	24	121.3	1 515.7
11	55.6	333.5	25	126.3	1 642.0
12	60.6	391.1	26	131.4	1 773.4
13	65.7	459.8	27	136.4	1 909.8
14	70.7	530.5	28	141.5	2 051.3

5. 管理技术

(1) 分群　按育种公司的比例一套或二套/群，一般一套鸭数量为 140 只，公母混养。

(2) 温度　育雏伞四周围护雏圈。1 日龄伞下温度 34～36 ℃，圈内 29～31 ℃，室温 24 ℃。加温视鸭舍和气温而定，夏、秋两季白天温度超过 27 ℃时可以不加温，温度偏低或夜间，尤其在特别寒冷时，应该加温至满足雏鸭对温度的要求。降温要逐步进行，前期可每日降温 1 ℃，后期每日降 2 ℃或隔日降 1 ℃。总之，在 21 日龄前能适应自然温度。若到时温度低于 5 ℃，应加温使室内温度达到 15～18 ℃。

(3) 光照　1～3 日龄用白炽灯 5 W/m^2，每日 23 h 光照，1 h 黑暗。4 日龄逐渐减少夜间的补充光照，直至 4 周龄结束时与自然光照时间相同。也可以 2～3 周龄即过渡到自然光照。如到 4 周龄结束补充光照，采用自然光照 9 h，4～6 日龄时每天减少 1 h 光照，以后隔日减少 1 h 光照或每 4 日减少 2 h 光照。

(4) 密度　1 周龄雏鸭至少 25 只/m^2，2 周龄 10 只/m^2，3 周龄 5 只/m^2，4 周龄 2 只/m^2。

(5) 称重　28 日龄早上空腹称重，每群按公母鸭比例 10%称重。若一群少于 140 只鸭，则公鸭要按 50%以上比例称重。种雏鸭以育雏结束时体重与规定标准相差不超过±2%为最好。

(二)育成期的饲养管理

育成期指 5～26 周龄，结束之后即是产蛋期，能否保持产蛋期的产蛋量和孵化率，关键在育成期能否控制好体重和光照时间。

1. 管理方式

肉用种鸭育成期一般采用半舍饲管理方式。

2. 营养条件

育成期饲喂全价粮，可以用粉料，也可以用颗粒料。因为粉状饲料容易产生饱感，而育成期又要采取限制饲喂，所以拌成湿粉料饲喂较好。颗粒料的直径为5～7 mm。

3. 限制饲喂和体重检测

(1)饲喂量的确定　从5周龄开始完全改喂育成期日粮，每日每只给料150 g或按育种公司提供的标准给料，如狄高种鸭育成期日粮定额确定给料量(表8-6)。28日龄早上空腹称重，计算出每群公、母鸭的平均体重，与标准体重比较，标准体重±2%范围内皆为合格，然后按各群的饲料量给料。表8-7为樱桃谷鸭父母代种鸭标准体重、表8-8为北京鸭(Z型)标准体重。

直到23周龄，每周第1天早上空腹称重，比例为10%(公鸭可按20%～50%)。若低于标准体重，则增加10 g/(只·日)或5 g/(只·日)；若高于标准体重，则减少5 g/(只·日)。若增加(或减少)饲料还没有达到标准，则再增加10 g或5 g(或减少5 g)。当达到标准体重时，下周按150 g/(只·日)饲喂。确保公母鸭接近标准体重。

表8-6　狄高种鸭育成期日粮定额　kg/100只

周龄	日耗料量	周龄	日耗料量
4～5	12～14	21～24	15～17
6～11	13～14	25周龄至产蛋	16～18
12～20	14～16.5		

表8-7　樱桃谷鸭父母代种鸭标准体重　kg

周龄	母鸭	公鸭	周龄	母鸭	公鸭
4	0.967	1.112	16	2.752	3.107
5	1.335	1.532	17	2.785	3.140
6	1.757	2.015	18	2.807	3.160
7	1.945	2.226	19	2.851	3.204
8	2.133	2.439	20	2.885	3.327
9	2.210	2.523	21	2.918	3.269
10	2.287	2.606	22	2.962	3.313
11	2.365	2.691	23	2.996	3.346
12	2.442	2.774	24	3.040	3.390
13	2.520	2.858	25	3.072	3.421
14	2.597	2.941	26	3.105	3.452
15	2.675	3.025			

表 8-8　北京鸭(Z 型)标准体重　kg

周龄	母鸭	公鸭	周龄	母鸭	公鸭
4	1.6	1.65	14	2.50	2.60
5	1.80	1.85	16	2.55	2.65
6	1.90	2.00	18	2.60	2.75
7	2.00	2.10	20	2.68	2.80
8	2.10	2.20	22	2.75	2.85
9	2.20	2.30	24	2.80	2.95
11	2.30	2.40	26	2.85	3.00
12	2.40	2.50	28	2.90	3.10

(2) 限饲方法　一种是按限饲量将 1 d 的全部饲料 1 次投入，或早上投料 70%，下午投料 30%；另一种是把 2 d 应喂的饲料 1 d 1 次投入，第 2 次不喂料，称为隔日限饲。实践证明隔日限饲的效果更佳。无论哪种限饲法，在喂料当天的第一件事都是早上 4:00 开灯，按每群分别称料，然后定时投料。

(3) 限饲时注意事项　①饲粮营养全面，一般不供应杂粒谷物。②称重必须空腹。③一般正常鸭群在 4～6 h 吃完饲料。喂料不改变的情况下，应注意观察吃完饲料所需时间的改变。④从开始限饲就应调整群，将体重轻、弱小鸭单独饲养，不限制饲养或少限制饲养，直到恢复标准体重后再混群。⑤限饲过程中可能会出现死亡，更应照顾好弱小鸭。⑥限饲要与光照控制相结合。⑦喂料在早上 1 次投入，加好料后再放鸭吃料，以保证每只鸭都吃到饲料，若每日分 2 次或 3 次投料，则抢食能力强的个体几乎每次都吃饱，而造成弱小个体过度限饲，影响群体的整齐度。

4. 光照

此期光照原则是不要延长光照时间或增加光照强度，以防过早性成熟。5～20 周龄，每日固定 9～10 h 的自然光照，实际生产中多在此期采用自然光照。但若日照是逐渐增加的，则与光照原则相矛盾，不利于后期产蛋。解决办法是将光照时间固定在 19 周龄时的光照时间范围内，不够的人工补充光照，但应注意整个育成期固定光照以不超过 11 h 为宜。若日照渐减，则就利用自然光照。而 21～26 周龄，逐渐增加光照时间，直到 26 周龄时达到 17 h 的光照。由 20 周龄时的光照时间与 26 周龄开始的 17 h 光照的差值计算出每周或每周 2 次应增加的光照时间，分别在早上和晚上增加，直到 26 周龄时肉鸭从 4:00—21:00 接受光照。下面的加光时间可供参考。

21 周龄，天黑开灯，晚上 18:00 关灯。

22 周龄，天黑开灯，晚上 18:00 关灯。

23 周龄，天黑开灯，晚上 19:00 关灯。

24 周龄，早上 5:00 开灯，天亮关灯，天黑开灯，晚上 20:00 关灯。

25 周龄，早上 4:00 开灯，天亮关灯，天黑开灯，晚上 20:00 关灯。

26 周龄，早上 4:00 开灯，天亮关灯，天黑开灯，晚上 21:00 关灯。

5. 转群和分群

育雏期网上平养转为地面垫料平养，转群前 1 周应准备好育成鸭舍，并在转群前 12～24 h

加满 29 日龄的饲喂量，加满池水。每群一套(140 只鸭)或二套鸭，各群之间用 0.7 m 高的物件隔离，以防混群。公母混养，密度以每只鸭 0.4 m^2 鸭舍＋0.6 m^2 运动场(含 0.1 m^2 水池)计算密度。对于中型鸭，最多不得超出 5.0～7.5 只/m^2(舍内面积)。

6. 开产前饲料量的调整

在 24 周龄开始改喂产蛋期饲粮和增加饲喂量。一种方式是 24 周龄开始连续 4 周加料，每周增加 25 g 产蛋期饲粮。4 周后完全饲喂产蛋期饲料，自由采食。另一种方法是 24 周龄起改用产蛋期饲粮，并在 23 周龄饲喂量的基础上，增加 10%的饲料；产第 1 个蛋时，在此基础上增加饲喂量 15%。如 23 周龄饲喂量为 140 g/(日·只)，则 24 周龄喂料为 154 g，产第 1 个蛋时喂料 177 g。正常鸭群 26 周龄开产，并达到 5%产蛋率。

(三)产蛋期的饲养管理

产蛋期指 27 周龄至产蛋结束，饲养目的是产蛋量高、受精率高和孵化率高。要做到这一点，也必须进行科学的饲养和管理。正式进入产蛋后，各种饲养管理日程要稳定，不轻易变动，以免产蛋率急剧下降。产蛋高峰时更应如此。

1. 饲养方式

与育成期相同，可以不转群。

2. 设置产蛋箱

每个产蛋箱尺寸为 40 cm 长，40 cm 高，30 cm 宽，每个产蛋箱供 4 只母鸭产蛋，可以 5～6 个产蛋箱连在一起组成一列。产蛋箱底部铺上干燥柔软的垫料，垫料至少每周更换 2 次，越清洁则蛋越干净，孵化率越高。产蛋箱于种鸭 24 周龄前(一般在 22 周龄)放入鸭舍，在舍内四周摆放均匀，位置不可随意更改。

3. 光照管理

每日提供 16～17 h 光照，时间固定，不可随意更改，否则严重影响产蛋。

4. 垫料管理

地面垫料必须保持干燥清洁，当舍内潮湿时应及时清除，换上新垫料，可以每日增添新垫料，并尽可能保持鸭舍周围环境的干燥清洁。

5. 种蛋收集

及时将产蛋箱外的蛋收走，不要长时间留在箱外，被污染的蛋不宜作为种用。鸭习惯于凌晨 3:00—4:00 产蛋，早晨应尽早收集种蛋。初产母鸭可在早上 5:00 捡蛋。饲养管理正常，通常母鸭在:00 以前产完蛋，而产蛋后期产蛋时间可能集中在 6:00—8:00。应根据不同的产蛋时间固定每天早晨收集种蛋的时间。迟产蛋也及时捡走，若迟产蛋数量超过总蛋数 5%，则应检查饲养管理制度是否正常。收集的种蛋尽快放入烟熏消毒柜(室)中消毒，并转入蛋库贮藏。种蛋贮藏时间不宜过长，一般 15～20 d 后应进行孵化。

6. 种公鸭的管理

配种比例为 1:4，有条件的可按 1:5或 1:7的比例混养。但公鸭过少，可能精液质量不均衡；而若公鸭过多也不好，会引起争配使受精率降低。应淘汰阴茎畸形或发育不良或阴茎过短(大型肉鸭正常阴茎长 9～10 mm)的公鸭。对性成熟的种鸭还可进行精液品质鉴定，不合格的给予淘汰。

7. 预防应激反应

要有效控制鼠类和寄生虫,并维持种鸭场周围环境清洁安静,保持环境空气尽可能地新鲜,必要时可调节通风设备,使环境温度在适宜范围内。寒冷地区温度应维持在 0 ℃以上。

8. 做好记录

做好产蛋及疾病等记录。

(四)种鸭饲养效果的检查

育雏期和育成期饲养效果可从体重和成活率体现出来。种雏饲养得好,体重在标准范围内,育雏率可达 90%以上,育成期成活率可达 90%～95%。产蛋期可用产蛋期死淘率、产蛋高峰、全程产蛋孵化率和受精率来衡量。樱桃谷鸭及北京鸭的大型配套全程产蛋可达 230～260 枚/只,孵化率 75%～85%,受精率 90%左右,而死淘率仅每个月 1%。种鸭的产蛋曲线除了反映出品种的生产性能以外,更重要的是反映了育成期和产蛋期饲养管理工作的好坏。一般正常产蛋率在 26 周龄达到 5%,28～30 周龄达到 15%,33～35 周龄达到 90%及以上,进入产蛋高峰期。产蛋高峰期可持续 1～3 个月,平均为 1.5 个月,高者可达 4 个月。如果在生产过程中各项指标与标准相差太大,则应及时采取措施。

二维码 8-4 番鸭的饲养管理

五、番鸭及骡鸭的饲养管理

番鸭又称瘤头鸭、麝香鸭、火鸭、红面鸭等,属于鸭科栖鸭属。起源于中、南美洲的热带地区,是驯养鸭中唯一保留就巢性的鸭种。经驯化的番鸭体质健壮,体躯长宽,与地面呈水平状态;头颈中等大小,眼周围和喙的基部有皮瘤,头颈部有一排纵向长毛受惊时会逆立呈刷状。胸腿肌肉特别发达,翅较长(30～50 cm),有一定的飞翔能力。尾较长而窄,胫短而结实,步态缓慢而平衡。羽毛有黑、白、褐等颜色。黑羽鸭的羽毛泛绿色光泽,皮瘤黑红色,较单薄,喙红色带黑斑,虹彩呈浅黄色,胫、趾、蹼大多为黑色。白羽鸭的喙呈粉红色,皮瘤红色,肥厚,虹彩浅灰色,胫、趾、蹼为橙黄色,叫声低哑。繁殖季节公鸭散发出麝香气味。

番鸭虽有飞翔能力,但性情温顺,行动笨重,不喜在水中长时间游泳,极适于陆地舍饲,故福建、江西、广东、广西、浙江、湖南等地均有大量繁殖饲养。

番鸭与家鸭虽然都是水禽,但在生理特征和生活习性上有一定的差别,因此饲养管理上也有不同。

(一)种番鸭的饲养管理

1. 育雏期(1～4 周龄)的饲养管理要点

(1)保温脱温　番鸭苗由于体脂极少,对温度特别敏感,必须保温。其对温度要求:1～3 日龄 32 ℃,4～7 日龄 30 ℃,7～14 日龄 28 ℃,4～21 日龄 26 ℃,21～30 日龄 24 ℃。保温后脱温 1 周。逐渐不再加热,或加大通风,直到完全达到外界环境温度为止。雏鸭喜挤在一堆相互取暖,应时常用手拨开,以防压死或闷死。垫草要勤换,以防潮湿引起脚病。

(2)饮水　雏鸭出壳后 8～12 h,就有觅食的表现,雏鸭于喂食前 2～3 h,应先饮水,可在饮水中按每千克水加入 1 g 复合维生素，这样有助于清除肠粪，预防干热、刺激食欲及缓解应激反应。在饮水时注意水盆或水槽中水深不能超过 2 cm，以免弄湿羽毛受凉。

(3)饲喂　整个育雏期均让其自由采食，可使用小鸭前期颗粒饲料饲喂，代谢能 2 900 kcal/kg，粗蛋白质 22%。喂料 5～6 次/d，随着雏鸭日龄的增加，应逐渐增加喂料量。在饲料中添加土霉素 150～200 g/kg。

(4)密度　1 周龄 10～15 只/m^2，2 周龄 8～10 只/m^2，3～4 周龄 5 只/m^2。

(5)通风　一周龄内可不考虑通风，一周龄后必须通风，降低 NH_3、H_2S 等有害气体和避免潮湿。

(6)光照　24 h 光照，强度不能低于 5 lx。

2. 育成期的饲养管理要点

由于番鸭具有特殊的补偿生长的能力，国外采取控制饲养(或称节制给食)的方法，公鸭从 7～8 周龄开始，母鸭从 6～7 周龄开始。一种是按自由采食量的 95%喂给，即减少 5%的饲料，不影响生长，料肉比可提高 5%～10%，这种叫轻度控制方法；另一种是按自由采食量的 80%喂给，生长速度有所减慢，料肉比不增加，胸腿肌无明显改变，但屠体肥肉明显减少。故目前认为，在雏番鸭的生长后期，降低光照强度，按自由采食量的 90%～95%喂料，即采取轻度控制饲养的方法，可改善屠体品质，提高饲料报酬率。

(1)公母分群饲养　番鸭异性间差别较大，3 周龄以后，公母之间的体重差异达 50%左右，公鸭性情粗暴，抢食强横。公母混群饲养，若按公鸭的要求，则造成浪费；若按母鸭的要求，则影响公鸭的生长或使部分母鸭受到压制。正确的方法是从初生雏进行性别鉴定，公母分群饲养。

(2)断喙防止啄羽　番鸭啄羽一般发生在 4～7 周龄，预防的办法主要是喂给丰富的含硫氨基酸饲料；控制正确的饲养密度；采取适当的光照强度，缩短光照时间；此外，可在 2～3 周龄时进行一次断喙，以防啄羽。

断喙最好用鸭子专用的断喙器，或用剪刀代替，断喙前先将剪子烧灼，在鸭嘴豆的中部切去为防止出血，断喙前喂少量维生素 K。

番鸭的爪子很锋利，为便于饲养时操作，防止鸭子互相追逐时踩压抓伤，改善屠体外观，也可以同时进行断爪。

3. 种番鸭的饲养管理

(1)种鸭的选择　公番鸭应选择肌肉发达，体质健壮，羽毛光华，体重大小适中，外貌符合品种特征的个体。母鸭应挑选羽毛细密而光亮，体躯紧凑而呈椭圆形的。颈、喙较短的善于觅食，抓在手上有反抗力的母鸭适宜留作种用。

(2)公母配比　自然交配按公母 1∶7的比例放入公鸭，如进行人工授精，可按公母 1∶10 的比例留足公鸭。公鸭的年龄应比母鸭大 1 个月。

公母鸭前期分群饲养，至 22 周龄时将公鸭放入母鸭群中，互相适应熟识后，有助于提高受精率。

(3)种鸭的利用期　公鸭只利用 1 年；母鸭可利用 2～3 年，第 4 年必须淘汰，因母番鸭随年龄增大，就巢性很强，产蛋力下降。

国外母番鸭只利用 2 个产蛋期，第一个产蛋期有 22 周(5 个月)，产蛋高峰出现在开产后的第 7～13 周。第一产蛋期结束后进行人工强制换羽，约需 13 周(3 个月)。接着第二个产蛋期，约 22 周，然后淘汰，此时母番鸭的肉用价值尚好。

(4)种鸭舍的要求　种鸭舍要求保温性能好，地面保持干燥，可补充光照，有产蛋巢箱，运动场上有配种池。

番鸭耐热能力强于耐寒能力，所以夏季对产蛋率没有影响，而低温对产蛋率影响很大，室温低于 15 ℃时，受精率就会降低。因此，在建造种鸭舍时，要重视保温性能。

鸭舍的地面可一半用垫草，一半用条子或网。垫草有利于种鸭产蛋和生活，但不容易保持清洁和干燥。用条子(或增塑网，网孔方形，直径 1.5～2.0 cm)离地饲养，可保持鸭舍干燥，但长期生活在条子上，容易造成腿趾疾病。

鸭舍在靠边墙一面设置产蛋箱，高和宽各 0.28 m，长 0.35 m，每 6 只母鸭准备一个产蛋箱。箱底铺木屑或切短的垫草。

鸭舍的大小按每平方米饲养种鸭 3～4 只计(根据品种的大小而定)，每群不超过 500 只，每一单间 30 m^2 左右。

(5)种鸭的饲料和饲养　种鸭的饲料分产蛋期饲料和休产期饲料两种。产蛋期饲料的营养水平高一些，每千克含代谢能 11.30～11.72 MJ，含粗蛋白质 16%～17%；休产期饲料能量不变，粗蛋白质降为 14%～15%。配制成的粉料，最好加工成直径 5 mm 的颗粒饲料，任其自由采食。母鸭每日耗料量 120～130 g，公鸭每日耗料量 200 g 左右。种鸭产蛋期，舍内需另加无机盐盆、添置砂砾和牡蛎壳，任其自由采食。

番鸭最爱吃蚯蚓、昆虫等动物性饲料，适当增喂这类饲料，仔鸭增长快，母鸭开产早，产蛋多。

(6)种鸭的管理

①光照。光照和温度对母鸭的产蛋影响最大，一般从 26 周龄开始补充光照，每天照明时间增加 15 min，直至达到 16 h 不再增加。补充光照用普通白炽灯泡，照度按 15～20 lx/m^2。补充光照结束后，只要在走廊上留暗灯照明即可，亮度比一般鸭舍更弱些。

②保持一定舍温。据观察，番鸭在我国长江以南各地均有饲养，冬季很少产蛋，而夏季对产蛋影响不大。因此保持鸭舍内的温度，尽可能不低于 15 ℃，是提高种鸭产蛋率的关键。缺乏人工加温设备的鸭舍，冬季要关闭门窗，堵塞东、西、北三面的通风洞，北窗外加塑料夹层。适当增加单位面积的饲养量，提高饲养密度，聚集鸭体本身散发的热量以提高舍内温度，饮水尽量用温水。缩短在运动场上的放牧时间，晴天出太阳气温升高时，将鸭放到外面活动，遇到下雪、下雨或大风天气，停止放鸭。

③勤加垫草保持鸭舍清洁干燥。番鸭怕脏怕冷，舍(蛋巢)内要勤换垫草，保持清洁干燥，冬季尤应注意，因饲养密度提高后，垫草污秽、湿度增大，勤换清洁干燥的垫草，对保持舍温，提高产蛋率作用很大。

④产蛋箱的位置要固定。番鸭有定位产蛋的习惯，如家庭分散饲养，蛋箱不要随便移动，否则会产地蛋(搬动位置必须待一窝蛋产完以后进行)。产蛋初期，蛋箱内的蛋每天要留一两个，不要全部捡出。

⑤创造安静稳定环境。母番鸭性情温顺，平常很少争斗，但产蛋时(产蛋大多数在上午 7:00—9:00)和孵化就巢期间，警惕性很高，陌生人不能走近，以免产生应激；公鸭的性情较暴烈，常在抢食时发生斗殴，自卫能力强，陌生人干扰时，会与人对抗。因此，必须保持饲养环境的安静。为避免公鸭之间的斗殴，饲槽和饮水器要均匀地分散放置，这对提高产蛋率和受精率

都有作用。

⑥种公鸭的饲养管理。种公鸭饲养到6月龄，体重达2.5～3.0 kg，有“唑唑”叫声的，标志将到性成熟，应立即上笼，分别饲养，以防相互打架，造成伤害。

公鸭特别怕热，夏季应每天下水洗澡1～2次，冬季每隔2～3 d也洗澡一次，以保持羽毛整洁。据古田和漳州个别养鸭户介绍，配种的公鸭补喂少量枸杞可以提高受精率，补喂红糖、猪油拌糠饭，可以保持旺盛的配种能力。配种期间还要控制适当的配种次数，在正常情况下，以每天早晚各1次为宜。

(二)肉番鸭的饲养管理

肉番鸭指0～10周龄的商品鸭。

1. 雏番鸭选择

按番鸭的羽色不同，有白番鸭、黑番鸭和黑白花番鸭之分。在采购雏鸭时，根据产品用途，如供加工厂加工或分割的宜选白番鸭，如供活鸭零售的宜选黑番鸭或黑白花番鸭。

2. 饲养方式

有圈养和笼养。0～3周龄最好采用网上饲养，4周龄后在地面圈养或笼养，笼养每笼3～5只为宜。番鸭在没水的情况下也可以饲养。

3. 雏番鸭饲养管理

一般从出壳到4～5周龄的小番鸭称为雏番鸭。

(1)温度控制　一般采用人工给温或自温育雏，冬春季节气温较低时采用人工供暖。群养育雏保温多采用红外线灯，一般每盏250 W红外线灯可保温100～120只雏鸭。室温控制标准为：第1周27 ℃左右，第2周25 ℃左右，第3周22 ℃左右、第4周20 ℃左右、第5周18～20 ℃，具体施温要根据小番鸭行为和分布情况进行调节。

(2)暗光静养　出壳雏鸭3 d内需昼夜光照，鸭舍光线要充足，如育雏室光照不足，应补充人工光照，以后可逐渐减少光照时间。采用短光照方法，8～10 h/d，即暗光静养方法饲养肉番鸭，因为暗光静养后运动少，增重快。有鼠害地区，应整夜点亮15～25 W的电灯，晴天尽量让阳光充分照射。4周龄后完全自然光照。

(3)垫料　雏番鸭不管是地面饲养还是网上饲养，都应用稻草或麻布垫好，垫草和麻布要勤更换。

(4)饮水喂食　出壳鸭苗要求先饮水后开食，要求不超过18～24 h。饮水先用0.1%高锰酸钾水或百毒杀水，饮用1～2 d，然后在饮水中加适量速补和氟哌酸类或强力霉素等药物，以增强体质和预防疾病。开食时让其自由采食。喂料时间不宜过短，可选用较深的料槽给料。

(5)饲料要求　配制或采购全价颗粒饲料，0～3周龄颗粒直径小于1.5 mm，代谢能12.12～12.54 MJ/kg，粗蛋白19.5%～22%；4周龄以后全价饲料颗粒直径1.5 mm或3.5～4 mm，代谢能11.71～12.54 MJ/kg，粗蛋白17%～19%。

4. 中番鸭期(4～10周龄)饲养管理

此阶段番鸭生长最快，食量大增，尤喜食动物性饲料。

(1)饲养　此阶段消化能力增强，采食量大，耐粗饲，所给饲料可减精加粗，除增加每天全价饲料用量外，还应补充青草、青菜等青绿饲料。育肥到10周龄时，公番鸭体重可达3.5～

4.0 kg，母番鸭 1.5～2.0 kg，即可上市。

(2)管理　管理上应公母分开，且分群饲养，每群 100～300 只为宜，每平方米 5～8 只。由于此阶段开始换羽，易出现啄癖，应注意断喙和遮光。番鸭有旱鸭之称，大群饲养也只需少量人造水池或水盆供其饮水即可，但一定要注意饮水清洁卫生，而且不能间断饮水。大多数专业户采用圈养办法，但也有采用放牧加补料的办法，即使圈养，鸭舍边也要有水源，让鸭戏水。由于番鸭不会换毛，特别怕热，因此在夏秋季节应注意鸭舍的通风与凉爽。

5. 育肥期饲养管理

番鸭的育肥时间，应根据个体的差异和生长发育的快慢来决定，太早会影响正常发育，太晚则降低饲料转化率。一般在 50～60 日龄开始育肥，肥育 20～30 d，当皮下与腹内脂肪沉积形成时出售。在此期间，适当增加能量饲料比例，限制其运动，保持安静、干燥、清洁的环境，促进鸭的肥育和羽毛整洁，有利于销售。

(三)骡鸭生产技术

番鸭与普通家鸭之间进行的杂交，是不同属、不同种之间的远缘杂交，所得的杂交后代虽有较大的杂交优势，但一般没有生殖能力，故称为骡鸭或半番鸭。

骡鸭的主要特点是性情温顺，耐粗饲，增重快而肉质好，适宜填肥，能生产优质肥肝，填肥时间短，节省饲料，生产费用低。

骡鸭的饲养方法与一般肉鸭相似。

1. 杂交方式

杂交组合分正交(公番鸭×母家鸭)和反交(公家鸭×母番鸭)两种，以正交效果好，这是由于用家鸭作母本，产蛋多，繁殖率高，雏鸭成本低，杂交公母鸭生长速度差异不大，12 周龄平均体重可达 3.5～4 kg。如用番鸭作母本，产蛋少，雏鸭成本高，杂交公母鸭体重差异大，12 周龄时，杂交公鸭可达 3.5～4 kg，母鸭只有 2 kg，因此，在半番鸭的生产中，反交方式不宜采用。

杂交母本最好为天府肉鸭、樱桃谷肉鸭等大型肉鸭配套系的母本品系，繁殖率高，生产的骡鸭体形大，生长快。

2. 配种形式

一般都采用自然交配，每一小群 25～30 只母鸭，放 6～8 只公鸭，公母配比 1∶4左右。公番鸭应在育成期(20 周龄前)放入母鸭群中，提前互相熟识，先适应一个阶段，性成熟后才能互相交配。增加公鸭只数，缩小公母配比和提前放入公鸭，是提高受精率的重要方法。

正常生产骡鸭，必须采用人工授精技术，番鸭人工授精技术是骡鸭生产成功与否的关键。用于人工采精的种公鸭必须是易与人接近的个体。过度神经质的公鸭往往无法采精，这类个体应于培育过程中仔细鉴别出，予以淘汰。种公鸭实施单独培育，与母番鸭分开饲养。公番鸭适宜采精时期为 27～47 周龄，最适宜采精时期为 30～45 周龄，低于 27 周龄或超过 47 周龄则精液质量低劣。

3. 骡鸭饲养管理

骡鸭饲养方法与一般肉鸭相似，参照肉鸭生产。

任务三　鹅生产技术

任务描述

鹅属于节粮型家禽，适应性强，以吃青饲料主，饲养成本低，而且可与林、果、渔业生产结合协调发展，形成良性生态循环。鹅产品基本无污染，属绿色食品，随着居民消费水平的提高和饮食文化的发展，对鹅产品的消费日趋增多。本任务重点是正确进行肉用仔鹅育肥，对不同生产阶段的鹅进行科学饲养管理。

任务目标

了解鹅的生理特点；掌握肉用仔鹅的各种育肥技术；掌握种鹅不同生长阶段饲养管理技术要点。

思政目标

扎根农村，勇于奉献，促进乡村振兴；学以致用，爱岗敬业；标准化操作，职业操守；团结合作；节能环保，安全意识。

知识清单

一、雏鹅的饲养管理

孵化出壳至 4 周龄的小鹅称为雏鹅。该阶段雏鹅具有体温调节机能差，消化道容积小，消化吸收能力差，雏鹅抗病能力差等特点，因此雏鹅的培育是养鹅生产的关键环节。此期间饲养管理的重点是培育出生长发育快、体质健壮、成活率高的雏鹅。

(一)雏鹅的选择

1. 品种选择

各地应根据本地区的自然习惯、饲养条件、消费者需求，选择适合本地饲养的品种或杂交鹅饲养。不同鹅种之间的杂种，如狮头鹅(♂)×太湖鹅(♀)，狮头鹅(♂)× 籽鹅(♀)，四川白鹅(♂)× 太湖鹅(♀)，其后代生活力强，生长速度快，饲料转化率高。选择外来品种首先要充分了解其产品特性、生产性能、饲养要求，然后才能引进饲养。

2. 品质选择

肉用仔鹅必须来自健康无病、生产性能高的鹅群，其亲本种鹅应有合理的防疫程序。雏鹅应符合该品种的特征。绒毛细长、洁净、有光泽；卵黄吸收良好，脐带收缩完全，无脐伤，脐部周围无血斑和水肿；举动活泼、眼睛灵活而有神、反应灵敏、叫声响亮；用手握住颈部并提起雏鹅时，两脚能迅速收缩并挣扎有力；将雏鹅仰翻放置，雏鹅很快能翻身站起。腹大、血脐、大肚脐、跛脚、瞎眼、歪头等弱雏、畸形雏、病雏不能选用。雏鹅的选择时间最好在出壳后 12～24 h 为宜，这时雏鹅的绒毛已干燥，能站立活动。

(二)雏鹅的饲养管理技术

1. 雏鹅的潮口与开食

雏鹅出壳后的第一次饮水称为潮口。开水时间通常在雏鹅出壳后12～24 h进行,如果喂水太迟,造成机体失水,出现干爪鹅,将严重影响雏鹅的生长发育。雏鹅的饮水最好使用小型饮水器,或使用水盘,盘中水深不超过1 cm,以雏鹅绒毛不湿为原则。开饮用0.05%高锰酸钾温热水,自饮5～10 min以消毒胃肠道。随后在饮水中加5%葡萄糖和少量维生素,有利于清理胃肠、刺激食欲、排出胎粪,吸收营养,以25 ℃的清洁水为宜。

饮水后即开食。开食时,先喂湿精料后喂青料,可防止吃多青料少吃精料而拉稀,也可将切细的青料拌半生半熟碎米饲喂。由于雏鹅消化道容积小,喂料量应做到"少喂勤添"。

随着雏鹅日龄的增长,可逐渐增加青绿饲料或青菜叶的饲喂量,也可以单独饲喂,但应切成细丝状。

2. 雏鹅的日粮配制与饲喂

应根据鹅的品种、日龄、当地饲料来源等条件综合考虑。一般混合精料占30%～40%,青料占60%～70%。饲养雏鹅宜"少给勤添,定时定量"。从雏鹅开食后的第2天起便可正式饲喂,每次的喂料时间0.5 h为宜,并控制其采食量,喂至7～8成饱即可,有利于消化,增进食欲。禁止时饱时饥,导致消化不良,影响其生长发育。喂料时要注意清洁卫生,喂完一批鹅后,应将被污染饲料扫清,盘子用0.1%的高锰酸钾溶液冲洗干净,再喂下一批。3日龄后的雏鹅,饲喂时可在日粮中加入少量的砂砾以帮助其消化。在前3 d,每日喂4次。第3天后喂6次,第5天后喂8次。10～20日龄的饲料以青料(青菜)为主。此时,雏鹅可以放牧,采食青草,饲喂次数可以减少,每昼夜可以喂5～6次(其中晚上喂2次)。如饲喂混合料,青料可占80%～90%,混合料占10%～20%。21～28日龄放牧时间可以逐渐延长,喂饲次数可以减少到每昼夜5次(其中晚上21:00喂1次)。

3. 提供适宜的环境条件

(1)保温与防湿　雏鹅对温度的要求十分严格,温度的过高或过低都会造成雏鹅发病死亡,因此在饲养雏鹅阶段,应根据品种、季节、饲养方式等不同,灵活控制育雏温度。在育雏期间,温度必须平稳下降,切忌忽高忽低急剧变化。舍内湿度控制在60%～70%,应勤添垫草,换气排湿,降低湿度。雏鹅育雏期适宜温度与湿度见表8-9。

表8-9　雏鹅育雏期适宜温度与湿度

日龄	1～5	6～10	11～15	16～20
温度/℃	27～28	25～26	22～24	20～22
相对湿度/%	60～65	60～65	65～70	65～70

(2)通风控制　雏鹅饮水时往往弄湿饮水器或水槽周围的垫料,同时粪便、垫料的发酵容易导致室内湿度和有害气体(如氨气)浓度升高。因此,育雏期间应注意室内的通风换气,保持舍内垫料的干燥、新鲜,地面干燥清洁。冬春季节,在通风前先使舍温升高2～3 ℃,然后再打开门窗或排气扇,避免冷空气直吹鹅体。通风时间一般安排在中午前后。

(3)合理光照　育雏期间,1～3日龄24 h光照,4～15日龄18 h光照,16日龄后逐渐减为自然光照，但在晚上需开灯加喂饲料。光照强度 0～7 日龄每 15 m^2 用一个 40 W 灯泡，8～14 日龄换用 25 W 灯泡。

(4)饲养密度　雏鹅饲养密度 1～10 日龄 20～24 只/m^2，11～20 日龄 15～18 只/m^2，20 日龄以上 5～10 只/m^2。

4. 科学管理

(1)分群与防堆　及时合理的分群能使雏鹅生长均匀，可提高雏鹅的成活率。每群以 100～150 只为佳。小鹅本来就喜欢集堆，如果天气寒冷更易集堆，造成挤压而死。为防止集堆，可采用分栏管理，严格控制密度，提供适宜的温度，随时将打堆雏鹅赶散，这叫“赶堆”。

(2)适时放牧与下水　放牧和下水可促进雏鹅的新陈代谢，增强体质，提高抵抗力和适应性。但放牧和下水不宜过早，时间不宜过长。开始放牧下水的日龄视气候情况及雏鹅的健康状况而定。春季育雏，4～5 日龄后可开始放牧，选择晴朗无风的日子，喂料后将雏鹅放在育雏室附近草场上放牧，让其自由采食青草。开始放牧的时间要短，以后随雏鹅日龄的增加逐渐延长放牧时间。放牧要与下水相结合，放牧地要有水源或靠近水源，将雏鹅赶到浅水处让其自由下水、戏水，既可促进雏鹅生长发育，又有利于羽毛清洁，提高抗病力。下水时切忌将雏鹅强迫赶入水中。

(3)加强卫生防疫　育雏室要建立严格的卫生防疫制度。如育雏室进出口处要建消毒池和消毒房(内设紫外线灯)，外来人员不得入内，特殊者必须在换取工作服和工作鞋后方可进入。要注意经常打扫场地、排污沟等，要勤换垫料，粪便可采用堆积发酵法进行处理，病死鹅应深埋或烧毁。此外，还必须做到，饲料要新鲜，饮水要清洁，严禁用腐败发酵饲料，特别是发霉的饲料来喂鹅。

二、肉用仔鹅的饲养管理

肉用仔鹅是雏鹅育雏期结束后，将不作为种用的仔鹅转入育肥饲养的中雏鹅(5～10 周龄或 5～12 周龄)。此期的饲养管理特点是，以放牧为主，补饲为辅，充分利用放牧条件，加强锻炼，促进机体的新陈代谢，促进肉用仔鹅的快速生长，适时达到上市体重。

(一)饲养方式

肉用仔鹅可采用舍饲、圈养或放牧等方式饲养。舍饲和放牧两种管理方式各有优点。舍饲适合于规模生产，但生产成本相对较高。舍饲多采用育雏(0～4 周龄)和育肥(5～10 周龄)的两段式饲养。除按鹅的营养需要饲喂配合饲料外，还需喂给足量牧草，任其自由采食。放牧方式虽可充分利用天然牧地以节省成本，但饲养规模受到限制。舍饲仔鹅如饲养管理水平达不到要求，往往不及放牧仔鹅增重效果好。同时，放牧鹅的胸腿产肉率高于舍饲鹅，而皮脂率则相反。从我国当前养鹅业的技术水平来看，采用放牧补饲方式，小群多批次生产肉用仔鹅更为可行。

(二)饲养季节的选择

目前，我国肉用仔鹅的饲养方式以放牧或放牧与舍饲相结合为主，饲养肉鹅要考虑当地的气候、青草和水草等青饲料的生长情况，以及水稻收割时间。以利于缩短饲养期，降低饲养成本。南方大部分地区选择清明后出壳的雏鹅饲养，此时气候逐渐转暖，青草萌芽，当雏鹅饲养到3周龄左右放牧时，青草已普遍生长，肉用仔鹅放牧场地充足，并可全天放牧。在仔鹅育肥阶段，又可充分利用麦茬田放牧。清明前后饲养的肉鹅，端午节上市出售，价格较高。肉用仔鹅的季节性生产虽能充分利用自然资源、节省饲养成本，但随着市场对肉鹅的常年需求及养鹅新技术的应用，如我国南方一些地区采用复种轮作方式种草养鹅，导致季节性生产已逐渐被改变。

(三)肉用仔鹅的饲养管理

1. 放牧饲养

(1)放牧时间　春秋季雏鹅到10日龄左右，气温暖和，天气晴朗时可在中午放牧，夏季时可提前到5～7日龄，刚开始时1 h左右，以后逐步延长，到30～40日龄可采用全天放牧，并尽量早出晚归。放牧时可结合放水时间，15 min逐渐延长到0.5～1.0 h，2～3次/d，再过渡到自由嬉水。放牧时间的掌握原则是：天热时上午要早出早归，下午要晚出晚归；天冷时则上午晚出晚归，下午早出早归。

(2)放牧场地的选择　放牧场地要有鹅喜欢采食的丰富优质的牧草。鹅喜爱采食的草类很多，一般只要无毒、无刺激、无特殊气味的草都可供鹅采食。放牧场地要开阔，可划分成若干小区，有计划地轮牧。放牧场地附近应有湖泊、小河或池塘，给鹅有清洁的饮水和洗浴清洗羽毛的水源。放牧场地附近应有蔽荫休息的树林或其他蔽荫物(如搭临时荫棚)。农作物收割后的茬地也是极好的放牧场地。选择放牧场地时还应注意了解牧场附近的农田是否喷过农药，若使用过农药，一般要1周后才能在附近放牧。鹅群所走的道路应比较平坦。

(3)放牧时注意事项　①放牧群一般以250～300只为宜，由2人放牧，放牧地开阔时可增至500只左右，由3～4人管理。②放牧时应注意观察采食情况，待大多数鹅吃到七八成饱时将鹅群赶入池塘或河中，让其自由饮水、洗浴。③防止其他动物、有鲜艳颜色的物品、喇叭声的突然出现引起惊群。④放牧时驱赶鹅群速度要慢，防止践踏致伤。⑤避免在夏天炎热的中午、大暴雨等恶劣天气放牧。

2. 放牧鹅的补饲

放牧场地条件好，有丰富的牧草和收割的遗谷可吃，采食的食物能满足生长的营养需要，则可不补饲或少补饲。放牧场地条件较差，牧草贫乏，又不在收获季节，营养跟不上生长发育的需要，就要做好补饲工作。补饲时加喂青料和精料，每天加喂的数量及饲喂次数可根据体重增长和羽毛生长情况来决定。补饲或放牧应注意饲养期的安排，一旦稻麦茬田结束，就要及时出售，以免掉膘。

3. 肉用仔鹅的肥育方法

中鹅养至主翼羽长出以后，转入肥育期。以放牧饲养为主的中鹅架子大，但胸部肌肉不丰满，膘度不够，出肉率低，稍带有青草味。需经过短期肥育，达到改善肉质、增加肥度、提高产肉量的目的。

(1)放牧肥育法　此法是最经济的一种育肥方法，在农村饲养中较为广泛采用。主要利用收割后茬地残留的麦粒和稻田落谷进行肥育。放牧肥育必须充分掌握当地不同农作物的收获季节，与有关单位事先联系好放牧的茬地，制订好计划，预先育雏。比如从早熟的大麦、元麦茬田到小麦茬田，随着各区收割的早晚一路放牧过去，到小麦茬田放牧结束时，鹅群也已育肥，即可尽快出售。稻田放牧也可如此进行。

(2)舍饲肥育法　此法比较适合于食品收购部门、专业养殖户和贩销者进行短期肥育。在光线暗淡的肥育舍内进行,限制鹅的运动,喂给含有丰富糖类的谷实或块根饲料,每天喂 3～4 次,使体内脂肪迅速沉积,同时供给充足的饮水,增进食欲,帮助消化,经过半个月左右即可宰杀。

(3)填饲肥育法　此法能缩短肥育期,肥育效果好,但比较麻烦。填饲肥育法又分手工填肥法和机器填肥法。手工填肥法在狮头鹅的肥育时用得较多,将粉料(最好是玉米粉)拌湿制成条状食团,然后稍蒸一下,使之产生一定的硬度,用强制的方法将食团塞入鹅的食道,每天填饲 3～4 次,填完放在安静的舍内休息,约经 10 d 填饲,体内脂肪增多,肉嫩味美。机器填肥法不采用玉米粉,而是用浸泡膨胀的玉米粒,具体可参考鹅肥肝的填饲。

三、种鹅的饲养管理

(一)后备种鹅的饲养管理

1. 选留后备种鹅(80 日龄至产蛋前)

选择生长发育良好、符合本品种特征的健壮公母仔鹅留作种用,凡是杂毛色、扁头、歪尾、垂翅、跛脚、瞎眼、病弱的鹅不能留作种用。第一次在育雏结束时(4 周龄)进行,第二次在 70～80 日龄(10～12 周龄)时进行,第三次在 150～180 日龄(21～25 周龄)时进行。最后的选留公母比例为:大型鹅 1∶(3～4),中型鹅为 1∶(4～5),小型鹅为 1∶(6～7)。

2. 后备种鹅的限饲

限制饲养目的是控制体重和性成熟期,防止过早开产,保证开产后种蛋质量和较高产蛋量,并培育种鹅耐粗饲的性能。限饲时间从 120 日龄开始至开产前 50～60 d 结束,每日的喂料次数由 3 次改为 2 次,精料逐渐减少,延长放牧时间。限制饲养阶段母鹅的日平均饲料用量比生长阶段减少 50%～60%,饲料中可添加较多的填充粗料(如米糠、啤酒糟、曲酒糟等)。

限制饲养期间,每只鹅应保证有 20～25 cm 长的槽位,确保鹅群采食均匀。每天的喂料量必须一次投喂,每天清晨先将饲料和饮水加好,然后再放鹅采食。

此外,经过限制饲养的种鹅在开产前 60 d 左右进入恢复期饲养,逐步提高补饲日粮的营养水平,粗蛋白质水平控制在 15%～17%为宜,并增加喂料量和饲喂次数,使后备鹅整齐一致进入产蛋期。

(二)种鹅饲养管理

1. 产蛋前的饲养管理

后备鹅的后期以放牧饲养为主,鹅群体质较差,因此,在鹅群产蛋前 1 个月就要开始补料。饲料采用成年鹅配合料,每天饲喂 2～3 次,使鹅群的体质恢复、体重增加,在体内积累一定的营养物质。精料的补充是否合适,可以根据鹅粪形状来识别。如鹅粪粗大、松散,用脚轻拨能分成几段,表明精料与青料比例适当;如鹅粪细小、结实,则精料多,青料少,应增加青料饲喂量。公鹅喜啄斗,在繁殖季节开始前的 2～3 周应组群,使公母鹅彼此亲近,公鹅的精料补充应提早,使在母鹅产蛋时,有充沛的精力进行配种,提高种蛋的受精率。

2. 产蛋期的饲养管理

开产前仍应充分放牧,放牧时宜早出晚归。由于鹅群体质刚恢复,行动迟缓,且接近于产蛋,所以不宜猛赶、久赶。临产母鹅全身羽毛紧凑、光泽鲜艳,颈羽光滑紧贴,毛平直,肛门呈菊花状,腹部饱满,松软且有弹性,耻骨距离增宽,食量加大,喜欢采食矿物质饲料。母鹅经常点水,是寻求公鹅配种的表现,很快便开始产蛋。产蛋期的母鹅应以舍饲为主,放牧为辅。在日粮配合上,采用配合饲料,饲料中粗蛋白质占16%～18%,代谢能为11.3～11.7 MJ/kg。

3. 休产期的饲养管理

休产期的日粮由精改粗,即转入以放牧为主的粗饲期。目的是促使母鹅消耗体内脂肪,羽毛干枯容易脱落。此期的喂料次数渐渐减少到每天1次或隔天1次,然后改为3～4 d喂1次。在停止喂料期间,不应对鹅群停水,经过12～13 d,鹅体重减轻,主翼羽和主尾羽出现干枯现象时,则可恢复喂料。待体重逐渐回升,大约放养1个月之后,就可以人工拔羽。公鹅需比母鹅早20～30 d拔羽,目的是使公鹅在母鹅产蛋前,羽毛能全部换完。

4. 种鹅群的年龄比例

种鹅应按一定的年龄比例组群,以提高种鹅的利用率和保证产蛋率,1岁鹅占30%～40%,2岁鹅占25%左右,3～4岁鹅占15%～20%,5岁鹅占5%～10%。新组成的鹅群必须按公母比例、年龄比例同时放入公鹅。

复习与思考

1. 水禽生活习性有哪些?
2. 简要说明雏鸭的育雏方式有哪些? 商品蛋鸭的生产应具备哪些条件?
3. 试述青年蛋鸭圈养技术要点有哪些?
4. 试述蛋鸭不同生产阶段的饲养管理技术要点有哪些?
5. 什么是快大型肉用仔鸭? 其生产特点表现在哪些方面?
6. 怎样做好肉用仔鸭和肉用仔鹅的放牧管理?
7. 种用水禽为什么要进行限制饲养? 简要说明限制饲养的技术要点。
8. 种用水禽育成期、产蛋期的光照控制原则是什么?
9. 试述番鸭、骡鸭的饲养管理技术要点有哪些?
10. 肉用仔鹅育肥方式有哪些? 各有何特点?

项目九
智能化蛋鸡养殖与经营管理

任务一　智能化设备与鸡蛋可追溯系统的应用

任务描述

智能化蛋鸡养殖管理系统和鸡蛋可追溯系统是运用人工智能物联网和大数据技术，把养殖场配套自动化设备和鸡蛋可追溯系统与互联网连接，自动精准采集蛋鸡生产过程中的各项环境指标数据、耗料数据、饮水数据、个体重量数据以及鸡蛋喷码等，实现蛋鸡养殖生产过程中的智能化管理。做到有效预防疾病、降低生产成本，节约人工费用，作为规模化、现代化养殖生产和鸡蛋可追溯运营中的科学管理工具。本任务通过挖掘环境调控、饲料、饮水、生命体征等数据，实现蛋鸡产业系统的增值。提供各种样式的管理模块实现提高产量，提升蛋鸡养殖效率，规范蛋鸡养殖标准，收集养殖信息，鸡蛋可追溯系统，赋能蛋鸡养殖企业价值提升。

任务目标

了解环境智能调控系统；了解智能采食控制系统；了解日常生产管理控制系统；了解智能光照控制系统；了解鸡蛋可追溯控制系统。

思政目标

科技强国，知行合一；履职尽责，诚实守信。

知识清单

一、环境智能调控系统的应用

环境智能调控系统主要功能：智能调控蛋鸡舍内环境设备、自动采集记录环境温湿度、二氧化碳、氨气、光照等数据，环境数据指标异常发出告警、数据统计分析支持决策。蛋鸡舍内的环境质量是决定蛋鸡健康生长的重要因素，蛋鸡高密度的饲养模式使得环境问题尤为突出。鸡舍内的环控系统通过控制通风设备、采暖设备、降温设备、加湿设备、光照设备等对温度、湿度、光照等环境进行调节，并为养殖企业实现环控设备远程控制和设备运行状态远程监控，并对鸡舍环境异常、设备运行异常、断电情况实时智能告警。保证鸡舍内氧气充足、温度适宜、光照良好，实现精准调控，节能高效。鸡舍内环境智能调控见图 9-1，鸡舍内环境实时监控见图 9-2。

图 9-1 鸡舍内环境智能调控

图 9-2 鸡舍内环境实时监控

二、智能采食控制系统的应用

智能采食控制系统主要功能：鸡舍日耗料数据自动采集、统计、分析，料塔存料实时监测，缺料智能提醒；误差千分之三，日耗料量检测见图 9-3。

三、个体重量智能控制系统的应用

个体重量智能控制系统主要功能：蛋鸡个体重量自动采集、统计分析；平均体重、日增重、均匀度、增重预测；适用任何品种，24 h 自动采集。体重是鸡群生长状况的最直观体现，是直接检测鸡群发育好坏的硬指标，与鸡群的生产性能密切相关，贯穿养殖和销售全过程。如何实现简便高效称重——智能鸡秤，实现精准、及时掌握鸡群体重目的。

四、饮水智能控制系统的应用

饮水智能控制系统主要功能：蛋鸡饮用水数据自动采集、统计、分析；饮用水量异常、缺水提醒报警。鸡群饮水量监测控制见图 9-4。配套免反冲洗装置，通过过流式对水独特的高电流、低电压、直流电、化学电解电离处理，高效过滤，去除水源中的悬浮物、细菌、病毒、有机物胶体等有害物质，同时保留对蛋鸡有益的微量元素。在灭菌、消除管壁上的生物膜，克服了行业内使用杀菌消毒药物造成的含氯化学药物残留和二次环境污染。同时水小分子团活化处理，增加水中氧气含量，降低水的渗透压，更利于维生素、营养物和药剂的溶解、运输和机体吸收，进而降低了料蛋比，增加经济效益。

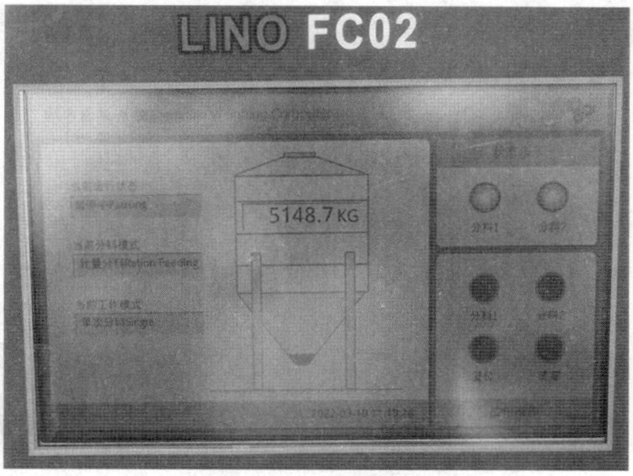

图 9-3　日耗料量检测

图 9-4　鸡群饮水量监测控制

五、蛋禽养殖数字化管理平台的应用

随着我国蛋鸡产业数字化技术的发展，蛋鸡智慧养殖的设施已全面应用到生产中，能够对鸡舍环境做一些精准的调控。蛋禽养殖数字化管理平台能多点的对鸡舍的环境进行监控，还能对蛋鸡养殖环境、生长状态、生产效益的实时远程监测和数据获取与分析。另外，智能巡检机器人定期对鸡群进行巡查，可以识别死鸡、低产鸡、病鸡、绝产鸡等异常鸡只，实现笼位直播、视频监控，还可以用于决策参考和检测环境（图 9-5、图 9-6）。

图 9-5 数字化管理平台

图 9-6 机器人日常巡查

六、智能光照控制系统的应用

智能调控蛋鸡光照强度、光照时间、光谱，使蛋鸡最佳的生长环境，降低料蛋比，直接提高生产效益。照明系统根据蛋鸡的不同日龄对光照强度、时长、光谱颜色的需求，智能模拟光照强度、光照时长、调节光谱颜色，改善光照环境，提高蛋鸡自身的免疫功能，从而实现蛋鸡的最佳生长状态，实现增产增收，降低饲养成本。

七、鸡蛋可追溯控制系统的应用

加强鸡蛋质量安全追溯能力建设，强化鸡蛋质量安全追溯管理工作，实现鸡蛋生产记录可存储、产品流向可追踪、储运信息可查询；将鸡蛋从生产到加工直至销售等全过程结合起来，逐步形成产销一体化的鸡蛋质量安全追溯信息网络系统，建立鸡蛋安全信息数据库，一旦发现问题就能够根据溯源进行有效的控制和召回，从源头上保障消费者的合法权益。逐步实现规范化、制度化，将管理工作从被动向主动管理和在源头管理转变。

主要通过清洗—高效风干—喷油覆膜—紫外杀菌—裂纹探测—喷码溯源—鸡蛋分拣—包装装箱—打垛入库。鸡蛋追溯环节流水作业，蛋体编码如实标注产品名称、生产日期和个体代码。例如，某品牌鸡蛋 2022/01/01/B12345，是 2022 年 1 月 1 日生产，个体代码为 B12345。个体代码包装时由质检员根据鸡场的具体情况而定，但要与网上公布的信息相一致。在鸡蛋食品物流的各个环节建立食品安全的标准和标志体系，实现对供应链各个环节的正确标志，增强鸡蛋产品来源的可靠性和信息可追溯性。消费者可以通过超市终端或食品安全追溯官方网站对鸡蛋的生产、加工、运输等情况进行查询。

二维码 9-1　蛋禽养殖数字平台　　二维码 9-2　蛋禽养殖机器人应用　　二维码 9-3　鸡蛋自动收集视频

任务二　蛋鸡场生产管理

任务描述

生产管理是养禽生产的重要组成部分，无论大型养禽场还是小型养禽场都应重视和研究自己的生产管理。所以在学习和掌握养禽生产基本技术的同时，必须学习和掌握蛋鸡生产的基本管理知识。

任务目标

了解蛋鸡场生产管理主要内容。

思政目标

精益求精强责任；以终为始明定位。

知识清单

一、蛋鸡场的生产计划管理

根据蛋鸡场的规模和发展目标有阶段性地制定生产计划，生产计划主要以年为单位制定。生产计划主要包括育雏育成鸡计划、产蛋鸡生产计划和财务计划，根据年度计划统筹安排每个季度和每个月的生产与财务计划。

二、人员培训管理

定期组织蛋鸡养殖场的人员培训，培训内容按照《无公害农产品　生产质量安全控制技术规范》(鲜禽蛋) NY/T 2798.11—2015 的要求培训蛋鸡场的技术及生产管理人员，所有人员经培训考核持证上岗。蛋鸡场的经营管理方要定期对生产技术人员和一线饲养人员进行无公害农产品生产质量安全控制技术规范等相关的法规和制度进行教育培训，使得各项法规和制度落到实处。

三、蛋鸡场生产流程管理

蛋鸡场采取“全进全出”制，当鸡舍内的蛋鸡转群或淘汰后，对鸡舍内的鸡笼、用具以及设备等进行彻底清扫、冲洗、消毒，并空舍 14 d 后待用。鸡舍内的饮水系统包括过滤器、水箱、水线和乳头等，用氯制剂等消毒药水浸泡，然后用清水冲洗干净后待用。

四、鸡舍日常工作管理

（一）育雏舍日常管理

在雏鸡到场前 2 d，要给育雏舍加温，使温度达到 33～35 ℃，然后将饮水器灌满水，水中可加 5%的红糖。雏鸡到来后，先饮水，2 h 后开始喂料。育雏鸡舍内第 1 周温度要保持在 33～35 ℃，以后每周可下降 2～3 ℃。21 日龄以后温度控制在与舍外温度相当，但是在冬春寒冷季节育雏鸡舍温度应不低于 28 ℃，且日夜温差变化要控制在 2 ℃内。

（二）温度管理

蛋鸡的生长和生产性能跟鸡舍内的温度有着密切的关系。温度过高采食量下降，生长和生产性能下降；温度过低采食量增加，料蛋比升高经济效益降低。因此，在蛋鸡不同生长的阶段温度的管理就凸显出它的重要性。在开放和半开放的鸡舍要密切关注鸡群的活动并做好保温和通风工作；全封闭的鸡舍要控制好日夜温差，日夜温差不超过 5 ℃，防止温度感应器失灵造成温度控制不当，建议在每个感温器上加装吊挂式的温度计，便于生产技术人员观察鸡舍内的温度。

（三）通风管理

要确保鸡舍内新鲜空气的流动，除去鸡舍内有毒有害气体，要加强鸡舍内的通风。冬季使用煤炉取暖，要防止一氧化碳中毒。通风要做到循序渐进，窗户在早、晚凉时小敞，中午热时大敞；有风时小敞，无风时大敞。蛋鸡育雏和育成阶段要做到以保温为主，兼顾通风；产蛋阶段以通风为主，兼顾保温。

（四）湿度管理

鸡舍内最适宜的湿度控制在 60%～65%，当舍内空气过度干燥时要通过喷雾消毒增加湿度，当舍内湿度过高时要加大通风降低湿度，在增加和降低湿度时要控制好舍内的温度。

（五）饮水管理

近年来，由于国家对蛋鸡生产过程中抗生素的使用进行严格规范和控制，鸡场的饮水卫生得到重视。鸡场在水源区通过加装过滤系统保证水源的清洁卫生。鸡场内的饮水质量定期检测，加强对鸡场内饮水管道、水箱、水线和乳头定期冲洗消毒，保证鸡群的饮水健康，减少抗生素的使用。

（六）光照控制

鸡场的技术人员要定期对各生产阶段鸡舍内的光照系统进行检查和检测，及时更换损坏的灯泡以保证光照的均匀。

五、饲料投喂管理

鸡场内使用的饲料要确保符合《无公害农产品　生产质量安全控制技术规范》(鲜禽蛋)NY/T 2798.11—2015 的要求，禁止额外添加药物或药物饲料添加剂。蛋鸡在育雏和育成阶段使用的保健药物，必须符合《无公害农产品　生产质量安全控制技术规范》(鲜禽蛋)NY/T 2798.11—2015 中允许的药品中选择，并严格遵循停药和休药期。在产蛋期内，禁止使用任何的抗生素，可使用中药、酸制剂、有益菌等来预防和提高鸡群的抗病力。鸡群的喂料要确保饲料新鲜、卫生。饲养人员日常要随时清除散落的饲料和喂料系统中剩料，不得给鸡群饲喂发霉、变质的饲料。

六、人员日常工作管理

饲养管理人员每天要例行“六查一处”：一查卫生，看鸡舍内外卫生情况；二查通风，看鸡场内通风状况和检测风速；三查消毒，检查消毒池和消毒盆中的消毒液，以免过期失效；四查鸡群动态，看鸡群的精神、采食等是否正常；五查喂料，看饲料新鲜度和剩料情况等；六查产蛋，检查蛋的大小、颜色以及蛋壳的质量等；一处，就是及时对病死、淘汰鸡等进行无害化处理。

七、病死鸡处理

当蛋鸡场发生疫病或发生疑似疫病时，要依据《动物防疫法》采取以下措施：及时通报官方兽医确诊，并按规定向所在地区动物防疫监督机构报告疫情，如确诊发生高致病性疫病时，要配合动物防疫监督机构，对鸡群实施严格的隔离和扑杀措施；发生新城疫、禽白血病等疫病时，要对鸡群实施清群和净化措施。病死鸡或淘汰鸡的尸体等在官方兽医监督下，按《畜禽病害肉及其产品无害化处理规程》GB 16548 的要求作无害化处理，并对鸡舍及相关场地、用具等进行严格的消毒。

八、疾病治疗处置

鸡群发生疾病需进行治疗时，应在兽医技术人员指导下，选用符合《无公害农产品　兽药使用准则》NY/T 5030—2016 中所规定的治疗用药。特别在蛋鸡产蛋期内，不得随意用药或加大剂量用药，避免造成药物残留或超标，影响鸡蛋产品的质量安全。

九、淘汰母鸡销售

淘汰蛋鸡在出售前 6 h 停喂饲料，并向当地动物防疫监督机构申报办理产地检疫，凭《产地检疫证》上市流通交易；跨境运送活禽需凭《动物检疫证明》和《运载工具消毒证明》运输。

十、日常记录管理

蛋鸡养殖场要建立完善的档案记录制度，对蛋鸡场的进场日期、进雏数量、鸡苗的来源、品种，生产性能，饲养员，每日的生产记录(如日期、日龄、死亡数及死亡原因、存笼数、温度、湿度、防疫检疫、免疫、消毒、用药)，饲料及添加剂名称，喂料量，鸡群健康状况，产蛋日期、数量、质量，出售日期、数量和购买单位等全程情况(数据)，及时准确地记入档案中，记录档案要统一存档保存 2 年以上。

十一、员工的福利待遇

蛋鸡养殖场所处的地理位置相对偏僻，员工在生活和娱乐方面相对枯燥。适当提高员工福利待遇，不仅可以稳定员工，同时可以使员工在工作时更加用心、负责。定期开展娱乐活动，有利于提高员工的身心健康，还可以增加员工之间的交流，增进相互间的感情，减少负面情绪产生，提高生产效率。

复习与思考

1. 养禽场智能化设备主要有哪些？
2. 蛋鸡场生产管理内容主要有哪些？

项目十
家禽健康管理技术

任务一　养禽场生物安全管理作业流程

任务描述

禽病防治的原则是“预防为主、养防结合、防重于治”。采取各种有效的生物安全管理措施，是防止鸡病发生的根本。主要包括：建立健全养禽场的生物安全措施、健康鸡苗的把控、规范的饲养管理措施、科学的疫苗免疫程序及免疫抗体监测、必要的药物预防保健计划等。

任务目标

能掌握养禽场生物安全管理作业流程的具体内容；能根据不同的场景选择不同的消毒剂；能初步制定养禽场的卫生消毒制度。

思政目标

爱岗敬业；工匠精神；勇担责任，甘于奉献；团结合作；扎根农村，服务农业发展，促进乡村振兴。

二维码 10-1　养禽场生物安全管理作业流程

知识清单

一、生物安全防控

蛋鸡养殖场必须建立完善的生物安全体系，制定科学的饲养、免疫、用药和消毒等生物安全防控措施，对传染源、传播途径和易感鸡群进行最有效的控制，以保障鸡群的健康，最大限度降低生物安全风险对蛋鸡群的危害。

（一）生物安全空间环境的构建

1. 功能区严格区分

蛋鸡场选址应符合《中华人民共和国动物防疫法》要求。蛋鸡场布局上，要严格区分生产区、生活区和办公区的界线分隔，各区之间要设置独立的消毒通道。生产区内设育雏舍、育成舍和产蛋鸡舍，各功能鸡舍间的防疫距离要大于 50 m，各功能鸡舍实行全进全出制。每栋鸡舍要具备独立的饲料贮存塔、消毒池和用具储藏间。场区内的道路尽可能做到净道、污道分开,避免交叉。

2. 设施设备合理配置

采用先进生产设备,合理调配设备的技术参数,可以充分发挥蛋鸡的优异生产性能,提高蛋鸡群健康水平。蛋鸡场要因地制宜,合理安排与配置消毒设备、投料设备、饮水设备、通风降温设备、清粪设备、病死鸡无害化处理设备、集蛋和蛋品贮运加工等设备,为蛋鸡场生产提供良好的内环境。

(二)生物安全管理制度的构建

1. 人员管理

生产一线工作人员定期进行体检,要符合从业人员健康标准才能上岗就业;严格管理外来人员进出场区,对场内的工作人员需严格遵守生物安全防控制度,对进入场区的人员通过消毒通道消毒才能进入场区内。蛋鸡场生产人员不得随意进出场区,对外出人员返场必须严格消毒和隔离,生产人员进出生产区必须消毒和更换相应的鞋帽和工作服,各鸡舍生产人员严禁串门和借用物品。

2. 车辆管理

蛋鸡场生产区专用车辆有饲料转运车、育雏(成)鸡苗转运车、鸡粪转运车,生产区专用车必须专车专用。对于生产区内的工具车辆进行定期消毒之外,对进出生产区的工具车辆严格按照规定线路点对点行驶,外来车辆一律在场区大门外停放并进行消毒。

3. 物品管理

设备与器具需要在定点区域进行彻底的清洗及消毒后方可进入鸡舍,生产一线中的用具使用之前必须经过严格消毒方能进入鸡舍,并且不得在栋舍间串用和带出生产区。饲养员随身携带的物品、劳保用品要经过消毒之后才能带进生产区,手机、钥匙等经消毒后方可带入鸡舍,各栋鸡舍内工具不得串舍借用,维修零件、流动物品等进入鸡舍前必须经过熏蒸或喷洒消毒。

4. 动物管理

蛋鸡场内禁止饲养除蛋鸡外的畜禽,禁止购入禽肉以及禽肉加工成的食品;除了正常转群和淘汰鸡之外,禁止蛋鸡群在场区内、栋舍间流动。采用“全进全出”饲养模式,实现同一栋鸡舍同步进鸡、同步转群、整群淘汰。鸡群转出或淘汰之后,对所在的鸡舍要进行彻底清扫、消毒,经过密闭熏蒸后空置栏舍 14 d。定期在场内制定灭鼠、灭蚊蝇和灭虱螨,切断鼠类、库蠓等传播疾病的途径。做好鸡场鸟类的管理工作,特别是开放式和半开放式的鸡舍在冬春季节做好飞鸟的防范工作。

5. 免疫管理

切实做好疫苗免疫是构建生物安全体系的重要保障。应确实加强高致病性禽流感等重要传染病的免疫工作。根据鸡场所在地的实际情况制定科学的免疫程序,做好疫苗的运输和贮藏工作,并对免疫接种做好详细记录。配合当地疫控部门做好疫病流行的监测工作。在鸡群免疫、转群、换料、冷热应激等阶段添加抗应激的维生素和中草药以提高机体免疫力,保证蛋鸡健康生长，有效预防疾病发生。鸡场在疾病发生时，要及时采取果断和有效的措施，迅速控制、扑灭疾病。

6. 废弃物管理

蛋鸡场的废弃物处理是构建生物安全体系的重要环节。蛋鸡养殖场的废弃物主要包括粪便、污水、病死鸡以及医疗废弃物等，废弃物处理不当将直接影响蛋鸡场生产的正常运转和破坏环境卫生，极易引发疾病的发生造成严重的经济损失，因此对废弃物需进行科学有效地无害化处理。对鸡粪的常用处理方式有生物发酵处理和阳光大棚晾晒，生物发酵处理包括罐式生物发酵、堆积式生物发酵等。罐式生物发酵处理鸡粪的优点是占地面积小，粪便处理高效，对环境友好；缺点是投资大、设备维护要求高、耗电量大以及生产的有机肥肥力差。堆积式生物发酵处理鸡粪的优点是利用生物发酵有机肥肥力相对较好，设备简单易维护，耗电量少；缺点是占地面积大、发酵时产生的气体污染空气。阳光大棚晾晒鸡粪优点是有机肥养分好；缺点是占地面积大，晾晒需要大量的劳动力，对鸡场及周边的空气污染大，容易滋生蚊蝇，造成疾病传播。应对病死鸡及时进行无害化处理，避免疾病的传播。病死鸡的无害化处理目前使用较多的是生物发酵法，根据鸡场的养殖规模选择不同型号的处理设备。不得随意丢弃用剩的疫苗，用剩的疫苗和废弃的疫苗要妥善处理，活疫(菌)苗及容器必须进行无害化处理(深埋、高压高温、有效消毒药水灭活)，防止污染环境及疫苗复壮。

7. 防疫制度的建立

根据本场的实际情况制定出综合有效的防疫制度，规范本场防疫工作，在制定过程中要广泛听取一线职工和专家的意见与建议，建立专家工作站进行长期指导与技术服务。防疫制度制定后要组织职工学习和实际操作，并及时修改和完善防疫制度，使职工充分认识到防疫制度的重要性。防疫制度一旦确定下来，必须严格执行，指定专人负责检查、督促、落实防疫制度。

二、养禽场的选址

规范的鸡场应建设在可养区内，地势高燥，视野开阔，通风良好，水源充足，交通相对方便，供电有保障。与交通干道、其他畜禽养殖场、居民区、屠宰场、交易市场的距离要求 1 000 m 以上。鸡场应位于较偏僻的地方，与外界形成天然的隔离屏障，是防御鸡传染病的第一道防线。

三、鸡舍的建设

鸡场周围应有围墙或其他相应的隔离带。鸡舍的设计、建筑及布局要根据不同的饲养模式及饲养鸡品种采用相应的鸡舍建设。规模化蛋鸡场要求场内生活区、办公区与生产区必须分开，生产区中配套有育雏舍、育成舍、蛋鸡舍、饲料间、蛋品车间、粪污处理车间等，蛋鸡舍多采用全封闭层叠式笼养设备，并配备有鸡舍内环境调控设备，保障鸡舍内环境相对稳定。粪便处理车间要配备粪便处理设备(如发酵罐)，做到净道与污道分离。小规模蛋鸡场要求场内也要设有育雏室、育成室、蛋鸡舍、饲料间、蛋品车间、粪污处理车间等，养鸡舍也采用层叠式笼养设备，并配备一些鸡舍内环境调控设备(如排气扇)，保障鸡舍内环境相对稳定。粪便处理车间要配备必要的粪便处理设备(如烘干机)，做到净道与污道分离。小规模平养肉鸡场要求场内要有育雏室、育成室、饲料间以及独立设置的病死鸡处理池和鸡粪发酵池或贮存池等。

四、养禽场卫生消毒工作

(一)消毒的定义

消毒就是应用物理或化学的方法来消除由病禽排到外界环境中的病原体,使其不污染地面、用具等,以切断传播途径,这是减少和消灭病原微生物的重要措施。

(二)消毒的种类

根据消毒目的不同,可分为预防性消毒、随时消毒和终末消毒 3 种。

1. 预防性消毒

预防性消毒是指疫病尚未发生时,对可能受病原体污染的禽舍、场地、笼具等进行的消毒,其目的是为了切断传播途径。

2. 随时消毒

随时消毒是指疫病正在流行时,对禽舍及环境进行消毒,其目的是为了及时消灭由病禽排出的病原体,以切断传播途径,控制疫情的蔓延。

3. 终末消毒

终末消毒是指在禽舍内,病禽痊愈或死亡、疫病停止流行后所进行的一次彻底消毒,其目的是为了消灭禽舍内可能残留的病原体。

(三)消毒类型

1. 紫外线照射消毒

在进入生产区的门口更衣间内装一盏紫外线灯,进出人员在更衣的同时进行 5 min 的紫外线照射消毒。

2. 饮水消毒

若养禽场的饮用水采用河水、山泉水或井水,则要进行饮水消毒,每 1 000 L 水添加 2～4 g 的含氯石灰(漂白粉)。对于发生疫病时的饮水消毒除了使用漂白粉之外,还可以用其他类型的消毒剂(如季铵盐类)。

3. 熏蒸消毒

对于育雏室、种蛋以及密闭的房屋和仓库均可使用熏蒸消毒。具体做法是每立方米容积的房舍用 40%甲醛(福尔马林)25 mL、水 12.5 mL、高锰酸钾 25 g,并按上述顺序逐一添加(注意不能先加高锰酸钾后加福尔马林,否则会发生爆炸等意外事故)。添加高锰酸钾粉后,工作人员要迅速离开消毒房间,并关闭窗门 10 h 以上才有效果。此外,也可以直接采用甲醛或过氧乙酸消毒水进行加热熏蒸消毒,在门口消毒通道还可以采用聚维酮碘雾化消毒。

4. 污染场所的消毒

污染场所先采用清水把场所冲洗干净后再用各种消毒药进行消毒。若使用氢氧化钠等腐蚀性较强的消毒药，消毒后还要用清水再冲洗 1～2 遍，以免对人和畜禽皮肤造成腐蚀性伤害。

5. 喷雾消毒

用季铵盐、戊二醛或聚维酮碘等消毒剂按说明浓度定期地对鸡群进行带鸡喷雾消毒或对进入养禽场的工作人员进行喷雾消毒。养禽场的喷雾消毒时间应避开寒冷天气，而选在良好天气时消毒。

6. 门口消毒池及周围场所消毒

可选用复合酚、氧化钙等进行消毒，每周 1～2 次。

7. 职工洗手及蛋筐消毒

用季铵盐、戊二醛、苯扎溴铵、过硫酸氢钾等消毒剂按规定比例配制后进行消毒。一方面对皮肤刺激性小，另一方面无明显的臭味。

8. 种蛋的消毒

种蛋的消毒除了可用甲醛进行熏蒸消毒外，还可选用复合酚或癸甲溴铵按比例稀释后进行喷雾消毒，也可选用表面活性剂类消毒药按比例稀释后进行浸泡消毒，待消毒水拭干后再入孵。

（四）消毒剂的种类

目前，市场上销售的消毒药品品种繁多，大致可分为如下几类：酚类（如复合酚），醇类（如酒精），碱类（如氢氧化钠、氧化钙），卤素类（如含氯石灰、碘酊、聚维酮碘），氧化剂类（如过氧乙酸、高锰酸钾、过硫酸氢钾），季铵盐类（如癸甲溴铵），挥发性烷化剂类（如甲醛、戊二醛），表面活性剂类（如苯扎溴铵）。不同的场所、不同的饲养条件要因地制宜地选择好相应的消毒剂。

（五）养禽场的卫生消毒制度

(1)养禽场及各幢鸡舍门口要设独立的消毒池，池内消毒水要定期添加或更换。饲养员、兽医以及其他管理人员进出鸡舍时要更换工作衣、鞋、帽，并进行相应的洗涤和消毒。不同幢的饲养人员不要相互走动，严格控制外来人员进出养禽场。车辆进场需经门口消毒池消毒处理，车身、底盘和车轮等要进行高压喷雾消毒。

(2)鸡舍在全进全出前后都要进行冲洗和消毒工作，在平时饲养过程中还要定期进行鸡舍消毒，在天气暖和时可以进行带鸡消毒。饮用水若采用井水、山泉水或河水，还要在水中添加含氯石灰进行消毒处理。育雏舍、孵化舍、仓库等要进行熏蒸消毒。周转蛋架、蛋筐以及鸡苗筐等都要经特定的消毒后才能使用。

(3)养禽场中若发现病死鸡时要及时通知兽医人员进行检验。经兽医人员检查、登记后病死鸡要进行无害化处理（如高压灭菌或在远离养禽场的某个特定地方进行深埋、消毒处理），不能随便乱丢。怀疑是烈性传染病的要立即停止解剖，做好场地消毒工作，并立即上报有关部门进行处理。

任务二　动物疫病临床样品的采集与送检

任务描述

通过动物疫病监测工作的开展，重大动物疫病的防控成效可以得到改善，畜禽业生产安全、肉食品安全也可以得到保障。

样品采集是动物疫病监测的关键环节，样品采集的规范性与科学性会对动物疫病监测结果产生直接影响。工作人员需结合监测项目与内容，合理选择样品采集方法，且严格管控采集过程，避免违规问题出现，否则将影响样品质量。

任务目标

了解动物疫病监测的常用样品采样的一般原则；掌握动物疫病监测的常用样品采样的方法和技术；了解动物疫病监测的常用样品采样的注意事项。

二维码 10-2　动物疫病临床样品的采集与送检

思政目标

爱岗敬业；工匠精神；勇担责任，甘于奉献；团结合作；扎根农村，服务农业发展，促进乡村振兴。

知识清单

一、样品采样的一般原则

(1)应该遵循适时、典型、无菌、适量和生物统计的原则。

(2)采样时应先采集无菌心、肺、肝等实质器官，再采集胃肠、粪便等容易污染的病料样品，避免交叉感染。

(3)要根据不同的检验要求和对病例的初步判断分析采集样品。采集的病料样品应具有代表性，采集的组织器官病变要明显。病因不明时，可对组织器官、分泌物、排泄物等进行全面采集。

(4)采集血液样品应提前禁食 4～6 h。采集血样应根据不同采样对象、检验项目及所需血量多少采取不同方法与部位。

(5)采样时做好个人生物安全防护，穿好白大褂或防护服，佩戴好口罩、帽子、胶套、手套等防护用品，避免人兽共患病感染或环境污染发生。

(6)采样数量要求：诊断时，可采样 1～3 只病死动物的组织器官；疫苗抗体效果监测时，免疫后 21 d 每个场至少采集 30 份血样。

二、家禽常用样品采样的方法和技术

1. 抗凝血

即加抗凝剂的血液，常用来做细菌或病毒检验。采集的血液立即与抗凝剂充分混匀，防止凝固，密封贴上标签，冷藏。

2. 非抗凝血

即不需要加抗凝剂的血液，待血液凝固后血清析出，常用来做血清学试验。血清制备方法：血样在室温下（不能冷藏）倾斜放置 2～4 h（这样做与空气的接触面大，有利于血清析出），待血液凝固自然析出血清，再经离心机 3 000～5 000 r/min 离心 5～10 min，分离出血清，将血清移入 2 mL 塑料离心管中，封口贴标，4 ℃冷藏。若需长期保存，将血清置于 −20 ℃ 冷冻。

3. 禽泄殖腔拭子

将灭菌拭子插入泄殖腔 1.5～5.0 cm 旋转并刮取黏膜表层的组织，立即将样品置于含有多种抗生素、添加 15%以上甘油的生理盐水的 2 mL 离心管中，做好标记，密封低温保存。此方法主要用来监测高致病性禽流感、新城疫、禽白血病等疫病。

4. 禽喉气管拭子

将消毒灭菌的棉拭子从口腔插入至咽的后部直达喉气管，轻柔擦拭并缓慢旋转，将拭子置于保存缓冲液之中。主要用来监测传染性支气管炎、传染性喉气管炎、鸡毒支原体等呼吸道疾病。

5. 关节腔积液

若动物出现关节肿大等症状，可将无菌注射器扎入肿大关节，并抽取其中积液 1～2 mL，置于无菌离心管中保存。

6. 实质器官

采取动物心、肺、肝、脾、肾、淋巴结等实质器官的病料要求新鲜、无污染。必须采用无菌操作技术和已消毒的配套器械，若器械污染，在取组织样品之前，应用酒精灯火焰消毒手术刀、剪、镊等器械，所采样品分别放入灭菌袋中，密封贴标，注明动物名称、组织名称、日期，防止病料相互感染，冷藏送检。若运送时间较长，可做冰冻状态保存。

7. 肠管的采集

在病变肠管两端用缝合线扎紧打结，从结扎线外侧端剪断，把该段肠管放置于灭菌袋或器皿中，冷藏送检。

三、样品采集、保存、记录、运送环节的注意事项

1. 心、肝、肾等实质器官采样

必须包括病灶及邻近正常组织，以便于对照。死亡动物要尽快采样，夏天高温不能超过 6 h，冬天不得超过 24 h。

2. 样品信息记录要填写完整

所有样品都要认真填写采样表，包括场户名、场址、畜种、年龄、联系人及电话、采样数量、名称、编号、养殖规模、免疫情况、临床表现、发病数量、死亡数量及时间、治疗用药记录、饲料类型等。不同样品应独立密封包装，样品标签用记号笔注明样品名称、编号、采样日期，采样人和被采样单位签字或盖章确认，应将采样表及所采样品一起送实验室。

3. 样品保存

血清、咽喉-泄殖腔拭子等样品为便于保存，可加入青霉素、链霉素防止腐败、抑制杂菌

繁殖。

4. 样品运送

采集的样品以最快最直接的途径送达实验室检验。样品应在 24 h 内送达，可放在 4 ℃专用的送样冷藏箱内运送；24 h 内不能送达的可把样品进行冷冻，并以此状态运送。

任务三 疫苗免疫操作管理

任务描述

疫苗免疫程序有计划、有目的地对鸡群进行疫苗免疫接种是鸡场预防疫病的另一道主要防线，也是最后一道防线。根据鸡的生产性能不同，可分为肉鸡疫苗免疫程序、蛋鸡疫苗免疫程序。

二维码 10-3 疫苗免疫操作管理

任务目标

熟练掌握家禽常用的免疫方法；掌握肉鸡和蛋鸡的免疫程序；了解疫苗免疫注意事项以及紧急免疫方法。

思政目标

爱岗敬业；工匠精神；勇担责任，甘于奉献；团结合作；扎根农村，服务农业发展，促进乡村振兴。

知识清单

一、合理的免疫保健措施

蛋鸡疫苗免疫是机体抵御外来疫病的最后一道防线，因此合理有效的疫苗免疫是巩固这道防线的前提保证。疫苗免疫包括疫苗采购、疫苗运输、疫苗保存、免疫程序的制定、疫苗稀释、疫苗接种以及抗体检测。

1. 疫苗采购

疫苗优劣是关乎其能否诱导机体产生有效免疫应答的前提，要严把疫苗的采购关，确保疫苗的质量安全、有效。购买疫苗首先要选择具有疫苗生产许可证和产品批文批号的生产企业，其次选择质量高、信誉强、服务好的生产厂家。最后在疫苗采购前签订符合国家法律法规的合同文本。

2. 疫苗运输

运输疫苗前，务必对疫苗进行严密妥善包装，防止运输过程中碰撞导致疫苗的破损。在疫苗的运输过程中还要避免阳光直射、雨淋，所有的冻干活疫苗和灭活疫苗均应在低温条件下保存和运输。

3. 疫苗保存

蛋鸡场所使用的疫苗主要分为冻干活疫苗和油佐剂灭活疫苗 2 种。通常情况下，冻干活

疫苗保存在 −15 ℃ 保存期可达 1～2 年，0～4 ℃条件下可以保存 8 个月，25 ℃条件下保存期不超过 1 周。油乳剂疫苗应保存在 4～8 ℃的环境中，在此温度下既能较好地保持疫苗毒株的抗原性，也可以使油乳剂型保持相对稳定（不破乳、不分层）。油乳剂疫苗在运输和保存过程中需要注意 2 个问题：一是切勿冻结和反复冻融，否则会出现破乳和分层的现象；二是虽然油乳剂疫苗属于灭活苗，但也不宜保存在常温或较高温度的环境中，否则会严重影响疫苗的抗原性。

4. 免疫程序的制定

免疫程序的制定必须遵循 3 大原则，一是根据鸡场所在地区（或本场）疫病流行情况；二是根据本场蛋鸡的母源抗体水平来确定首免日龄；三是必须考虑疫苗间的相互影响和药物对疫苗的影响。

5. 疫苗稀释

冻干疫苗使用前均需用专用的稀释液或灭菌生理盐水进行稀释，特别对于马立克病疫苗一定要使用疫苗配备的专用稀释液。气雾免疫时不宜使用生理盐水等含盐类稀释剂，以免喷出的雾粒迅速干燥导致盐类浓度升高而影响疫苗的活力。每瓶疫苗的稀释度一定要按照说明书的要求进行，并充分摇匀，否则不能保证疫苗的抗原含量，盲目扩大或缩小稀释倍数都不能达到理想的免疫效果。疫苗稀释后应放在冰盒中，并及时使用完毕，以免稀释后疫苗久置影响效价，一般疫苗稀释后 2～4 h 内应使用完，马立克病疫苗稀释后要 30 min 内用完。

6. 疫苗接种

蛋鸡疫苗接种的方法较多，主要分为群体免疫（如饮水、喷雾等）和个体免疫（如肌内注射、点眼、滴鼻、刺种、擦肛等）两大类。个体免疫效果确切，但工作量大，对鸡群的应激也比较大；群体免疫方便、快捷，但免疫效果不如个体免疫确切。几乎所有的冻干活疫苗肌内注射均能取得满意的效果，但应激较大，所以在雏鸡阶段通常采用点眼、滴鼻、擦肛和饮水进行免疫。

7. 抗体检测

疫苗使用后 7～14 d 尽量做抗体检测，以便及时了解鸡群抗体水平，做到心中有数。在生产实践中比较常见的有新城疫抗体监测（HI 抗体水平须达 1∶64 以上）、H5 亚型禽流感抗体监测（HI 抗体水平须达 1∶256 以上）、H7 亚型禽流感抗体监测（HI 抗体水平须达 1∶256 以上）、H9 亚型禽流感抗体监测（抗体水平须达 1∶256 以上）、减蛋综合征抗体监测（HI 抗体水平须达 1∶16 以上）等。

二、疫苗的种类及保存

1. 弱毒苗

弱毒苗是通过多种方法使病原微生物的毒力减弱，然后应用这种弱毒力的无致病性的微生物作为抗原制成的一种活疫（菌）苗。

2. 灭活苗

灭活苗是应用化学药品将病原微生物灭活，但仍保持其抗原性，进入机体后仍能刺激机体产生免疫应答，此类疫苗抗原常配以佐剂制成疫苗，该种疫苗产生免疫力较活苗稍慢，但维持时间长，免疫效果常比同类的活苗要好。

3. 多价苗

多价疫苗是把几种抗原混合在一起制成的疫苗。使用多价疫苗可使几种抗原同时注射，以达到注射一针预防几种疫病的目的，但这种多价疫苗所产生的抗体效价往往要比相应的单价苗低一些，因为多种抗原同时进入机体内，抗原之间会发生一定程度的竞争性抑制，影响相互间的免疫效果，当然也有一些疫苗联合接种并不会影响其免疫效果，甚至还能产生协同作用。

各种疫苗均应保存在低温、阴暗及干燥的环境中。弱毒疫苗应在 0 ℃以下冻结保存，最好在－20 ℃或更低的温度下保存，灭活疫苗应在 2～6 ℃保存，防止冻结，避免高温和阳光照射。

三、家禽常用的免疫方法

1. 滴鼻与点眼免疫

用滴瓶将稀释好的疫苗滴入鸡的鼻孔和眼睑内，使疫苗通过鼻道和鼻泪管进入上呼吸道。这两种方法简便易行，多用于经呼吸道感染，病原的疫苗免疫接种。

2. 皮下、肌内注射免疫

此法免疫效果确实可靠，药液吸收快，但工作效率低，应激大，易惊扰禽群。方法是将疫苗注射于颈部皮肤较疏松的部位或腿部、胸部肌肉肥厚的部位。这种方法多用于灭活疫苗的接种。

3. 饮水免疫

适用于大群免疫，具有简便易行，不惊扰禽群等优点。仅应用此法禽群产生的抗体水平较低，产生免疫力较慢。在进行饮水免疫时应注意：①稀释疫苗的饮水不应含有铁、锌、铜等金属离子及毒剂。②不宜使用金属器具饮水。③可在饮水中应加入 5%的脱脂奶粉。④免疫前禽群应停水 3～4 h，免疫后 24 h 内不得饮用高锰酸钾溶液及其他药物。⑤疫苗稀释后必须在 2 h 内饮完。

4. 气雾免疫

适用于大群免疫。免疫时将禽舍门窗关闭，将稀释的疫苗（一般采用加倍剂量）装在雾粒大小为 8～10 μm 的喷枪里，在离禽群 1 m 左右高的空间进行来回喷雾，10～20 min 后即可开启门窗。

5. 刺种免疫

此法常用于新城疫Ⅰ系和禽痘疫苗的接种。应用洁净消毒的刺种针蘸取稀释好的疫苗，刺入家禽翅内侧无血管处皮下。

6. 浸嘴免疫

免疫时将家禽嘴部浸入疫苗悬液中，疫苗经鼻孔而进入家禽体内，仅限于雏禽使用。操作人员需保证家禽嘴部浸入疫苗悬液中的深度要超过鼻孔高度，否则达不到免疫效果。此法的缺点是疫苗悬液往往被先浸疫苗的家禽嘴中的饲料、液体等污染而降低疫苗的效果。

7. 涂擦免疫

此法适用于禽痘和特殊情况下的传染性喉气管炎强病毒的免疫。接种禽痘时，首先拔掉禽大腿部的8～10根羽毛，然后用无菌棉签或毛刷蘸取疫苗，逆着羽毛生长的方向涂擦2～3次。毛囊涂擦禽痘疫苗后10～12 d，局部会出现同刺种样的反应。传染性喉气管炎强病毒接种则用擦肛法，用消毒的棉签或小刷蘸取疫苗，直接涂擦在泄殖腔的黏膜上。擦肛后4～5 d，可见泄殖腔黏膜潮红，否则应重新接种。

四、肉鸡免疫程序参考

日龄	疫苗名称	剂量	用法	备注
1日龄	鸡马立克病活疫苗	1羽份	皮下注射	
7日龄	鸡新城疫、传染性支气管炎二联活疫苗(L-H120)	2羽份	气雾、滴鼻或饮水	
11日龄	鸡传染性法氏囊病活疫苗	3羽份	滴嘴或饮水	
14日龄	鸡痘活疫苗或喉痘二联活疫苗	1～2羽份	无毛处皮肤刺种	选择使用
	禽流感病毒(H5＋H7)三价灭活疫苗	0.4～0.5 mL	肌内注射	
18日龄	鸡新城疫、传染性支气管炎、H9亚型禽流感三联灭活疫苗	0.3～0.5 mL	肌内注射	
20日龄	鸡传染性法氏囊病活疫苗	3羽份	饮水	
30日龄	禽流感病毒(H5＋H7)三价灭活疫苗	0.5～0.7 mL	肌内注射	
60日龄	鸡新城疫、传染性支气管炎、H9亚型禽流感三联灭活疫苗	0.5 mL	肌内注射	饲养期超过120 d的肉鸡使用

五、蛋鸡免疫程序参考

日龄	疫苗名称	剂量	用法	备注
1日龄	鸡马立克病活疫苗	1羽份	皮下注射	选用液氮苗
7日龄	鸡新城疫、传染性支气管炎二联活疫苗(L-H120)	2羽份	气雾、滴鼻或饮水	
11日龄	鸡传染性法氏囊病活疫苗	3羽份	滴嘴或饮水	
14日龄	鸡痘活疫苗或喉痘二联活疫苗	1～2羽份	无毛处皮肤刺种	
	禽流感病毒(H5＋H7)三价灭活疫苗	0.4～0.5 mL	肌内注射	
18日龄	鸡新城疫、传染性支气管炎、H9亚型禽流感三联灭活疫苗	0.3～0.5 mL	肌内注射	
20日龄	鸡传染性法氏囊病活疫苗	3羽份	滴嘴或饮水	
30日龄	禽流感病毒(H5＋H7)二价灭活疫苗	0.5～0.7 mL	肌内注射	
35日龄	鸡传染性喉气管炎活疫苗	1羽份	点眼、擦肛	选择使用

续表

日龄	疫苗名称	剂量	用法	备注
55日龄	鸡新城疫、传染性支气管炎二联活疫苗(L-H52)	3羽份	饮水	
100日龄	鸡传染性鼻炎灭活疫苗	0.5～0.7 mL	肌内注射	
110日龄	鸡新城疫、传染性支气管炎、减蛋综合征、H9亚型禽流感四联灭活疫苗	0.6～0.8 mL	肌内注射	
115日龄	禽流感病毒(H5＋H7)三价灭活疫苗	0.8～1.0 mL	肌内注射	
250日龄	禽流感病毒(H5＋H7)三价灭活疫苗	0.8～1.0 mL	肌内注射	

六、疫苗免疫注意事项

1. 疫苗的选购与质量检查

要选购有国家正式批准文号的疫苗，并查看生产日期、有效期、疫苗说明书，检查疫苗的性状、密封情况以及是否存在破损等。不能购入过期或变质的疫苗，如油苗出现分层。

2. 疫苗的运输与保存

疫苗要放在保温瓶或泡沫箱内冷藏保存运输，某些疫苗(如马立克病疫苗)需存放在液氮罐中运输，避免高温、阳光直射以及剧烈振荡。多数的冻干苗存放在 −20 ℃ 冰箱保存，少数冻干苗(某些进口冻干活疫苗)要放在 2～8 ℃冰箱保存。油剂、水剂灭活疫苗及某些卵黄抗体一般都在 2～8 ℃冰箱保存，并防止结冻，否则会导致疫苗分层、结块而失效。

3. 疫苗使用方法

按照不同鸡场的免疫程序安排使用相应的疫苗，在使用之前要认真阅读疫苗使用说明书，采用相应的免疫方法和免疫途径。某些疫苗只能采用注射(如禽流感疫苗采用皮下注射或肌内注射)，有些只能采用刺种(如鸡痘活疫苗)，有些采用点眼免疫(如传染性喉气管炎活疫苗)，有些可以采用多种免疫方法(如新城疫活疫苗可采用喷雾、点眼、滴鼻、饮水等方法免疫)。有些疫苗免疫 1 次即可(如鸡痘活疫苗)，有些疫苗要免疫 2～4 次(如禽流感灭活疫苗)。

4. 其他注意事项

在进行疫苗免疫时，要了解鸡群的状况。若鸡群出现明显的咳嗽、白痢、红痢以及其他明显症状时，要暂停或延期进行疫苗免疫，否则会加重病情。在疫苗免疫前后，可在饲料或饮水中添加一些多维或维生素 C 可溶性粉，以提高鸡群的抗应激能力。在免疫细菌性活疫苗时(如禽多杀性巴氏杆菌病活疫苗)，鸡群在免疫前 2 d 和免疫后 10 d，禁止在饲料或饮水中添加任何抗生素或磺胺类药物，否则会导致疫苗免疫失效。灭活疫苗从冰箱取出后要放置在室内回温 1～2 h(或用温水回温)后注射，可以明显减少疫苗对鸡体的应激作用，活疫苗稀释后一般在 2～3 h 内用完。疫苗接种完毕后，剩余的液体、疫苗空瓶以及相关器械要用水煮沸处理，或拔下瓶塞后焚烧处理，防止疫苗污染场所。采用饮水免疫时，所用水要采用井水或河水，而不能用自来水(自来水中含有漂白粉对活疫苗有杀灭作用),否则会影响疫苗免疫效果。饮水免疫时间一般控制在 2～3 h 内完成,必要时采用停水一段时间后再免疫,有时可在饮水中添加 5%的脱脂奶粉,以提高活疫苗的饮水免疫效果。

七、家禽紧急免疫的方法

鸡场除按照免疫程序做好相关疫苗免疫接种外,在发生疫情且得到确诊的情况下,可采取该病的疫苗(活疫苗或灭活疫苗)对受威胁的鸡群或假定健康鸡群进行紧急免疫,促使其尽快产生免疫力,从而达到控制疫情的作用。常用的紧急免疫疫苗有新城疫活疫苗、新城疫灭活疫苗、传染性喉气管炎活疫苗、鸡痘活疫苗、禽流感灭活疫苗等。需要注意的是,在疫苗紧急免疫后 7～15 d 内,鸡群有可能会出现短期内增加发病率和死亡率的现象。

任务四　养禽场兽医临床技术作业指导

任务描述

在禽病防治工作中,对疾病进行快速准确诊断是非常重要的,否则,由于没有采取及时有效的防治措施,疫病会迅速传播蔓延,从而给家禽生产造成较大的经济损失。对于禽类疾病的检查诊断应该按照一定的程序和方式进行,先了解既往病史和目的地的发病死亡情况,在此基础上再进行检查,包括周围环境检查、群体行为检查、个体临床检查、尸体剖检和实验室检查等。

任务目标

能初步掌握家禽疾病的临床症状方法。

思政目标

爱岗敬业;工匠精神;勇担责任,甘于奉献;团结合作;扎根农村,服务农业发展,促进乡村振兴。

二维码 10-4　养禽场兽医临床技术作业指导

知识清单

一、周围环境检查

了解养禽场有关的环境因素,对禽类疾病的快速准确诊断和采取正确的防治措施等都具有重要意义,因而在养禽场有疫病(特别是有群发病)发生迹象时,一定要先对周围环境进行必要的检查。一般情况下,检查养禽场周围环境时应考虑以下几个方面。

(1)养禽场的经营类型和管理方式。

(2)养禽场的位置、异常的天气情况及养禽场内的异常事件等。

(3)家禽的种类、品种、数最、年龄,断喙工作,育雏和饲养程序,常规用药和免疫接种情况,养禽场采取的一般和特殊预防。

(4)产蛋或增重情况的详细记录,饲料报酬率,复合饲料种类和饲料配方等。

(5)家禽的饲养密度,禽舍不同位置的温度、湿度、光照的时间和强度,通风系统工作情况,饲料的类型、数量和饲喂情况，饮水器的种类、水质好坏和饮水供给情况等。

二、自然状态下家禽行为检查

检查家禽行为的方法一般从运动、休息和摄食饮水 3 个环节着手。

1. 运动时的检查

健康禽类表现为精神饱满，行动敏捷，步伐整齐有力，羽毛紧贴，能成群结队行走；病禽则精神委顿，弯颈弓背，行动迟缓，步伐不协调或跛行、瘫痪、不能行动，羽毛松乱、翅尾下垂、落于最后。发现这样的禽只，应剔出做进一步检查。

2. 休息时的检查

休息时的检查通常在禽舍或禽笼内进行。首先看家禽站立、睡卧和栖立的姿态，呼吸状态，天然孔、羽毛等，如有精神委顿，缩颈闭目，对外来声音反应不敏感，呼吸困难，天然孔流出异常分泌物，羽毛松乱，翅尾下垂，扭转头颈，将头插于翅膀中等异常状态的家禽应剔出做进一步检查。其次要注意听家禽的各种声音，对发现有异常声音的家禽均应剔出做进一步检查。

3. 摄食饮水和排泄检查

根据每天喂给饲料的记录，就能准确地掌握投食增减的情况。如果禽舍温度偏高或偏低，采食量就有变化，大多数传染病均可表现出食欲减退或废绝。正常鸡粪为圆柱形，细而弯曲或卷成网盘状，外面部分被有白色薄层尿酸盐。粪便的颜色除与饲料有关外，常有一定的示病性。如鸡白痢为白色糊状或石灰样稀粪，新城疫为黄绿色稀粪，球虫病为棕红色稀便或血便等。

三、家禽的临床症状检查

对在群体检查中发现和剔出的疑似发病的家禽或从患病禽群中挑选的病禽做进一步的个体临床检查。

个体检查是在群体检查时发现可疑临床表现的基础上，从神经症状、鸡冠和面部肿胀症状、呼吸道症状、肠炎下痢症状、关节肿胀和骨异常病变、鸡产蛋异常或产蛋率下降症状等 6 个方面进行检查，以确定被检禽的健康状况，判定可能患有的疾病，为下一步进行病理剖检和实验室诊断提供确诊的方向。

1. 神经症状

有可能是鸡新城疫、鸡马立克病、鸡脑脊髓炎、鸡维生素 E-硒缺乏综合征、鸡食盐中毒、鸡维生素 B_1 缺乏症等疾病。

(1)鸡新城疫　主要表现为扭颈，多数出现在新城疫后期或慢性新城疫，此外还有腺胃乳头出血、十二指纽扣状溃疡、盲肠扁桃体肿大和出血等病变，以及排绿色稀粪等症状。

(2)鸡马立克病　主要表现为“劈叉腿”或鸡翅膀下垂以及患侧坐骨神经有明显肿胀等症状。

(3)鸡脑脊髓炎　主要发生在 3 周龄以内的雏鸡，以运动失调、头部震颤为主要特征。在产蛋期间，以突然减蛋为主要症状。

(4)鸡维生素 E-硒缺乏综合征　主要发生在 15～50 日龄的小鸡，有共济失调、头后仰或向一侧倒地症状。剖检有小脑出血和软化病变。

(5)鸡食盐中毒　主要表现为口渴，拉稀，横冲直撞，脑外膜充血水肿。有饲喂高盐史。

(6)鸡维生素 B_1 缺乏症　主要表现为头后仰并呈“观星”症状。补充维生素 B_1 制剂治疗效果较好。

2. 鸡冠和面部肿胀症状

有可能是高致病性禽流感、H9 亚型禽流感、鸡传染性鼻炎、鸡败血支原体病、鸡偏肺病毒病、慢性鸡巴氏杆菌病等。

(1)高致病性禽流感　主要表现头部、鸡冠、肉髯肿大，脚鳞片出血，有时还有腺胃乳头周边出血，死亡快、死亡率高等症状。

(2)H9 亚型禽流感　主要表现为一侧或两侧面部肿胀，肉髯肿大，鸡群出现顽固性咳嗽对蛋鸡的产蛋率影响大，但死亡率相对较低。

(3)鸡传染性鼻炎　主要表现为一侧或两侧面部肿胀，流鼻水，眶下窦有脓性干酪样物。发病率较高，传播速度快，用磺胺类药物及抗生素治疗均有较好效果。

(4)鸡败血支原体病　主要表现为肉髯肿大以及心包炎、肝周炎和气囊炎。病程持续时间长，发病率高，死亡率相对较低。此外排黄绿色稀粪，喘气和咳嗽明显。

(5)鸡偏肺病毒病　肉鸡和蛋鸡都会发生，发病率较高，但死亡率相对较低，并有呼吸道症状。产蛋鸡还有减蛋表现。

(6)慢性鸡巴氏杆菌病　主要表现为肉髯肿大、坏死，关节出现炎性渗出或干酪样坏死，病程较长。

3. 呼吸道症状

有可能是高致病性禽流感、H9 亚型禽流感、鸡新城疫、鸡传染性鼻炎、鸡败血支原体病、鸡传染性支气管炎、鸡传染性喉气管炎、鸡曲霉菌病以及鸡感冒等。

(1)高致病性禽流感　除咳嗽外，还出现肿脸，肉髯肿大，脚鳞片出血，发病率和死亡率都很高。

(2)H9 亚型禽流感　除咳嗽外，还出现肿脸，肉髯肿大，但死亡率较低，对蛋鸡的产蛋率、蛋品质影响相对较大。

(3)鸡新城疫　咳嗽，上呼吸道分泌物较多，有啰音，排绿色粪便，慢性病例还有脑神经症状。此外，还有腺胃乳头出血、十二指肠呈“枣状”坏死以及盲肠扁桃体肿大、出血等特征性病变。

(4)鸡传染性鼻炎　流鼻涕、肿脸，发病率高，传播速度快，许多抗菌药物(如磺胺新诺明)对他均有效果。

(5)鸡败血支原体病　流浆液性鼻液、打喷嚏、咳嗽、排黄绿色稀粪。剖检可见心包炎、肝周炎以及气囊炎等病变，有时也有肿脸、瞎眼病变。

(6)鸡传染性支气管炎　呼吸型鸡传染性支气管炎表现为张口呼吸，咳嗽，有啰音，常发生于 40 日龄内的雏鸡，剖检可见支气管出血以及干酪样栓塞物。除呼吸系统外，其他内脏器官无明显的病变，有时可见肾脏肿大苍白，输尿管有尿酸盐沉积。

(7)鸡传染性喉气管炎　主要发生于中大鸡，主要症状是呼吸困难(如抬头伸颈、张口呼吸)，打喷嚏，咳嗽，咳血，有时发出尖叫声或鸣笛声，出现零星死亡。喉头存在黄白色渗出物阻塞为特征性病变。

(8)鸡曲霉菌病　表现呼吸困难(如张口呼吸、头颈伸直)，但很少有啰音。肺脏、气囊以及胸膜、腹膜上有针头大小至米粒或绿豆大小的黄白色结节，肺脏组织质地变硬，有时可见到成团的霉菌斑。

(9)鸡感冒　环境温差大引起的感冒主要表现为流鼻涕、咳嗽。用一般的广谱抗生素(如恩诺沙星或红霉素等)均有效果。

4. 肠炎下痢症状

有可能是禽流感(包括高致病性禽流感和 H9 亚型禽流感)、新城疫、鸡传染性法氏囊病、鸡大肠杆菌病、鸡组织滴虫病、鸡球虫病、鸡住白细胞虫病、鸡白痢、鸡伤寒、鸡绿脓杆菌病以及肠毒综合征等。

(1)禽流感　包括高致病性禽流感和 H9 亚型禽流感都会排黄白色稀粪，此外还会导致肿脸，肉髯肿大以及其他一些特征性病变。

(2)新城疫　排绿色稀粪，此外还有扭头、腺胃出血、盲肠扁桃体肿大和出血等一些特征性症状和病变。

(3)鸡传染性法氏囊病　排白色稀粪，此外还有胸肌、腿肌出血以及法氏囊肿大出血等特征性病变。

(4)鸡大肠杆菌病　排黄绿色或黄白色稀粪，本病往往与其他疾病混合感染使粪便呈多样性。

(5)鸡组织滴虫病　排黄白色稀粪，有时粪便中带血。此外，盲肠肿大，内有干酪样栓塞。肝脏肿大，表面形成圆形、中间凹陷的溃疡病灶等特征性病理变化。

(6)鸡球虫病　排黄白色稀粪或巧克力色稀粪，有时带血便。此外，小肠壁上有出血点，肠内有大量红色糊状物。盲肠肿大，肠内充满血液。发病率和死亡率都比较高。

(7)鸡住白细胞虫病　排绿色稀粪，肌肉、肠系膜、脂肪、输卵管等器官上有粟粒大小的淡红色出血囊，突出表面。脾脏肿大 1～5 倍。肉鸡还出现肾脏大面积出血。

(8)鸡白痢　排白色稀粪，黏附于肛门周围的羽毛上。主要发生于 1～3 周龄雏鸡。此外，肝脏表面有大小不等、数量不一的坏死点或坏死斑。

(9)鸡伤寒　排黄色稀粪，多发生于成年鸡。此外，肝脏肿大，呈棕绿色或古铜色。

(10)鸡绿脓杆菌病　排黄白色水样稀粪，主要发生于 10 日龄以内的雏鸡。此外，还有皮下水肿、卵黄吸收不良等病变。与种鸡场接种马立克病疫苗时污染有关。

(11)鸡肠毒综合征　饲料品质不良或其他原因造成的肠炎。先出现排黄白色稀粪，严重时转为绿色带黏液或红褐色稀粪。在找出原因并用广谱抗菌药物治疗后能很快治愈。

5. 关节肿胀和骨异常病变

有可能是鸡葡萄球菌病、鸡滑液囊支原体病、鸡病毒性关节炎、鸡关节型痛风、鸡锰缺乏症等疾病。

(1)鸡葡萄球菌病　多处关节、脚垫或皮肤肿胀。病鸡运步困难，有跛行症状。

(2)鸡滑液囊支原体病　关节和爪垫肿胀，胸骨囊肿，切开可流出黏稠以及乳白色渗出物。病鸡消瘦及软脚。

(3)鸡病毒性关节炎　行走困难，喜欢坐在跗关节上。以腱鞘炎、肌腱断裂为主要特征。肌腱出血，关节周围的肌肉组织出现红肿现象。多见于 4～6 周龄鸡，具有传染性。

(4)鸡关节型痛风　关节、特别是跗关节出现豌豆至蚕豆大小、坚硬的黄色结节，并可能有1～2个带热痛的波动点，常破溃流出脂样物质。

(5)鸡锰缺乏症　跗关节异常肿大，骨变粗变短(又称为骨短粗病)，腿外翻。切开关节可见腓肠肌腱从跗关节中滑出。

6. 鸡产蛋异常或产蛋率下降症状

有可能是鸡传染性支气管炎、鸡减蛋综合征、H9亚型禽流感、鸡住白细胞虫病、鸡脑脊髓炎、鸡滑液囊支原体病、饲养管理问题以及其他一些传染病。

(1)鸡传染性支气管炎　产蛋率下降，产软壳蛋、畸形蛋和粗壳蛋，产蛋鸡腹部下垂。剖检可见卵巢发育正常，上段输卵管发育不良，下段输卵管积液严重，蛋清稀薄，并有不同程度的输卵管炎症。

(2)鸡减蛋综合征　多发于产蛋前期三个月以内，采食量和精神基本正常，产蛋率突然下降(可达20%～50%)，并出现产薄壳蛋、无壳蛋、畸形蛋。产蛋率下降后不易恢复到正常水平。

(3)H9亚型禽流感　在冬春季节多发。除产蛋率下降、蛋壳质量变差外，个别出现肿脸、肉髯肿胀以及咳嗽症状，及时处理后产蛋率很快恢复正常。剖检可见卵巢变性和卵黄性腹膜炎。

(4)鸡住白细胞虫病　每年的5—10月份发病。鸡冠苍白，排绿色粪便，产白壳蛋或花点蛋以及蛋壳变薄。此外，还出现个别鸡死亡，脾脏肿大明显，肠系膜和输卵管上有灰白色或红色出血囊突出表面。用磺胺间甲氧嘧啶等药物治疗效果好。

(5)鸡脑脊髓炎　鸡群采食、饮水、死淘率基本正常，但产蛋率急骤下降，下降幅度为30%～50%，经15 d后又逐渐恢复正常。

(6)鸡滑液囊支原体病　产蛋率不易上升到高峰，蛋壳质量变差(钝端出现粗壳)。

(7)饲养管理问题　由于饲料中鱼粉、多维，以及饲料成分变质或数量变化等均可造成产蛋率突然下降，蛋壳质量也有不同程度改变。在管理过程中，遇到天气骤变或免疫等不良应激也会导致产蛋率和蛋壳质量改变。一旦以上原因排除后，产蛋率迅速上升到正常水平。

四、家禽的病理剖检

在禽病诊断过程中，继一系列临床检查之后，对病死或濒死禽做一定数量的病理剖检是十分必要的，这样可以根据一些特征性的剖检变化，结合生前的临床症状和疾病流行特点，对疾病做出初诊或确诊，必要时对采取病料进行实验室检查。

主要观察肝脏、肾脏、肺和气囊、皮肤、脾脏、腺胃、肌肉、眼睛、组织内弥漫性出血等内脏器官可能出现的病理变化。

1. 肝脏病变

有可能是禽巴氏杆菌病、鸡白痢、鸡伤寒、鸡副伤寒、鸡大肠杆菌病、鸡弧菌性肝炎、鸡组织滴虫病、鸡马立克病、鸡白血病、鸡包涵体肝炎、鸡脂肪肝病等疾病。

(1)禽巴氏杆菌病　肝脏表面有许多针尖状的白色坏死点，死亡速度快，同时可见心冠脂肪出血，肠道卡他性或出血性肠炎。用广谱抗生素治疗效果好，但易复发，不易根治。

(2)鸡白痢　肝脏肿大，表面有小点出血和白色坏死点。多见于2～3周龄的雏鸡。粪便白色，黏附于肛门口。病程稍长者可见心脏、肺脏、肠壁上有黄白色坏死结节。

(3)鸡伤寒　多见于成年鸡。肝脏肿大呈棕色或青铜色。有零星发病，死亡率很低。

(4)鸡副伤寒　肝脏有条纹状出血或有大小不一的灰白色坏死灶。此外，小肠炎症明显，盲肠肿大，内含黄白色干酪样物质。

(5)鸡大肠杆菌病　肝脏肿大，暗红色，表面有一层白色的纤维素性渗出物。此外可见心包炎、气囊炎以及肠炎病变。

(6)鸡弧菌性肝炎　主要发生于中大鸡。肝脏肿大，暗红色，表面密布小出血点，肝脏边缘有少量黄白色坏死灶。死亡鸡腹腔常有血水，有时有血凝块。

(7)鸡组织滴虫病　肝脏肿大，表面形成一些圆形或不规则形的中间凹陷的溃疡病灶，病灶为淡黄色或灰绿色。同时一侧或两侧的盲肠肿大变得粗而硬，内为干酪样栓塞。

(8)鸡马立克病　肝脏肿大 2～3 倍，表面和内部有弥漫性或结节性的肿瘤。脾脏肿大 2～3 倍。病理组织切片可见大量成熟的淋巴细胞和网状细胞。

(9)鸡白血病　肝脏肿大，布满弥漫性或结节性肿瘤。内脏的其他器官如法氏囊、肾脏、肺脏、性腺、心脏、骨髓、肠系膜等也可见到肿瘤结节。肿瘤病理切片主要由成淋巴细胞组成(即淋巴瘤细胞)。

(10)鸡包涵体肝炎　肝脏肿大，呈黄褐色，表面有散在点状或斑块状出血，伴有不同程度坏死，病鸡易受应激死亡，用药不良也会加剧死亡。

(11)鸡脂肪肝病　肝脏肿大，质脆，呈黄色油腻状，易发生肝脏破裂而造成内出血死亡。腹下脂肪偏厚，易发生应激死亡。

2. 肾脏病变

有可能是鸡传染性法氏囊病、鸡传染性支气管炎、鸡痛风、鸡维生素 A 缺乏症、某些药物中毒等疾病。

(1)鸡传染性法氏囊病　多见于 2～6 周龄小鸡。肾脏肿大、苍白，同时还有肌肉出血、法氏囊肿大出血等病变。

(2)鸡传染性支气管炎　肾型鸡传染性支气管炎主要表现肾脏肿大，有大量白色尿酸盐沉积，多发生于小鸡。此外还有张口呼吸、咳嗽、排白色粪便等症状。

(3)鸡痛风　肾脏肿大，苍白，肾小管充满尿酸盐，输尿管也充满尿酸盐。严重时可见肾结石或输尿管结石。在内脏器官如心脏、肝脏、脾脏、肠系膜上常见到石灰样的尿酸盐沉积物。关节也有类似的病变。

(4)鸡维生素 A 缺乏症　肾脏肿大，苍白，肾小管和输尿管有少量尿酸盐沉积。上、下眼睑往往被分泌物黏合在一起，严重时可出现失明。上消化道黏膜有白色小脓疱覆盖。

(5)某些药物中毒　磺胺类药物与某些不能配伍的药物联合使用可造成肾脏肿大、苍白，严重时在肾小管和输尿管内出现尿酸盐沉积。

3. 肺脏和气囊病变

有可能是鸡败血支原体病、鸡白痢、鸡曲霉菌病、鸡大肠杆菌病等。

(1)鸡败血支原体病　肺炎、气囊浑浊以及腹腔内有不同程度的干酪样渗出物，此外还有心包炎和肝周炎变。在临床上，可见喘气，咳嗽，排黄绿色稀粪等症状。

(2)鸡白痢　排白色稀粪，黏附在肛门口，肝脏肿大，肝表面有白色坏死点，肺脏有白色小结节，卵黄吸收不良。

(3)鸡曲霉菌病　肺脏、气囊可见到大小不等的白色、灰色或淡绿色小结节，有时可见到霉菌斑。

(4)鸡大肠杆菌病　往往与败血支原体并发感染，出现肺炎、气囊炎、心包炎、肝周炎病变，在腹腔中会形成黄色干酪样分泌物。慢性病例在肺脏、心脏、肠系膜等会产生典型的肉芽肿。

4. 皮肤病变

有可能是鸡马立克病(皮肤型)、鸡痘、鸡葡萄球菌病、烈性传染病导致的鸡败血症以及鸡奇棒恙螨病等。

(1)鸡马立克病(皮肤型)　体表毛囊腔形成结节或小的肿瘤块结节，皮肤呈灰黄色，有时肿瘤结节破溃。以颈部、翅膀、大腿外侧皮肤多见。

(2)鸡痘　在鸡无毛或毛发稀少的皮肤形成一种灰白色水痘样小结节，几天后干燥形成痂皮或痘痂，有时在眼、口腔黏膜会形成黄白色假膜。鸡痘发生一段时间后会自行脱落。

(3)鸡葡萄球菌病　急性病例可见皮肤肿胀，皮下积液或破溃后流出淡红色渗出物。慢性病例在关节和脚趾出现肿胀、发炎。

(4)鸡败血症　一些烈性传染病(如禽流感、新城疫、巴氏杆菌病等)中死亡的病例可见全身皮肤发红，呈紫红色。不同的传染病有其相应不同的特征性病变。

(5)鸡奇棒恙螨病　野外放牧的鸡在大腿、胸部皮肤出现脐状红肿结节突出皮肤，取结节进行镜检，可检出 3 对脚的恙螨幼虫。

5. 脾脏病变

有可能是鸡马立克病(内脏型)、鸡住白细胞虫病、鸡白血病、鸡网状内皮组织增生症等。

(1)鸡马立克病(内脏型)　脾脏肿大 2～5 倍，同时在肝脏也会出现肿瘤结节病变，病鸡消瘦。病理切片可见大量成熟的淋巴细胞和网状细胞。

(2)鸡住白细胞虫病　脾脏肿大 2～5 倍，同时在肠系膜、脂肪、输卵管等器官上有粟粒大小的红色出血囊突出表面。个别肾脏出现出血斑。

(3)鸡白血病　脾脏肿大。此外内脏许多器官如法氏囊、肾脏、肺脏、性腺、心脏、骨髓、肠系膜等均可见到肿瘤结节。病理切片可见大量成淋巴细胞。

(4)鸡网状内皮组织增生症　脾脏肿大。此外鸡消瘦，腺胃肿大，乳头增生出血。易并发其他疾病。

6. 腺胃病变

有可能是高致病性禽流感、H9 亚型禽流感、新城疫、传染性支气管炎(腺胃型)、鸡马立克病、鸡网状内皮组织增生症、产蛋鸡疲劳综合征、某些寄生虫疾病以及鸡肌腺胃炎等。

(1)高致病性禽流感　腺胃乳头有脓性分泌物流出，个别腺胃乳头周边出血。此外，头部、面部、肉髯肿大，脚肿大，鳞片出血。发病率和死亡率都很高。

(2)H9 亚型禽流感　腺胃乳头有脓性分泌物流出，个别乳头周边出血。此外鸡面部、肉髯肿大，咳嗽症状明显，产蛋率下降，但死亡率较低。

(3)新城疫　腺胃乳头尖部出血，腺胃与肌胃交界处有出血斑。十二指肠呈枣状坏死，盲肠扁桃体肿大出血明显。用新城疫疫苗紧急免疫，10～15 d 可控制病情。

(4)传染性支气管炎(腺胃型)　腺胃肿大如球状，腺胃壁增厚，切开腺胃乳头出血明显。此外病鸡消瘦，多发生在 30～80 日龄中鸡阶段。

(5)鸡马立克病　腺胃肿大如球状，腺胃壁增厚，切开腺胃乳头出血明显。此外病鸡肝脏肿大并有肿瘤结节，脾脏肿大2～5倍。

(6)鸡网状内皮组织增生症　病鸡消瘦，腺胃肿大如球状，腺胃壁增厚，脾脏肿大明显，其他内脏器官无明显病变。

(7)产蛋鸡疲劳综合征　腺胃变薄，呈黑褐色，腺胃乳头流出黑褐色的分泌物，严重时出现腺胃穿孔，内容物直接漏到腹腔。此外还有软脚症状，多发生于产蛋期早期。

(8)某些寄生虫疾病　放牧饲养的鸡腺胃内出现溃疡、出血以及菜花样病变，可能是鸡旋锐形线虫病。放牧饲养的鸡腺胃出现黑褐色虫体，可能是鸡四棱线虫病。

(9)鸡肌腺胃炎　切开腺胃乳头扁平，肌胃角质量变黑褐色，有的出现糜烂。

7. 肌肉病变

有可能是鸡传染性法氏囊病、鸡住白细胞虫病、磺胺类药物中毒或鸡败血症等疾病。

(1)鸡传染性法氏囊病　胸肌和腿肌出现条状出血，法氏囊肿大、出血明显，多发生于15～45日龄的雏鸡。

(2)鸡住白细胞虫病　胸肌出现点状出血囊，此外心脏、脂肪、肠系膜、输卵管等器官也有许多小出血囊突出表面，个别肾脏出血。

(3)磺胺类药物中毒　肌肉有出血点或出血斑，肾脏肿大，有饲喂过磺胺类药物史。

(4)鸡败血症　肌肉出血，皮肤发红，内脏器官有不同程度出血。

8. 眼睛病变

有可能是鸡维生素A缺乏症、鸡败血支原体病、鸡传染性鼻炎、鸡痘、鸡大肠杆菌病、鸡氨气中毒、鸡马立克病(眼型)等疾病。

(1)鸡维生素A缺乏症　流泪，眼睑下有干酪样物积聚，严重时会造成上、下眼睑粘连而失明。此外上消化道黏膜可见一层灰白色伪膜覆盖或小的化脓灶，剥离后黏膜仍完整。

(2)鸡败血支原体病　鼻腔和眶下窦积有干酪样渗出物造成一侧或两侧肿胀，严重的造成眼部突出，甚至失明。此外还有心包炎、肝周炎、气囊炎病理变化。

(3)鸡传染性鼻炎　一侧或双侧的鼻腔和框下窦积有干酪样渗出物造成一侧或双侧的脸部肿胀和结膜炎。此外病鸡流鼻涕明显。用磺胺类药物治疗效果好。

(4)鸡痘　眼睑上长痘造成眼睛发炎，严重的造成失明。此外身上无毛的皮肤上也长有鸡痘。通过加强鸡痘免疫接种可控制病情。

(5)鸡大肠杆菌病　眼睛出现结膜炎以及眼角流出带泡沫的分泌物。病鸡常用鸡爪抓眼睛。与饲养环境条件差有很大关系。

(6)鸡氨气中毒　眼睛流泪、眼眶四周的羽毛潮湿。此外有张口呼吸、咳嗽以及死亡率偏高等临床症状。

(7)鸡马立克病(眼型)　一侧或双侧眼睛对光反应迟钝，重者失明，眼球呈灰白色，瞳孔边缘不整齐呈锯齿状。

9. 组织内弥漫性出血病变

有可能是鸡维生素K缺乏症、鸡败血症、鸡霉菌毒素中毒、鸡磺胺类药物中毒、鸡葡萄球菌病以及鸡J型白血病等疾病。

(1)鸡维生素K缺乏症　皮下组织、胸肌、腿肌、肝脏、腹膜等组织有出血点或出血斑，有的在腹腔也可见大出血块。血凝时间延长。

(2)鸡败血症 除皮肤、内脏组织出现弥漫性出血病变外,不同的传染病有其相应的特征性病变。

(3)鸡霉菌毒素中毒 如曲霉菌、青霉菌以及饲料发霉产生的多种毒素均可造成体内发生弥漫性出血,骨髓变成苍白或黄色。此外还有一些其他的特征性病变。

(4)鸡磺胺类药物中毒 造成体内弥漫性出血。此外肾和输尿管还有尿酸盐沉积。

(5)鸡葡萄球菌病 急性病例可见患部皮肤呈紫红色,皮下蓄积血样渗出物并有波动感。有时患部破溃后会流出暗红色渗出物。

(6)鸡J型白血病 可见鸡皮肤、脚趾出现血疱。此外某些内脏器官也有出血疱以及一些弥漫性肿瘤结节。

任务五 鸡群保健方案

任务描述

根据鸡的不同品种、不同生长或生产阶段容易出现的疾病,适当地给予一些药物进行预防,可大大地提高鸡群的成活率、均匀度和生产性能,保持鸡群的正常生长和生产。

任务目标

熟练掌握不同阶段家禽药物保健方案的具体内容,以及应激时候的用药。

思政目标

爱岗敬业;工匠精神;勇担责任,甘于奉献;团结合作;扎根农村,服务农业发展,促进乡村振兴。

二维码 10-5 鸡群保健方案

知识清单

在蛋鸡的不同的生长阶段使用药物保健,以降低疾病发生的风险。在育雏阶段可使用抗生素对母体垂直传播的疾病进行阻断,如沙门菌病就可以在雏鸡1~3日龄时使用氟苯尼考或恩诺沙星等抗生素进行预防。在蛋鸡育雏和育成阶段可以使用抗球虫药和呼吸道药物进行预防保健。在蛋鸡产蛋阶段全程禁止任何抗生素的使用,但可以添加提高机体免疫力的中药提取物和抗应激的维生素等,提高蛋鸡抵抗疫病的能力。

一、蛋鸡药物预防程序参考

第一阶段:1~3日龄

在此期间饮水中按照说明用量添加多维和氟苯尼考,一方面可以减少运输应激反应,防止雏鸡脱水症状;另一方面对雏鸡的大肠杆菌病、沙门菌病、脐炎也有一定的防治作用,提高雏鸡育雏成活率。

第二阶段:8～70日龄

在此期间要喂3个疗程的抗支原体病药物(如酒石酸泰乐菌素、替米考星、延胡索酸泰妙菌素、红霉素等),每个疗程持续5～7 d,每间隔15 d重复使用1次,目的是防治鸡的败血支原体病和滑液囊支原体病,鸡支原体病控制好,日后鸡群发生大肠杆菌病的概率大大降低。在用药过程中要注意各种药物之间的配伍禁忌和停药期。

第三阶段:15～70日龄

平地饲养或散养的小鸡,在这期间要喂3个疗程的抗球虫药物(如地克珠利、磺胺氯吡嗪钠、磺胺喹噁啉、盐酸氨丙啉等),每个疗程持续2～3 d,每间隔10 d重复使用1次。若采用网上育雏或采用球虫疫苗免疫,可以不用抗球虫药物。在用药过程中要注意各种药物之间的配伍禁忌和停药期。

第四阶段:产蛋期

原则上蛋鸡在产蛋期间不能使用任何抗生素,但在夏天炎热天气或季节交替、气候骤变时,可以在饲料或饮水中添加一些抗应激药物(如维生素C或多维),以减少环境因素变化对产蛋鸡生产性能的影响。

二、肉鸡药物预防程序参考

第一阶段:1～3日龄

在此期间饮水中按照说明用量添加多维和氟苯尼考(或阿莫西林、沙星类抗生素),一方面可以减少运输应激反应,防止雏鸡脱水症状,另一方面对雏鸡的大肠杆菌病、沙门菌病、脐炎也有一定的防治作用,提高雏鸡育雏成活率。

第二阶段:8～70日龄

在此期间要喂两三个疗程的抗支原体病药物(如酒石酸泰乐菌素、替米考星、延胡索酸泰妙菌素、红霉素等)每个疗程持续3～5 d,每间隔15 d重复使用1次,目的是防治鸡的败血支原体病、滑液囊支原体病。鸡支原体病控制好,日后鸡群发生大肠杆菌病的概率大大降低。在用药过程中要注意各种药物之间的配伍禁忌和停药期。

第三阶段:15～70日龄

平地放养的肉鸡,在这期间要喂3个疗程的抗球虫药物(如地克珠利、磺胺氯吡嗪钠、磺胺喹噁啉、盐酸氨丙啉等),每个疗程持续2～3 d,每间隔10 d重复使用1次。若采用网上育雏或采用球虫疫苗免疫,可以不用抗球虫药物。在用药过程中要注意各种药物之间的配伍禁忌和停药期。

第四阶段:25～50日龄

对于易发生硒缺乏症的鸡场(可能是由于放牧地土壤中缺硒)和某些鸡品种(如青脚肉鸡),在这期间可适当提高饲料中硒的含量,或额外地添加少量亚硒酸钠制剂,有效防止肉鸡出现硒缺乏症。

技能训练十四　家禽采血技术

一、目的要求

1. 掌握鸡翼下静脉采血法与鸡心脏采血法。
2. 了解两种采血方法的优缺点。

二、实训材料

公母鸡若干只、无菌采血针、酒精棉球、干棉球。

三、内容和方法

1. 鸡翼下静脉采血法

静脉又称容量血管，其内含血量较多且流速较慢，位于翼下静脉具此特点，此静脉易找到，健康安全范围内在此可采血 10～20 mL。而且操作方便，单人即可完成，采血量极易控制，止血彻底，对家禽影响小。

实验者右手持注射器，左手将家禽双翼提起，露出翼静脉的采血位置，把覆盖血管的羽毛拔开，即可见到明显一条较粗的静脉血管。采血时用左手大拇指夹住覆盖静脉的羽毛，食指协调大拇指夹住双翼，中指、无名指和手掌轻轻提起或轻按背部保定鸡只，待其安静方可刺针。针头在距静脉血管 0.3～0.5 cm 一旁倾斜刺入皮肤，再与血管平行进针 0.2～0.4 cm 后刺入血管，见有少量回血即可采集血液，采血完成后马上用手压迫伤口止血。

2. 鸡心脏采血法

将鸡侧位固定，右侧在下，头向左侧固定。找出从胸骨走向肩胛部的皮下大静脉，心脏约在该静脉分支下侧；或由肱骨头、股骨头、胸骨前端三点所形成三角形中心稍偏前方的部位。用酒精棉球消毒后在选定部位垂直进针，如刺入心脏可感到心脏跳动，稍回抽针栓可见回血，否则应将针头稍拔出，再更换一个角度刺入，直至抽出血液。

四、实训作业

每组同学动手采血，每组至少要采一管翼下血、一管心脏血，采血量至少 2 mL，同时要求能做到“一针见血”，采血后不淤血。

技能训练十五　家禽剖检技术

一、目的要求

临床剖检病死禽尸体就是运用病理解剖学的知识，通过病死禽尸体的组织和器官的某些特征性的病理变化，结合流行病学和临床症状进行综合分析与判断疾病的一种方法。它便于现场开展，是临床上较为实际和便捷的方法，尤其是目前广大养禽场(户)不具备实验室检测的条件。临床剖检对于发生一些烈性传染病、寄生虫病和中毒性病等急性群发性疾病时，得到及时诊断并采取针对性应急防治措施显得尤为重要。掌握家禽临床剖检技术是基层兽医工作者必备的一项技能，在操作中应掌握几个关键环节。

二、剖检前的准备

(1)供检病死禽的准备　临床病死家禽应有广泛代表性，对患病未死亡的家禽应选择临床症状明显的个体。对死亡的尸体，死亡时间不宜过长，不腐败发臭，对死亡尸体最好事先做简单保鲜处理。供剖检病死禽要有一定的数量，以便进行对比和统计病变分析，一般以5～10只为宜，且供剖检尸体最好是完整的个体。送检时应装在密闭的容器内，并做好防护消毒。

(2)器械准备　剖检前应准备好解剖用工作台、器械盘、消毒盆、污物桶、装尸体用密闭塑料袋、消毒喷雾器、足够量的消毒用药品、解剖刀、手术剪、镊子、骨剪、医用钝头剪刀。

(3)术者准备　术者应戴好口罩、手套，穿好医用工作服或防护服，必要时应戴好护眼镜和穿好工作靴。

三、内容和方法

1. 做好记录

剖检时应做好各种记录，记录内容主要包括：畜主姓名、地址、禽别、品种、日龄、免疫情况、饲养管理情况、发病经过、临床表现、已采用的治疗方法、用药情况、死亡情况、送检剖检时间，以及外部观察和剖检时各个组织和器官的病理变化等。

2. 外部检查

解剖前要先进行外部检查，首先检查羽毛的状况，全身羽毛是否有光泽、有无污物、脱毛等现象，毛囊有无肿大；观察皮肤颜色、弹性，有无外寄生虫及出血斑点、痘疹或肿胀溃烂现象，关节及脚趾有无肿胀或破溃等异常现象，鸡脚鳞片下有无出血斑；其次查看口鼻腔有无分泌物及其性状，泄殖腔周围有无粪便污染，有无脱肛和血便；再次检查两眼的分泌物及性状，虹膜颜色及瞳孔形状，冠、肉髯及眼睑颜色、有无肿胀、痘疹、脓痂等异常情况；最后触摸腹部有无变软、变硬或积液现象。

3. 内部检查

剖检未死亡的患病家禽可采取切断颈部动、静脉放血方法致死。剖检前最好用无腐蚀性、刺激性的消毒液将尸体羽毛浸湿浸透，防止解剖时羽毛和尘埃飞扬。

(1)皮下检查　把供剖检尸体从消毒液中取出置于解剖台上，保持仰卧姿势。用手术剪剪开两腿内侧股沟皮肤，压平两腿使髋关节脱臼，然后在两髋关节连线腹中线处切开皮肤。沿切口横向切开腹部皮肤至两腿内侧，再沿两侧翅膀基部与腿部连线切开皮肤。对鸡可一手压紧两腿，另一手抓紧胸腹部皮肤往前剥开致前胸，然后切断两侧与肩部相连皮肤，再用手术剪沿颈纵轴剪开颈部皮肤。此时供检鸡颈部、胸部、腹前部肌肉组织完全暴露，然后再剥开下腹部皮肤至肛门处。对水禽因胸腹部皮下脂肪层厚，直接撕拉很难剥下时，可借助手术刀进行。注意观察皮下脂肪含量，胸肌、腹肌和腿肌丰满度、颜色、有无出血斑点、结节和水肿，胸腺颜色及有无萎缩。查看龙骨是否变曲和变形。

(2)内脏检查　用手术剪挑破腹中线处肌肉各层，并向两侧扩创，此时应注意不能剪破肠道。沿两侧肋软骨连接线方向切开丰厚的胸肌，显露各肋软骨、沿肋软骨连接线用钝头手术剪逐一剪断各条肋骨，然后再用骨剪剪断两侧乌喙骨和锁骨，避免剪断鸡喙骨与第一肋骨间的肺动、静脉血管。切开两侧筋膜和肌肉连接，掀掉整个胸骨，剪开胸壁时宜用手术剪和骨剪，以免刺破肝脏、心包、心脏。此时大部分内脏器官暴露出来，注意观察各脏器的位置、颜色、浆膜状况，胸腹腔气囊是否增厚、浑浊，有无渗出物，气囊内有无干酪样带菌丝团块，胸腹腔有无积液及其颜色，各脏器间有无粘连。

在肝门处剪断血管、肝与心包囊、气囊之间的联系，将肝、腺胃、肌胃往后拉，直至将直肠从泄殖腔拉出。取出肝脏，观察肝脏大小、质地、颜色，表面有无出血斑点和坏死点及形状，有无肿瘤结节，切开肝脏检查切面及血管情况。检查胆囊有无肿大以及胆汁量、颜色、黏稠度及胆囊壁的状况。观察脾脏大小、颜色，表面有无出血点和坏死点，有无肿瘤结节，切开脾脏检查切面及脾髓状况。检查胰腺有无出血、坏死等变化。

剪开腺胃、肌胃，检查腺胃黏膜有无水肿，乳头和乳头间有无充血、出血，腺胃和肌胃交界处黏膜有无出血带。观察肌胃硬度，检查内容物及角质情况，撕去角质膜，检查角质膜下有无出血和溃疡。观察肠管有无充气和扩张，浆膜有无充血、出血、结节或肿瘤，然后从前往后剪开肠道，检查各段肠腔内容物的性状，黏膜有无出血、溃疡和坏死，肠壁是否增厚，盲肠扁桃体有无肿大、出血、坏死，盲肠腔中有无出血和栓塞物。

检查卵巢发育情况，观察卵泡大小、颜色和形态，有无萎缩、破裂、坏死和出血，剪开输卵管，检查黏膜情况，观察有无出血、溃疡及渗出物状况。公禽应检查睾丸的大小和颜色，观察有无出血、肿瘤。

检查肾脏大小、质地，观察有无出血及花斑状条纹，有无尿酸盐沉积。观察腔上囊的大小，表面有无出血，剪开腔上囊查看黏膜是否肿胀，有无出血和渗出物，皱襞是否明显。从脊柱两侧，取出肾脏，露出腰荐神经丛，在大腿内侧剥离内收肌，找出坐骨神经，观察神经颜色、粗细及光滑度情况。

剪开心包观察心包膜和心包液的性状，心包膜是否增厚和浑浊；观察心脏外形有无异常，冠状脂肪和心外膜有无出血点，剖开心脏观察内膜有无出血点，查看心肌颜色、质地、有无出血和坏死点。

在两鼻孔上方横向剪断鼻腔，检查鼻腔和鼻甲骨，挤压两侧鼻孔，观察鼻孔分泌物及其性状。剪开喉头、气管、支气管查看有无出血、炎症分泌物、伪膜和痘斑。从肋骨间掏出肺脏，查看肺脏颜色和质地，有无出血、水肿、炎症、坏死、结节和肿瘤。用剪刀在两侧眼眶后缘之间剪断额骨，再从两侧剪开顶骨至枕骨大孔，打开脑盖，暴露大脑、小脑及丘脑，观察脑膜有无充血、出血，脑组织有无软化、液化和坏死。

四、实训作业

每小组解剖一只病鸡，详细记录，并做出初步诊断。

	临床症状		病理变化
神经症状		肝脏	
鸡冠和面部肿胀症状		肾脏	
呼吸道症状		肺和气囊	
肠炎下痢症状		皮肤	
关节肿胀		脾脏	
骨异常病变		腺胃	
鸡产蛋异常或产蛋率下降症状		肌肉	
其他		眼睛 组织内弥漫性出血 其他	

复习与思考

1. 消毒的定义是什么？
2. 养禽场常用的消毒方法有哪几种？
3. 养禽场为什么要注意防鸟？
4. 养禽场如何进行有效的灭鼠？
5. 简述家禽采样的具体顺序。
6. 家禽的个体免疫方式有哪些？各有何优缺点？
7. 简述弱毒苗和灭活苗的优势和劣势。
8. 简述蛋鸡药物保健的方案。

项目十一
养禽场常见传染病的诊断与治疗

任务一　家禽常见病毒性传染病

任务描述

养禽业是我国畜牧业的重要组成部分，也是广大农村农民发家致富的主要产业之一。近年来，随着异地贩运活鸡、活鸭的日益频繁，家禽传染病问题越来越复杂，一些老病尚未得到有效控制，另一些新病又不断出现。

本任务主要针对养禽场常见病毒性传染病的流行病学特点、临床症状、病理变化、诊断方法和防制措施等5个方面进行描述，以便读者对禽病做出准确的诊断并采取有效防控措施。

任务目标

能掌握常见家禽病毒性传染病的流行病学特点、临床症状和病理变化。可以通过流行病学特点、临床症状和病理变化对相应的疾病做出初步诊断，建立诊断思路。了解各种疾病的具体防制措施。

思政目标

爱岗敬业；工匠精神；勇担责任，甘于奉献；团结合作；扎根农村，服务农业发展，促进乡村振兴。

知识清单

一、新城疫

新城疫又称亚洲鸡瘟，是一种由副黏病毒引起的急性、热性、高度接触性传染病。该病的主要特征是呼吸困难、严重下痢、全身黏膜和浆膜出血，病程稍长的病例可出现神经症状。临床上以呼吸系统、神经系统、消化系统为主要症状。病理变化主要表现为黏膜和浆膜出血为特征。

（一）流行病学特点

1. 传染源

病鸡、带毒鸡或其他鸟类。

2. 传播途径

水平传播，以消化道、呼吸道为主要途径。

3. 易感动物

各种日龄的鸡对本病均易感，但 10 日龄以内的雏鸡由于有母源抗体保护较少发病，老年家禽对本病也有一定的耐受性。

二维码 11-1 新城疫防治技术

4. 流行特点

本病一年四季均可发生，但以冬春寒冷季节多发。

(二)临床症状

本病的潜伏期一般为 3～5 d。病鸡体温上升到 43～44 ℃，吃料减少或废绝，可见许多病鸡精神委顿、背毛粗乱、不愿走动、垂头缩颈、双翼下垂，鸡冠和肉髯呈紫红色，眼睛半闭或全闭，大便呈黄绿色。嗉囊内积液较多，倒提时会从口角流出大量臭酸味的黏液。病鸡有不同程度的咳嗽症状，并发出“咯咯”的喘叫声，还经常可见到摆头和吞咽动作。发病率和死亡率都很高，可达 90%以上。病程 7～10 d。15～30 日龄的雏鸡发病时病程较短死亡快。

(三)病理变化

病鸡全身黏膜和浆膜出血明显。口腔和咽喉黏液较多，嗉囊内充满酸臭味的液体。腺胃黏膜和乳头尖有不同程度的出血，在腺胃与食道或腺胃与肌胃的交界处常有条状或不规则的出血斑，有时在肌胃下也有出血斑。整个小肠和大肠充血、出血明显。十二指肠段还可见到枣状坏死溃疡灶，在肠外壁表面可清晰地看到隆起的黑红色斑块。盲肠扁桃体肿大、出血、坏死。气管喉头内积有大量黏液，气管黏膜和气管环充血、出血，心冠脂肪也有点状出血，脑膜充血或出血。其中以腺胃乳头出血、十二指肠枣状溃疡以及盲肠扁桃体肿大出血 3 个病变最为明显。

(四)诊断方法

1. 临床诊断

根据本病的流行病学特点、临床症状以及特征性病变可做出初步诊断。要确诊必须进行实验室诊断。

2. 实验室诊断

第一，病毒分离与鉴定。

第二，血清学试验。

第三，荧光抗体技术检验。

(五)防制措施

1. 预防

用于预防新城疫的疫苗有许多种，基本上可分为灭活疫苗和活疫苗两种。其中活疫苗又可分为Ⅰ系、Ⅱ系、Ⅲ系和Ⅳ系四种，Ⅳ系中又有 L 系、c30 以及其他一些毒株苗。

一般来说，灭活疫苗适用于 15 日龄以上，且经过Ⅱ系或Ⅳ系活疫苗免疫的小鸡肌内注射，可以产生比较高的循环抗体且持续时间长。Ⅰ系苗是一个中等毒力的疫苗，专供已经用Ⅱ系或Ⅳ系活疫苗免疫过，同时日龄达 1 月龄以上的鸡肌内注射使用，该苗注射时应激反应较大，但可产生较高的循环抗体，并可持续保护 2～3 个月。Ⅱ系苗用生理盐水稀释后用于 10 日龄左右雏鸡滴鼻或点眼用，免疫保护期较短(只有 15～30 d)。Ⅲ系苗(少用)和Ⅳ系苗可用于滴鼻、点眼、饮水或气雾免疫，其中滴鼻、点眼、气雾免疫的效果要优于饮水免疫。免疫保护期 1～2 个月。

一般来说，肉鸡的免疫程序是：7 日龄时用Ⅱ系苗或Ⅳ系苗进行滴鼻或点眼首免；25 日龄时再用Ⅳ系苗进行滴鼻、点眼、饮水或气雾二免；60 日龄时再用Ⅰ系苗进行肌内注射三免。也可在 7 日龄时使用Ⅱ系苗或Ⅳ系苗进行滴鼻、点眼、气雾或饮水免疫后，在 18 日龄肌内注射新城疫灭活疫苗。

蛋鸡的免疫程序是：7 日龄时用Ⅱ系苗或Ⅳ系苗进行滴鼻或点眼首免；20 日龄时再用Ⅳ系苗进行气雾或饮水二免，同时肌内注射新城疫灭活疫苗；55 日龄时可选择性使用Ⅳ系苗进行饮水或气雾免疫，110 d 开产前再肌内注射单独的新城疫灭活疫苗或新城疫与其他疫病的二联和三联灭活疫苗。

在免疫过程中要时常观察鸡群的状况，免疫后每间隔一段时间按鸡群数 1% 比例进行血液抗体检测，若有部分鸡的新城疫抗体滴度低于 1∶64 时，全群鸡就要及时做新城疫疫苗免疫。

2. 治疗

当鸡群发生新城疫时，首先要做好环境的消毒以及病死鸡的无害化处理，同时做好鸡群的紧急免疫措施。紧急免疫可采取如下三个方案中的一个。

第一，采用鸡新城疫Ⅰ系苗，按 2～3 倍量进行肌内注射。

第二，采用鸡新城疫 L 系苗，按 3～5 倍量进行滴鼻免疫。

第三，采用鸡新城疫 L 系苗，按 5～8 倍量进行饮水免疫。

根据试验观察：三种方案中Ⅰ系苗产生效果较快，5～6 d 即产生效果，饮水和滴鼻免疫需 7～9 d 产生效果，但三种方案均可能出现紧急免疫过后几天内死亡率急剧增多的现象，死亡率在 10%～70%不等。

本病的死亡率高低与鸡群原有免疫状况有关，对慢性病例来说，可采用 5～8 倍新城疫Ⅳ系苗进行饮水加强免疫即可。

二、禽流行性感冒

禽流行性感冒简称禽流感(AI)，是由禽 A 型流感病毒引起的禽类烈性传染病。几乎所有的家禽和野禽均易感。

禽类感染后表现为高致病力禽流感病毒引起的高致病性疾病，该类型禽流感又称真性鸡瘟，能引起鸡、火鸡大批死亡。

高致病力禽流感，以发病突然，病程短促，死亡迅速，头面部特别是肉髯和鸡冠水肿、发绀，呼吸道症状由轻到重；全身呈败血性病变为特征。

低致病力禽流感仅引起轻度上呼吸道症状、产蛋率下降、有一定死亡率等综合征。

(一)流行病学特点

1. 传染源

病禽和带毒禽是主要感染源。鸭、鹅和野生水禽在本病传播中起重要作用,候鸟也同样起到很大的作用。

二维码 11-2　禽流行性感冒防治技术

2. 传播途径

水平传播,气源呼吸道传播和排泄物或分泌物经口传播。

3. 易感动物

包括 H1 至 H17、N1 至 N10 在内各种亚型的 A 型流感病毒几乎都已在家禽和野禽体内分离到。

4. 流行特点

本病虽无明显季节性,但常在冬春季节多发。

(二)临床症状

本病的潜伏期较短,通常为 3～5 d。主要表现为病鸡体温升高为 42 ℃以上,精神沉郁,有时吃料正常,有时吃料减少。个别肉髯水肿增厚,严重时可扩展到脸部和头颈部,鸡冠呈紫红色,眼睑肿胀,流鼻水。某些病死鸡的脚肿大、鳞片出血。临床上还可听到不同程度的咳嗽声。病程短,疫情传播速度快,发病率和死亡率均可达 100%。有些疫情在没有明显症状时就突然出现大面积死亡。在笼养产蛋鸡中,本病的发生往往从鸡舍的某一角落先开始大面积死亡,然后向周围扩散。除了表现有不同程度的咳嗽,排黄白色稀粪,吃料略减少,个别鸡鸡冠发紫,肉髯水肿,脚肿大,脚鳞片出血外,蛋鸡还表现为产蛋率下降,产软壳蛋和白壳蛋增加,鸡群死亡数量迅速增加,用药物治疗无明显效果。

(三)病理变化

可见到部分鸡的头部和脸部皮下水肿,全身皮肤、肌肉和脂肪有不同程度的出血。心包积液、有时可见心肌条状坏死。腺胃乳头水肿、出血,用刀一刮,乳头中央流出脓性分泌物,少部分可见乳头周边出血。肠道及盲肠扁桃体也有不同程度的出血。胰腺上有白色坏死点。呼吸道有不同程度的分泌物或黄白色干酪样阻塞物存在。有些病例出现肺脏水肿、肺脏出血、脚鳞片出血。在蛋鸡中还可见到部分卵泡破裂于腹腔而形成卵黄性腹膜炎。输卵管水肿,切开输卵管可见白色黏稠分泌物或凝乳块存在。

(四)诊断方法

1. 临床诊断

根据本病的流行病学特点、临床症状、病理变化可做出初步诊断。

2. 实验室诊断

(1)病毒分离　病毒分离需在国家规定的三级实验室中进行,是确诊本病最好方法之一。

(2)血清学检查　用禽流感抗原进行琼脂扩散试验和血凝抑制试验检查鸡群发病初期和

发病一段时间后血液中禽流感抗体的高低，这对诊断本病也有重要意义。

(3)其他诊断方法　可采用金标试条、聚合酶链反应试验等。

(五)防制措施

1. 预防

高致病性禽流感的防疫工作在我国已列为强制免疫内容，目前以 H5＋H7 亚型禽流感三价灭活疫苗为主。在不同地区其免疫程序有所不同，具体以当地兽医主管部门推荐的程序为准。一般来说，首免安排在 14 日龄，肌内注射 H5＋H7 亚型禽流感灭活疫苗 0.3～0.5 mL；二免安排在 30 日龄，肌内注射 H5＋H7 亚型禽流感灭活疫苗 0.5～0.6 mL；产蛋鸡和种鸡于 120 日龄和 250 日龄分别再次免疫 H5＋H7 亚型禽流感灭活疫苗(剂量分别为 0.8 mL 和 1.0 mL)。除了做好疫苗免疫外，还要提高饲养管理水平、加强消毒和隔离等生物安全措施，特别强调鸡、鸭、鹅不能混养，这对预防本病有重要的现实意义。必要时疫苗免疫后 25～30 d 可抽血进行免疫抗体监测，发现抗体不达标时要及时找原因并补免。

2. 发生高致病性禽流感时处理措施

按照我国政府规定，当某个鸡场发生疑似高致性禽流感疫情时，要先向当地兽医行政管理部门、动物卫生监督机构或动物疫病预防控制机构报告，并由当地政府发布对疫点的封锁、扑杀、消毒等处理措施，同时对疫点周围 5 km 范围内所有家禽采用 H5＋H7 亚型禽流感三价灭活疫苗的加强免疫。

三、传染性支气管炎

传染性支气管炎(IB)是由传染性支气管炎病毒引起的鸡的一种急性、高度接触传染性的呼吸道疾病。其特征是气管发生啰音、咳嗽和打喷嚏。

雏鸡主要表现呼吸困难，咳嗽，流涕，有较高的发病率和死亡率；产蛋鸡产蛋减少和质量变劣。

肾的病变表现为腹泻排白色稀粪，同时肾肿大，有尿酸盐沉积。

(一)流行病学特点

二维码 11-3　传染性支气管炎防治技术

1. 传染源

病鸡和康复后的带毒鸡。

2. 传播途径

水平传播，经呼吸道传染。此外，也可通过消化道传播。

3. 易感动物

各种年龄的鸡均可发病，但雏鸡和产蛋鸡最为严重，病死率为 5%～30%。

4. 流行特点

本病无季节性，传播迅速。其发生与应激因素有密切的关系；而病死率与并发感染有关。

(二)临床症状

在临床上,鸡传染性支气管炎的表现型有呼吸道型、肾型、腺胃型以及生殖道型等多种。

1. 呼吸道型

常见于40日龄以内的小鸡。鸡群多为突然发病,出现明显的呼吸道症状,并迅速波及全群。主要表现:张口呼吸,咳嗽,有啰音,食欲逐渐减少,羽毛松乱,怕冷,常打堆。有时还可见到流泪、流浆液性鼻液等感冒临床症状。发病率为30%~35%,死亡率为20%~25%。

2. 肾型

多见于20~40日龄小鸡。主要临床症状是排白色粪便,肛门周围常附着白色污物,食欲减退,精神沉郁,鸡冠苍白,脱水严重。发病率达30%左右,死亡率也达30%以上。

3. 腺胃型

多见于30~85日龄。病程较长,可持续25~30 d,病鸡消瘦(特别是胸骨突出明显),有轻微呼吸道症状,排黄白色稀粪。发病率为50%~70%,死亡率可高达50%。

4. 生殖道型

主要见于产蛋鸡和种鸡。表现为病鸡精神委顿,腹部下垂,产蛋率下降25%~50%,同时产软壳蛋、畸形蛋、粗壳蛋增多,蛋清稀薄,易与蛋黄分离。有些病鸡产蛋率不容易上升到正常高峰期。种鸡感染本病后,受精率明显下降,死雏数明显增加。

(三)病理变化

根据临床症状的不同,病理变化也有所区别。

1. 呼吸道型

鼻腔内有黏稠分泌物,气管出血,气管和支气管内有黏液或黄白色干酪样阻塞物,肺脏水肿或出血。

2. 肾型

肾脏肿大、苍白,肾小管和输尿管充满尿酸盐结晶而形成“花斑肾”,严重时在心包和腹腔脏器表面有白色尿酸盐沉着。全身皮肤和肌肉发绀,肌肉脱水。

3. 腺胃型

腺胃肿大2~4倍如球状,腺胃壁增厚,切开腺胃可见乳头水肿、出血或溃疡。气管和支气管出现卡他性炎症。病鸡极度消瘦,肌肉脱水,法氏囊萎缩。

4. 生殖道型

蛋鸡腹腔积水,卵巢基本正常或出现少量卵泡变性。腹腔中集有大量成熟卵泡,输卵管壶部萎缩,输卵管下段炎症并出现积液现象,并形成积水囊,严重时积液可充满整个腹腔。

(四)诊断方法

1. 临床诊断

根据鸡传染性支气管炎不同类型的特征性症状、病理变化可做出初步诊断。

2. 实验室确诊

取病料进行鸡胚的病毒培养和鉴定；也可用琼脂扩散试验、血凝抑制试验或酶联免疫吸附试验等方法进行血清学诊断。

(五)防制措施

1. 预防

(1)加强饲养管理　要控制好鸡群的密度，注意鸡舍内外环境的变化，在做好保温的同时又要做好通风工作(特别是冬天)，防止氨气等有害气体对呼吸道的刺激。此外，要全面搭配饲料的营养水平，防止维生素 A 的缺乏，这对预防本病也有重要意义。

(2)疫苗预防　预防鸡传染性支气管的疫苗有活疫苗(如 H120、H52、28/86 株、4/91 株等)和灭活疫苗 2 大类。一般的免疫程序是 3～7 日龄用 H120 等单价或多价活疫苗滴鼻或喷雾首免；30～60 日龄再用 H52 活疫苗进行饮水二免；饲养周期长的肉鸡、种鸡和蛋鸡在 18 日龄和开产之前再用灭活疫苗各肌内注射 1 次。对于血清型比较确定的鸡场，采用相应血清型的活疫苗或灭活疫苗进行免疫，效果更好。

2. 治疗

目前，尚未有特效的药物治疗本病。在改善饲养管理条件的基础上，可使用一些抗病毒中药进行治疗，同时对一些并发症进行对症治疗，若有呼吸道症状可使用红霉素或酒石酸泰乐菌素控制呼吸道的继发感染。对于肾型，除了降低饲料中蛋白质含量外，还可用一些通肾护肝脏药物进行饮水治疗，有一定效果。对于腺胃型，主要采取隔离、淘汰和消毒等措施进行处理。

四、传染性喉气管炎

本病是由传染性喉气管炎病毒引起鸡的一种急性、接触性上部呼吸道传染病。主要特征是呼吸困难、喘气、咳嗽，咳出有血样渗出物，喉部气管黏膜水肿、出血、糜烂。本病传播迅速，死亡率较高。

(一)流行病学特点

1. 传染源

病鸡和康复后的带毒鸡是主要传染源。

2. 传播途径

水平传播，主要经呼吸道传播。

3. 易感动物

自然条件下，主要感染鸡，各种年龄鸡均可感染，成年鸡感染尤为严重，且多表现出本病特征症状。

4. 流行特点

本病一年四季均可发生，秋冬寒冷季节多发。

二维码 11-4　传染性喉气管炎防治技术

(二)临床症状

在临床上,本病有 2 种表现类型,即喉气管型和结膜型。

1. 喉气管型

主要表现为呼吸困难(抬头伸颈、张口呼吸),打喷嚏,咳嗽,并咳出血痰,在墙壁、鸡笼上时常可见到血迹,有时发出尖叫声或鸣笛声,有时可见甩头现象。食欲减退,鸡冠变紫,精神沉郁,严重时可因为喉头渗出物阻塞造成病鸡的突然窒息而死亡。产蛋鸡发病时,除了有呼吸道症状外,还会出现产蛋率下降、畸形蛋增加现象。本病的发病率为 50%～100%,死亡率为 10%～60%,平均死亡率为 13%左右,死亡率的高低与饲养管理条件和用药情况关系较大。本病的病程可持续 1～2 周。

2. 结膜型

由低致病性毒株引起,主要表现为眼结膜红肿、流泪、鼻液增多等症状。眼分泌物可从浆液性到脓性,严重时可导致鸡眼盲。

(三)病理变化

1. 喉气管型

主要病变在喉头和气管。咽喉部可见大量浓稠的黏液,切开喉头可见喉头和气管表面有一层带血的黄白色分泌物阻塞气管,拨开黄白色分泌物可见气管黏膜出血严重,有时可见坏死病变。产蛋鸡的卵巢出现变性、出血等病变。

2. 结膜型

主要出现浆液性结膜炎,有时眶下窦肿大并充满白色干酪样物,有时下眼眶还出现水肿。

(四)诊断方法

1. 临床诊断

根据病鸡出现张口呼吸、咳嗽并咳出带血黏液以及特征性的喉头病变可做出初步诊断。

2. 实验室诊断

一方面可取发病早期病鸡气管进行病理切片,在气管细胞核内查到包涵体即可确诊;另一方面进行鸡胚的病毒分离,经 3～4 d 培养后可在尿囊膜上形成痘斑,并取尿囊液进行进一步的病毒鉴定(如中和试验)。

(五)防制措施

1. 预防

(1)加强饲养管理　坚持严格的消毒、隔离制度,禁止易感鸡与刚刚病愈鸡或来历不明鸡接触。

(2)疫苗接种　在本病流行的地区可选择使用疫苗免疫。目前使用的疫苗有鸡痘-喉气管炎二联活疫苗、鸡传染性喉气管炎灭活疫苗以及鸡传染性喉气管炎活疫苗三种,其中鸡传染性喉气管炎活疫苗使用效果较好。国产的鸡传染性喉气管炎活疫苗可通过滴鼻、点眼或饮水进行，但有一定的副作用，可导致部分免疫鸡出现轻度结膜炎，甚至眼盲；部分进口的鸡传染性喉气管炎活疫苗可采用擦肛或饮水接种。一般可安排在 35 日龄左右免疫一次，对蛋鸡或种鸡可于 3～4 月龄时再免疫一次。

2. 治疗

本病无特效的治疗药物，但使用一些抗病毒中药以及对症药物可降低发病率和死亡率，如氯化铵、左旋氧氟沙星以及一些平喘止咳中药（如麻黄碱等）。同时对周围受威胁的假定健康鸡群要及时采用本病的活疫苗紧急免疫接种，此外还要加强饲养管理、做好环境消毒工作。

五、传染性法氏囊病

传染性法氏囊病是由传染性法氏囊病毒引起的主要危害幼龄鸡的一种急性、高度接触性传染病。除可引起易感鸡死亡外，早期感染还可引起严重的免疫抑制，其危害非常严重，造成较大的经济损失。

（一）流行病学特点

二维码 11-5　传染性法氏囊病防治技术

1. 传染源

病鸡和带毒鸡为主要传染源。

2. 传播途径

水平传播，通过消化道和呼吸道进行传播。

3. 易感动物

雏鸡和火鸡，3～6 周龄的鸡最易感。

4. 流行特点

本病一年四季均能发生，但以 6—7 月份发病较多。发病率高（可达 100%），首次暴发死亡率高，一般发病死亡率为 20%～40%。暴发后转为隐性感染。

（二）临床症状

本病的潜伏期很短（3～5 d），主要表现为病鸡精神委顿、嗜睡，采食和饮水减少或废绝，排白色稀粪，肛门羽毛往往被污染为白色。发病率可高达 80%，呈现“一过性”的尖峰式死亡，即发病后 3～4 d 为死亡高峰，经 5～7 d 死亡停止。总死亡率平均为 20%～30%，有时可高达 70%以上。

（三）病理变化

病死鸡的胸肌、腿肌以及翼部肌肉出现大小不一、数量不等的条状出血，腺胃和肌胃交界处有出血斑，脾脏略肿大、表面有小坏死灶，肾脏肿大、输卵管有白色尿酸盐沉积。法氏囊肿大 2～3 倍，呈灰白色或紫红色，切开囊腔后可见黏膜皱褶有出血点或出血斑，囊腔中有纤维素样或干酪样分泌物。其中肌肉出血和法氏囊肿大出血具有特征性病变。

(四)诊断方法

1. 临床诊断

从发病日龄、“一过性”死亡规律以及特征性的病理变化可做出初步诊断。

2. 实验室诊断

实验室诊断方法包括病毒分离鉴定、琼脂扩散试验、病毒中和试验以及酶联免疫吸附试验等。

(五)防制措施

1. 预防

鸡传染性法氏囊病的免疫疫苗有两大类:即活疫苗和灭活疫苗,其中活疫苗又分为弱毒疫苗和中等毒疫苗。一般来说,种鸡要进行 3 次的免疫,即 11 日龄首免用活疫苗进行滴嘴或饮水免疫,二免于 20 日龄进行,采取活疫苗的饮水加强免疫;开产前 1 周用灭活疫苗进行肌内注射三免。而普通肉鸡、蛋鸡一般于 11 日龄和 20 日龄免疫 2 次活疫苗即可。

2. 治疗

当鸡群出现鸡传染性法氏囊病后,可采取如下几个方面的处理措施:第一,肌内注射鸡传染性法氏囊病的抗血清或高免卵黄抗体 2～3 mL,具有很好的治疗效果,一般注射后第 2 天即可明显地减少或停止死亡。第二,饮水用药,即用黄芪多糖溶液(按说明使用)或添加通肾药物(按说明使用)也可明显地减少死亡。第三,防止继发感染,可用广谱抗生素防止大肠杆菌、沙门菌的继发感染。第四,若出现粪便带血时,还要使用低毒的抗球虫药进行治疗。

六、马立克病

马立克病是由疱疹病毒引起的鸡的一种高度接触性、淋巴组织增生性肿瘤性疾病;病理特征是病鸡的外周神经、性腺、虹膜、各种内脏器官、肌肉和皮肤产生淋巴细胞性肿瘤。

二维码 11-6　马立克病防治技术

(一)流行病学特点

1. 传染源

病鸡和带毒鸡。病毒存在于血液、肿瘤、羽毛囊上皮中。

2. 传播途径

水平传播,主要是呼吸道传播,其次为消化道。

3. 易感动物

主要发生于鸡,各种品种、各日龄鸡均易感。不同品种鸡易感性有所不同,一些品种(如乌骨鸡)对本病高度敏感,也有一些品种(如火鸡)对本病有明显抵抗力。日龄越小,易感性越高,其中 1 日龄雏鸡最为易感。

4. 流行特点

病毒一旦侵入易感鸡群,其感染率几乎为 100%,但发病率和死亡率差异很大(10%～

90%)。

(二)临床症状

根据本病病变所发生的部位不同可分为内脏型、神经型、眼型和皮肤型,其中以内脏型最为常见。

1. 内脏型

病鸡精神萎靡,羽毛松乱,食欲减少,明显消瘦,排绿色大便,常常并发顽固性的球虫病或慢性呼吸道疾病。发病几天后开始死亡。鸡群通常从50日龄左右开始发病和死亡,随着日龄增加死亡率也逐渐增加,到100日龄时达到高峰,以后死亡率逐渐减少。

2. 神经型

因病变部位不同,其症状也有所不同。当鸡坐骨神经发生病变时,病鸡可出现一条腿向前伸,而另一腿向后伸的"劈叉腿"姿势;当鸡翅部神经发生病变时,病鸡表现翅膀无力下垂;当鸡颈部神经发生病变时,鸡脖子常斜向一侧。

3. 眼型

病鸡的一侧或两侧眼睛对光反应迟钝,重者失明,眼球呈灰白色,瞳孔边缘不整齐呈锯齿状。

4. 皮肤型

鸡体表的毛囊腔形成结节或小的肿瘤状物,并突出皮肤呈灰黄色,这些瘤状物有时会破溃,以颈部、翅膀、大腿外侧的皮肤多见。

(三)病理变化

1. 内脏型

肝脏肿大1～3倍,质地变硬,肝脏表面可见粟粒大至黄豆大的灰白色肿瘤;脾脏肿大1～5倍;腺胃肿大,腺胃壁增厚,切开后可见黏膜或乳头出血、溃烂。鸡体消瘦,胸骨突出明显。此外有时在心脏、卵巢、肺脏、肾脏等器官也可见到肿瘤结节。若有并发球虫或慢性呼吸道疾病时,还可见到肠出血、心包炎等病变。

2. 神经型

可见坐骨神经等肿大、水肿,其银白色纹理消失,神经周围的组织也出现水肿现象。

3. 皮肤型和眼型

发病率很低,内脏一般无明显肉眼可见的病变。

(四)诊断方法

1. 临床诊断

根据本病的流行病学特点、临床症状及特征性病变可做出初步诊断。

2. 确诊

确诊须采取病毒分离以及血清学诊断等方法,其中以琼脂扩散试验使用最广泛。

(五)防制措施

1. 预防

(1)建立鸡场有效的生物安全体系　首先,要加强种禽场孵化室的卫生消毒和早期隔离工作,防止和控制病毒早期感染。其次,鸡场的雏鸡要与产蛋鸡、育成鸡分开饲养,防止病毒交叉感染。

(2)疫苗免疫　一般在雏鸡出壳后第1天免疫接种鸡马立克病疫苗。目前,我国使用的鸡马立克病疫苗有液氮苗和冻干苗,其中液氮苗有CVI988单苗和CVI988+HVT二价苗2种,冻干苗为火鸡疱疹病毒活疫苗(HVT－FC126)。冻干苗使用方便、易保存,能一定程度上防止肿瘤形成,但不能预防超强毒感染,也易受到母源抗体的干扰而造成免疫失败,在生产中多用于70日龄内出栏的肉鸡使用。液氮苗可以预防超强毒株的感染,受母源抗体干扰也小,一般在接种后5～6 d即可产生免疫保护作用,多数用于种鸡、蛋鸡以及出栏时间超过3个月的肉鸡,但液氮苗也存在保存条件要求高的缺点。

2. 治疗

本病目前尚无有效的药物治疗方案,对种鸡场应严格做好检验检疫工作,发现病鸡坚决淘汰,切断传染源并做好环境消毒工作;对肉鸡场以淘汰为主。

七、禽白血病

禽白血病是由禽白血病增生病毒引起的一种会导致鸡产生良性或恶性肿瘤病变的慢性传染病。目前,禽白血病有10多个血清型,其中在临床上主要表现为内脏型和血管瘤型(J亚群白血病)2种病症。

二维码11-7　禽白血病防治技术

(一)流行病学特点

1. 传染源

病鸡和带毒鸡,尤其是带毒鸡在本病的传播上起着重要作用,有病毒血症的母鸡,本身没有病状而其产的蛋常常带有病毒。

2. 传播途径

垂直传播和水平传播。大多数鸡通过与先天感染鸡的密切接触获得感染。因为病毒不耐热,在外界存活时间短,间接接触不易感染。

3. 易感动物

鸡是禽白血病所有病毒的自然宿主。自然条件下仅能见鸡感染发病。通常以4～10月龄的鸡发病率最高;母鸡的易感性比公鸡高。

4. 流行特点

鸡群饲养管理不良、不良环境应激、维生素缺乏会增加发病率。

(二)临床症状

不同类型的白血病,其表现的症状也有所不同,在临床上也常见多种白血病混合感染。

1. 内脏型

病鸡精神萎靡，鸡冠和肉髯有时苍白、有时发绀。吃料减少，病鸡体况衰弱并表现出进行性消瘦，时常排出黄绿色稀粪。有时可见病鸡腹部肿大，用手可触及病鸡内脏的肿瘤块。产蛋母鸡停止产蛋，最后衰竭死亡。本病的隐性感染率较高，发病率为 10%～50%，死亡率为 5%～20%，鸡群淘汰率比较高。

2. 血管瘤型

病鸡精神沉郁，食欲减少，鸡冠苍白，消瘦，排黄绿色稀粪，产蛋率下降。在脚趾、胸部、翅膀等皮肤可见高出皮肤的血疱，有时血疱被鸡啄破后出现流血不止而死亡。有时病鸡易出现因内脏出血而猝死。发病率为 5%～20%，死亡率为 5%～10%。

（三）病理变化

不同类型的禽白血病，其病理变化也有所不同，有些病例同时兼有内脏型和血管瘤病变。

1. 内脏型

病死鸡消瘦，胸骨突出。剖检常可见病死鸡的内脏器官（如肝脏、脾脏、法氏囊、肾脏等）形成肿瘤结节，有时在其他器官（如肺脏、性腺、心脏、骨髓、肠系膜等）也可能出现肿瘤结节。肿瘤的形状多数呈结节状、粟粒状或弥散性生长。做病理切片观察，肿瘤组织主要由 B 淋巴细胞组成。

2. 血管瘤型

病死鸡消瘦，在脚趾、胸部、翅膀的皮肤上可见一些血疱，有时小血疱破溃。剖检内脏，可见肝脏表面浆膜层下也有出血块，肠系膜也可见出血疱，有时在内脏器官还可见到一些弥漫性肿瘤结节。卵巢上的卵泡变性，输卵管发育不良。

（四）诊断方法

本病无法通过临床症状与病理变化进行诊断，须进行禽白血病病毒分离、聚合酶链反应试验以及血清学诊断才能确诊。

（五）防制措施

本病目前尚无疫苗可预防，也无有效的药物进行治疗，原则上要对病鸡进行淘汰处理。本病的预防可从以下 3 个方面入手。

第一，做好种鸡群的定期检查工作，发现病鸡和疑似病鸡要及时淘汰，并抽血化验白血病的感染率，使种鸡场的白血病感染率控制在 2%以下。

第二，做好种蛋及孵化设备的消毒工作，减少本病的早期污染和垂直传播。

第三，加强鸡群饲养管理，提高饲养水平，减少各种不良应激，这对减少本病的发病率和发病程度也有一定作用。

八、包涵体肝炎

包涵体肝炎又称为鸡贫血综合征，是禽腺病毒属中禽腺病毒 I 群病毒引起的鸡的一种急性传染病。其特征为严重贫血、黄疸，肝肿大、出血和坏死，突然死亡。

二维码 11-8 包涵体肝炎防治技术

(一)流行病学特点

1. 传染源

病鸡和带病家禽。

2. 传播途径

水平传播和垂直传播,种鸡感染后在 3~6 周内排毒,并通过鸡胚传播给子代。接触病鸡或被病鸡污染的圈舍、饲料、饮水,可经消化道而传染。

3. 易感动物

本病主要发生在鸡,火鸡、鸽、野鸭和鹌鹑也可感染发病。主要流行于肉用仔鸡饲养地区,发生于 3~15 周龄的鸡,3~9 周龄的鸡最常见,成年鸡很少发病。

4. 流行特点

本病的发生常与其他诱发条件有关,如发生过传染性法氏囊病的鸡容易感染发病。外来品种鸡易感,当地土种鸡不易感染;肉鸡比蛋鸡易感。春秋两季多发,如有其他病混合感染时,病情加剧,病死率上升。

(二)临床症状

本病自然感染潜伏期为 1~2 d,往往是在小鸡或青年鸡群中突然发生急性死亡,一般 3~4 d 出现死亡高峰,5 d 后死亡减少或逐渐停止,病程一般为 10~14 d。多见于 3~7 周龄的肉用仔鸡,病鸡常表现为突然发病,精神沉郁,羽毛蓬乱无光泽,食欲减退或废绝,呈蜷曲姿势蹲伏于地,有一时性白色水样腹泻,呈严重贫血和黄疸症状,冠、肉髯苍白或黄染。水样下痢,肛门周围有污垢。末梢血液稀薄、色淡、如水样,红细胞和血小板明显减少。病程为 10~14 d,死亡率约为 10%,如并发其他细菌(如大肠杆菌、梭状芽孢杆菌等)感染,死亡率可高达 40%。

(三)病理变化

肝脏肿胀,淤血,苍白,质脆易碎,并有胆汁淤积的斑纹,有出血斑和出血点,纤维素性肝周炎。显微镜下可见肝细胞核内产生一种嗜酸性包涵体,染成红色,这是本病的一个示病性的变化,所以称为包涵体肝炎。肾和脾肿大,肾脏色泽苍白,皮质出血。内脏器官浆膜、皮下和肌肉广泛发生出血。法氏囊萎缩变小,骨髓苍白贫血。

(四)诊断方法

1. 临床综合诊断

根据流行病学特点、临床症状和病理变化可做出初步诊断,确诊须进一步进行实验室诊断。

2. 实验室诊断

分离病毒时可选用病鸡的肝脏和脾脏,常规处理后接种 9~12 日龄的 SPF 鸡胚或无母源抗体的鸡胚的卵黄囊或绒毛尿囊膜上,经 2~7 d,鸡胚死亡,胚体全身充血或出血,肝脏有黄色坏死灶,在肝细胞内可检出嗜碱性核内包涵体。用琼脂扩散试验可进行定性检查,目前应用较广。还可采用血清中和试验、免疫荧光抗体试验、酶联免疫吸附试验等方法诊断。

（五）防制措施

1. 预防

没有本病的地区、鸡场、鸡群，要把好引入关，严防本病传入，不从有该病的地区、鸡场引进种鸡、种蛋。坚持自繁自养。做好法氏囊病、鸡传染性贫血因子等病的防制。加强饲养管理，防止密度过大，经常通风换气，提高鸡群的抵抗力，坚持不同群的鸡分群隔离饲养和定期消毒的卫生防疫制度等。

2. 治疗

目前，对鸡包涵体性肝炎尚无有效疗法，主要是在雏鸡饲料中适当添加抗生素药物，可以减少并发细菌感染，降低病鸡死亡率。此外，结合补充维生素（主要是维生素 B_{12}）和微量元素（如铁、铜和钴合剂），以促进贫血的恢复。

九、禽传染性脑脊髓炎

禽传染性脑脊髓炎是由禽脑脊髓炎病毒引起的一种主要侵害幼雏中枢神经系统的传染病，病鸡以运动失调、头部震颤为主要特征。

二维码 11-9　禽传染性脑脊髓炎防治技术

（一）流行病学特点

1. 传染源

病禽、带毒禽、带毒蛋，山鸡是本病的自然宿主。

2. 传播途径

水平传播和垂直传播。经带毒蛋垂直传播，接触病禽、带毒禽或被污染的粪便、垫料等经消化道造成的水平传播。

3. 易感动物

本病的传播以带毒种鸡传播给刚出壳雏鸡为主，但各种年龄鸡都能感染。3 周龄以内的雏鸡多见，而 4 周龄以上的鸡感染后一般不表现明显的临床症状。

4. 流行特点

本病无明显的季节性。

（二）临床症状

1. 雏鸡

发病初期病鸡精神不振，嗜睡，头颈震颤，站立不稳，运动失调，行走时两翅张开或以跗、胫着地爬行，吃料正常。最后由于瘫痪采食不到料、水而衰竭死亡，死亡率为 10%～70%。4 周龄后基本上表现为隐性感染。

2. 成年产蛋鸡

部分成年产蛋鸡也会感染，并出现轻微的产蛋率下降（5%～15%），3 周后可恢复正常。

(三)病理变化

无论雏鸡和成鸡，一般都无明显的肉眼病变。唯一可见到的剖检病变是胃肌层有灰白区坏死灶，病程较长的病鸡还有腿肌萎缩现象。病理切片表现为非化脓性脑炎、脊髓和脊根神经炎以及脑部血管有明显的管套现象。

(四)诊断方法

根据本病多发生于 3 周龄以内雏鸡，并有特征性的运动失调和脑震颤症状即可做出初步诊断，确诊须进行病毒分离鉴定、琼脂扩散试验以及酶联免疫吸附试验等。在临床上，本病还需与维生素 A 缺乏、维生素 B_1 缺乏、硒缺乏以及慢性鸡新城疫等疾病进行鉴别诊断。

(五)防制措施

1. 预防

进行免疫接种，弱毒苗可饮水、滴鼻或点眼，在 8～10 周龄及开产前 4 周进行接种；灭活油乳剂苗在开产前 1 个月进行肌内注射，也可在 10～12 周龄接种弱毒苗，在开产前 1 个月再接种灭活苗，均具有很好的防制效果。同时还要做好种蛋场的消毒工作。

2. 治疗

目前，该病没有特效的治疗药物，为减少经济损失，尽量将病鸡隔离饲养，给予安静舒适的环境，饲料中添加维生素，尤其是维生素 B_1 和维生素 E。成年产蛋鸡发病之后减蛋现象严重，经过 2 周左右即可自行恢复，但恢复期的蛋不可作为种蛋使用。

十、禽痘

禽痘是由痘病毒引起的一种接触性传染病。本病的特点是在鸡身体无毛或毛发少的皮肤上长痘疹，或在鸡口腔、咽喉黏膜上形成纤维素性坏死性假膜。

二维码 11-10 禽痘病防治技术

(一)流行病学特点

1. 传染源

病禽碎散痘痂的脱落是散布禽痘病毒的主要形式。

2. 传播途径

水平传播，禽痘病毒主要通过皮肤或黏膜的伤口感染，不能经健康皮肤和黏膜感染，也不能经口感染。

3. 易感动物

各日龄阶段的鸡均能感染。

4. 流行特点

本病一年四季均能发生，但以夏秋季节，蚊虫较多的时候多发。感染途径主要是经过破损皮肤(蚊虫叮咬)或上呼吸道黏膜传染的。

(二)临床症状

根据鸡发病部位和病变可将鸡痘分为3种类型,即皮肤型、黏膜型以及混合型。

1. 皮肤型

在鸡身体无毛或毛发稀少的部位(如鸡冠、肉髯、眼睑、喙角、泄殖腔周围、翼下、腹下及腿部、鸡爪等)形成一种灰白色或黄白色水疱样小结节,小结节干燥后形成痂皮,数个痂皮可融合形成突出皮肤的痘。剥去痂皮可露出出血病灶。3～4周后,痂皮可自行脱落形成瘢痕。有时痂皮会感染细菌形成化脓灶,有时可导致眼睛化脓或瞎眼。雏鸡感染鸡痘时,往往会影响病鸡眼视力和采食,导致消瘦,甚至死亡。大鸡感染会影响酮体品质,但一般对病鸡的采食、生长无大影响。

2. 黏膜型

主要发生在病鸡的口腔和咽喉部。首先在黏膜上形成黄色小点,而后这些小点逐渐融合形成黄白色干酪样假膜覆盖于黏膜表面。随着病情的发展,往往会影响病鸡的正常采食和呼吸,表现为采食量不同程度地下降,病鸡消瘦,甚至死亡。有时假膜可阻塞喉头,可导致鸡窒息死亡(即喉痘)。发病率为50%～80%,死亡率为5%～50%。

3. 混合型

病鸡同时有着皮肤型和黏膜型病变,这些病鸡的病情会比较严重些。

(三)病理变化

除了皮肤和黏膜病变外,内脏一般无明显的肉眼病变。在黏膜型鸡痘,局部病变有时也会扩大到支气管、食道和肠道。

(四)诊断方法

1. 临床诊断

典型的鸡痘病例通过观察皮肤和黏膜病变即可做出初步诊断。

2. 病毒分离

取病鸡病变组织或痂皮做成1∶5悬液接种鸡胚,5～7 d后可见鸡胚绒毛尿囊膜上出现一些痘斑。接种SPF鸡的皮肤也出现典型的皮肤痘疹。

(五)防制措施

1. 预防

鸡痘的预防除了加强鸡舍的卫生管理,定期消灭鸡舍以及周围环境中的蚊虫外,最重要的方法是接种疫苗。目前使用的疫苗为鸡痘活疫苗。具体做法是:把鸡痘活疫苗用生理盐水稀释后对14日龄以上鸡的翅内侧无血管处进行皮下刺种1～2针,也可用生理盐水稀释后进行皮下注射0.1 mL。刺种或皮下注射3～4 d后,局部皮肤逐渐出现红肿、水泡及结痂。若无这些局部变化应补种疫苗。

2. 治疗

对于刚刚发病或仅仅出现个别鸡长鸡痘，那么可以进行紧急免疫。对于大部分已发病的鸡群，可根据不同的症状，采取不同的处理措施：第一，若出现以皮肤型为主的病例，可全群口服抗病毒药物，对病鸡皮肤上的痘痂可使用镊子小心剥离，伤口用甲紫、碘甘油等涂抹。第二，若出现以黏膜型为主的鸡痘，可用镊子剥掉口腔黏膜上的假膜，再用1%高锰酸钾冲洗后涂以碘甘油；此外也可对全群病鸡肌内注射鸡新城疫Ⅰ系活疫苗，4～5 d后鸡群可逐渐恢复正常（由于Ⅰ系活疫苗可诱导产生干扰素的作用）。

十一、减蛋综合征

减蛋综合征是由腺病毒引起的导致蛋鸡产蛋率下降的病毒性传染病。该病的临床症状不明显，主要以产蛋量下降，蛋壳软、薄、损，蛋体畸形，蛋质低劣为特征。可使产蛋率下降15%，高峰期产蛋率可骤减30%～40%，给养禽业带来巨大经济损失。

二维码11-11 减蛋综合征防治技术

（一）流行病学特点

1. 传染源

本病的传染源主要是病禽或带毒的家禽。

2. 传播途径

传播方式主要是通过带毒种蛋垂直传播，病毒可经泄殖腔粪便间歇排毒。其次是通过接触被病禽污染的注射器针头、输精管，啄食病禽产的畸形蛋、壳异常蛋、破蛋以及被污染的饲料、饮水等水平传播。

3. 易感动物

该病的易感动物主要是鸡，感染率为10%～100%。病毒的自然宿主是鸭、鹅、鹌鹑、野鸡、珍珠鸡等。

4. 流行特点

本病的发生无明显季节性，常与饲养管理不良有很大关系。近年来，随着疫苗的广泛使用，本病的发病率和发病程度日趋减少。

（二）临床症状

鸡群采食量基本正常，但产蛋率突然下降，每天可下降2%～4%，连续2～3周，总体下降幅度可达30%～50%，之后产蛋率又逐渐恢复，但是很难恢复到正常高峰期。每天5%～20%鸡蛋的蛋壳变白、变软，甚至出现无壳蛋，薄蛋壳的一端通常很粗糙。鸡群无死亡现象，粪便也无明显的变化。

（三）病理变化

蛋鸡无明显的肉眼病变，有时可见输卵管及子宫黏膜肥厚，腔内可见白色渗出物或干酪样物；有时也会出现卵泡变性现象。

(四)诊断方法

1. 临床诊断

从鸡群吃料正常、产蛋率急剧下降、病鸡产白壳蛋、薄壳蛋和无壳蛋等症状基本上可做出初步诊断。

2. 实验室诊断

一方面取病料(直肠内容物和输卵管)进行处理后接种到鸡胚成纤维细胞,进行病毒分离鉴定;另一方面也可抽取不同发病时期鸡血清进行血凝抑制试验,检查减蛋综合征抗体变化,若抗体水平变化明显也可说明该鸡群正感染本病。

(五)防制措施

1. 预防

预防本病主要靠接种疫苗。目前使用的疫苗有鸡减蛋综合征(EDS-76)灭活疫苗、鸡新城疫-减蛋综合征二联灭活疫苗、鸡新城疫-传染性支气管炎-减蛋综合征三联灭活疫苗,以及鸡新城疫-传染性支气管炎-减蛋综合征-H9 亚型禽流感四联灭活疫苗等。不管哪一种疫苗,在蛋鸡开产前肌内注射 0.5～1.0 mL 有较好的免疫保护作用。同时在饲养过程中要加强饲养管理,减少各种不良环境应激也会减少本病的发生。

2. 治疗

在生产实践中发现产蛋鸡群产蛋减少时,对发病鸡群(或鸡蛋)进行减蛋综合征的抗体监测,若抗体较均匀,且滴度都在 1∶16 以上,那么要分析是否存在其他原因造成的减蛋。若抗体滴度高低不均匀,且多数都在 1∶16 以下,那么有可能是本病造成的减蛋,需进一步采取病毒分离鉴定。对于确诊是减蛋综合征造成的减蛋,目前尚未有特效的治疗药物,但是在饲料中适当地增加多维、氨基酸等营养物质,有助于鸡群产蛋率的早日恢复。

十二、病毒性关节炎

病毒性关节炎是一种由呼肠孤病毒引起的鸡的传染性疾病。病毒主要侵害关节滑膜、腱鞘,以跗关节肿胀、腱鞘炎、肌腱断裂为主要病变,病鸡蹲坐,不愿走动或跛行。

(一)流行病学特点

1. 传染源

主要是病鸡、带毒鸡和带毒蛋。

二维码 11-12　病毒性关节炎防治技术

2. 传播途径

水平传播和垂直传播,可通过直接或间接接触病鸡和带毒鸡经消化道、呼吸道水平传播,或经带毒蛋垂直传播。同时吸血昆虫可作为传播媒介。

3. 易感动物

鸡是主要宿主,各饲养阶段的鸡都能感染,但多见于 4～6 周龄鸡。

4. 流行特点

本病在鸡场中隐形感染率较高。

(二)临床症状

本病自然感染的潜伏期为3～4周。发病初期可见关节稍微异常，后逐步发展为跛行。同时可见跗关节肿胀明显，严重时可见病鸡坐在跗关节上。病程较长的病鸡，可见患肢向外扭转。病鸡发育不良，群体整齐度差，但死亡率较低。

(三)病理变化

病鸡的患肢跗关节肿胀明显，切开肿胀关节皮肤可见上部腓肠肌腱水肿、关节液增多。有时还可见腓肠肌腱断裂，关节局部出血，关节周围组织青肿。慢性病例可见跗关节肿大、硬化以及纤维化，关节失去灵活性，关节腔可见化脓和干酪样物质渗出。关节组织切片表现为非化脓性腱鞘炎。

(四)诊断方法

在发病早期(感染发病2周内)，取病变关节进行鸡胚的病毒培养、分离和鉴定。同时也可采血(发病后2～3周)进行琼脂扩散试验。

(五)防制措施

1. 预防

目前有禽呼肠孤病毒疫苗进行预防，其中包括活疫苗和灭活疫苗2种。一般来说，在本病流行地区，可安排种鸡在开产前2～3周肌内注射本病的灭活疫苗，雏鸡出壳2周龄时接种本病的活疫苗。必要时可在1个月龄左右再肌内注射灭活疫苗1次，进行加强免疫。

2. 治疗

本病目前无有效的治疗方法。对已发病的病鸡要采取及早隔离饲养或尽早淘汰，同时加强鸡舍的定期消毒工作。

十三、鸭瘟

鸭瘟是由鸭瘟病毒引起的鸭和鹅的一种急性败血性传染病，俗称“大头瘟”。临床特征为体温升高，两脚发软无力，下痢，流泪，部分病鸭头颈部肿大。病理变化以食道和肠道的病变最为显著，且最具诊断意义。

(一)流行病学特点

1. 传染源

病鸭和带毒鸭、野生水禽(自然疫源)，同群放牧、经粪便污染介质(如用具、人员、水域等)感染。

二维码11-13 鸭瘟防治技术

2. 传播途径

水平传播，经消化道感染，也可能经呼吸道吸入污染的空气感染发病。

3. 易感动物

不同年龄和不同品种的鸭均可感染该病，以番鸭、麻鸭、绵鸭和天府肉鸭易感性最高，北京鸭次之。在自然流行时，成年鸭和产蛋母鸭发病和死亡较为严重。放牧鸭较舍饲鸭更易感染发病，1 月龄以下雏鸭发病较少。

4. 流行特点

本病易通过水流形成地方流行性，发病率和死亡率均可高达 100%。

（二）临床症状

病鸭流泪、眼四周湿润，严重的可出现上下眼睑粘连。部分病鸭出现头部皮下水肿形成“大头瘟”。精神沉郁、食欲减少或废食，大多数病鸭表现严重下痢，排绿色粪便，倒提病鸭时可从口腔流出污褐色液体。发病后每天病鸭数和死鸭数逐渐增加。

（三）病理变化

病死鸭全身皮肤出血明显。口腔及食道黏膜上有灰黄色假膜覆盖，剥离假膜后可见黏膜有条状出血或条纹状溃疡灶，腺胃黏膜和肌胃角质下层充血或出血。小肠淋巴结肿大出血明显，肠道黏膜（特别是十二指肠和直肠）出血严重。有时在泄殖腔黏膜上也可见到假膜和出血斑。肝脏表面（特别是肝脏边缘）有大小不等的灰黄色坏死灶，有时也有点状出血。其中食道、十二指肠、泄殖腔以及肝脏病变具有特征性。

（四）诊断方法

根据本病的特征性症状和病变可做出初步诊断。必要时可进行本病的病毒分离鉴定、酶联免疫吸附试验、聚合酶链反应试验等。

（五）防制措施

1. 预防

本病的预防除了加强饲养管理和消毒外，主要依靠疫苗免疫接种。在非疫区，一般于 20～25 日龄免疫一次，种鸭和蛋鸭于开产前 1 周左右再免疫 1 次即可。在疫区首免要提前到 7 日龄，二免定在 25 日龄左右；种鸭和蛋鸭于开产前再免疫 1 次外，产蛋 5～6 个月后还需再免疫 1 次，免疫的剂量也要适当地增加 1～2 倍。

2. 治疗

一旦发生本病，首先要采取严格封锁、隔离消毒措施，继而要对所有假定健康的鸭采用大剂量的鸭瘟活疫苗紧急免疫接种（一般为 5～8 倍量），注射疫苗后要经 7～10 d 才能稳定病情。在紧急免疫过后 7～10 d 内很有可能会出现发病率和死亡率剧增的现象。对发病鸭和死亡鸭要进行深埋或焚烧处理，防止病情扩散和传播，也要禁止病鸭外调和野外放牧，同时对粪便、羽毛、污水等要进行彻底消毒或焚烧处理。在临床上，对鸭瘟病例采用药物治疗或高免血清治疗基本上无治疗价值。

十四、番鸭细小病毒病

番鸭细小病毒病又称“三周病”或“喘泻症”，是由番鸭细小病毒引起的专门侵害雏番鸭的一种急性、高度接触性传染病。

二维码 11-14 番鸭细小病毒病防治技术

(一)流行病学特点

1. 传染源

病鸭和带毒鸭是主要传染源。

2. 传播途径

水平传播，本病主要经消化道而感染。

3. 易感动物

仅可见番鸭发病。其他水禽经实验室感染也不发病。日龄越小发病率和病死率越高，3 周龄以内的雏番鸭发病率为 20%～60%，病死率为 20%～40%。近年来，雏番鸭发病日龄有增大的趋势，30 日龄以上的番鸭偶有发病，但其病死率较低，往往形成僵鸭。

4. 流行特点

没有明显季节性，但冬春季气温低时，发病率和病死率较高。

(二)临床症状

病鸭精神委顿，食欲下降或废绝，双脚无力，常蹲于地，不愿走动。喙部发绀，喘气，张口呼吸明显，拉稀，排出灰白色或黄绿色稀粪，并常附于肛门周围。有些病例在死亡之前还有表现神经症状。发病率为 20%～65%，死亡率为 20%～65%，发病日龄越大，死亡率越低。

(三)病理变化

胰腺表面有大量白色坏死点或出血，肠道卡他性炎症，肠道黏膜有不同程度的充血和出血，特别是十二指肠和直肠后段尤为明显。有时在小肠内容物也可见到干酪样栓塞物。胆囊略肿大，肾脏有尿酸盐沉积呈斑驳状。

(四)诊断方法

从流行病学、临床症状以及病理变化可做出初步诊断。必要时可取病料(肝脏、脾脏、肾脏)进行病毒分离鉴定和聚合酶链反应试验诊断，也可取病变组织进行单克隆荧光抗体切片以及乳胶凝集试验等诊断。

(五)防制措施

1. 预防

首先，对刚出壳的 1 日龄雏番鸭注射番鸭细小病毒活疫苗，这是预防本病的主要措施。若雏番鸭的母源抗体水平高，可推迟到 7 日龄免疫。其次，对免疫状况不清楚或免疫效果不确实的雏番鸭，可在 7～10 日龄时注射番鸭细小病毒高免血清或高免卵黄抗体 0.8～1.0 mL，对预防本病也有一定效果。此外，要加强饲养管理，搞好环境卫生以及做好种鸭的免疫和净化，对本病的预防也有一定作用。

2. 治疗

发生本病时病鸭可肌内注射 1.0～1.5 mL 的番鸭细小病毒高免血清或高免卵黄抗体，1 次/d，连打 2～3 针。同时可配合肠道广谱抗生素（如硫酸庆大霉素）或抗病毒中药（如黄连素）等进行拌料或饮水饲喂，提高本病的治疗效果。

十五、小鹅瘟

小鹅瘟是雏鹅、雏番鸭的一种急性或亚急性败血症，是由细小病毒引起的以发生渗出性肠炎为主要病理变化，传染快而死亡率高的一种传染病。

（一）流行病学特点

1. 传染源

发病雏鹅从粪中排出大量病毒。

二维码 11-15　小鹅瘟防治技术

2. 传播途径

水平传播和垂直传播。最严重的暴发见于病毒垂直传播后的雏鹅群。

3. 易感动物

本病仅发生于 4～20 日龄各种品种的雏鹅和雏番鸭。发病率和死亡率的高低与易感雏鹅的日龄有密切的关系。其他禽类包括中国鸭、半番鸭和哺乳动物均不感染发病。最早发病的雏鹅一般在 2～5 日龄。1 周龄以内的雏鹅发病率和死亡率最高，可达 90%～100%；10 日龄以上的雏鹅死亡率不超过 60%；30 日龄以上的雏鹅极少发病。

4. 流行特点

在每年全部更新种鹅的地区，本病的暴发与流行具有明显的周期性，在大流行后的一两年内都不会再次流行。用流行次年的雏鹅做人工感染试验，有 75%能抵抗耐过，说明大流行之后的幸存者都获得坚强免疫，并能传给下一代。

（二）临床症状

主要表现为精神委顿，吃料减少或厌食，水样拉稀，粪便为黄白色或淡黄绿色，最后衰竭而死亡，但无张口呼吸症状。发病日龄要比番鸭细小病毒病略早些。发病后死亡率可高达 70%～90%。病程可持续 7～10 d 以上。

（三）病理变化

有些病例可见腺胃和肌胃出血、两者交界处有糜烂溃疡。肠道外观肿胀，十二指肠黏膜出血明显。在小肠和盲肠可见肠黏膜脱落与肠纤维素性渗出物凝固形成特征性的肠栓塞把整个肠道阻塞住。

(四)诊断方法

结合本病的流行病学特点、临床症状以及特征性病变可做出初步诊断。必要时可取病死鹅的心脏、肝脏、脾脏、肾脏进行病毒分离鉴定、聚合酶链反应试验以及用单克隆荧光抗体切片确诊。在临床上,本病要注意与番鸭细小病毒病进行鉴别诊断,同时也应要注意这两个病存在混合感染的可能。

(五)防制措施

1. 预防

对 1～2 日龄的雏鹅或雏番鸭注射小鹅瘟病毒活疫苗进行预防免疫接种。若雏禽的母源抗体较高,免疫注射时间可推迟到 6～9 日龄。在不知是否存在有母源抗体的情况下,可于 10 日龄左右注射小鹅瘟高免血清或高免卵黄抗体进行预防。此外加强幼龄动物的早期饲养管理对预防本病也有一定作用。

2. 治疗

发生本病时,要尽快把发病动物和假定健康动物分开饲养,并及时注射小鹅瘟病毒高免血清或高免卵黄抗体(每羽注射 1～1.5 mL,连用 2～3 d)。同时配合肠道广谱抗生素(如硫酸庆大霉素)或抗病毒中药(如双黄莲等)进行拌料或饮水,以提高本病的治疗效果。

十六、鸭病毒性肝炎

鸭病毒性肝炎是由病毒感染雏鸭引起的一种急性高度致死性的传染病。其特征是发病急、传播迅速、病程短和病死率高,临床表现特点为角弓反张,病理变化特征为肝肿大和出血性斑点,是养鸭业的主要威胁之一。

二维码 11-16　鸭病毒性肝炎防治技术

(一)流行病学特点

1. 传染源

鸭群感染往往是由于引入发病或带毒鸭所致。携带病毒的外来人员和饲养人员、污染的车辆(或垫料、用具),养鸭场的鼠害,野生水禽,都可能成为带毒者。

2. 传播途径

水平传播,本病主要通过直接接触传播,经呼吸道也可感染。

3. 易感动物

本病主要感染鸭,雏鹅也可自然感染发病。在自然条件下不感染鸡、火鸡。鹅自然感染发病率较低,病死率为 5%～15%。雏鸭的发病率和病死率与雏鸭的年龄密切相关。1 周龄内的雏鸭病死率可达 95%,1～3 周龄的雏鸭病死率为 50%,4～5 周龄的小鸭发病率与病死率较低。成年鸭不发病,而是产生抗体并通过卵黄传递。

4. 流行特点

对自由放牧的鸭群,本病流行的高峰期为孵化季节,我国南方多数在 2—5 月份和 9—

10 月份。

(二)临床症状

本病的病程短,发病快。起初表现精神沉郁,行动迟缓、离群,然后蹲伏或侧卧,并出现阵发性抽搐或头后仰。大部分病鸭在抽搐后数分钟或几个小时内死亡,死后大多呈角弓反张姿势。雏鸭在水池边饮水后更容易出现死亡现象。发病率为 10%～100%,死亡率为 20%～60%,个别严重的鸭群死亡率可高达 90%左右。

(三)病理变化

主要病理变化是肝脏肿大、颜色为土黄色,表面有大小不等、不同程度的出血点和出血斑,胆囊肿大,心肌苍白,肾和脾脏也略有肿大和充血。其中肝脏上的出血点和出血斑具有特征性病变。

(四)诊断方法

根据流行病学特点、临床症状、病理变化基本上可做出诊断。

(五)防制措施

1. 预防

首先要做好种鸭病毒性肝炎灭活疫苗的免疫工作,可以保证雏鸭具有较高的母源抗体(可保护到 10 多日龄)。其次做好雏鸭的预防工作,包括主动免疫和被动免疫 2 种方法。其中主动免疫是指对雏鸭进行肌内注射鸭病毒性肝炎活疫苗(若母源抗体水平高,可安排在 10 日龄左右免疫;若母源抗体水平低或种鸭没有进行相关疫苗免疫,则要安排在 1 日龄进行免疫)。被动免疫预防是指在雏鸭 2 日龄时肌内注射鸭病毒性肝炎的高免卵黄抗体 0.5～0.8 mL,这对那些不知道母源抗体情况的雏鸭均有较好的预防作用,但免疫保护效果持续时间较短,只有 7 d 左右,所以必要时可在第 9～10 日龄时再注射 1 次鸭病毒性肝炎的高免卵黄抗体 0.8～1.0 mL。此外,加强雏鸭的饲养管理、实行网上饲养、注意环境卫生、搞好消毒等措施均对本病有一定预防作用。

2. 治疗

一旦发生本病时,要立即肌内注射 1～1.5 mL 的鸭病毒性肝炎的高免卵黄抗体或血清或球蛋白,同时喂些保护肝脏的药品和抗病毒中药也有一定的辅助作用。在治疗过程中要注意对病死鸭进行无害化处理和环境的消毒工作,以免产生疫源地,对以后每批雏鸭会造成感染。

拓展知识

※禽类病毒性传染病的特点

病毒是一类具有特殊繁殖方式的胞内寄生的非细胞型微生物,个体微小,结构简单,在化学组成、结构、繁殖方式及对药物敏感性方面与其他病原微生物有明显区别,所以禽病毒性传染病除具备传染病的特点外,还具有一些独特的特点。

1. 传播迅速、流行广泛和危害严重

如新城疫、禽流感、鸭瘟、小鹅瘟等，都具有很高的发病率和死亡率，有时甚至死亡率达100％，而且可以短时间内大范围流行。

2. 大多数具有典型的临床症状和病理变化

病毒为细胞内寄生体，侵入机体后侵害相应的组织器官，表现出较为明显的临床症状和病理变化。一些特征性的症状和病理变化可以作为诊断疾病的依据。但近年来，随着病毒在流行过程中的变异，隐性感染、非典型感染的情况也时常发生。

3. 实验室诊断难度较大

病毒性传染病的实验室诊断可用形态观察、细胞培养及血清学诊断 3 种方法。因病毒体积过小，不易观察形态；病毒的分离培养必须借助活的易感细胞，只有动物接种、鸡(禽)胚培养和组织细胞培养 3 种方法，而这 3 种方法，条件要求高，终判时间较长，影响因素较多；由于病毒抗体种类和数量都有限，血清学诊断要求灵敏度较高，试验要素较多，操作难度较大。这些因素给病毒性传染病的实诊室诊断带来很大困难，基层诊断不易操作，因此禽病毒性传染病的诊断应重点进行流行病学调查、临床症状观察和病理变化检查，在积累丰富临床经验的基础上鉴别诊断，得出初步诊断结论，如有条件时进行实验室诊断，可进一步确诊。

4. 目前大多数没有有效的治疗药物

由于病毒以其寄生的细胞作为保护伞，从而可以抵御药物的抗病毒作用。许多抗病毒药物在作用于病毒的同时，往往也影响了宿主细胞的正常代谢，治疗结果往往是病毒同其寄生的细胞“同归于尽”，因此，病毒性传染病大多数无药可治。

病毒性传染病的预防主要依靠免疫接种、加强日常的饲养管理、严格执行生物安全消毒制度等措施。近年来，对病毒性传染病的防控，除了疫苗的研制与应用外，抗病毒动物群体的选育、干扰素和单克隆抗体以及现代生物技术的综合应用等方法也发挥了重要作用。

※免疫失败的原因

免疫接种是禽病综合预防措施中的重要环节，但在生产实践中，接种疫苗后未能获得满意的免疫效果时有发生，原因可能是多方面的。

1. 疫苗质量

疫苗质量不合标准，如病毒或细菌的含量不足、冻干或密封不佳、油乳剂疫苗油水分层、氢氧化铝佐剂颗粒过粗等。疫苗在运输或保管中因温度过高或反复冻融减效或失效，油佐剂疫苗被冻结或已超过有效期等。

2. 疫苗选择

(1)疫病诊断不准确，造成使用的疫苗与发生疾病不对应。如鸡群患了新城疫，却使用传染性喉气管炎疫苗。

(2)弱毒活疫苗或灭活疫苗、血清型、病毒株或菌株选择不当。如在传染性法氏囊病流行的地区仅选用低毒力或单一血清型的疫苗。对已接种传染性支气管炎 H52 疫苗之后，又再使用 H120 株疫苗。

(3)使用与本场本地区血清型不对应的禽出败菌苗、大肠杆菌菌苗等。

3. 免疫程序安排不当

在安排免疫接种时对下列因素考虑不周到,以致免疫接种达不到满意的保护效果。

(1)疾病的日龄敏感性。

(2)疾病的流行季节。

(3)当地、本场受疾病威胁。

(4)家禽品种或品系之间差异。

(5)母源抗体的影响。

(6)疫苗的联合或重复使用的影响。

(7)其他人为的因素、社会因素、地理环境和气候条件的影响等。

4. 疫苗稀释的差错

(1)稀释液不当,如马立克病疫苗没有使用指定的特殊稀释液进行稀释。

(2)饮水免疫时仅用自来水稀释而没有加脱脂乳。

(3)用一般井水稀释疫苗时,其酸碱度及离子均会对疫苗有较大的影响。

(4)有时由于操作人员粗心大意造成稀释液量的计算或称量差错,致使稀释液的量偏大。有些人为了补偿疫苗接种过程中的损耗,有意加大稀释液的用量等。

(5)在直射阳光下或风沙较大的环境下稀释菌苗。

(6)对于一些用液氮罐低温保存的疫苗(如马立克的液氮苗),如不按规程操作,疫苗的质量均会受到严重的破坏。

(7)从稀释后到免疫接种之间的时间间隔太长。例如,有些鸡场一次需要接种几千甚至几万只鸡,接种前将几十瓶甚至上百瓶疫苗一次稀释完,置于常温下不断使用,这样越往后用的疫苗,效价就越低,尤其是在稀释液质量不好或环境温度偏高的情况下,效果更差。

(8)在稀释液中加入过量的抗生素或其他化学药物,如庆大霉素、链霉素等,这些药物对疫苗病毒虽无直接杀灭作用,但当浓度较高时,随着pH、离子浓度的改变,对疫苗中的病毒也会有不良影响的。

5. 接种途径的选择不当

每种疫苗均具有其最佳接种途径,随便改变可能会影响免疫效果。例如,当鸡新城疫Ⅰ系疫苗饮水免疫、喉气管炎疫苗用饮水或者肌内注射免疫时,效果都较差。

在我国目前的条件下,不适宜过多地使用饮水免疫,尤其是对水质、饮水量、饮水器卫生等了解和注意不够多时,免疫效果将受到较大影响。

6. 接种操作的失误或错漏

(1)采用饮水免疫时饮水的质量、数量,饮水器的分布,饮水器卫生条件不符合标准。

(2)在喷雾免疫时气雾的雾滴大小、喷雾的高度或速度不恰当,以及环境、气流不符合标准等。

(3)滴眼、滴鼻免疫不正确操作,有时在疫苗滴尚未进入眼内或鼻内,就将鸡放回地面,因而就没有足够量的疫苗液进入眼内或鼻内。

(4)注射的部位不当或针头太粗,当针头拔出后注射液体即倒流出来;或针头刺在皮肤之外,疫苗液喷射出体外;或将疫苗注射入胸腔、腹腔内;或连续注射器的定量控制失灵,使注射量不足等。

7. 多种疫苗之间的干扰作用

严格地说，多种疫苗同时使用或在相近时间接种时，疫苗病毒之间可能会产生干扰作用。例如，传染性支气管炎疫苗病毒对鸡新城疫疫苗病毒的干扰作用，使鸡新城疫疫苗的免疫效果受到影响。这在生产中经常被忽视，而出现不良后果。

8. 抗菌素、抗病毒药对弱毒活菌苗、疫苗的影响作用

在接种弱毒活菌苗期间，如接种禽出败弱毒菌苗时使用抗生素，就会明显影响菌苗的免疫效果。在接种病毒疫苗期间使用抗病毒药物，如病毒唑、病毒灵等也可能影响疫苗的免疫效果。

9. 免疫缺陷

禽群内如有某些个体的体内 γ 球蛋白、免疫球蛋白 A 缺乏等，则对抗原的刺激不能产生正常的免疫应答，影响免疫效果。

10. 免疫麻痹

在一定限度内，抗体的产量随抗原的用量而增加，但抗原量过多，超过一定的限度，抗体的形成反而受到抑制，这种现象称为“免疫麻痹”。有些养鸡场超剂量多次注射免疫，这样可能引起机体的免疫麻痹，往往达不到预期的效果。

11. 免疫抑制

免疫抑制可导致机体在接种疫苗后不能产生预期的免疫保护作用，引起免疫抑制的原因很多，例如：机体营养状况不佳，缺乏维生素 E、维生素 C，缺硒、锌、氯、钠，饥饿、缺水、寒冷等。各种应激因素，机体健康状况不佳，尤其是已存在某些疾病时进行免疫接种。

传染性法氏囊病病毒、禽白血病和马立克病感染等疫苗，尤其是当三者联合作用时引起免疫抑制作用更为明显。

任务二　家禽常见细菌性传染病

任务描述

本任务主要针对养禽场常见细菌性传染病的流行病学特点、临床症状、病理变化、诊断方法和防制措施等 5 个方面进行描述。

任务目标

能掌握常见家禽细菌性传染病的流行病学特点、临床症状和病理变化。可以通过流行病学特点、临床症状和病理变化对相应的疾病做出初步诊断，建立诊断思路。了解各种疾病的具体防制措施。

思政目标

爱岗敬业；工匠精神；勇担责任；甘于奉献；团结合作；扎根农村，服务农业发展，促进乡村振兴。

知识清单

一、鸡白痢

鸡白痢是由鸡白痢沙门菌引起鸡的一种细菌性传染病。主要侵害 2～3 周龄雏鸡，以排白色糊状粪便为特征。发病率和死亡率很高。

（一）流行病学特点

二维码 11-17　鸡白痢防治技术

1. 传染源

病鸡和带菌鸡是本病的主要传染源。

2. 传播途径

水平传播和垂直传播。

3. 易感动物

主要侵害 2～3 周龄雏鸡，中鸡和成年鸡多数为轻微发病或隐性带菌。

4. 流行特点

一年四季均可发生。饲养管理条件差、长途运输、密度过大、通风不良、育雏室的温度不均匀、饲料质量不良等因素均可诱发或加剧本病的发生。

（二）临床症状

雏鸡从 5～6 日龄开始发病，2～3 周龄是发病和死亡的高峰，发病率为 10%～50%及以上，死亡率可高达 30%以上。主要表现病鸡精神沉郁，羽毛松乱，食欲降低，打堆，排灰白色稀粪，泄殖腔周围羽毛常被白色粪便沾污，有时泄殖腔被白色粪便黏住造成排粪困难，有时出现呼吸困难、张口呼吸，个别病鸡眼角膜浑浊。病雏生长缓慢。病程持续 2 周左右，而后逐渐转为慢性病例。在中鸡和成年鸡，通常为慢性或隐性感染，主要表现消瘦，腹部膨大，肛门口羽毛污秽。产蛋鸡表现产蛋减少和卵黄性腹膜炎等临床症状。

（三）病理变化

雏鸡主要病理变化是脱水明显，肝脏肿大，肝脏表面有大小不等、数量不一的坏死点，卵黄吸收不良，外观呈黄绿色，病程稍长的病例可见肺脏有黄白色坏死结节，心包膜增厚，心肌上时有坏死灶或结节，肠道有不同程度的炎症，盲肠肿大、内有白色干酪样物，肾脏肿大，输尿管有尿酸盐沉积，个别病鸡出现关节肿大。中大鸡主要的病理变化是肝脏肿大、质地极脆、表面有坏死斑，腹腔有不同程度的积水，心肌有坏死灶。产蛋鸡还可看到卵巢上的卵泡变形、变色，有时还有卵黄性腹膜炎。公鸡常见睾丸炎或单侧睾丸萎缩变硬。

（四）诊断方法

（1）根据本病的流行病学特点、临床症状以及病理变化可做出初步诊断。

（2）确诊必须对肝脏进行细菌镜检和培养，沙门菌呈短杆状。革兰氏染色阴性，必要时采用生化鉴定或 PCR 鉴定。此外，成年鸡是否有隐性带菌可通过全血平板凝集试验进行诊断。

(五)防制措施

1. 预防

(1)种鸡群的净化　鸡白痢可经种蛋垂直传播，所以培育种鸡时要特别注意鸡白痢的检疫检验，及时淘汰阳性带菌种鸡。具体做法是从 60～70 日龄开始，每隔 1 个月全群抽血检查鸡白痢 1 次，直到全群鸡的鸡白痢阳性率低于 0.5%。

(2)严格消毒　种鸡场要严格对种蛋、孵化器以及其他用具进行严格的消毒(如熏蒸消毒)，同时还要定期对种鸡群进行带鸡消毒。

(3)做好雏鸡的饲养管理　包括适当的育雏温度、湿度、通风、光照以及良好的饲料，其中保温尤为重要。

(4)药物预防　鉴于鸡白痢的病例时有发生，在育雏前几天要按说明饲喂氟苯尼考或盐酸环丙沙星以及适量的电解质和多维，可明显降低本病的发病率、死亡率，提高雏鸡的均匀度。

2. 治疗

治疗鸡白痢的方案和药物很多，其中比较常用的药物有盐酸环丙沙星、恩诺沙星、氟苯尼考、硫酸新霉素、阿莫西林、头孢噻呋钠等，具体用量参考使用说明书。必要时通过药敏试验筛选敏感药物治疗，以提高治疗效果。

二、大肠杆菌病

大肠杆菌病是由多种有致病性的大肠杆菌血清型引起鸡出现多种类型病症的总称。具体表现型包括：败血症型、“三炎”(心包炎、肝周炎、气囊炎)型、脐炎型、卵黄性腹膜炎型、肉芽肿型以及眼炎型等。

二维码 11-18　禽大肠杆菌病防治技术

(一)流行病学特点

1. 传染源

鸡大肠杆菌病是一种条件性疾病，在卫生、防疫条件做得好的鸡场，本病较少发生；在饲养管理不良的鸡场，本病就比较严重。

2. 传播途径

可以通过呼吸道和消化道进行水平传播。

3. 易感动物

雏鸡最易感，成年鸡有一定的抵抗力。

4. 流行特点

本病在临床上可单独发病，也常常并发或继发于其他传染病(如支原体病、球虫病、禽流感等)。本病一年四季均可发生。

(二)临床症状

1. 败血症型

死亡快,皮肤淤血,血液凝固不良(为暗黑色)。病鸡食欲废绝,严重下痢(排黄绿色稀粪),后期严重脱水,双脚干瘪,衰竭。死亡率为10%左右。

2."三炎"(心包炎、肝周炎、气囊炎)型

咳嗽严重,排黄绿色稀粪,消瘦,羽毛松乱,鸡冠发紫,零星死亡。遇到天气转变时,病情更严重,死亡率升高。

3. 脐炎型

多见于刚出壳几天的雏鸡。表现腹部膨大,脐孔闭合不全,周围皮肤呈褐色,有恶臭味。死亡率可高达50%。

4. 卵黄性腹膜炎型

多继发于禽流感、传染性喉气管炎等病毒性疾病。表现精神沉郁,排黄白色稀粪,脱肛,腹部膨大,几乎不生蛋,天气转变时鸡群死亡率偏高,病程持续长。

5. 肉芽肿型

外表无明显的临床症状,主要表现精神沉郁,生长速度较慢。

6. 眼炎型

初期表现眼睛发痒,常用鸡爪扒眼部。中后期可见眼睛肿大流泪,严重的可见一侧或双侧眼睛肿大化脓,最终导致瞎眼。

(三)病理变化

1. 败血症型

皮肤淤血、出血,肝脏肿大、肝脏表面有散在的白色小坏死灶,肠黏膜充血、出血,肾脏肿大,肺脏出血。

2."三炎"(心包炎、肝周炎、气囊炎)型

主要表现消瘦,心包膜增厚、心包液浑浊、心外膜有纤维性物质附着,严重的出现心包膜与心外膜粘连,肝脏肿大、表面也有一层白色纤维性渗出物附着,有时肝脏表面也有白色坏死点,脾脏略肿大,气囊壁增厚、浑浊,严重时在腹腔内可见到黄色干酪样物质。

3. 脐炎型

雏鸡腹部膨大,脐孔不干,腹腔内的卵黄由正常的淡黄色变成棕色或黄绿色水样物。有些卵黄变成干酪样硬块。

4. 卵黄性腹膜炎型

卵巢变性,输卵管炎症水肿,腹腔中充满淡黄色带腥臭味的纤维素性渗出物,肠系膜和气囊相应地出现炎症,甚至粘连。有时在腹腔中或输卵管中可发现黄白色凝乳块物质。脱肛明显,泄殖腔发炎严重。

5. 肉芽肿型

心脏、肝脏、十二指肠、盲肠、肠系膜等器官出现典型的肉芽肿，外观与鸡结核病的结节、马立克病的肿瘤结节很相似。

6. 眼炎型

眼睛出现肿大、化脓性病理变化，严重的导致失明。

（四）诊断方法

1. 临床诊断

根据本病的流行病学、临床症状、病理变化可做出初步诊断，在临床上需与沙门菌病、支原体病、鸡痘等进行鉴别诊断。由于本病往往继发于其他传染病，在临床上还要对单纯性大肠杆菌病和继发性大肠杆菌病进行鉴别诊断。

2. 化验诊断

取病鸡的肝脏或其他脏器进行涂片、染色和镜检，检出革兰氏阴性大肠杆菌可做出初步诊断。必要时采用培养基进行细菌分离、生化试验和 PCR 诊断来鉴定血清型。

（五）防制措施

1. 预防

第一，要加强饲养管理，做好鸡舍、孵化室、育雏室的环境卫生，保持鸡舍的通风良好，温度适中，并做好定期消毒工作。第二，做好易继发大肠杆菌病的几种疫病预防工作，如鸡支原体病、禽流感等。鸡支原体病的预防工作做好了，鸡体内的呼吸道黏膜、气囊就比较完整，可形成一个良好的天然屏障，从而有效地预防鸡大肠杆菌病的发生。第三，在饲养过程的某些阶段，如育雏、转群、天气转变时可以在饮水或饲料中添加一些预防性中药或多维，提高鸡体抵抗力，能有效预防鸡大肠杆菌病。此外，可以在饲料中添加微生态制剂，保持鸡肠道正常的微生物区系稳定，对预防本病也有较好效果。

2. 治疗

治疗大肠杆菌病的药物有很多，如氟苯尼考、甲砜霉素、盐酸环丙沙星、恩诺沙星、磺胺对甲氧嘧啶、乙酰甲喹、硫酸庆大霉素、硫酸安普霉素、硫酸黏菌素、硫酸新霉素等。但由于大肠杆菌血清型众多，且极易产生耐药性，所以在临床上有条件的地方最好要进行药敏试验，筛选出敏感药物进行治疗，可达到理想的治疗效果。在用药过程中也需考虑采用不同类型的药物进行搭配使用，或不同药物的交替使用，以达到提高药物使用的效果。病情严重时要考虑配合肌内注射氟苯尼考或盐酸环丙沙星等注射液进行治疗。

三、禽巴氏杆菌病

禽巴氏杆菌病是由多杀性巴氏杆菌引起鸡、鸭、鹅、火鸡等多种禽类发病的一种急性败血症传染病，又称禽霍乱、禽出败。

二维码 11-19　禽巴氏杆菌病防治技术

(一)流行病学特点

1. 传染源

本病的主要传染源是病禽和带菌的家禽。

2. 传播途径

本病主要通过消化道和呼吸道进行水平传播。

3. 易感动物

鸡、鸭、鹅、火鸡等均对禽巴氏杆菌易感。1 月龄以内的雏禽对本病有一定的抵抗力,很少感染,3～4 月龄成年鸡较易感。

4. 流行特点

鸡群的饲养管理不良、长途运输、天气骤变、鸡群拥挤等因素均可诱发本病的发生和流行。本病一年四季均可发生,但以夏秋季节多发。本病不易根除。

(二)临床症状

1. 最急性型

病鸡无明显症状,往往突然死在鸡笼内,有时也可见病鸡突然表现不安症状,倒地后双翼扑动几下就死亡,膘情好的鸡更易死亡。

2. 急性型

此类型占大多数。主要表现为鸡精神沉郁,离群,减食,流泪,并从鼻、口中流出粉红色液体,呼吸困难,下痢明显并呈灰黄色或污绿色,有时带有血液。鸡冠和肉髯呈青紫色,有时肿胀。死亡快,病程短,发病率和死亡率可高达 50%～80%。用药后可短暂地控制病情,几天后又易发作。

3. 慢性型

表现进行性消瘦,贫血,下痢,有些病鸡肉髯、关节肿大,病程可持续 1 个月以上。

(三)病理变化

1. 最急性型

见不到明显的病变,有时可见到心冠脂肪出血,肝脏表面灰白色坏死点以及肠道肿大病变。

2. 急性型

肝脏肿大、质脆、表面散布许多针尖大小的灰白色的坏死点,心外膜、心冠脂肪有小出血点或出血斑,皮下组织、肠系膜等处也可见到出血斑或出血点,十二指肠肿大,切开小肠可见肠内卡他性或出血性肠炎。

3. 慢性型

病死鸡上呼吸道有黏液附着,病变关内节可见炎性渗出物或干酪样坏死物,肉髯肿大、囊内为干酪样物,有时母鸡可见卵巢上卵泡变性等病变。

(四)诊断方法

本病的诊断除了观察鸡群临床症状、病变外,很重要的是进行细菌的镜检(有荚膜、两极浓染的革兰氏阴性菌)和分离鉴定。

(五)防制措施

1. 预防

可以按照如下几个方面进行预防。

(1)疫苗接种　目前,用于预防禽巴氏杆菌的疫苗有禽多杀性巴氏杆菌蜂胶灭活疫苗、禽多杀性巴氏杆菌活疫苗等。但由于这些疫苗都存在着免疫源性差、应激反应大(如活疫苗)以及免疫期短(2～3 个月)等缺点,致使本病疫苗的使用率比较低。对于有本病发生的鸡场,推广使用禽巴氏杆菌疫苗对控制本病和降低发病率有一定的效果。

(2)加强饲养管理　本病的发生与饲养条件有密切关系,平时要做好场所、饮水、工具等消毒工作,杜绝禽多杀性巴氏杆菌进入鸡舍。鸡场内不要进行鸡、鸭、鹅等不同品种禽类混养。遇到天气转变(变冷、变热)或遇到淋雨、长途运输时可及时添加一些广谱抗生素(如氟苯尼考或土霉素)进行预防。

(3)药物预防　对本病常发地区或鸡场可因地制宜地选择使用广谱抗生素(如恩诺沙星、盐酸环丙沙星、烟酸诺氟沙星、氟苯尼考等)进行预防。

2. 治疗

鸡场一旦发生本病,容易形成疫源地,使本病在鸡群中反复发作,所以用药治疗时,一定要巩固 3 个疗程以上。

具体来说,对急性病例要及时地进行肌内注射抗生素(每只鸡青霉素和硫酸链霉素 5 万～20 万 U),1～2 次/d。同时按药物说明采用下列之一药物进行饮水或拌料,如恩诺沙星、盐酸环丙沙星、烟酸诺氟沙星、氟苯尼考、阿莫西林、土霉素、磺胺对甲氧嘧啶、磺胺间甲氧嘧啶、磺胺氯哒嗪钠、甲氧苄啶、二甲氧苄啶等,连用 3～5 d,停药后 2～3 d 再重复 2～3 个疗程。必要时,也可使用二种药物配伍,提高治疗效果。此外,对病死鸡要集中销毁和消毒,不要随便乱扔,以免造成本病的扩散。

四、鸡毒支原体病

鸡毒支原体病是由鸡毒支原体引起鸡的一种以慢性呼吸道感染为主要特征的传染病,通常为慢性,且病程长,因此又称为慢性呼吸道疾病(CRD)。由于气囊炎屠检时废弃,胴体降级,饲料利用率和产蛋量降低,治疗费用增加,带来经济损失,是养禽业重要疾病。

二维码 11-20　鸡毒支原体病防治技术

(一)流行病学特点

1. 传染源

病鸡和隐性带病家禽。

2. 传播途径

本病的传播可通过水平传播，也可以通过蛋种垂直传播。

3. 易感动物

不同日龄的鸡和火鸡均能感染本病，但以1～2月龄肉鸡易见，成年鸡则多数呈隐性经过和散发。

4. 流行特点

本病一年四季均可发生，但以寒冷潮湿、气候多变时易发。环境卫生不良、饲养密度过大、通风不好、饲料中缺乏维生素A、长途运输、疫苗免疫等均可诱发本病。由于本病早期能破坏鸡的呼吸道系统黏膜，特别是气囊，使得鸡患本病后易继发大肠杆菌、肺炎双球菌、曲霉菌以及某些病毒性疾病，使病情进一步复杂化。其中，在临床上以继发大肠杆菌最为常见。

（二）临床症状

病鸡表现流浆液性鼻液、打喷嚏，呼吸困难、咳嗽，并有气管啰音。吃料略减少，生长速度减慢，病鸡逐渐消瘦。个别严重的病鸡可见鼻腔和眶下窦肿胀，眼球突出甚至失明，排黄绿色稀粪。发病率高，但死亡率随着饲养管理条件以及继发疾病不同而异，一般为5%～30%。成年蛋鸡还表现产蛋率下降，种鸡还表现孵化率下降、弱雏增加。本病多呈慢性经过，病程可持续1个月以上，且随着天气变化而反复发作。

（三）病理变化

在早期，可见气管内有黏液，气囊壁增厚、浑浊，并有干酪样渗出物。严重病例可见鼻腔、眶下窦内蓄积大量的黏液性或干酪样物并压迫眼球造成瞎眼，肝脏肿大、表面有一层黄白色的假膜，心包膜增厚并呈乳白色。到后期本病常与大肠杆菌混合感染，在临床上常见有明显的心包炎、肝周炎、气囊炎病变，肺部呈暗红色，肠道有明显的肠炎症病变（如肿大、恶臭）。

（四）诊断方法

1. 临床诊断

根据本病的流行特点、临床症状及病理变化可做出初步诊断。

2. 确诊

一方面取病料进行鸡支原体培养鉴定，另一方面抽取鲜血或血清进行平板凝集反应，若没有进行支原体疫苗免疫而出现抗体阳性，那么表明该鸡有本病的感染，这对种鸡场进行支原体净化有重要意义。

（五）防制措施

1. 预防

本病的预防可从以下3个方面着手。

（1）疫苗免疫　目前，鸡支原体疫苗有活疫苗和灭活疫苗两种。活疫苗主要用于5日龄内雏鸡接种，但由于所有的抗生素对鸡支原体活疫苗均有杀灭作用，会影响免疫效果，所以活疫苗使用率相对不高。灭活疫苗对鸡有一定的免疫作用,目前只在蛋鸡和种鸡群有部分使用。

(2)药物预防　由于鸡支原体多数由种蛋垂直传播造成,所以药物预防应安排在早期进行。如在5～20日龄育雏期间安排2个疗程的预防性用药,具体用药以大环内酯类药物为主(如酒石酸泰乐菌素、磷酸替米考星等),以及延胡索酸泰妙菌素等药物。

(3)加强饲养管理　坚持“全进全出”管理制度,定期消毒,降低饲养密度,注意通风,防止饲养环境的过热或过冷。此外还要做好种鸡的净化工作,尽量减少本病经蛋垂直传播。

2. 治疗

对已发病的病鸡可选择使用多种药物进行治疗,如红霉素、酒石酸泰乐菌素、延胡索酸泰妙菌素、吉他霉素、磷酸替米考星等。此外,土霉素、强力霉素、壮观霉素等对本病也有一定效果。对于有明显大肠杆菌并发感染的病例要结合使用氟苯尼考或硫酸安普霉素进行治疗;对于严重的病例(如死亡率较高)可在饮水或拌料用药的基础上结合肌内注射氟苯尼考或硫酸庆大霉素等药物,控制继发感染,降低死亡率。

五、鸡滑液囊支原体病

本病是由鸡滑液支原体引起鸡的一种导致关节疾病的传染病。

二维码 11-21　鸡滑液囊支原体病防治技术

(一)流行病学特点

1. 传染源

病鸡和带病家禽。

2. 传播途径

本病的传播途径可以经水平传播(如呼吸道、传播媒介),也可经种蛋垂直传播。

3. 易感动物

多见于4～16周龄鸡,慢性感染病例可见于任何日龄。

4. 流行特点

发病率为5%～15%,死亡率为1%～10%,与鸡败血支原体病相比,发病率和死亡率相对较低些。

(二)临床症状

病鸡跛行,爪垫肿胀,常伴胸骨囊肿,同时病鸡还有生长缓慢,羽毛纷乱,鸡冠发育不良表现。病鸡常排出带尿酸盐的黄绿色排泄物,有时鸡群还有轻度的呼吸道啰音。

(三)病理变化

病鸡的关节和龙骨滑膜囊内有黏稠的乳白色渗出物。随着病程的发展,在病鸡腱鞘内、肌肉内、气囊上均可见到干酪样渗出物,肾脏肿大且有多量尿酸盐沉积并呈斑驳状,有呼吸道症状的还可见气囊浑浊病变。

(四)诊断方法

本病的诊断有赖于鸡支原体病原分离以及血清学试验。

(五)防制措施

1. 预防

本病的预防可从以下 3 个方面着手。

(1)疫苗免疫　目前,鸡滑液囊支原体疫苗有活疫苗和灭活疫苗两种。活疫苗主要用于 5 日龄内雏鸡接种,但由于所有的抗生素对鸡支原体活疫苗均有杀灭作用,会影响免疫效果,所以活疫苗使用率相对不高。灭活疫苗对鸡有一定的免疫作用,目前只在蛋鸡和种鸡群有部分使用。

(2)药物预防　由于鸡支原体多数由种蛋垂直传播造成,所以药物预防应安排在早期进行。如在 5～20 日龄育雏期间安排 2 个疗程的预防性用药,具体用药以大环内酯类药物为主(如酒石酸泰乐菌素、磷酸替米考星等),以及延胡索酸泰妙菌素等药物。

(3)加强饲养管理　坚持"全进全出"管理制度,定期消毒,降低饲养密度,注意通风,防止饲养环境的过热或过冷。此外还要做好种鸡的净化工作,尽量减少本病经蛋垂直传播。

2. 治疗

对已发病的病鸡可选择使用多种药物进行治疗,如红霉素、酒石酸泰乐菌素、延胡索酸泰妙菌素、吉他霉素、磷酸替米考星等。此外,土霉素、强力霉素、壮观霉素等对本病也有一定效果。对于有明显大肠杆菌并发感染的病例要结合使用氟苯尼考或硫酸安普霉素进行治疗;对于严重的病例(如死亡率较高)可在饮水或拌料用药的基础上结合肌内注射氟苯尼考或硫酸庆大霉素等药物,控制继发感染,降低死亡率。

六、鸡传染性鼻炎

鸡传染性鼻炎是由副鸡嗜血杆菌引起的一种急性上呼吸道传染病。本病以流鼻涕、肿脸、发病率高、死亡率低、对产蛋率影响较大为主要特征,主要症状为鼻腔和窦的炎症,表现流鼻涕、面部水肿和结膜炎。

(一)流行病学特点

二维码 11-22　鸡传染性鼻炎防治技术

1. 传染源

慢性病鸡和隐性带菌鸡是传染源。

2. 传播途径

通过呼吸道、消化道及直接接触传播。

3. 易感动物

自然条件下只发生于鸡(其他家禽不感染),各种年龄鸡均可感染,以 4～12 月龄鸡最易感染,对产蛋鸡危害大;混合感染居多,发病率高,死亡率低。

4. 流行特点

本病一年四季均可发生，寒冷潮湿季节多发；气候突变、通风不良、密度过大、卫生状况差等是本病诱因。

(二)临床症状

病鸡出现流鼻涕、打喷嚏，用手按压鼻孔可见鼻孔流出鼻液。病鸡流泪、眼睛红肿，严重时可出现上下眼睑粘连而导致病鸡失明。一侧或双侧眼眶周围组织肿胀，进而发展到眶下窦肿大。个别病鸡可出现肿头、肿脸以及鸡冠和肉髯水肿。对于产蛋鸡还可导致产蛋率明显下降。发病率高达 90%，但只出现个别鸡只死亡。

(三)病理变化

鼻腔、眶下窦和眼结膜出现急性卡他性炎症，面部和肉髯的皮下发生水肿，切开鼻窦或眶下窦可流出大量黄色干酪样物。

(四)诊断方法

除了临床诊断外，还要进行细菌培养和血清学化验才能确诊。

1. 细菌培养

接种眶下窦分泌物于血平板琼脂上，再用金黄色葡萄球菌做交叉画线，置于 37 ℃厌氧条件培养 1～2 d，可见在金黄色葡萄球菌菌落的周围生长有一些半透明、露珠样的小菌落。必要时可进一步进行细菌的生化鉴定。

2. 血清学化验

主要用平板凝集试验进行诊断。

(五)防制措施

1. 预防

预防可从以下两个方面着手。

(1)目前国内外已有本病的灭活疫苗，在种鸡和产蛋鸡的开产前使用该疫苗对预防本病具有一定效果。对有发生过本病的鸡场，要尽早使用相关疫苗进行预防。

(2)要做好鸡场的卫生消毒措施，对病愈鸡要隔离饲养，在饮水中要定期添加含氯消毒药进行饮水消毒，对有发生过本病的鸡场可定期安排预防性用药。

2. 治疗

治疗传染性鼻炎的药物很多，各种磺胺类药物和抗生素(如土霉素、硫酸链霉素、盐酸环丙沙星、红霉素等)对本病均有效果。其中磺胺甲噁唑是首选药物，对个别严重病鸡(如肿脸)可采用青霉素、硫酸链霉素进行肌内注射，1 次/d，连用 2 d，有较好的治疗效果，但是停药后一段时间，仍有可能出现反复发作。

七、坏死性肠炎

坏死性肠炎是由魏氏梭菌引起的一种急性传染病。在临床上以排黑色或混有血液的稀粪为主要症状，以小肠中后段黏膜坏死为主要病变。

(一)流行病学特点

二维码 11-23　坏死性肠炎防治技术

1. 传染源

病鸡和带病鸡是本病的主要传染源。

2. 传播途径

主要通过消化道进行水平传播。

3. 易感动物

本病可发生于各种日龄鸡，其中以蛋鸡和种鸡多发。

4. 流行特点

一年四季均可发生，其中以温暖潮湿的春夏季多发。本病的发生与鸡舍饲养密度大、鸡舍潮湿，饲料中缺乏维生素、饲料变质腐败、饲料配方中粗纤维缺乏等均有关系。

(二)临床症状

临床上可表现为急性过程或慢性过程，其中急性病例表现突然死亡，精神沉郁，食欲减少或废绝、流涎，并排出暗红色或黑色稀粪；慢性病例表现为体重减轻，消瘦，排出灰褐色稀粪，最终衰竭死亡，病程可长达 1～3 周。在产蛋鸡和种鸡还表现产蛋率下降，种蛋孵化率低等临床症状。

(三)病理变化

肝脏肿大，有时肝脏表面有坏死灶，小肠肿大明显，小肠壁薄，容易破裂，切开小肠可见内容物呈西红柿样或豆腐渣样内容物，肠黏膜充血坏死，黏膜表面可见不同程度的黄色坏死物，严重时整个肠黏膜增生坏死，呈地毯状。

(四)诊断方法

1. 临床诊断

通过本病的流行病学、临床症状以及病理变化可做出初步诊断。在临床上，要注意与慢性球虫病、肠毒综合征进行鉴别诊断。

2. 化验诊断

取肝脏病灶组织进行涂片、染色、镜检，检出带芽孢的梭菌即可确诊。取肝脏或脾脏组织加生理盐水研磨后接种鸡胚卵黄囊，鸡胚死亡后取卵黄囊进行涂片、染色、镜检出带芽孢的梭菌。此外，可以采集病料进行聚合酶链式反应(PCR)试验。

(五)防制措施

1. 预防

在预防上要加强饲养管理，严禁使用腐败变质饲料，调整饲料配方，提高饲料中粗纤维比例，适当降低饲料中能量水平，并做好鸡舍的通风工作，降低饲养密度。此外还要做好鸡球虫病、鸡大肠杆菌病等肠道疾病的防控工作。

2. 治疗

在治疗上，可使用杆菌肽锌、硫酸庆大霉素、硫酸新霉素、硫酸黏菌素等药物进行治疗，此外磺胺类药物对本病也有一定的治疗效果。

八、鸭传染性浆膜炎

鸭传染性浆膜炎是鸭、鹅、火鸡和其他多种禽类的一种急性或慢性传染病。本病的临床特点为软脚，眼与鼻孔有分泌物，绿色下痢，以及神经症状。病变特征为纤维素性渗出为主要病变。

二维码 11-24 鸭传染性浆膜炎防治技术

（一）流行病学特点

1. 传染源

病鸭和带病鸭为只要传染源。

2. 传播途径

主要通过污染的饲料、饮水、飞沫、尘土等经呼吸道和损伤的皮肤等途径传播。

3. 易感动物

番鸭、半番鸭（骡鸭）、麻鸭、北京鸭、樱桃谷鸭等品种对本病均易感。发病日龄为 5～80 日龄，其中 10～60 日龄多见。

4. 流行特点

一年四季均可发病，但以气候骤变时或受到不良应激时较为多见。

（二）临床症状

鸭群有咳嗽、软脚、精神沉郁、头颈歪斜、步态不稳和共济失调表现，粪便稀薄且呈黄绿色，眼鼻的分泌物较多，同时可见眼眶四周羽毛潮湿。随着病程的发展，会出现部分病鸭死亡，也有部分病鸭转为僵鸭。采食量基本正常。发病率为 20%～40%，死亡率为 5%～50%。

（三）病理变化

病死鸭的心包炎严重、心包液浑浊、心脏表面有明显的纤维素性渗出，并出现心脏与心包粘连；肝脏肿大、肝脏表面也有一层纤维素性渗出物；气囊浑浊，有时在腹腔可出现一些黄色豆腐皮样渗出物；脑外膜充血、出血。胃肠和肾脏无明显变化。

（四）诊断方法

据流行病学、症状及病变可做出初步诊断，要确诊需取病死鸭的心包液、脑组织、肝脏组织或气囊进行细菌涂片和细菌分离进行鉴定。

（五）防制措施

1. 预防

首先，要加强饲养管理，加强环境卫生和消毒工作，尽量减少气候骤变、打针、转换饲料配方等不良应激，有条件的鸭场应提倡网上饲养。其次，在本病较严重的鸭场，可在 7 日龄左右免疫注射鸭传染性浆膜炎灭活疫苗或鸭传染性浆膜炎-大肠杆菌二联灭活疫苗，对预防本病有一定的效果。

2. 治疗

很多抗生素对治疗本病均有效果，如头孢类、阿莫西林、氨苄西林钠、青霉素，氟苯尼考、甲砜霉素、酒石酸泰乐菌素、强力霉素、盐酸林可霉素、硫酸庆大霉素、壮观霉素以及磺胺类等。喹诺酮类药物对本病的治疗效果不理想。

在临床上长期使用上述 1～2 种抗生素易导致细菌耐药性，有条件的地方最好结合药敏试验筛选敏感的抗生素进行治疗。

若群体发病数量多、病情严重时，要采用肌内注射和口服药物相结合，才能达到理想的治疗效果。本病治好后一段时间，鸭群可能因气候转变、断喙、注射疫苗、换料或发生其他疾病时再度复发。所以生产实践中最好要采取综合的防制措施来减少本病的发生。

九、禽念珠菌病

禽念珠菌病又称霉菌性口炎、白念珠菌病，俗称“鹅口疮”，是由白念珠菌引起禽类上消化道的真菌性传染病。其特征是上消化道黏膜发生白色的假膜和溃疡。

(一)流行病学特点

1. 传染源

病禽和带病家禽。

2. 传播途径

传播途径主要经消化道水平传播。

3. 易感动物

本病可发生在 2 月龄以内的幼禽(如鸡、鸭、鹅、鸽等)。

4. 流行特点

随着年龄的增长，死亡率和发病率降低。耐过的往往成为健康带菌者。本病的发生与养殖场长期使用广谱抗生素、不卫生的饲养环境以及鸡机体抵抗力低下有关。

(二)临床症状

本病无明显的临床症状。有时可见病鸡采食量减少，生长发育不良，精神差，羽毛松乱，经常性的流涎和拉稀，并有呕吐和吐酸水等症状。并发全身感染时，往往出现食欲废绝而衰竭死亡。

(三)病理变化

主要病变在上消化道。嗉囊胀满、嗉囊黏膜增厚，表面有白色圆形隆起的溃疡灶，在溃疡灶外面还覆盖一层黄白色坏死物。有时在鸡的口腔、食道以及腺胃黏膜上也可见到类似病变。

(四)诊断方法

根据病鸡消化道病变可做出初步诊断。可通过刮取病变组织或表面渗出物做抹片检查,在镜检观察到真菌的菌体和假菌丝,即可确诊。

(五)防制措施

1. 预防

改善鸡群卫生条件,避免长期不间断地使用广谱抗生素。

2. 治疗

可采用如下方案之一进行治疗。

(1)用 0.03%～0.05%的硫酸铜溶液对鸡进行自由饮水,连用 3～5 d。

(2)每千克饲料中添加制霉菌素 50～100 mg,连用 2～3 周。

(3)每千克饲料中添加克霉唑 300～500 mg,连用 2～3 周。

拓展知识

※禽类细菌性传染病的药物治疗及注意事项

禽细菌性传染病除各类肠道菌属和霉形体传染病之外,尚有 20 余种常见疾病,如禽霍乱、葡萄球菌病、链球菌病、传染性鼻炎、弯曲杆菌性肝炎、麦氏弧菌感染、肉毒中毒、梭菌感染、结核病等。

随着集约化养禽场的增多和规模的不断扩大,环境污染越来越严重,细菌性传染病明显增多,不少疾病的病原菌已成为养禽场的常在菌和常发病。由于滥用抗菌药物,使一些常见的细菌极易产生强的耐药性,一旦发病,诸多药物都难以奏效。因此,科学的饲养管理、搞好环境卫生和合理用药对于有效控制细菌性传染病是十分重要的。

禽细菌性传染病可以用抗菌药物进行预防和治疗。在使用药物进行治疗时,要考虑以下几个方面的问题。

(1)敏感用药　有些病原菌易产生耐药性,用药前最好先做药敏试验,以便选用敏感药物。

(2)要考虑药物的体内过程　内服给药治疗全身性感染的疾病时,要选择内服能够吸收的药物,如果使用内服不能吸收的药物,则必须通过注射或气雾给药。

(3)要考虑禽群的采食量　当鸡群采食量明显下降、内服给药不能达到有效的血药浓度时,则必须通过注射给药途径。这一点在生产实践中尤其要注意,以免延误病情和造成药物的浪费。

禽细菌性传染病大多可选择适当的抗生素类药物进行治疗,治疗中要注意结合禽类的生理特点,按照食品安全要求,选择和使用适当的药物和方法。

1. 根据鸡的生理特点正确选择治疗药物和方法

(1)鸡的消化道呈酸性,而呋喃类药物在酸性条件下,效力和毒力同时增强,易发生中毒,故对鸡使用呋喃类药物时要严格控制用量。我国已宣布食用性动物禁用呋喃类药物。

(2)鸡的蛋白质代谢产物为尿酸,尿液的 pH 与家畜有明显区别,一般为 5.3 左右,在使用磺胺类药物时应予以注意，易造成肾脏的损伤。

(3)鸡一般无逆呕动作，所以不宜使用催吐药物，当鸡服药过多或发生中毒时，应采用嗉囊切开术加以排除。

(4)鸡的味觉功能较差，所以苦味健胃药对鸡不适用。鸡对咸味没有鉴别能力，所以饲料中如食盐过多易中毒。

(5)鸡有气囊，气体经过肺运行，并循着肺内管道进出气囊，所以气雾法是适用于鸡的给药途径。

2. 常见禽细菌性传染病的用药特点

(1)大肠杆菌病和鸡白痢　大肠杆菌病多发生于10日龄和30日龄左右的雏鸡，发病主要与饲养环境、气候、管理、孵化等因素有关。鸡白痢是由沙门菌引起的传染病，主要经蛋传播，发病死亡集中于2～3周龄。

由于近年来对药物残留的严格控制，防制用药的范围越来越小，疾病控制也越来越难。实践验证，对这些肠道性细菌病，当前较好(较敏感)的治疗药物主要有头孢类、氟苯尼考、丁胺卡那霉素(阿米卡星)、左旋氧氟沙星、新霉素、安普霉素、乳酸环丙沙星和磷霉素钙等，其中在大部分地区都敏感的有头孢类、氟苯尼考、磷霉素钙、安普霉素。某些药物在部分地区敏感，但是，只要采用配伍用药也能取得明显效果。例如，阿米卡星用得太多，许多规模养殖场的鸡只已产生耐药性，对此，可选择配伍阿米卡星＋青霉素类(阿莫西林)、阿米卡星＋喹诺酮类(氧氟沙星、乳酸环丙沙星、恩诺沙星等)；但阿米卡星＋庆大霉素、阿米卡星＋安普霉素或阿米卡星＋新霉素，这3种配伍对肾脏损伤严重，使用时须慎重；其次，阿莫西林＋β-内酰胺类、黏杆菌素＋氨基糖苷类，可用于治疗细菌性肠道疾病，效果均比较理想。预防用药除了上述药物以外，林可霉素、强力霉素以及中药均可以选用，但用量一定要充足。

(2)慢性呼吸道疾病　由支原体引起的呼吸道疾病，临床主要以气喘、呼吸困难为主，发病率高，死亡率低，也易于控制。临床治疗效果较好的药物有泰乐菌素(主要用于肉鸡)、泰妙菌素(支原净)、替米考星、阿奇霉素、红霉素、强力霉素、林可霉素等。有时联合用药效果很好，如强力霉素＋大环内酯类、喹诺酮类＋大环内酯类、林可霉素＋强力霉素。西药加中药也是目前比较普遍的配伍用药方式，如在西药中加氨茶碱、麻黄等扩张气管药物，能起到明显的解表作用。对于30日龄以上肉鸡的慢性呼吸道疾病，再配合使用抗病毒药物均能见效。

(3)肠炎　近年来，肠炎在肉鸡和蛋鸡中都很常见。原因复杂，治疗较困难，又称为肠毒综合征。

①轻微肠炎：一般抗大肠杆菌药或抗大肠杆菌药配合消炎药(青霉素类)、肠黏膜修复剂(如鱼肝油、电解多维、中药等)都能见效。

②肠毒综合征(低血糖症)：5%的葡萄糖液饮1～2次，新霉素类＋球虫药＋青霉素类、阿莫西林＋β-内酰胺类＋球虫药或阿米卡星＋阿莫西林，5 d后再配合使用抗病毒药物。上述方案一般都能起到一定治疗作用，目前有许多治疗肠炎的成品药物都是上述的复方制剂。

③水样拉稀：许多时候越用抗生素鸡越拉稀，认为是慢性法氏囊病，用法氏囊方案治疗取得了明显效果。有人认为是抗生素破坏了肠道的正常菌群，而采用营养疗法，口服补液盐＋益生素＋酵母，同时应用刺激性较小的抗菌药(如阿莫西林、环丙沙星等)，结果也有较好的疗效。因此，该病原因复杂，用药应视情况而定。有时水样拉稀可能是饲料引起的，如霉菌或盐过高等，只有更换饲料才能见效。

3. 注意事项

(1)剂量与疗程要得当 剂量小时,不能在体内形成有效的血药浓度,也不易控制感染,而且容易产生耐药菌株;而剂量大时不仅会造成浪费,而且容易引起中毒。疗程不足时易产生耐药菌株或者使疾病复治疗时,疗程过长时会浪费药物,加大成本,产生药物残留,甚至发生中毒。

(2)防止重复使用同种药物 市场上有些药物商品名虽然不同,但其成分却一致。如克球王、灭球净、杀球王等,有效成分都是马杜霉素;恩康、诺康、汇康主要成分是恩诺沙星;饲料添加的灭败灵、灭霍灵的主要成分都是喹乙醇。若同时使用,极易因剂量过大而引起中毒。

(3)谨防配伍不当 常见有配伍禁忌的兽药有:庆大霉素与碳酸氢钠联用,后者碱化尿液,使庆大霉素的毒性增大;硫酸链霉素与其他氨基糖苷类抗菌药联合使用会增加毒性;卡那霉素与庆大霉素联合使用可增加毒性;敌百虫与碱类(如碳酸氢钠注射液等)合用或混合内服时,生成敌敌畏;青霉素与庆大霉素混合后能使后者失效;青霉素或四环素和氢化可的松合用可使青霉素失效;磺胺嘧啶钠与B族维生素、碳酸氢钠注射液混合后会发生沉淀;林可霉素和红霉素有拮抗作用;四环素、卡那霉素、先锋霉素等不宜联合使用。另外,许多饲料的主要成分与某些药物有拮抗作用,使用药物防制禽病时,需要避免与饲料产生拮抗作用。如硫可加重磺胺类药物在血中的毒性,故使用磺胺类药物时,要少用或不用含硫的饲料;棉籽饼影响维生素A的吸收利用,在防制维生素缺乏症时应停喂棉籽饼;麸皮为高磷低钙饲料,在治疗因缺钙引起的软骨病或佝偻病时应停喂麸皮;磷过多会影响铁的吸收,在治疗缺铁性贫血时也要停喂麸皮。

(4)严格遵守休药期规定 严格遵守药物使用对象、使用期限和休药期的规定,在产蛋期和上市期禁止用药,未满休药期的家禽禁止上市。

(5)要选择恰当的给药途径 因病不食但尚能饮水的鸡只,宜饮水给药。为了保证鸡只的药物摄取量,必须注意药物的溶解度、稀释药物的水质、给药时间和季节等。对于微溶于水的药物必须使用助溶剂,使其溶解后再稀释到需要量。

任务三 家禽常见寄生虫病

任务描述

本任务主要针对养禽场常见寄生虫病的流行病学特点、临床症状、病理变化、诊断方法和防制措施5个方面进行描述。

任务目标

掌握常见家禽寄生虫病的流行病学特点、临床症状和病理变化。通过流行病学特点、临床症状和病理变化对相应的疾病做出初步诊断,建立诊断思路。了解各种疾病的具体防制措施。

思政目标

爱岗敬业,工匠精神;勇担责任,甘于奉献,团结合作;扎根农村,服务农业发展,促进乡村振兴。

知识清单

一、鸡球虫病

世界上有养鸡的地方也就存在鸡球虫病。

按照球虫形态的不同可把鸡球虫分为：柔嫩艾美耳球虫、毒害艾美耳球虫、堆型艾美耳球虫、布氏艾美耳球虫、巨型艾美耳球虫、变位艾美耳球虫、和缓艾美耳球虫、早熟艾美耳球虫以及哈氏艾美耳球虫等。

按照球虫寄生部位可把球虫分为 3 类：盲肠球虫（主要由柔嫩艾美耳球虫引起）、小肠球虫（主要由毒害艾美耳球虫引起）和混合型球虫（既有盲肠球虫，又有小肠球虫）。

按照发病病程可把球虫病分为：急性型球虫病和慢性型球虫病。

（一）流行病学特点

二维码 11-25　鸡球虫病防治技术

1. 传染源

感染性卵囊。

2. 传播途径

消化道水平传播。

3. 易感动物

球虫病主要发生于 3 个月以内的幼雏，其中以 15～50 日龄的幼雏最易感染，10 日龄以前的幼雏发病较少，成年家禽带虫者，其增重和产蛋会受到影响。

4. 流行特点

25～30 ℃为球虫卵囊最适发育温度，尤其在 5—8 月份。各个品种的鸡都易感。

（二）临床症状

按照发病的快慢可把鸡球虫病分为急性型和慢性型。

1. 急性型

病鸡精神委顿，食欲减少，排黄白色、黄褐色稀粪或血便，泄殖腔周围的羽毛被粪便污染而粘连在一起。同时鸡冠苍白贫血，消瘦，腿无力，死亡快，若治疗不及时，死亡率可达 50％～80％。

2. 慢性型

多见于 4～6 月龄以上的成鸡或急性球虫病后期。病程长，可持续数周或长期排黄褐色（如巧克力色）稀粪，病鸡逐渐消瘦，鸡冠苍白。死亡率相对较低。

（三）病理变化

对于盲肠球虫，主要病变位于盲肠。可见一侧或两侧盲肠显著肿大（为正常的 3～5 倍），内充满暗红色血液或凝固血块。盲肠黏膜上有点状或弥漫性出血，有时盲肠上皮变厚与内容物血凝块混合凝固形成坚硬的“肠栓”。盲肠球虫在小肠一般无明显病变，在直肠有轻度出血。

对于小肠球虫，主要病变位于小肠。可见小肠壁扩张、肥厚，肠黏膜上有明显的灰白色坏死斑点或红色的出血点，严重时可见肠壁弥漫性出血。肠腔中充满凝固的血液，肠管外观看似淡红色或红褐色。

不同的球虫种类，对小肠的病变程度及小肠的病变部位也有所不同。对于混合型球虫病则在盲肠和小肠均可见到典型的出血病变；对于成鸡慢性病例，则在盲肠或小肠中可见到黄褐色浓稠状内容物或"西红柿样"内容物。

(四)诊断方法

通过临床症状、病理变化基本上可做出初步诊断。同时也可以刮取肠黏膜或肠内容物进行镜检，查到球虫的虫卵、裂殖体、裂殖子等即可确诊。至于是哪一种球虫需对卵囊进行培养后根据孢子化卵囊形态进行鉴定。

(五)防制措施

1. 预防

本病的预防从以下 3 个方面着手。

(1)加强饲养管理　保持鸡舍干燥、通风，做好鸡场卫生消毒工作，有条件的要对地面和用具进行火焰消毒，定期清除粪便并采取堆积发酵。在球虫多发期间(15～60 日龄)不要饲喂过量的多维。有条件的鸡场要提倡网上饲养(可饲养到 40～45 日龄)，可以大大地降低球虫病的发病率。

(2)球虫病疫苗预防　在 5 日龄内的雏鸡可通过饮水、滴嘴等方法进行鸡球虫活疫苗接种，可明显降低球虫病的发病率。

(3)药物预防　从 10～15 日龄开始定期地(每隔 7～10 d)饲喂抗球虫药物进行预防，用药的种类和剂量参考治疗用量。

2. 治疗

目前，治疗鸡球虫病的药物种类很多，其中不同种类球虫药可单独使用或 2～3 种球虫药配伍使用。常见的药物有以下几种。

①盐酸氨丙啉：用于抑制球虫第一代裂殖体形成裂殖子效果好，本品毒性较小，安全范围大。临床上可配伍磺胺喹沙啉一起使用提高治疗效果。

②盐霉素钠：多用于预防性用药。注意本品不能与延胡索酸泰妙菌素(支原净)配伍使用，否则会出现中毒反应。

③马杜霉素铵：用于治疗和预防的效果都比较好，但安全范围小，超量使用易造成中毒反应。

④地克珠利：对治疗和预防盲肠球虫效果好。本品安全范围大，不易造成中毒反应。

⑤妥曲珠利(百球清)：对治疗和预防盲肠球虫、小肠球虫均有较好效果。

⑥磺胺类：磺胺类药物如磺胺氯吡嗪钠、磺胺间甲氧嘧啶、磺胺对甲氧嘧啶、磺胺喹沙啉、磺胺二甲嘧啶等，具体用量按说明使用。值得注意的是使用磺胺类抗球虫药时不能与复合维生素 B 混合使用，否则会降低抗球虫药效果，也易导致球虫病的暴发。

⑦尼卡巴嗪：对预防球虫病是价廉物美的药物。但在天气炎热时不能使用本品，否则会影响鸡体散热功能而导致鸡中暑死亡。

⑧氯羟吡啶：本品易造成耐药性。

⑨氢溴酸常山酮：主要用于鸡，水禽不能用。

除了拌料、饮水外，对严重病例（不吃料、不饮水）可配合用磺胺间甲氧嘧啶注射液或青霉素钠盐进行肌内注射，1 次/d，连打 2 针。

二、鸡蛔虫病

鸡蛔虫病是由鸡蛔虫寄生于鸡小肠内的一种常见寄生虫病。主要寄生于肠道，使雏禽的生长发育不良，甚至造成死亡。

（一）流行病学特点

二维码 11-26　鸡蛔虫病防治技术

鸡的感染是因为吞食了受感染性虫卵污染的饲料、饮水或蚯蚓等。当饲料中缺乏维生素 A 和 B 族维生素时，鸡易患蛔虫病，且蛔虫发育良好，虫体也较大。鸡蛔虫感染一般在潮湿温暖季节，即春、夏、秋季节。

鸡蛔虫病主要发生于 2～12 月龄的鸡，其中 2～4 月龄的鸡最易感，病情也较重。饲养条件与本病感染率关系很大，其中放牧饲养的鸡感染率明显高于舍饲鸡。

（二）临床症状

病鸡生长发育不良，精神萎靡，行动迟缓，鸡冠苍白，食欲基本正常或略减少，逐渐消瘦，有时可见拉稀，鸡粪中可见蛔虫排出。严重的可因衰竭或十二指肠被蛔虫阻塞而死亡。4 月龄以上的大鸡对本病的抵抗力逐渐增强，1 年以上的成年鸡一般较少感染或不表现明显的临床症状。本病可能还会导致蛋鸡产蛋量下降。

（三）病理变化

小肠肿大明显，肠黏膜充血、出血，肠内充满大量蛔虫，严重时虫体可缠绕成团，造成肠道阻塞。有时在肌胃、腺胃、食道、肝脏内也可见到虫体，有时可出现因肠穿孔引起腹膜炎或蛔虫移行到肝脏造成异物性肝炎。鸡体发育不良，胸骨突出明显。

（四）诊断方法

根据临床症状及肠内检出大量蛔虫即可做出诊断。必要时可采集粪便进行虫卵检查。

（五）防制措施

1. 预防

鸡舍及其活动场上的粪便要经常清扫干净，并采用堆积发酵的方法杀死虫卵。有条件的鸡场可采取“全进全出”饲养模式，避免小鸡和大鸡混养。小鸡饲养到 40 日龄左右要进行首次驱虫（可采用左旋咪唑、阿苯达唑、阿维菌素、伊维菌素等药物），间隔 1～2 个月后再重复驱虫 2～3 次。

2. 治疗

治疗鸡蛔虫病的药物较多，常用的有盐酸左旋咪唑（按每千克体重 7.5～15 mg 进行拌料饲喂)；阿苯达唑(按每千克体重 30 mg 拌料一次饲喂)或阿维菌素、伊维菌素(按每千克体重 0.3 mg 进行拌料饲喂)。

此外，哌嗪类驱虫药对鸡蛔虫病也有较好的治疗效果。

三、鸡住白细胞虫病

住白细胞虫病又称白冠病，本病是由卡氏住白虫和沙氏住白虫寄生于鸡白细胞和红细胞内而引起的一种血液原虫病，又称鸡住白细胞虫病。

本病对成年鸡的危害较小，发病率低，症状轻。对雏鸡危害较大，能引起大批死亡。

二维码 11-27 鸡住白细胞虫病防治技术

(一)流行病学特点

1. 传染源

本病的传播一定需要吸血昆虫(库蠓或蚋)作为传播媒介(因为住白细胞虫的有性繁殖需在库蠓或蚋体内完成)。

2. 传播途径

主要是通过消化道传染。

3. 易感动物

任何日龄的鸡均能感染本病，其中以 2～6 周龄雏鸡、成年蛋鸡、种鸡最为常见。

4. 流行特点

本病的发生具有明显的季节性，即每年的 5—10 月份最为常见，尤其以 5—6 月份比较多。

(二)临床症状

本病在不同日龄鸡的表现症状有所不同。

1. 雏鸡(2～6 周龄)

鸡冠苍白，食欲减少，拉黄绿色稀粪，个别有口吐鲜血表现，体重减轻，逐渐衰竭而死。发病率为 5%～30%，死亡率为 10%～50%。

2. 产蛋鸡

鸡冠偏白，严重的表现为苍白色，鸡群的粪便为黄绿色或青绿色，采食量略减少，产蛋率逐渐下降，蛋壳质量变差(出现较多的薄壳蛋和麻点蛋)，每天出现零星死亡病例。

(三)病理变化

1. 雏鸡

病死鸡消瘦、肌肉苍白、血液稀薄、脾脏略肿大(表面有斑驳状)，胸肌和腿肌有点状出血囊，肾脏大片出血，心脏、胰腺、肠系膜以及腹腔脂肪等器官有许多灰白色或红色出血囊。

2. 产蛋鸡

除了鸡冠苍白、血液稀薄外，脾脏肿大 2～5 倍，表面也呈现斑驳状，腹腔脂肪、胰腺、肠系膜、输卵管内侧均出现许多的小出血囊突出表面，有时在这些器官还出现灰白色小结节，肠壁充血呈粉红色。

(四)诊断方法

根据流行病学特点、临床症状、病理变化可做出初步诊断。要确诊可取病变小出血囊进行压片或取鸡血进行涂片后再用吉姆萨染色法，在显微镜下可检查到白细胞内有不同发育阶段的虫体。

(五)防制措施

1. 预防

可以从两个方面入手。第一，在库蠓和蚋传播媒介流行的季节(5—10 月份)要做好鸡舍内外蚊虫的消灭工作。一般在晚间用溴氰菊酯喷洒鸡舍和周围环境，每周 1～2 次。第二，在本病流行季节在饲料中定期地添加磺胺间甲氧嘧啶钠(每 1 000 kg 饲料添加 100～200 g，连用 5 d；或每 1 000 kg 饲料添加 40～50 g，长期添加)。

2. 治疗

一旦发生本病时要在饮水或饲料中添加磺胺间甲氧嘧啶钠(每 1 000 kg 料添加 300 g，连用 3 d)。对个别精神差、不吃料的病鸡可肌内注射磺胺类注射液。值得一提的是本病治好后一段时间，由于天气转变或库蠓等蚊虫再度叮咬可使本病再度复发，还需重复用药治疗。

拓展知识

※寄生虫与宿主

1. 寄生虫的类型

(1)内寄生虫与外寄生虫　这是从寄生虫的寄生部位来分的。凡是寄生在宿主体内的寄生虫称为内寄生虫，如吸虫、绦虫、线虫等；寄生在宿主体表的寄生虫称为外寄生虫，如蜱、螨、虱等。

(2)单宿主寄生虫与多宿主寄生虫　这是从寄生虫的发育过程来分的。凡是发育过程中仅需要 1 个宿主的寄生虫称为单宿主寄生虫(又称土源性寄生虫)，如蛔虫、球虫等，这类寄生虫分布较为广泛；发育过程中需要多个宿主的寄生虫称为多宿主寄生虫(又称生物源性寄生虫)，如吸虫、绦虫等。

(3)长久性寄生虫与暂时性寄生虫　这是从寄生虫的寄生时间来分的。寄生虫的一生均不能离开宿主，否则难以存活的寄生虫称为长久性寄生虫，如旋毛虫等；只是在采食时才与宿主接触的寄生虫称为暂时性寄生虫，如蚊子等。

(4)专一宿主寄生虫与非专一宿主寄生虫　这是从寄生虫寄生的宿主范围来分的。有些寄生虫只寄生于一种特定的宿主，对宿主有严格的选择性，称为专一宿主寄生虫，如马尖尾线虫只寄生于马属动物，鸡球虫只感染鸡等；有些寄生虫能寄生于多种宿主，称为非专一宿主寄生虫，如旋毛虫可以寄生于猪、犬、猫等多种动物和人。非专一宿主寄生虫可通过生物媒介在不同宿主之间传播，因此，分布广泛，难以防制。

(5)专性寄生虫与兼性寄生虫　这是从寄生虫对宿主的依赖性来分的。寄生虫在生活史中必须有寄生生活阶段,否则,生活史就不能完成,这种寄生虫称为专性寄生虫,如吸虫、绦虫等;既可营自由生活,又能营寄生生活的寄生虫称为兼性寄生虫,如类圆线虫、丽蝇等。

2.宿主的类型

(1)终末宿主　寄生虫成虫(性成熟阶段)或有性生殖阶段寄生的宿主称为终末宿主,如人是猪带绦虫的终末宿主。某些寄生虫的有性生殖阶段不明显,这时可将对人最重要的宿主认为是终末宿主,如锥虫。

(2)中间宿主　寄生虫幼虫期或无性生殖阶段寄生的宿主称为中间宿主,如猪是猪带绦虫的中间宿主。

(3)补充宿主　某些寄生虫在发育过程中需要2个中间宿主,第2个中间宿主称为补充宿主,如华支睾吸虫的补充宿主是淡水鱼和虾。

(4)贮藏宿主　寄生虫的虫卵或幼虫在其宿主体内虽不发育,但保持对易感动物的感染力,这种宿主称为贮藏宿主,又称转续宿主或转运宿主,如蚯蚓是鸡蛔虫的贮藏宿主。贮藏宿主在流行病学上具有重要意义。

(5)保虫宿主　某些经常寄生于某种宿主的寄生虫,有时也可寄生于其他一些宿主,但不普遍且无明显危害,通常把这种不经常被寄生的宿主称为保虫宿主,如耕牛是日本分体吸虫的保虫宿主。这种宿主在流行病学上有一定作用。

寄生虫与宿主的类型是人为的划分,各类型之间有交叉或重叠,有时并无严格的界限。

※寄生虫的致病作用

寄生虫对宿主的危害,既表现在局部组织器官,也表现在全身,其中包括侵入门户、移行路径和寄生部位。寄生虫种类不同,致病作用也往往不同。寄生虫对宿主的具体危害主要有以下几个方面。

1.掠夺宿主营养

消化道寄生虫(如蛔虫、绦虫)多数以宿主体内的消化或半消化的食物营养为食;有的寄生虫还可直接吸取宿主血液(如蜱、吸血虱)和某些线虫(如捻转血矛线虫、钩虫);也有的寄生虫(如巴贝斯虫、球虫)则可破坏红细胞或其他组织细胞,以血红蛋白、组织液等作为自己的食物;寄生虫在宿主体内生长、发育及大量繁殖,所需营养物质绝大部分来自宿主。这些营养还包括宿主不易获得而又必需的物质,如铁及微量元素等。由于寄生虫对宿主营养的这种掠夺,使宿主长期处于贫血、消瘦和营养不良状态。

2.机械性损伤

虫体以吸盘、小钩、口囊、吻突等器官附着在宿主的寄生部位,造成局部损伤;幼虫在移行过程中,形成虫道,导致出血、炎症;虫体在肠管或其他组织腔道(如胆管、支气管、血管等)内寄生聚集,引起堵塞和其他后果(梗阻、破裂);另外,某些寄生虫在生长过程中,还可刺激和压迫周围组织脏器,导致一系列继发症。如多量蛔虫积聚在小肠所造成的肠堵塞,个别蛔虫误入胆管中所造成的胆管堵塞等;钩虫幼虫侵入皮肤时引起钩蚴性皮炎;细粒棘球蚴在肝脏中压迫肝脏都可造成严重的后果。

3. 虫体毒素和免疫损伤作用

寄生虫在寄生生活期间排出的代谢产物、分泌的物质及虫体崩解后的物质对宿主是有害的，可引起宿主局部或全身性的中毒或免疫病理反应，导致宿主组织及机能的损害。如蜱可产生用于防止宿主血液凝固的抗凝血物质；寄生于胆管系统的华支睾吸虫，其分泌物、代谢产物可引起胆管上皮增生、肝实质萎缩、胆管局限性扩张及管壁增厚，进一步发展可致上皮瘤样增生；血吸虫虫卵分泌的可溶性抗原与宿主抗体结合，可形成抗原-抗体复合物，引起肾小球基膜损伤；所形成的虫卵肉芽肿则是血吸虫病的病理基础。犬患恶丝虫病时，常发生肾小球基膜增厚和部分内皮细胞的增生，临床症状为蛋白尿。

4. 继发感染

某些寄生虫侵入宿主体内时，可以把一些其他病原体（如细菌、病毒等）同携带入体内；另外，寄生虫感染宿主体后，破坏了机体组织屏障，降低了抵抗力，也使得宿主易继发感染其他一些疾病。如许多种寄生虫在宿主的皮肤或黏膜等处造成损伤，给其他病原体的侵入创造了条件。还有一些寄生虫，其本身就是另一些微生物或寄生虫的传播者。例如，某些蚊虫传播人和猪、马等家畜的日本乙型脑炎；某些蚤传播鼠疫杆菌；蜱传播梨形虫病等。

技能训练十六　血凝抑制实验检测禽流感抗体水平

流感病毒颗粒表面的血凝素（HA）蛋白，具有识别并吸附于红细胞表面受体的结构，HA 试验由此得名。HA 蛋白的抗体与受体的特异性结合能够干扰 HA 蛋白与红细胞受体的结合从而出现抑制现象。

目前，该试验是 WOAH 进行全球流感监测普遍采用的试验方法。可用于流感病毒分离株 HA 亚型的鉴定，也可用来检测禽血清中是否有与抗原亚型一致的感染或免疫抗体。只有当抗原和抗体 HA 亚型相一致时才能出现 HI 现象，各亚型间无明显交叉反应；除鸡血清以外，用鸡红细胞检测哺乳动物和水禽的血清时需要除去存在于血清中的非特异凝集素；需要在每次试验时进行抗原标准化；需要正确判读的技能。

一、目的要求

要求学生理解血凝抑制实验的原理以及优缺点。掌握使用血凝抑制实验，监测实验鸡只的禽流感抗体水平。对血凝抑制试验可以做到正确读数，并对读数对实验鸡进行正确的判断。

二、实训材料

实验鸡只若干、无菌采血针、酒精棉球、干棉球、3.8%枸橼酸钠、96 孔 V 形反应板、移液器、移液枪枪头，天平、离心机等。

三、内容和方法

1. 阿氏（Alsevers）液配制

称量葡萄糖 2.05 g、柠檬酸钠 0.8 g、柠檬酸 0.055 g、氯化钠 0.42 g，加蒸馏水至 100 mL，散热溶解后调 pH 为 6.1，69 kPa 高压灭菌 15 min，4 ℃保存备用。3.8%枸橼酸钠(3.8 g 枸橼酸钠、100 mL 超纯水)，101 kPa 高压灭菌 20 min，4 ℃保存备用(保存期 1 个月)。

2. 1%鸡红细胞液的制备

(1)采血　用注射器吸取阿氏液约 1 mL(3.8%枸橼酸钠)，取至少 2 只 SPF 鸡(如果没有 SPF 鸡，可用常规试验证明体内无禽流感和新城疫抗体的鸡)，采血 2～4 mL，与阿氏液(3.8%枸橼酸钠)混合，放入装有 10 mL 阿氏液(生理盐水)的离心管中混匀。

(2)洗涤鸡红细胞　将离心管中的血液经 1 500～1 800 r/min 离心 8 min，弃上清液，沉淀物加入阿氏液(生理盐水)，轻轻混合，再经 1 500～1 800 r/min 离心 8 min，用吸管移去上清液及沉淀红细胞上层的白细胞薄膜，再重复 2 次以上过程后，加入阿氏液 20 mL(生理盐水)，轻轻混合成红细胞悬液，4 ℃保存备用，不超过 5 d。

(3)1%鸡红细胞液　取混合均匀的 10%鸡红细胞悬液 1 mL，加入 9 mL 生理盐水，混合均匀即可(根据检测血清的数量，估算一下需要的 1%鸡红细胞液的体积，可按 0.3 mL/每份血清)。

3. 抗原血凝效价测定(HA 试验，微量法)

(1)在微量反应板的第 1～12 孔均加入 25 μL PBS(生理盐水)，换滴头。

(2)吸取 25 μL 抗原加入第 1 孔，混匀。

(3)从第 1 孔吸取 25 μL，病毒液加入第 2 孔，混匀后吸取 25 μL 加入第 3 孔，如此进行倍比稀释至第 11 孔，从第 11 孔吸取 25 μL 弃去，换滴头。

(4)每孔再加入 25 μL PBS(生理盐水)。

(5)每孔均加入 25 μL 的 1%鸡红细胞悬液(将鸡红细胞悬液充分摇匀后加入)。

(6)振荡混匀，在室温(20～25 ℃)下静置 40 min 后观察结果(如果环境温度太高，可置 4 ℃ 环境下反应 1 h)。对照孔红细胞将呈明显的纽扣状沉到孔底。

(7)结果判定。将板倾斜，观察血凝板，判读结果(表 11-1)。

表 11-1　血凝试验结果判读标准

类别	孔底所见	结果
1	红细胞全部凝集，均匀铺于孔底，即 100%红细胞凝集	＋＋＋＋
2	红细胞凝集基本同上，但孔底有大圈	＋＋＋
3	红细胞于孔底形成中等大的圈，四周有小凝块	＋＋
4	红细胞于孔底形成小圆点，四周有少许凝集块	＋
5	红细胞于孔底呈小圆点，边缘光滑整齐，即红细胞完全不凝集	－

能使红细胞完全凝集(100%凝集，＋＋＋＋)的抗原最高稀释度为该抗原的血凝效价，此效价为 1 个血凝单位(HAU)。注意对照孔应呈现完全不凝集(－)，否则此次检验无效。

4. 血凝抑制(HI)试验(微量法)

(1)根据 3 的试验结果配制 4 HAU 的病毒抗原。以完全血凝的病毒最高稀释倍数作为终点，终点稀释倍数除以 4 即为含 4 HAU 的抗原的稀释倍数。如果血凝的终点滴度为 1∶256，则 4 HAU 抗原的稀释倍数应是 1∶64(256 除以 4)。

(2)在微量反应板的第1～11孔加入25 μL PBS(生理盐水),第12孔加入50 μL PBS(生理盐水)。

(3)吸取25 μL血清加入第1孔内,充分混匀后吸25 μL加入第2孔,依次倍比稀释至第10孔,从第10孔吸取25 μL弃去。

(4)第1～11孔均加入含4 HAU抗原25 μL,室温(约20 ℃)静置至少30 min。

(5)每孔加入25 μL的1%鸡红细胞悬液混匀,轻轻混匀,静置约40 min(室温约20 ℃,若环境温度太高可置4 ℃条件下进行),对照孔红细胞将呈现纽扣状沉于孔底。

(6)结果判定。

试验成立的条件:只有阴性对照孔血清滴度不大于2 $\log_2$,阳性对照孔血清误差不超过1个滴度,试验结果才有效。

以完全抑制4 HAU抗原的血清最高稀释倍数作为HI滴度。

HI效价小于或等于3 $\log_2$ 判定HI试验阴性;HI效价大于或等于4 $\log_2$ 为阳性。

四、实训作业

每组3只实验鸡,对实验鸡的禽流感抗体进行检测。

技能训练十七　ELISA抗体检测

ELISA实验原理是酶分子与抗体或抗抗体分子共价结合,此种结合不会改变抗体的免疫学特性,也不影响酶的生物学活性。酶标记抗体可与吸附在固相载体上的抗原或抗体发生特异性结合。滴加底物溶液后,底物可在酶作用下使其所含的供氢体由无色的还原型变成有色氧化型,出现颜色反应。因此,可通过底物的颜色反应来判定有无相应的免疫反应,颜色反应的深浅与标本中相应抗体或抗原的量呈正比。此种显色反应可通过ELISA检测仪进行定量测定,这样就将酶化学反应的敏感性和抗原抗体反应的特异性结合起来,使ELISA方法成为一种既特异又敏感的检测方法。

一、目的要求

要求学生初步了解间接ELISA实验的实验原理,掌握对待测血清进行禽流感抗体水平检测的方法,对实验结果进行正确的判读。

二、实训材料

IDEXX AIV抗体检测试剂盒、待测血清若干份、超纯水、酶标仪、加样槽、移液枪、移液枪头。

三、内容和方法

1. 固相载体选择

(1)聚苯乙烯　具有较强的吸附蛋白质的性能,抗体或抗原吸附其上后仍保留原来的免疫学活性。

(2)聚氯乙烯　聚氯乙烯对蛋白质的吸附性能比聚苯乙烯高,但空白值也略高。

良好的 ELISA 板应该是吸附性能好,空白值低,孔底透明度高,各板之间、同一板各孔之间性能相近。

2. 包被

(1)板孔的选择　ELISA 级别的微孔板。

(2)抗体选择　选择支持 ELISA 实验的抗体,根据推荐浓度稀释或摸索最适浓度。

(3)包被缓冲液　pH 9.6 碳酸盐缓冲液或 pH 7.2 磷酸盐缓冲液。

(4)包被温度　2～8 ℃过夜包被或室温(37 ℃)包被 2 h。

(5)包被浓度　包被浓度随载体和包被物的性质的变化很大,一般包被浓度为 10～20 μg/mL。

3. 封闭

(1)包被之后一定要立即封闭(封闭非特异性抗体)。

(2)选择效果较好的封闭剂(细胞培养级 BSA、Tween 等)。

4. 加样及孵育

(1)加样时应将所加物加在 ELISA 板孔的底部,避免加在孔壁上部,并注意不可溅出,不可产生气泡。

(2)孵育的时间及温度参考试剂盒说明书。如有条件,建议加样孵育时使用 shaker 振荡仪,推荐轨道直径 3 mm,转速在(500±50) r/min。

(3)检测抗体、酶标物的稀释比例、孵育温度、孵育时间严格根据说明书提示。

(4)洗板对于 ELISA 来说,是极其关键的一步,保证 ELISA 的特异性。

(5)封板膜一定要一次一换,切勿二次甚至多次使用,以防交叉污染。

5. 显色和终止

(1)使用前需检查,底物在加入 96 孔 V 形板之前应为无色透明。

(2)显色底物需现配现用,避免污染。

(3)孵育时间以说明书上为参考范围,具体需要根据实验条件自行摸索。可参考标曲浓度最大孔的颜色,变为蓝色较明显时即可。

四、实训作业

每组 6 份待测血清,对待测血清的禽流感抗体进行检测。

技能训练十八　细菌的革兰氏染色

革兰氏染色法是 1884 年由丹麦病理学家 Christain Gram 创立的,而后来一些学者在此基础上做了某些改进。革兰氏染色法是细菌学中最重要的鉴别染色法。

革兰氏染色法的基本步骤是:先用初染剂结晶紫进行染色,再用碘液媒染,然后用乙醇(或丙酮)脱色,最后用复染剂(如番红)复染。经此方法染色后,细胞保留初染剂蓝紫色的细菌为革兰氏阳性菌;如果细胞中初染剂被脱色剂洗脱而使细菌染上复染剂的颜色(红色),该菌属于革兰氏阴性菌。

革兰氏染色法将细菌分为革兰氏阳性和革兰氏阴性,是由这两类细菌细胞壁的结构和组成不同决定的。实际上,当用结晶紫初染后,像简单染色法一样,所有细菌都被染成初染剂的蓝紫色。碘作为媒染剂,它能与结晶紫结合成结晶紫-碘的复合物,从而增强了染料与细菌的结合力。当用脱色剂处理时,两类细菌的脱色效果是不同的。革兰氏阳性菌的细胞壁主要由肽聚糖形成的网状结构组成、壁厚、类脂质含量低,用乙醇(或丙酮)脱色时细胞壁脱水、使肽聚糖层的网状结构孔径缩小,透性降低,从而使结晶紫-碘的复合物不易被洗脱而保留在细胞内,经脱色和复染后仍保留初染剂的蓝紫色。革兰氏阴性菌则不同,由于其细胞壁肽聚糖层较薄,类脂含量高,所以当脱色处理时,类脂质被乙醇(或丙酮)溶解,细胞壁透性增大,使结晶紫-碘的复合物比较容易被洗脱出来,用复染剂复染后,细胞被染上复染剂的红色。

一、目的要求

要求学生掌握无菌采样的方法;正确掌握细菌革兰氏染色的方法。

二、实训材料

1. 菌种

大肠杆菌(Escherichia coli)约 24 h 营养琼脂斜面培养物,金黄色葡萄球菌(Staphylococcus aureus)约 24 h 营养琼脂斜面培养物,蜡样芽孢杆菌(Bacillus cereus)12～20 h 营养琼脂斜面培养物。

2. 染色剂

革兰氏染色液。

3. 仪器或其他用具

显微镜,酒精灯,载玻片,接种环,双层瓶(内装香柏油和二甲苯),擦镜纸,生理盐水。

三、内容和方法

1. 制片

取菌种培养物常规涂片、干燥、固定。要用活跃生长期的幼培养物做革兰氏染色;以免脱色不完全造成假阳性;火焰不宜过热(以玻片不烫手为宜)。

2. 初染

滴加结晶紫(以刚好将菌膜覆盖为宜)染色 1～2 min,水洗。

3. 媒染

用碘液冲去残水,并用碘液覆盖约 1 min,水洗。

4. 脱色

用滤纸吸去玻片上的残水,将玻片倾斜,在白色背景下,用滴管流加 95%的乙醇脱色,直至流出的乙醇无紫色时,立即水洗。

革兰氏染色结果是否正确，乙醇脱色是革兰氏染色操作的关键环节。脱色不足，阴性菌被误染成阳性菌；脱色过度，阳性菌被误染成阴性菌。脱色时间一般为 20～30 s。

5. 复染

用番红染液复染约 2 min，水洗。

6. 镜检

干燥后，用油镜观察。菌体被染成蓝紫色是革兰氏阳性菌，被染成红色的为革兰氏阴性菌。

7. 混合涂片染色

按上述方法，在同一载玻片上，以大肠杆菌和蜡样芽孢杆菌或大肠杆菌和金黄色葡萄球菌作为混合涂片、染色、镜检进行比较。

四、实训作业

每组 1 只实验鸡，对实验鸡的肠道菌群进行革兰氏染色并观察结果。

技能训练十九　粪便中球虫虫卵检查

一、目的要求

要求学生掌握饱和食盐水漂浮法检查粪便中虫卵的方法。掌握球虫虫卵的形态结构。能对待检测的粪便进行检查，并能准确计数。

二、实训材料

(1)饱和盐水。

(2)60 目铜丝网或尼龙网、100 mL 量杯、10 mL 和 100 mL 烧杯、5 mL 玻璃瓶、吸管、镊子、天平、离心机、麦氏虫卵计数板、载玻片、盖玻片、显微镜等。

(3)被检动物或动物群的新鲜粪便不少于 200 g。

三、内容和方法

1. 定性检查

①取被检动物或动物群的新鲜粪便 10 g，放入 50 mL 烧杯中，加入适量水。

②轻轻搅匀，经 60 目铜丝网或尼龙网过滤。

③将滤液移入 4 支 10～15 mL 试管，2 500 r/min 离心 10 min。

④倒去上清液，沉淀物中加入少量饱和盐水，混匀。各管的沉淀物混悬液移入一个 5 mL 玻璃瓶。

⑤用饱和盐水加满，置上盖玻片(盖玻片须能与液面接触)，静置 10 min。

⑥取下盖玻片，放在载玻片上。

⑦置载玻片于显微镜台上，用 10×10 或 10×40 的倍数进行检查。

⑧判定。发现球虫卵，判为阳性，说明该动物(群)已感染球虫。未发现球虫卵囊，需重复检查 5 次，仍未见球虫卵囊，本类样可判为阴性。只有连续检查粪便 7～10 d，均未发现球虫卵囊，方可说明该动物(群)未感染球虫。

2. 定量检查

对定性检查中阳性的样本，要进行定量检查。

①取待检样 2 g，放入 50 mL 烧杯。

②加入少量自来水搅匀，经 60 目铜丝网或尼龙网过滤，并用自来水冲洗几次滤网。

③滤液经 2 500 r/min 离心 10 min。

④用少量饱和盐水将沉淀物搅匀，移入 100 mL 量杯，加饱和盐水至 60 mL 处，充分混匀。

⑤用吸管吸取混悬液注满麦氏虫卵计数板，静置 5 min。

⑥将麦氏虫卵计数板置于显微镜下，用 10×10 或 10×10 的倍数检查，数出每个刻室内的所有卵囊数，并算出平均值 A。对压线的卵，按左、上压线计，右、下压线不计处理。

⑦每克粪便虫卵数(OPG)按下式计算。

$$\mathrm{OPG}=(A\div 0.15)\times 60\div 2=A\times 200$$

⑧对卵囊数较多的样，可在 60 mL 的基础上，用饱和盐水再稀释 B 倍后计数，则 OFPG 按下式计算。

3. 计算

$$\mathrm{OPG}=A\times 200\times B$$

4. 判定标准

①OPG＞10×10，为严重感染。

②10×10≥OPG≥1×10，为中度感染。

③OPG＜1×10，为轻度感染。

四、实训作业

每组 200 g 粪便，要求对待检测的粪便进行虫卵检查，并计数。

技能训练二十　病变肠道中球虫检查

一、目的要求

要求学生掌握肠道中球虫检查的方法；了解球虫裂殖子、裂殖体、虫卵的形态结构。

二、实训材料

磷酸盐缓冲液(PBS)、250 mL 或 100 mL 烧杯、吸管、镊子、载玻片、盖玻片、显微镜、水浴锅等、疑似发生球虫病的家禽的粪便或球虫感染致死或将要死亡的家禽。

三、内容和方法

1. 对疑似球虫感染致死或将要死亡的动物，进行解剖，观察病变情况

（1）主要检查肠道病变。若肠道明显肿大、胀气或变形；肠浆膜面出现针尖大小，颜色为鲜红色或白色的斑点或斑块。

（2）肠内容物充满出血块，脱落的上皮细胞、纤维蛋白、黏液等，呈暗红色、橙黄色或羽白色，多为稀薄状。

（3）肠黏膜增厚，有坏死的病灶和灰白色的斑点或斑块等，可初诊为球虫病，进一步做球虫裂殖子或卵囊的检查。

2. 裂殖子检查

（1）取病变明显的肠道，纵向剪开，用磷酸盐缓冲液轻轻洗去黏膜表层的杂物。

（2）取少许黏膜，放在载玻片上，滴 1～2 滴磷酸盐缓冲液，加盖玻片，置于显微镜下检查。在高倍镜下，如见有大量球形的像剥了皮的橘子似的裂殖体和香蕉形或月牙形的裂殖子，即可确诊为球虫病。

（3）将病变明显的肠道，纵向剪开。取少量内容物，放在载玻片上，滴 1～2 滴磷酸盐缓冲液，加盖玻片，轻轻将内容物压散，置显微镜下检查，若见大量球虫卵囊，可确诊为球虫病。或取有灰白色点或斑块的肠道，纵向剪开，用磷酸盐缓冲液轻轻洗去黏膜表层的杂物，刮取少许有灰白色斑的黏膜，放在载玻片上，滴 1～2 滴磷酸盐缓冲液，加盖玻片，轻轻将内容物压散，置显微镜下检查，若见大量球虫卵囊，可确诊为球虫病。

四、实训作业

每组 1 只实验鸡，对其剖检后，进行肠道球虫检查。

复习与思考

1. 禽流感、传染性贫血病、鸭瘟、鸭病毒性肝炎、鸡毒支原体、鸭传染性浆膜炎、新城疫、鸡传染性支气管炎、鸡传染性喉气管炎、传染性法氏囊病、禽传染性脊髓炎的主要临床症状和病变特征分别是什么？

2. 新城疫和高致病性禽流感的区别有哪些？

3. 禽流感、新城疫、传染性支气管炎和减蛋综合征均能引起产蛋下降，如何鉴别？

4. 防制鸡传染性支气管炎时，根据什么选择疫苗才能达到良好的免疫效果？

5. 如何预防鸡痘？接种是否有效如何判断？

6. 试述鸡马立克病的主要诊断依据，如何预防该病的发生？

7. 为什么接种过马立克病疫苗的鸡还会发生马立克病？

8. 引起病鸡出现肿瘤的主要病毒性传染病有哪些，如何鉴别？

9. 鸡包涵体肝炎和传染性法氏囊病有哪些异同点？

10. 小鹅瘟的流行病学特点是什么？简述其特征性的病理变化。

11. 哪些病毒病可通过种禽免疫接种而使其后代免于发病？

12. 引起鸡发生免疫抑制的病毒性传染病有哪些？如何鉴别？

13. 有公共卫生意义的禽细菌性传染病有哪些？

14. 鸡大肠杆菌病有哪几种类型？主要特征是什么？用药治疗应注意哪些问题？

15. 简述鸡霍乱的诊断要点。

16. 如何从临床症状与病理变化区分鸡新城疫与鸡霍乱？

17. 传染性鼻炎的病原是什么？如何分离培养该病原菌？

18. 鸡毒支原体感染对禽群的危害有哪些？

19. 实验室诊断鸡毒支原体感染的方法有哪些？如何进行诊断？

20. 如何诊断滑液囊支原体感染？

21. 禽念珠菌病典型病理变化有哪些？

22. 如何预防禽曲霉菌病和禽念珠菌病？

23. 什么是终末宿主和中间宿主？

24. 如何防制寄生虫病？

25. 寄生于鸡的球虫主要有哪几种？其中致病力最强的是哪两种？

26. 鸡球虫病最具特征性的症状是什么？为什么在易感阶段(10～15 日龄)不能停用抗球虫药物？说出 5 种抗球虫药物的名称和使用方法。

27. 鸡住白细胞虫病是如何传播的？病鸡死前典型症状是什么？

28. 如何防制鸡蛔虫病？

29. 检查鸡球虫卵囊、鸡蛔虫卵常用什么方法？如何操作？

参 考 文 献

[1] 赵聘,潘琦,刘亚明.畜禽生产[M].3版.北京:中国农业大学出版社,2021.
[2] 李嘉.动物生产技术[M].北京:中国轻工业出版社,2012.
[3] 杨慧.动物营养与饲料[M].厦门:厦门大学出版社,2011.
[4] 丁国志,齐桂敏.禽生产[M].北京:中国农业大学出版社,2011.
[5] 陈明.动物营养与饲料[M].北京:中国农业出版社,2019.
[6] 赵聘,黄炎坤,徐英.家禽生产[M].3版. 北京:中国农业大学出版社,2021.
[7] 王小芬,石浪涛.养禽与禽病防治[M].北京:中国农业大学出版社,2012.
[8] 陈金雄,纪守学.畜禽生产技术[M].北京:化学工业出版社,2010.
[9] 江斌,陈少莺.鸡病鸭病速诊快治[M].福州:福建科学技术出版社,2018.
[10] 程龙飞,孙卫东,刘友生.常见鸡病诊断与防治技术[M].北京:化学工业出版社,2021.
[11] 杜元钊,朱万光.禽病诊断与防治图谱[M].济南:济南出版社,1998.
[12] 中国农业科学院哈尔滨兽医研究所.动物传染病学[M].北京:中国农业出版社,1999.
[13] 曾振灵.兽药手册[M].2版.北京:化学工业出版社,2012.
[14] 黄一帆.畜禽营养代谢病与中毒病[M].福州:福建科学技术出版社,2000.
[15] 崔恒敏.动物营养代谢疾病诊断病理学[M].北京:中国农业出版社,2010.
[16] 黄兵,沈杰.中国畜禽寄生虫形态分类图谱[M].北京:中国农业科学技术出版社,2006.
[17] 杨光反,张志和.野生动物寄生虫病学[M].北京:科学出版社,2013.
[18] 李祥瑞.动物寄生虫病彩色图谱[M].2版.北京:中国农业出版社,2011.
[19] 孔繁瑶.家畜寄生虫学[M].2版修订版.北京:中国农业大学出版社,2010.
[20] 王建华.兽医内科学[M].4版.北京:中国农业出版社,2014.
[21] 陆承平,刘永杰.兽医微生物学[M].6版.北京:中国农业出版社,2021.
[22] 吴清民.兽医传染病学[M].北京:中国农业大学出版社,2002.
[23] 顾小根,陆新浩,张存.常见鸡病与鸽病临床诊治指南[M].杭州:浙江科学技术出版社,2012.
[24] 朱庆.蛋鸡标准化规模养殖图册[M].北京:中国农业出版社,2019.
[25] 黄仁录,郑长山.蛋鸡标准化规模养殖图册[M].北京:中国农业出版社,2011.
[26] Monique Bestman.蛋鸡的信号[M].马闯,马海艳,译.北京:中国农业科学技术出版社,2014.
[27] 刘金华,甘孟侯.中国禽病学[M].2版.北京:中国农业出版社,2016.
[28] B.W.卡尔尼克.禽病学[M].10版.高福,苏敬良,译.北京:中国农业出版社,1999.
[29] 王春雷,廖元才.种蛋的孵化技术[J].家禽科学,2009(11):37-39.

[30] 王金，杨景晁，周开锋，等. 蛋种鸡饲养管理中的几个关键点[J]. 家禽科学，2016(2)：27-29.
[31] 刘咏梅. 高产蛋鸡的识别与饲养管理[J]. 养殖与饲料，2019(4)：40-41.
[32] 宋华英，赵克强，郑玉龙. 建立鸡蛋可追溯模式与规程之探析[J]. 生产管理与食品安全，2014(2)：150-152.
[33] 周伟，郭红光. 种蛋孵化技术[J]. 中国畜禽种业，2016(12)：125-126.
[34] 邱阳，黄金龙. 规模化蛋鸡场生物安全体系建设探讨[J]. 现代农业科技，2020(6)：126-127.
[35] 高佰华. 蛋鸡啄羽、啄肛、啄蛋的原因及防治措施[J]. 饲料博览，2017(4)：47.
[36] 皮劲松，张昊，万绪波. 蛋鸡养殖场臭气产生与治理[J]. 养殖与饲料，2019(1)：8-10.
[37] 杜雪晴，廖新俤. 病死畜禽无害化处理主要技术与设施[J]. 中国家禽，2014(5)：45-47.
[38] 白红武，滕光辉，马亮，等. 蛋鸡健康养殖网络化管理信息系统[J]. 农业工程学报，2006(10)：171-173.
[39] 王凡. 鸡传染性鼻炎的流行病学、实验室诊断和防治措施[J]. 现代畜牧科技，2019(10)：135-136.
[40] 文开. 鸡新城疫的病原学、流行病学及综合防控措施[J]. 中国畜禽种业，2021(9)：180-181.
[41] 王艳丰，张丁华，朱金凤. 鸡滑液囊支原体病流行现状及防控技术研究进展[J]. 中国畜牧兽医，2021，48(8)：3038-3049.
[42] 王洪娟. 霉菌毒素对蛋鸡的危害及防治[J]. 中国畜牧兽医文摘，2017，33(10)：162.

附　录

微课视频索引